江苏文库
研究编
江苏历代文化名人传

江苏文脉整理与研究工程

江苏历代文化名人传·季札

周群 著

江苏人民出版社

图书在版编目(CIP)数据

江苏历代文化名人传.季札/周群著.—南京：江苏人民出版社,2019.7
(江苏文库.研究编)
ISBN 978-7-214-23864-1

Ⅰ.①江… Ⅱ.①周… Ⅲ.①文化-名人-列传-江苏②季札-传记 Ⅳ.①K825.4

中国版本图书馆CIP数据核字(2019)第165972号

书　　　名	江苏历代文化名人传·季札
著　　　者	周　群
出 版 统 筹	韩　鑫
责 任 编 辑	张　凉
责 任 监 制	王　娟
装 帧 设 计	姜　嵩
出 版 发 行	江苏人民出版社
出版社地址	南京市湖南路1号A楼,邮编:210009
出版社网址	http://www.jspph.com
照　　　排	江苏凤凰制版有限公司
印　　　刷	苏州市越洋印刷有限公司
开　　　本	718毫米×1000毫米　1/16
印　　　张	19.75　插页4
字　　　数	282千字
版　　　次	2019年10月第1版　2019年10月第1次印刷
标 准 书 号	ISBN 978-7-214-23864-1
定　　　价	70.00元

(江苏人民出版社图书凡印装错误可向承印厂调换)

江苏文脉整理与研究工程

总主编

娄勤俭　吴政隆

学术指导委员会

主　任　周勋初

委　员　（按姓氏笔画排序）
　　　　　冯其庸　邬书林　张岂之　茅家琦　郁贤皓
　　　　　周勋初　袁行霈　蒋赞初　程毅中　戴　逸

编纂出版委员会

主　　编　王燕文　王　江

副 主 编　赵金松　孙真福　樊和平　莫砺锋

编　　委　（按姓氏笔画排序）

王　江	王卫星	王华宝	王建朗	王燕文
双传学	田汉云	朱玉麒	朱庆葆	全　勤
刘　东	刘西忠	江庆柏	许益军	孙　逊
孙　敏	孙真福	李　扬	李贞强	李昌集
佘江涛	沈卫荣	张乃格	张伯伟	武秀成
范金民	尚庆飞	罗时进	周　琪	周　斌
周建忠	周新国	赵生群	赵金松	胡发贵
胡阿祥	钟振振	姜　建	姜小青	贺云翱
莫砺锋	徐　俊	徐　海	徐之顺	徐小跃
徐兴无	陶思炎	曹玉梅	章寿荣	彭　林
蒋　寅	程章灿	傅康生	赖永海	熊月之
樊和平				

分卷主编　徐小跃　姜小青（书目编）
　　　　　　周勋初　程章灿（文献编）
　　　　　　莫砺锋　徐兴无（精华编）
　　　　　　茅家琦　江庆柏（史料编）
　　　　　　左健伟　张乃格（方志编）
　　　　　　樊和平　刘德海（研究编）

出版说明

江苏文化源远流长，历久弥新，文化经典与历史文献层出不穷，典藏丰富；文化巨匠代有人出，彪炳史册，在中华民族乃至整个人类文明的发展史上有着相当重要的地位。为了在新时代里科学把握江苏文化的内涵与特征，彰显江苏文化对中华优秀传统文化作出的贡献，增强文化自信，江苏省委省政府决定组织全省首个大型文化发展工程"江苏文脉整理与研究"。通过工程的实施，梳理江苏文脉资源，总结江苏文化发展的历史规律，再现江苏历史上的"文化高地"，为当代江苏把准脉动，探明趋势，勾画蓝图。

组织编纂大型江苏历史文献总集《江苏文库》，是"江苏文脉整理与研究工程"的重要工作。《文库》以"编纂整理古今文献，梳理再现名人名作，探究追溯文化脉络，打造江苏文化名片"为宗旨，分六编集中呈现：

（一）书目编。完整著录历史上江苏籍学人的著述及其历史记录，全面反映江苏图书馆的图书典藏情况。

（二）文献编。收录历代江苏籍学人的代表性著作，集中呈现自历史开端至一九一一年的江苏文化文本，呈现"江苏文化"的整体景观。

（三）精华编。选取历代江苏籍学人著述中对中外文化产生重要影响、在文化学术史上具有经典性代表性的作品进行整理。并从中选取十余种，组织海外汉学家，翻译成各国文字，作为江苏对外文化交流的标志性文化成果。

（四）方志编。从江苏现存各级各类旧志中选择价值较高、保存较好的志书,以充分发挥地方志资治、存史、教化等作用,保存江苏的地方文献与历史文化记忆。

(五)史料编。收录有关江苏地方史料类文献,反映江苏各地历史地理、政治经济、文化教育、宗教艺术、社会生活、风土民情等。

(六)研究编。组织、编纂当代学者研究、撰写的江苏文化研究著作。

文献、史料、方志三编属于基础文献,以影印方式出版,旨在提供原始文献,以满足学术研究需要;书目、精华、研究三编,以排印方式出版,既能满足学术研究的基本需求,又能满足全民阅读的基本需求。

"江苏文脉整理与研究工程"工作委员会

江苏文库·研究编编纂人员

主　编

樊和平　刘德海

副主编

徐之顺　姜　建　王卫星　胡发贵　胡传胜　刘西忠

一脉千古成江河
——江苏文库·研究编序言

樊和平

"江苏文脉整理与研究工程"是江苏文化史上继往开来的一个浩大工程。与当下方兴未艾的全国性"文库热"相比,江苏文脉工程有三个基本特点:一是全面系统的整理;二是"整理"与"研究"同步;三是以"文脉"为主题。在"书目编—文献编—精华编—史料编—方志编—研究编"的体系结构中,"研究编"是十分独特的板块,因为它是试图超越"修典"而推进文化传承创新的一种学术努力。

"盛世修典"之说不知起源于何时,不过语词结构已经表明"盛世"与"修典"之间的某种互释甚至共谋,以及由此而衍生的复杂文化心态。历史已经表明,"修典"在建构巨大历史功勋的同时,也包含内在的巨大文化风险,最基本的是"入典"的选择风险。《四库全书》的文化贡献不言自明,但最终其收书的数量竟与禁书、毁书、改书的数量大致相当,还有高出近一倍的书目被宣判为无价值。"入典"可能将一个时代的局限甚至选择者个人的局限放大为历史的文化局限,也可能由此扼杀文化多样性而产生文化专断。另一个更为潜在和深刻的风险,是对待传统的文化态度。文献整理,尤其是地域典籍的整理,在理念和战略上面临的最大考验,是以何种心态对待文化传统。当今之世,无论对个体还是社会,传统已经不仅是文化根源,而且是文化和经济发展的资源甚至资本。然而一旦传统成为资源和资本,邂逅市场逻辑的推波助澜,就面临沦为消费和运作对象的风险,从而以一种消费主义和工具主义的文化态度对待文化传统和文献整理。当传统成为消费和运作的对象，其文化价值不仅可能被误读误用，而且也可能在对传统的消费中使文化坐吃山空，造就出文化上的纨绔子弟，更可能在市场运作中使文化不断被糟蹋。"江苏文脉整理与研究工程"的"整理工程"以全面系统的整理的战略应对可能存在的第一种风险，即入典选择的风险；以"研究工程"应对第二种可能的风险，即消费主义与工具主义的风险。我们不仅是既往传统的继承者，更应当是未来传统的创造者；现代人的使命，不仅是继承优秀传统，更应当创造新的优秀传统，这便是传统的创造性转化与创新性发展的真义。诚然，创造传统任重道远，需要经过坚忍不拔的卓越努力和大浪淘沙般的历史积淀，但对"江苏文脉整理与研究工程"而言，无论如何必须在"整理"的同时开启"研究"的千里之行，在研究中继承和发展传统。这便是"研究编"的价值和使命所在，也是"江苏文脉整理与研究工程"在"文库热"中于顶层设计层面的拔群之处。

一 倾听来自历史深处的文化脉动

20世纪是文化大发现的世纪，20世纪以来西方世界最重要的战略，就是文化战略。20世纪20年代，德国社会学家马克斯·韦伯的《新教伦理与资本主义精神》，揭示了西方资本主义文明的文化密码，这就是"新教伦理"及其所造就的"资本主义精神"，由此建构"新教伦理＋资本主义"的所谓"理想类型"，为西方资本主义进行了文化论证尤其是伦理论证，奠定了20世纪以后西方中心论的文化基础。20世纪70年代，哈佛大学教授丹尼尔·贝尔的《资本主义文化矛盾》，揭示了当代资本主义最深刻的矛盾不是经济矛盾，也不是政治矛盾，而是"文化矛盾"，其集中表现是宗教释放的伦理冲动与市场释放的经济冲动分离与背离，进而对现代西方文明发出文化预警。20世纪70年代之后，亨廷顿的《文明的冲突与世界秩序的重建》将当今世界的一切冲突归结为文明冲突、文化冲突，将文化上升为西方世界尤其是美国国家战略的高度。以上三部曲构成西方世界尤其是美国文化帝国主义的国家文化战略，正如一些西方学者所发现的那样,时至今日,文化帝国主义被另一个概念代替——"全球化",显而易见,全球化不仅是一种浪潮,更是一种思潮,是西方世界的国家文化战略。文化虽然受经济发展制约甚至被经济发展水平所决定,但回顾从传统到现代的中国文明史,文化问题不仅逻辑地而且历史地成为文明发展的最高最难的问题,正因为如此,文化自信才成为比理论自信、道路自信、制度自信更具基础意义的最重要的自信。

在全球化背景下,文脉整理与研究具有重大的国家文化战略意义,不仅必要,而且急迫。文化遵循与经济社会不同的规律,全球化在造就广泛的全球市场并使全球成为一个"地球村"的同时,内在的最大文明风险和文化风险便是同质性。全球化催生的是一个文化上的独生子女,其可能的镜像是:一种文化风险将是整个世界的风险,一次文化失败将是整个人类的文化失败。文化的本质是什么？梁漱溟先生说,文化就是人的生活的根本样法,文化就是"人化"。丹尼尔·贝尔指出,文化是为人的生命过程提供解释系统,以对付生存困境的一种努力。据此,文化的同质化,最终导致的将是人的同质化,将是民族文化或西方学者所说地方性知识的消解和消失；同时,由于文化是人类应对生存困境的大智慧,或治疗生活世界痼疾的抗体,它所建构的是与自然世界相对应的精神世界和意义世界,文化的同质性将导致人类在面临重大生存困境时智慧资源的贫乏和生命力的苍白,从而将整个人类文明推向空前的高风险。应对全球化的挑战和西方文化帝国主义的国家战略,"江苏文脉整理与研究工程"是整个中华民族浩大文化工程的一部分和具体落实,其战略意义决不止于保存文化记忆的自持和自赏,在这个全球化的高风险正日益逼近的时代,完整地保存地方文化物种,认同文化血脉,畅通文化命脉,不仅可以让我们在遭遇全球化的滔滔洪水之时可以于故乡文化的山脉之巅"一览众山小"地建设自己的精神家园和文化根据地,而且可以在患上全球化的文化感冒甚至某种文化瘟疫之后,不致乞求"西方药"来治"中国病",而是根据自己的文化基因和文化命理,寻找强化自身的文化抗体和文化免疫力之道,其深远意义,犹如在今天这个独生子女时代穿越时光隧道,回首当年我们的"兄弟姐妹那么多"

和父辈们儿孙满堂的那种天伦风光,不只是因为寂寞,而且是为了中华民族大家庭的文化安全和对未来文化风险的抗击能力。

"江苏文脉整理与研究工程"是以江苏这一特殊地域文化为对象的一次集体文化自觉和文化自信,与其他同类文化工程相比,其最具标识意义的是"文脉"理念。"文脉"是什么?它与"文献"和文化传统的关系到底如何?这是"文脉工程"必须解决的基本问题。

庞朴先生曾对"文化传统"与"传统文化"两个概念进行了审慎而严格的区分,认为"传统文化"可能是历史上曾经存在过的一切文化现象,而"文化传统"则是一以贯之的文化道统。在逻辑和历史两个纬度,文化成为传统都必须同时具备三个条件:历史上发生的、一以贯之的、在现实生活中依然发挥作用的。传统当然发生于历史,但历史上发生的一切,从《道德经》《论语》到女人裹小脚,并不都成为传统,即便当今被考古或历史研究所不断发现的现象,也只能说是"文化遗存",文化成为传统必须在历史长河中一以贯之而成为道统或法统,孔子提供的儒家学说,老子提供的道家智慧,之所以成为传统,就是因为它们始终与中国人的生活世界和精神世界相伴随,并成为人的生命和生活的文化指引。然而,文化并不只存在于文献典籍之中,否则它只是精英们的特权,作为"人的生活的根本样法"和"对付生存困境"的解释系统,它必定存在于芸芸众生的生命和生活之中,由此才可能,也才真正成为传统。《论语》与《道德经》之所以成为传统,不只是因为它们作为经典至今还为人们所学习和研究,而且因为在中国人精神的深层结构中,即便在未读过它们的野夫村妇身上,也存在同样的文化基因。中国人在得意时是儒家,"明知不可为而偏为之";在失意时是道家,"后退一步天地宽";在绝望时是佛家,"四大皆空",从而建立了与自给自足的自然经济结构相匹合的自给自足的文化精神结构,在任何境遇下都不会丧失安身立命的精神基地,这就是传统。文化传统必须也必定是"活"的,是在现实中依然发挥作用的,是构成现代人的文化基因的生命因子。这种与人的生活和生命同在的文化传统就是"脉",就是"文脉"。

文脉以文献、典籍为载体,但又不止于文献和典籍,而是与负载它的生命及其现实生活息息相关。"文脉"是什么?"文脉"对历史而言是

"血脉",对未来而言是"命脉",对当下而言是"山脉"。"江苏文脉"就是江苏人的文化血脉、文化命脉、文化山脉,是历史、现在、未来江苏人特殊的文化生命、文化标识、文化家园,以及生生不息的文化记忆和文化动力。虽然它们可能以诸种文化典籍和文化传统的方式呈现和延续,但"文脉工程"致力探寻和发现的则是跃动于这些典籍和传统,也跃动于江苏人生命之中的那种文化脉动。"江苏文脉整理与研究工程"的最大特点就在于它是"文脉工程"而不是一般的"文化工程",更不是"文库工程"。"文化工程""文库工程"可能只是一般的文化挖掘与整理,而"文脉工程"则是与地域的文化生命深切相通,贯穿地域的历史、现在与未来的生命工程。

"江苏文脉整理与研究工程"是"整理"与"研究"的璧合,在"研究工程"中能否、如何倾听到来自历史深处的文化脉动,关键是处理好"文献"与"文脉"的关系。"整理工程"是对文脉的客观呈现,而"研究工程"则是对文脉的自觉揭示,若想取得成功,必须学会在"文献"中倾听和发现"文脉"。"文献"如何呈现"文脉"?文献是人类文明尤其是人类文化记忆的特殊形态,也是人类信息交换和信息传播的特殊方式。回首人类文明史,到目前为止,大致经历了三种信息方式。最基本也是最原初的是口口交流的信息方式,在这种信息方式中,信息发布者和信息传播者都同时在场,它是人的生命直接和整体在场并对话的信息传播方式,是从语言到身体、情感的全息参与,是生命与生命之间的直接沟通,但具有很大的时空局限。印刷术的产生大大扩展了人类信息交换的广度和深度,不仅可以以文字的方式与不在场的对象交换信息,而且可以以文献的方式与不同时代、不同时空的人们交换信息,这便是第二种信息方式,即以印刷为媒介的信息方式或印刷信息方式。第三种信息方式便是现代社会以电子网络技术为媒介的信息方式,即电子信息方式。文献与典籍是印刷信息方式的特殊形态,它将人类文化史和文明史上具有特殊价值的信息以印刷媒介的方式保存下来,供后人学习和研究,从而积淀为传统。文字本质上是人的生命的表达符号,所谓"诗言志"便是指向生命本身。然而由于它以文字为中介,一旦成为文献,便离开原有的时空背景,并与创作它的生命个体相分离,于是便需要解读,在解读中便可能发生误读,但无论如何,解读的对象并不只是文字本身,而是文字背后的生命现象。

文献尤其是典籍是不同时代人们对于文化精华的集体记忆,它们不仅经受过不同时代人们的共同选择,而且经受过大浪淘沙的历史洗礼,因而其中不仅有创造它的那个个体或文化英雄如老子、孔子的生命表达,而且有传播和接受它的那个民族的文化脉动,是负载它的那个民族的文化生命,这种文化生命一言以蔽之便是文化传统。正因为如此,作为集体记忆的精华,文献和典籍是个体和集体的文化脉动的客观形态,关键在于,必须学会倾听和揭示来自远方的生命旋律。由于它们巨大的时空跨度,往往不能直接把脉,而需要具有一种"悬丝诊脉"的卓越倾听能力。同时,为了把握真实的文化脉动,不仅需要对文献和典籍即"文本"进行研究,而且需要对创造它们的主体包括创作的个体和传播接受的集体的生命即"人物"进行研究。正如席勒所说,每个人都是时代的产儿,那些卓越的哲学家和有抱负的文学家却可能成为一切时代的同代人。文字一旦成为文献或典籍,便意味着创作它的个体成为一切时代的同代人,但无论如何,文献和它们的创造者首先是某个时代的产儿,因而要在浩如烟海的文献和典籍中倾听到来自传统深处的文化脉动,还需要将它们还原到民族的文化生命之中,形成文化发展的"精神的历史"。由此,文本研究、人物研究、学派流派研究、历史研究,便成为"文脉研究工程"的学术构造和逻辑结构。

二 中国文化传统中的江苏文脉

江苏文脉是中国文化传统的一部分,二者之间的关系并不只是部分与整体的关系,借助宋明理学的话语,是"理一"与"分殊"的关系。文脉与文化传统是民族生命的文化表达和自觉体现,如果只将它们理解为部分与整体的关系,那么江苏文脉只是中国文化传统或整个中华文化脉统中的一个构造,只是中华文化生命体中的一个器官。朱熹曾以佛家的"月映万川"诠释"理一分殊"。朗月高照,江河湖泊中水月熠熠,此番景象的哲学本真便是"一月普现一切水,一切水月一月摄"。天空中的"一月"与江河中的"一切水月"之间的关系是"分享"关系,不是分享了"一月"的某一部分,而是全部。江苏文脉与中国文化传统之间的关系便是"理一分殊",中国文化传统是"理一",江苏文脉是"分殊",正因为如此,关于江苏文脉的研究必须在与整个中国文化传统的关系中整体性地把握和展开。其中,文化与地域的关系、江苏文化在中华文化发展中的贡献和地位,是两个基本课题。

到目前为止的一切人类文明的大格局基本上都是由以山河为标志的地理环境造就的,从轴心文明时代的四大文明古国,到"五大洲四大洋"的地理区隔,再到中国山东—山西、广东—广西、河南—河北,江苏的苏南—苏北的文化与经济差异,山河在其中具有基础性意义。在这个意义上,可以将在此以前的一切文明称为"山河文明"。如今,科技经济发展迎来一个"高"时代:高铁、高速公路、电子高速公路……正在并将继续推倒由山河造就的一切文明界碑,即将造就甚至正在造就一个"后山河时代"。"后山河时代"的最后一道屏障,"山河时代"遗赠给"后山河时代"的最宝贵的文明资源,便是地域文化。在这个意义上,江苏文脉的整理与研究,不仅可以为经过全球化席卷之后的同质化世界留下弥足珍贵的"文化大熊猫",而且可以在未来的芸芸众生饱尝"独上高楼,望尽天涯路"的孤独之后,缔造一个"蓦然回首"的文化故乡,从中可以鸟瞰文化与世界关系的真谛。江苏独特的地域环境与江苏文化、江苏文脉之间的关系,已经不是所谓"一方水土一方人"所能表达,可以说,地脉、水脉、山脉与江苏文脉之间的关系,已经是一脉相承。

我们通过考察和反思发现,水系,地势,山势,大海,是对江苏文脉尤其是文化性格产生重大影响的地理因素。露水不显山,大江大河入大海,低平而辽阔,黄河改道,这一切的一切与其说是自然画卷和自然事件,不如说是江苏文脉的大地摇篮和文化宿命的历史必然,它们孕生和哺育了江苏文明,延绵了江苏文脉。历史学家发现,江苏是中国唯一同时拥有大海、大江、大湖、大平原的省份,有全国第一大河长江,第二大河黄河(故道),第三大河淮河,世界第一大人工河大运河,全国第三大淡水湖太湖,全国第四大淡水湖洪泽湖。江苏也是全国地势最低平的一个省区，绝大部分地区在海拔50米以下，少量低山丘陵大多分布于省际边缘，最高峰即连云港云台山的玉女峰也只有625米。丰沛而开放的水系和低平而辽阔的地势馈赠给江苏的不只是得天独厚的宜居，更沉潜、更深刻的是独特的文化性格和文脉传统，它们是对江苏地域文化产生重大影响的两个基本自然元素。

不少学者指证江苏文化具有水文化特性，而在众多水系中又具长江文化的特性。"水"的文化特性是什么？"老聃贵柔"，老子尚水，以水演绎世界真谛和人生大智慧。"天下莫柔弱于水，而攻坚强者莫之能胜。"柔弱胜刚强，是水的品质和力量。西方文明史上第一个哲学家和科学家泰勒斯向全世界宣告的第一个大智慧便是：水是万物的始基。辽阔的平原在中国也许还有很多，却没有像江苏这样"处下"。老子也曾以大海揭示"处下"的智慧："江海所以能为百谷王者，以其善下之，故能为百谷王。"历史上江苏的文化作品、江苏人的文化性格，相当程度上演绎了这种"水性"与"处下"的气质与智慧。历史上相当时期黄河曾经从江苏入海，然而黄河改道、黄河夺淮，几番自然力量或人力所为，最终黄河在江苏留下的只是一个"故道"的背影。黄河在江苏的改道当然是一个自然事件或历史事件，但我们也可能甚至毋宁将它当作一个文化事件，数次改道，偶然之中有必然，从中可以发现和佐证江苏文脉的"长江"守望和江南气质。不仅江苏的地脉"露水不显山"，而且江苏的文化作品、江苏人的文化性格，一句话，江苏文脉，也是"露水不显山"，虽不是"壁立千仞"，却是"有容乃大"。一般说来，充沛的水系，广阔的平原，往往造就自给自足的自我封闭，然而，江苏东临大海，无论长江、淮河，还是历史上的黄河，都从这里入大海，归大海，不只昭示江苏的开放，而且演绎江苏文化、江苏文脉、江苏人海纳百川的博大和静水深流的仁厚。

黄河与长江好似中华文脉的动脉与静脉，也好似人的身体中的任督二脉，以长江文化为基色的江苏文化在中华文脉的缔造和绵延中作出了杰出贡献。有学者指出，在中国文明史上，长江文化每每在黄河文化衰弱之后承担起"救亡图存"的重任。人们常说南京古都不少为小朝廷，其实这正是"救亡图存"的反证，"天下兴亡，匹夫有责"的口号首先由江苏人顾炎武喊出，偶然之中有必然。学界关于江苏文化有三次高峰或三次大贡献，与两次大贡献之说。第一次高峰是开启于秦汉之际的汉文化，第二次高峰是六朝文化，第三次高峰是明清文化。人们已对六朝文化与明清文化两大高峰对中国文化的贡献基本达成共识，但江苏的汉文化高峰及其贡献也应当得到承认，而且三次文化高峰都发生于中国社会的大转折时期，对中国文化的承续作出了重大贡献。在秦汉之际的大变革和大一统国家的建构中，不仅在江苏大地上曾经演绎了波澜壮阔的对后来中国文明产生深远影响的历史史诗，而且演绎这些历史史诗的主角刘邦、项羽、韩信等都是江苏人，他们虽然自身不是文化人，但无疑对中国文化产生了深远影响。董仲舒提出"罢黜百家，独尊儒术"的主张，奠定了大一统的思想和文化基础，他本人虽不是江苏人，却在江苏留下印迹十多年。江苏的汉文化高峰对中国文化的最大贡献，一言概之即"大一统"，包括政治上的大一统和思想文化上的大一统。六朝被公认为中国文化发展的高峰，不少学者将它与古罗马文明相提并论，而六朝文化的中心在江苏、在南京。以南京为核心的六朝文化发生于三国之后的大动乱，它接纳大量流入南方的北方士族，使南北方文化合流，为保存和发展中国文化作出了杰出贡献。明朝是中国历史上第一次在南京，也是第一次在江苏建立统一的帝国都城，江苏的经济文化在全国处于举足轻重的地位，扬州学派、泰州学派、常州学派，形成明清时代中国文化的江苏气象，形成江苏文化对中国文化的第三次重大贡献。三大高峰是江苏的文化贡献，在重大历史转折关头或者民族国家危难之际挺身而出，海纳百川，则是江苏文化的精神和品质，这就是江苏文脉。也正因为如此，江苏文化和江苏文脉在"匹夫有责"的担当精神中总是透逸出某种深沉的忧患意识。

江苏文脉对中国文化的独特贡献及其特殊精神气质在文化经典中得到充分体现。中国四大文学名著，其中三大名著的作者都来自江苏，这就是《西游记》《红楼梦》《水浒》，其实《三国演义》也与江苏深切相关，虽然罗贯中不是江苏人，但却以江苏为重要的时空背景之一。四大名著中不仅有明显的江苏文化的元素，甚至有深刻的江苏地域文化的基因。《西游记》到底是悲剧还是喜剧？仔细反思便会发现，《西游记》就是文学版的《清明上河图》。《清明上河图》表面呈现一幅盛世生活画卷，实际却是一幅"盛世危情图"，空虚的城防，懈怠的守城士兵……被繁华遗忘的是正在悄悄到来的深刻危机。《西游记》以唐僧西天取经渲染大唐的繁盛和开放，然而在经济的极盛之巅，中国人的精神世界却空前贫乏，贫乏得需要派一个和尚不远万里，请来印度的佛教，坐上中国意识形态的宝座，入主中国人的精神世界。口袋富了，脑袋空了，这是不折不扣的悲剧。然而，《西游记》的智慧，江苏文化的智慧，是将悲剧当作喜剧写，在喜剧的形式中潜隐悲剧的主题，就像《清明上河图》将空虚的城防和懈怠的士兵淹没于繁华的海洋一样。《西游记》喜剧与悲剧的二重性，隐喻了江苏文脉的忧患意识，而在对大唐盛世，对唐僧取经的一片颂歌中，深藏悲剧的潜主题，正是江苏文脉"匹夫有责"的担当精神和文化智慧的体现。鲁迅说，真正的悲剧是把美好的东西撕碎了给人看，《西游记》是在喜剧形式的背后撕碎了大唐时代人的精神世界的深刻悲剧。把悲剧当作喜剧写，喜剧当作悲剧读，正是江苏文化、江苏文脉的大智慧和特殊气质所在，也是当今江苏文脉转化发展的重要创新点所在。正因为如此，"江苏文脉研究"必须以深刻的哲学洞察力和深厚的文化功力，倾听来自历史深处的江苏文化的脉动，读懂江苏，触摸江苏文脉。

三　通血脉，知命脉，仰望山脉

江苏文化的巨大魅力和强大生命力，是在数千年发展中已经形成一种传统、一种脉动，不仅是一种客观呈现的文化，而且是一种深植个体生命和集体记忆的生生不息的文脉。这种文化和文脉不仅成为共同的价值认同，而且已经成为一种地域文化胎记。在精神领域，在文化领域，江苏不仅有灿若星河的文学家，而且有彪炳史册的思想家、学问家，更有数不尽的才子骚客。长江在这片土地上流连，黄河在这片土地上改道，淮河在这片土地上滋润，太湖在这片土地上一展胸怀。一代代中国人，一代代江苏人，在这里缔造了文化长江、文化黄河、文化淮河、文化太湖,演绎了波澜壮阔的历史诗篇,这便是江苏文脉。

为了在全球化时代完整地保存江苏文脉这一独特地域文化的集体记忆,以在"后山河时代"为人类缔造精神家园提供根源与资源,为了继承弘扬并创造性转化、创新性发展中国优秀传统文化,2016年江苏启动了"江苏文脉整理与研究工程"。根据"文脉"的理念,我们将研究工程或"研究编"的顶层设计以一句话表达:"通血脉,知命脉,仰望山脉"。由此将整个工程分为五个结构:江苏文化通史,江苏历代文化名人传,江苏文化专门史,江苏地方文化史,江苏文化史专题。

"江苏文化通史"的要义是"通血脉",关键词是"通"。"通"的要义,首先是江苏文化与中国文明的息息相通,与人类文明的息息相通,由此才能有民族感或"中国感",也才有世界眼光,因而必须进行关于"中国文化传统中的江苏文脉"的整体性研究;其次是江苏文脉中诸文化结构之间的"通",由此才是"江苏",才有"江苏味";再次是历史上各个重要历史时期文化发展之间的"通",由此才能构成"史",才有历史感;最后是与江苏人的生命与生活的"通",由此"江苏文脉"才能真正成为江苏人的文化血脉、文化命脉和文化山脉。达到以上"四通","江苏文化通史"才是真正的"通"史。

"江苏文化专门史"和"江苏文化史专题"的要义是"知命脉",关键词是"专",即"专门"与"专题"。"江苏文化专门史"在框架上分为物质文化史、精神文化史、制度文化史、特色文化史等,深入研究各类专门史,总体思路是系统研究和特色研究相结合,系统研究整体性地呈现江苏历史上的重要文化史,如哲学史、文学史、艺术史等,为了保证基本的完整性,我们根据国务院学科分类目录进行选择;特色研究着力研究历史上具有江苏特色的历史,如民间工艺史、昆曲史等。"江苏文化史专题"着力研究江苏历史上具有全国性影响的各种学派、流派,如扬州学派、泰州学派、常州学派等。

"江苏地方文化史"的要义是"血脉延伸和勾连",关键词是"地方"。"江苏地方文化史"以现省辖市区域划分为界,13市各市一卷。每卷上编为地方文化通史,讲述地方整体历史脉络中的文化历史分期演化和内在结构流变,注重把握文化运动规律和发展脉络,定位于地方文化总体性研究；下编为地方文化专题史，按照科学技术、教育科举、文学语言、宗教文化等专题划分，以一定逻辑结构聚焦对地方文化板块加以具体呈现，定位于凸显文化专题特色。每卷都是对一个地方文化的总结和梳理，这是江苏文化血脉的伸展和渗入，是江苏文化多样性、丰富性的生动呈现和重要载体。

"江苏历代文化名人传"的要义是"仰望山脉"，关键词是"文化"。它不是一般性地为江苏历朝历代的"名人"作传，而只是为文化意义上的名人作传。为此，传主或者自身就是文化人并为中国文化的发展、为江苏文脉的积累积淀作出了重要贡献；或者虽然自身主要不是文化人而是政治家、社会活动家等，但对中国文化发展具有重大影响。如何对历史人物进行文化倾听、文化诠释、文化理解，是"文化名人传"的最大难点，也是其最有意义的方面。江苏历史上的文化名人汗牛充栋，"文化名人传"计划为100位江苏文化名人作传，为呈现江苏文化名人的整体画卷，同时编辑出版一部"江苏文化名人辞典"，集中介绍历史上的江苏文化名人1000位左右。

"江苏文脉研究工程"最重要也是最困难的工作是如何寻找和组建一支专门化的学术研究团队，并进行学术组织和管理。它与"整理工程"不同，所有研究都必须原创，而不是对历史文献的整理。由于工程浩大，学术要求高，而专门从事江苏文化、江苏文脉研究的学者又特别少，高端学者更是屈指可数，因而只能步步为营，在摸索中前行。到目前为止，在学术的组织与管理方面大致经历了三个阶段。第一阶段是启动阶段，由于我们对相关研究在学术上可能达到的深度与高度缺乏足够的把握，所以先聘请一些大家、名家领衔相关课题研究，并进行相关学术研讨；第二阶段大胆推进，一年以后，我们感觉积累了一定经验，于是各结构负责人深入高校和其他学术机构，比较广泛地进行选题和研究专家的确认和委托；第三阶段与省哲学社会科学规划办合作，在全省乃至全国范围内进行选题征集和课题申报。为了扩大研究的影响，我们在《明清小说研究》《世界华文文学论坛》设立专门的栏目，系统介绍相关研究成果，推进学术研究。

一脉千古成江河，"茫茫九派流中国"。江苏文脉研究的千里之行已经迈出第一步,历史馈赠我们一次千载难逢的宝贵机遇,让我们巡天遥看,一览江苏数千年文化银河的无限风光,对创造江苏文化、缔造江苏文脉的先行者们献上心灵的鞠躬。面对奔涌如黄河、悠远如长江的江苏文脉,我们惟有以跋涉探索之心,怵惕敬畏之情,且行且进,循着爱因斯坦的"引力波",不断走近并播放来自江苏文脉深处的或澎湃,或激越,或温婉静穆的天籁之音。

我们一直在努力;

我们将一直努力!

目　录

绪　论 ··· 001

生平篇

第一章　勾吴与寿梦 ··· 007
　一　早期吴国 ·· 007
　二　寿梦强吴 ·· 013

第二章　早年季札 ·· 021
　一　时代与君位 ··· 021
　二　馀祭稽考 ·· 026

第三章　聘问中原 ·· 031
　一　聘鲁观乐 ·· 032
　二　聘问齐郑 ·· 034
　三　聘问卫晋 ·· 044
　四　挂剑酬心 ·· 050

第四章　中年季札 ·· 054
　一　"延州来季子" ·· 054
　二　僚光之乱 ·· 057
　三　循礼葬子 ·· 061
　四　去之延陵 ·· 064

第五章	终老诸谜	068
一	救陈试解	068
二	墓与碑	072

观乐篇

第六章	《二南》《郑》《卫》论	077
一	观《二南》论	077
二	观《郑》论	080
三	观《卫》论	090

第七章	诸《风》论	094
一	观《王》论	094
二	观《齐》论	097
三	观《豳》论	101
四	观《秦》论	106
五	观《魏》论	109
六	观《唐》论	112
七	观《陈》论	115
八	"无讥"《郐》《曹》	119

第八章	《雅》《颂》论	122
一	观《小雅》论	122
二	观《大雅》论	131
三	观《颂》论	136

第九章	观舞论	141
一	《象箾》《南籥》《大武》论	141
二	《韶濩》《大夏》《韶箾》论	144

第十章	观乐综论	151
一	证解"孔子删诗"的重要文献	151

二　探寻古代诗乐关系的窗口 ················ 158
　三　蠡测《郑》《卫》之音的文献依凭 ············ 164
　四　儒家文艺观的理论先驱 ················ 167
　五　贤士祛魅：理性评价的前提 ············· 170

思想篇

第十一章　政治思想蠡测 ················ 177
　一　人才系国运 ····················· 177
　二　强公室、抑私门而又通时达变的政治理念 ······ 184
　三　礼法相济、为政尚俭 ················ 190
　四　安民为先的政治理想 ················ 197

第十二章　让国论衡 ··················· 200
　一　纷纭众说 ······················ 200
　二　让国的德性、理性与情势分析 ············ 207
　三　思想动因 ······················ 215

影响篇

第十三章　挂剑酬心：德标千秋 ············· 225
　一　丰意诚信 ······················ 225
　二　挂剑荷诚信 ····················· 231
　三　卓荦于春秋、旌表于万世 ·············· 236

第十四章　道启圣学：季札与孔子 ············ 240
　一　《春秋》"吴子使札来聘"解 ············· 240
　二　观礼与"天民" ··················· 244
　三　"十字碑"之谜及其文化意蕴 ············ 248
　四　在儒家文艺思想史上的地位 ············· 254

第十五章　清徽化吴：季札与吴文化 ··········· 258
　一　吴文化与中原文化交流的使者 ············ 258

二　季札、言偃与东南文脉 …………………………………… 263
　　三　季札与吴文化的内涵 ……………………………………… 270
　　四　德被延陵 …………………………………………………… 277

季札年谱 …………………………………………………………… 282
季札研究论著要目 ………………………………………………… 287

绪　论

司马迁《史记》中"世家"记载的主要是诸侯封国、嬗递的历史，但《吴太伯世家》殊为独特，其中对季札的记载在整个吴国历史中占据的篇幅最多，使《吴太伯世家》平添了几分列传的色彩，这在《史记》列述诸侯的世家之中堪称绝无仅有，由此亦可见季札在吴国历史上的重要地位。

陆机云："穆穆延陵子，灼灼光诸华。"[1]延陵季札以其高风峻节、博洽多识，成为光诸华夏的文化昆仑，遂使荆蛮之吴可与诸夏相伦比，其出聘中原，是向中原诸国昭示吴地精神风貌，改变中原诸国视吴国为蛮夷之邦、文化落后形象的文化展示之旅，为吴国成就政治霸业做了重要的文化铺垫。从这个意思上说，宋人章如愚将"季札礼聘诸华"与"陈良北学中国"视为中原礼乐文明、周孔之道浸达于海隅南国的标志性事件，洵为史实。当然，章氏所论对季札所昭示的文化互动中的另一个维度：吴文化反哺中原文化的认识相对不足。

季札之贤，体现于明敏博洽的资禀、逊让君位的高风、诚信待友的德行以及民惟邦本的思想等方面。

资禀之敏：季札观乐是《左传》中记述甚为详细的篇章，具有重要的文献学价值，成为证解"孔子删诗"的重要文献。同时，季札是观乐还是闻诗？这对于判断古代诗乐一体还是诗乐相分同样具有重要的文献学价值。当然，更重要的意义则在于季札观乐知政，洞机识微，尚"乐而不

---

[1]《吴趋行》，引自萧统编、李善注《文选》卷第二十八，上海古籍出版社1986年版，第1309页。

淫""哀而不愁""节有度，守有序"的和谐之美，其即兴之评对儒家文艺观具有骖骝开道之功。因此，相传为孔子手书"呜呼有吴延陵君子之墓"十字，虽然真伪微茫难稽，但见诸文献的孔子题签仅为季札、比干二人，即使是传说，本身即已包蕴了孔子与季札之间相关的文化信息。而《上博楚简·弟子问》中的"子曰：'前（延）陵季子，其天民也（乎）？'"①更可证孔子对季札心怀敬意。季札挂剑酬心，乃"忠信"的典范；诤言孙林父，乃"徙义"的证例，孔子曰："主忠信，徙义，崇德也。"（《论语·颜渊第十二》）由此可见，季札正是孔子所认为的成德的典范。孔子对于季札的赞佩本质上是对其以德、义为本，礼为用的道德人格的全面认同。因此，孔子对季札发出的"天民"之叹，乃是对季札品行的由衷赞叹。季札的思想明显带有"启圣"的痕迹。

君位以逊：季札受到后世普遍景仰的重要原因在于其绳武光前，远绍太伯的让国高行。《公羊传》认为季札以贤名称著的根本原因即在于让国，即其所谓"何贤乎季子？让国也"。②虽然历史上对季札让国也偶有非议之声，但季札的逊让乃循礼守制之让，目的是君位传嗣过程中免除宫门喋血的灾难。同时，季札屡屡让国的高蹈之行，恰可稍济吴国逐渐滋长的虚骄之气，从其"洁身清行，仰高履尚，惟仁是处。富贵之于我，如秋风之过耳"③的自白中可以看出，季札的逊让，是性情使其然，更是思想与德行所致。正因为如此，季札让国成为历代诗词歌赋的重要题材，体现了历史对这一高风的理性评判。

待友以信：季札出聘中原时，为了践履与徐君心诺，慨然解剑挂树的瞬间，诠释了中国传统伦理思想中诚信守义的丰富内涵：不以生死为碍，不以心约无凭为托词，毅然践约，堪称是诚信之德的至高境界。徐君仅"色欲"而无语求，季札仅"心许"而无言约，其信乃不言之信。仅是主体的"心"诺，亦即是否履约，客方对于主方没有言辞文字的规约，仅凭主体的信义自觉，因此，所践之约实乃不自欺之约，是一种更高的道德标准与信念。季札之举，为中国传统的诚信观念注入了丰厚的内涵，

---

① 马承源主编：《上海博物馆藏战国楚竹书（五）》，上海古籍出版社2005年版，第253页。
② 《春秋公羊传注疏》卷第二十一，《十三经注疏》标点本，北京大学出版社1999年版，第464页。
③ 周生春：《吴越春秋辑校汇考·吴王寿梦传第二》，上海古籍出版社1997年版，第20页。

因此，典出于季札的"挂剑诗"，丰富了中国古代诗苑的题材与审美意象，成为具有浓厚的德性色彩的文学母题。无论是悼亡诗中挂剑题材蕴含着的生死心契还是对知己相得的旌表，都为古代诗国增添了别样的色彩。

民惟邦本：季札虽然没有直接的治国秉政经历，但民惟邦本的思想一直贯穿于其一生的行谊之中。当其聘问晋国时，由表及里地揭示了晋国的国政状况。他认为晋国乱象的根本原因是君臣虚骄不问政，遂使民生凋敝，由此可以窥见季札政治理想之一斑：以君臣的治政为关键，君当以体察下情、了解民生为本。臣当陈情直谏，不以君主好恶为归。最终的目的是要发展生产、以利民生。《左传·哀公十年》尚有"吴延州来季子救陈"的记载。"延州来季子"如是季札，当已年近期颐。虽然限于史料，是否是季札本人亲为，史家对此尚有争议，但是，因为围绕着陈国的争夺战承载着吴楚两国多年的恩怨，如果吴帅没有很深的资望，断不敢轻易主动退兵。同时，直斥吴、楚"二君不务德，而力争诸侯"，可见，救陈的"吴延州来季子"必定是资望极高者，我们认为，此举非季札不能为。果是季札所为，则体现了其不为君主，不为疆土，唯以安民为期的政治理念。在季札的政治图谱中，民的分量超越于君，超越于争疆辟土的事功，而这比孟子民本思想的经典表述"民为贵，社稷次之，君为轻"要早出两百多年。

季札与太伯、言偃一样，都是对吴文化的形成具有重要影响的俊杰，但比较而言，太伯的功业主要在于吴国的建立，对于文教事业则史无记载。有"道启东南"之誉的言偃虽然也与季札一样对于吴文化的形成做出了重要贡献，但言偃主要是作为"因文学以得圣人之一体"，①可见，言偃在吴文化的建构过程中对于儒家思想的南传起到了重要作用。而季札则不同，季札稍早于孔子，他之于孔子恰恰具有诸多"启圣"的痕迹，而且，季札正是生活在吴国走向盛极，亦即季札之于吴文化的作用是在内核形成时期，正因为如此，唐代狄仁杰为江南安抚使时，毁江南祠宇七百余所，仅留有夏禹、吴太伯、季札、伍子胥四庙，其中，夏禹、吴

---

① 朱熹：《晦庵集》卷第八十《平江府常熟县学吴公祠记》，四部丛刊景明嘉靖本。

太伯、伍子胥均因事功见著于历史，而真正因有功于吴地文教肇兴的杰出人物唯季札一人。季札的行迹，植了吴文化形成时期的基因之中，沾溉弥远。因此，延陵季子遂被视为吴文化最为卓越的代表。季札之于吴国，是一位有功于铸就吴国内在文化之魂的贤哲。

两千多年来，季札虽然受到了史家的褒赞、诗家的咏叹、政治家的旌表，学界也不乏对季札研究的力作，但全面考稽季札生平事迹，评价其德操、思想的评传则殊为鲜见。近年来，江苏省委开展了江苏文脉整理研究工程，其中《江苏历代文化名人传》主编姜健先生深知季札在吴文化乃至中国文化史上的影响，将其列入丛书之中，并嘱我以成。承命之后，遂抓紧时间重阅文献，斟酌旧稿，充益内容，以与丛书的篇制相符称，亦期以成为本人主持的2016年度江苏省社会科学基金重大项目《季札与吴文化关系研究》（编号：16ZD010）的阶段性成果。初稿完成后，得到了知名专家徐兴无、徐克谦、申屠炉明教授的审正，初稿中诸多疏略与讹误在两位的法眼之下一一显其原形，责任编辑张凉先生精心核校书稿，在行将付梓之前，我首先要表达对他们四位由衷的感谢与敬意。尽管如此，拙作中一定仍有诸多讹误与不足，祈请方家与同好批评指谬。

周　群

2019年4月16日于远山近藤斋

生平篇

第一章　勾吴与寿梦

一　早期吴国

季札所在的吴国,最初始于太伯奔吴。据《史记·吴太伯世家》记载:"吴太伯,太伯弟仲雍,皆周太子之子,而王季历之兄也。季历贤,而有圣子昌,太王欲立季历以及昌,于是太伯、仲雍二人乃奔荆蛮,文身断发,示不可用,以避季历。季历果立,是为王季,而昌为文王。太伯之奔荆蛮,自号句吴。荆蛮义之,从而归之千余家,立为吴太伯。"①这与《左传》《国语》《吴越春秋》《韩诗外传》的相关记载基本吻合。可见,古公亶父有三子:长子太伯,次子仲雍,少子季历。太伯所奔的所谓"荆蛮",似先是指楚地古族名,朱熹注《诗经·采芑》云:"蛮荆,荆州之蛮也。"②《书·禹贡》载:"荆及衡阳惟荆州。"可见,荆州在今两湖地区,主要是春秋时楚国的活动地区。比较而言,将"荆""蛮"分述似更为合理。司马贞《史记索隐》云:"荆者,楚之旧号,以州而言之曰荆。蛮者,闽也,南夷之名;蛮亦称越。……地在楚越之界。"③对于"荆蛮",亦即太伯、仲雍奔吴最早到达的地点,学界众说不一。有学者认为是江苏宁、镇一带④,还

---

① 《史记》卷三十一《吴太伯世家第一》,中华书局点校本,第1445页。
② 朱熹著、赵长征点校:《诗集传》,中华书局2011年版,第154页。
③ 引自《史记》卷三十一《吴太伯世家第一》,第1446页。
④ 赵建中:《吴文化的源头辨析》,载《江海学刊》2006年第6期。

有认为是陕县①，也有认为是在江西樟树吴城。② 当然，更多的人认为是在太湖流域，对此，历代文献的载录多有可征，如东汉范晔《吴越春秋》记载太伯卒后，"葬于梅里平墟"。③ 三国王象等编《皇览》云："太伯墓在吴县北梅里聚。"唐人张守节《史记正义》注"吴太伯"云："吴，国号也。太伯居梅里，在常州无锡县东南六十里。"④据这些文献记载，太伯、仲雍所到的荆蛮是指太湖流域。

荆、蛮作为特定的地域与部族，最初并无尊卑的色彩。如楚武王在征伐随国时，曾自谓："我蛮夷也。"⑤但因楚人非周族，且长期与诸夏相抗，因此，诸夏在判分夷夏时，有时则含有贬义。如《诗经·采芑》"蠢尔蛮荆，大邦为仇"等。当然，《史记》记太伯初立勾吴时则并无贬义，仅指其地域而已。

"勾吴"名称从何而来？赵晔《吴越春秋》记载："古公卒，太伯、仲雍归，赴丧毕，还荆蛮。国民君而事之，自号为勾吴。"⑥时有吴人问："何像而为勾吴？"太伯曰："吾以伯长居国，绝嗣者也。其当有封者，吴仲也。故自号勾吴，非其方乎？"⑦其意是说，太伯无嗣，当有封地的应该是弟弟吴仲。据《逸周书·世俘解》记载，当武王克商之后，祭祀祖先时，其次第是："自太王、太伯、王季、虞公、文王、邑考，以列升。"其中的"虞公"即是仲雍，又称虞仲。而金文"虞"常作"吴"。可见，称"吴"乃缘起于"仲雍"⑧。"勾"，据颜师古《汉书》卷二十八下《地理志》注曰："句，音钩，夷

---

① 刘启益：《周矢国铜器的新发现与有关历史地理问题》，载《考古与文物》1982年第2期。
② 彭明瀚：《太伯奔吴新考》，载《殷都学刊》1999年第3期。
③ 周生春：《吴越春秋辑校汇考·吴太伯传第一》，上海古籍出版社1997年版，第15页。
④ 引自《史记》卷三十一《吴太伯世家第一》，中华书局点校本，第1445页。
⑤ 《史记》卷四十《楚世家第十》，第1695页。
⑥ 周生春：《吴越春秋辑校汇考·吴太伯传第一》，上海古籍出版社1997年版，第15页。
⑦ 周生春：《吴越春秋辑校汇考·吴太伯传第一》，第15页。
⑧ 虞仲有二：一为仲雍，一为周章之弟。对此，《史记索隐》云："《左传》曰'太伯、虞仲，太王之昭'，则虞仲是太王之子必也。又《论语》称'虞仲、夷逸隐居放言'，是仲雍称虞仲。今周章之弟亦称虞仲者，盖周章之弟字仲，始封于虞，故曰虞仲。则仲雍本字仲，而为虞之始祖，故后代亦称虞仲，所以祖与孙同号也。"(引自《史记·吴太伯世家》，第1447页)有学者认为，太伯之弟仲雍，原本的封地应是雍，而非与太伯同封于吴。仲雍故城雍城，被季历子文王姬昌转封于自己的第十三子雍伯。其后，武王灭商，又将雍伯转到今河南修武县西。(详见何光岳《姬姓吴国的建立与南迁》，载《江西社会科学》1997年第8期)

俗语之发声也,亦犹越为于越也。"①颜师古的解释受到了史家的普遍认同。②

无论对荆蛮与勾吴的认识有何不同,太伯、仲雍都是姬姓,亦即吴之贵族为周裔乃不争的事实。据《吴越春秋》记载,两人"知古公欲以国及昌",而在古公生病期间,托名采药于衡山,来到荆蛮。对于古公去世前后的情形,《韩诗外传》有这样详细的记载:

> 太伯知大王贤昌而欲季为后也,太伯去之吴。大王将死,谓曰:"我死,汝往让两兄,彼即不来,汝有义而安。"大王薨,季之吴告伯仲,伯仲从季而归。群臣欲伯之立季,季又让。伯谓仲曰:"今群臣欲我立季,季又让,何以处之?"仲曰:"刑有所谓矣,要于扶微者。可以立季。"季遂立而养文王,文王果受命而王。③

这样,太伯、仲雍、季历在王位继承问题上,便带有浓厚的温情与道义色彩。对于为何太王意欲传位季历然后及于姬昌,《左传·僖公五年》宫子奇有云:"大伯、虞仲,大王之昭也,大伯不从,是以不嗣。"④对于"不从"的含义,《史记·晋世家》以及顾炎武等都是指太伯"亡去"为"不从"。但朱熹认为:"太王因有翦商之志,而泰伯不从,太王遂欲传位季历以及昌。泰伯知之,即与仲雍逃之荆蛮。于是太王乃立季历,传国至昌,而三分天下有其二,是为文王。"⑤当然,这一观点受到学者们的普遍质疑。如程树德云:"《左传》所云泰伯不从,史公以亡去为不从,其义甚明。杜氏误以不从父命为解,而后儒遂傅会《鲁颂》之文,谓太王有翦商之志,泰伯不从。此是宋儒师心自用之失,不能曲为讳也。"⑥同样,对于古公亶父是否因姬昌而意欲传位给季历,也有学者提出质疑。如清代学者崔述云:"季历于(迁岐)后四十四年始生,文王于后九十七年始生,大王何以预知其有圣孙,而大

---

① [汉]刘向撰、[唐]颜师古注:《汉书》卷二十八下,中华书局点校本,第1667页。
② 当然,也有学者认为勾吴可能是两个不同的氏族名称,一为吴,一为勾。详见方汉文《关于吴文化的源起》,载《寻根》2002年第6期。
③ 《韩诗外传集释》卷十第五章,中华书局1980年版,第340页。
④ 杨伯峻:《春秋左传注》,中华书局1981年版,第307—308页。
⑤ 《四书章句集注·论语集注》卷四《泰伯第八》,中华书局1983年版,第102页。
⑥ 程树德:《论语集释》卷十五《泰伯上》,中华书局1990年版,第510页。

伯又将让之于谁乎？"①所论甚确。

对于太伯奔吴的原因，也有学者认为是受太王的委派，到长江中下游地区联络虎方，以共图灭商大业。② 我们认为，不能排除另一种可能：据《史记·周本纪》记载："古公有长子曰太伯，次曰虞仲。太姜生少子季历，季历娶太任，皆贤妇人。"③不难看出，季历与太伯、虞仲并非一母所生。季历的生母为太姜，而太伯、虞仲显然非太姜所生。太王与姜姓联姻具有特殊的意义。孟子云："太王居邠，狄人侵之，事之以皮币，不得免焉；事之以犬马，不得免焉；事之以珠玉，不得免焉。"④可见，当时的狄（鬼方）对于周人的侵扰已非常严重。"昔太王居邠，狄人侵之，去之岐山之下居焉；非择而取之，不得已也。"⑤在狄人的侵凌之下，太王被迫率部落迁至岐山之下的周原。据载"周原膴膴，堇荼如饴"。⑥ 可见，太王所迁乃一肥美之地。因此，必当已有氏族部落在此生息。据《水经·渭水注》载，源于岐山的岐水"东迳姜氏城南为姜水"。因此，周原所在，当是姜姓氏族部落的所在地。当"狄人侵之"不得已"去之岐山之下"时，姜氏容留太王率领的部落居于此，堪称宏恩。果若如此，太王传位于季历，很有可能与姜氏部落在太王及姬氏部落在危难之时慨然相助有关。相反，太伯、虞仲的生母诸史无载。尽管太伯、仲雍奔吴的原因尚难定论，但根据诸多史料综合分析，当是以太伯、仲雍识时顺势，避免了喋血宫门的争斗，远走以遂"圣瑞"最为合理。可见，因势因贤而让国，使嗣位晏然，以免萧墙之祸，是吴国始祖留下的宝贵的精神遗产。

由于吴地距离周原十分遥远，随太伯、仲雍至勾吴的姬姓人数毕竟有限，太伯、仲雍是以认同吴地土著文化始能立本肇基并得以发展的。《吴越春秋》载其"之荆蛮，断发文身，为夷狄之服"。⑦ 因此，"荆

---

① ［清］崔述：《考信录·丰镐考信录》卷一，载《崔东壁遗书》，上海古籍出版社1983年版，第168页。
② 彭明瀚：《太伯奔吴新考》，《殷都学刊》1999年第3期。
③ 《史记》卷四《周本纪第四》，中华书局点校本，第115页。
④ 杨伯峻译注：《孟子译注·梁惠王下》，中华书局1960年版，第51页。
⑤ 杨伯峻译注：《孟子译注·梁惠王下》，第49页。
⑥ 程俊英、蒋见元：《诗经注析·大雅·绵》，中华书局2017年版，第811页。
⑦ 周生春：《吴越春秋辑校汇考·吴太伯传第一》，上海古籍出版社1997年版，第15页。

蛮义之,从而归之千余家"。同时,太伯、仲雍著荆夷之服,断发文身,也显示了不祧古公王位的决心,亦即《吴越春秋》所谓"示不可用"。①

吴地土地肥沃,气候温润,自然条件优越,因此,勾吴肇基之后,经过数年的努力,已是"民人殷富"。② 当时正处于殷周鼎革之际,中原战事频仍,为了防御战火南延,太伯带领民众筑城,城分内城与外郭,据《吴越春秋》记载,内城"周三里二百步,外郭三百余里"③。在梅里(今江苏无锡梅村镇)建立了吴国的都城,从而奠定了吴国的基业。

太伯去世后,葬于梅里平墟(今无锡市鸿山镇),因为太伯无子嗣,其弟仲雍继位。仲雍亦名吴仲。④ 仲雍之时,进一步强化了姬氏与吴地土著文化的融合⑤。当传至曾孙周章之时,周武王已克殷,天下甫定,于是遣使寻找太伯、仲雍后裔,找到了吴国国君周章,遂"追封太伯于吴"⑥。对于所封的爵位为何?裴骃《史记集解》引韦昭曰:"后武王追封为吴伯,故曰吴太伯。"⑦从"追封为吴伯",可知"伯"亦为爵位。对此,唐人司马贞《史记索隐》亦载:"范宁解《论语》曰:'太者,善大之称;伯者,长也。周太王之元子故曰太伯。'称仲雍、季历,皆以字配名,则伯亦是字,又是爵,但其名史籍先阙耳。"⑧可见,西周初年,周武王封仲雍的后裔周章册封的当是伯爵。从太伯奔吴让国,以及武王克殷后寻访太伯馀裔的诚意来看,封其为伯应在情理之中。但

---

① 周生春:《吴越春秋辑校汇考·吴太伯传第一》,上海古籍出版社1997年版,第15页。《吴越春秋》还记载了此后太伯再次让国的经历:"古公病,将卒,令季历让国于太伯,而三让不受。故云:太伯三以天下让。于是季历莅政,修先王之业,守仁义之道。"(《吴越春秋辑校汇考·吴太伯传第一》,第15页)姑录备考。
② 周生春:《吴越春秋辑校汇考·吴太伯传第一》,上海古籍出版社1997年版,第15页。
③ 周生春:《吴越春秋辑校汇考·吴太伯传第一》,第15页。
④ 周生春:《吴越春秋辑校汇考·吴太伯传第一》,第14页。
⑤ 《左传·哀公七年》记述季康子语云:"大伯端委以治周礼,仲雍嗣之,断发文身。"(杨伯峻:《春秋左传注》第1641页)这一记载与《史记》《吴越春秋》不一。《左传》所载乃季康子斥吴人"无礼"由来已久,意在贬斥,许是因为孔子曾言及"泰伯其可谓至德也已矣"。(《论语·泰伯篇》)因此,遂将"断发文身"延至仲雍,故当以《史记》为是。尽管如此,仲雍进一步加强与吴地本土文化的融合则是完全可能的。迄至寿梦在钟离之会中表现出的与中原文化的隔绝,也从一个侧面说明了此前吴地土著文明得到了强化。
⑥ 周生春:《吴越春秋辑校汇考·吴太伯传第一》,上海古籍出版社1997年版,第15页。
⑦ 引自《史记》卷三十一《吴太伯世家第一》,中华书局点校本,第1445页。
⑧ 引自《史记》卷三十一《吴太伯世家第一》,第1445页。

《春秋经》中对吴国国君爵位的记载则多为"子",如《春秋经·襄公十二年》:"秋九月,吴子乘卒。"《春秋经·襄公二十五年》:"吴子遏(诸樊)伐楚,门于巢,卒。"《春秋经·襄公二十九年》:"阍弑吴子馀祭。"不难看出,自从《春秋》记吴王寿梦时,即以"吴子"称之,亦即鲁国史官视吴君为子爵。但《国语》中有这样的记载,晋、吴黄池之会时,晋定公使董褐谓吴王夫差曰:"夫命圭有命,固曰吴伯,不曰吴王。"①黄池之会是在前482年,在《春秋经》屡载"吴子"之后,因此,吴王的爵位是伯还是子?似有两说。从《史记·吴太伯世家》《吴越春秋》等文献可以看出,西周初年,武王封吴为伯于理可通。但在《春秋经》中屡称"吴子",这也许是因为自从周章之后,吴地与中原隔绝甚久而被视为僻远之蛮夷,对其心存贬义不无关系。吴人因长期与中原文明交流甚少,从黄池之会中可以看出,夫差云:"孤欲守吾先君之班爵,进则不敢,退则不可。"②显然,夫差所谓"先君之班爵",当是指吴国开国时的"伯"爵。正因为如此,董褐才有"吴伯"之称。这也从侧面印证了《春秋经》中称"吴子",乃是自寿梦之后,当时中原诸国对于吴国爵位的一致认识。③ 事实上,春秋时期爵位升降变更的情况并不鲜见,如汪克宽《春秋胡传·附录纂疏》云:"杞自庄二十七年称伯,至僖二十三年、二十七年两称子。自后并称伯,惟此年'来盟'(指《春秋经·襄公二十九年》'杞子来盟')称子,厥后终春秋称伯。"④与杞之班爵变更一样,吴亦在伯爵与子爵之间。

武王克殷之后,又封太伯、仲雍之后为二:一为荆蛮之吴,亦即将已居君位的周章仍封于吴;一为中国之虞,封周章之弟虞仲至夏墟(今山西平陆县),列为诸侯。中国之虞经十二世之后为晋献公所灭。⑤ 周章

---

① 徐元诰:《国语集解·吴语第十九》,中华书局2002年版,第552页。
② 徐元诰:《国语集解·吴语第十九》,第551页。
③ 后世史家也一般载其为子爵。如[晋]杜预注、[宋]林尧叟注[明]王道焜、赵如源辑《左传杜林合注》卷一:"吴,姬姓,子爵。自大伯祚吴,五世至周章,而武王克殷,因封之吴。"(文渊阁四库全书本)
④ 转引自杨伯峻《春秋左传注·襄公二十九年》,中华书局1981年版,第1153页。
⑤ 详见《史记》卷三十一《吴太伯世家第一》,中华书局点校本,第1446、1448页。

之后,吴国严格实行自仲雍以来父终子及的君位继承制度,①历十四世至寿梦继位。

二 寿梦强吴

寿梦像

吴王寿梦时,吴国的国力逐渐强盛。寿梦(?——前561年),名

---

① 《史记》与《吴越春秋》对周章之下的传承世系记载略有不同,但都是子承父位。唐人陆广微撰《吴地记》对于仲雍之后的传承世系记载与《史记》《吴越春秋》差异较大,人名多不同,且少了四世。其中有两次由侄继位,分别是:侄璧羽承夷处,侄鸥夷承柯转。(文渊阁四库全书本)《吴地记》所据何种文献不可考。兹将《史记》与《吴地记》所记传承世系记于次,以备考。《史记·吴太伯世家第一》:"周章卒,子熊遂立。熊遂卒,子柯相立。柯相卒,子彊鸠夷。彊鸠夷卒,子馀桥疑吾立。馀桥疑吾卒,子柯卢立。柯卢卒,子周繇立。周繇卒,子屈羽立。屈羽卒,子夷吾立。夷吾卒,子禽处立。禽处卒,子转立。转卒,子颇高立。颇高卒,子句卑立。……句卑卒,子去齐立。去齐卒,子寿梦立。"(《史记》卷三十一,中华书局点校本,第1447页)[唐]陆广微《吴地记》:"周繇王在位三十七年,子熊遂立之。熊遂在位四十九年,子早轸立之。早轸在位五十九年,子款立之。款吾在位三十八年,子兄夷处之。夷处在位三十九年,侄璧羽立之。璧羽在位三十六年,子齐玄立之。齐玄在位五十年,子柯卢立之。柯卢在位二十七年,弟柯转立之。柯转在位二十四年,子娇夷立之。娇夷在位二十四年,侄鸥夷立之。鸥夷在位三十年,子界嗣立之。界嗣在位三十五年,子知济立之。知济在位二十七年,子诸樊立之。"(清文渊阁四库全书本)

乘,字孰姑。① 寿梦是一位积极有为的君主,在位期间经济、文化、军事得到了全面的发展。《吴越春秋》载其"吴益强,称王。凡从太伯至寿梦之世,与中国时通朝会,而国斯霸焉"。② 在政治与文化上,寿梦继位伊始就"朝周,适楚,观诸侯礼乐"。③ 这是自太伯、仲雍适荆蛮之后史书中第一次对吴与中原交通的记载。春秋时期,自从周、郑繻葛之战,王师败绩以后,王室浸微不振。其后的内乱加剧了王室的衰微。据《左传》记载,鲁桓公十八年(前694年),周公黑肩被杀,王子克逃到了燕国。其后,鲁庄公十九年(前675年),周惠王时,蔿国、边伯、石速等发动叛乱,五位大夫侍卫奉周庄王之子颓,逃到卫国,卫、燕两国军队攻打周惠王,立子颓为周天子。周惠王依靠郑、虢的力量杀了王子颓及五大夫,平定了王室之乱,于是惠王将虎牢以东的土地赐给郑伯,将酒泉赐给虢公,王畿更加狭小,王室更加衰微。在此背景之下,春秋时期诸侯仍有尊王之举,但这往往是与攘夷联系在一起的,亦即借尊王以团结各种力量,凝聚诸夏,共同对付戎狄交侵的局面。但寿梦"朝周"表现的吴国尊王取向,目的则稍有不同。这一方面是因为吴为姬姓诸侯,存在着宗法的内因;另一方面,自殷周鼎革以来,吴国处于边远的荆蛮之地,远离王畿,国力不强,且附属于强楚,勾吴与诸夏之间的政治、军事联系几乎中绝。因此,寿梦的"朝周",是借尊王以祧宗法,最根本的动因是恢复吴国与诸夏以及周边邻国之间的文化交流,学习中原的礼乐文明,为最终成就霸业打下政治文化基础。

寿梦在"朝周"之外,尚有"适楚"之行。春秋时期,周室衰微,南方的楚国与中原诸强一起逐渐崛起,所谓"周室微,唯齐、楚、秦、晋为强"。④ 楚国逐渐将势力北拓至中原地区,与中原诸强发生碰撞。鲁僖公二十八年(公元前632年),晋文公率晋、宋、齐、秦四国联军与以楚国为首的楚、陈、蔡三国联军在城濮大战,晋军重创楚军,晋文公被推为霸

---

① 《史记索隐》:"襄十二年《经》曰:'秋九月,吴子乘卒'。《左传》曰寿梦。计从成六年至此,正二十五年。《系本》曰:'吴孰姑徙句吴。'宋忠曰:'孰姑,寿梦也。'代谓祝梦乘诸也。寿孰音相近,姑之言诸也,《毛诗传》读'姑'为'诸',知孰姑寿梦是一人,又名乘也。"(《史记》,第1449页)
② 周生春:《吴越春秋辑校汇考·吴太伯传第一》,上海古籍出版社1997年,第16页。
③ 周生春:《吴越春秋辑校汇考·吴王寿梦传第二》,第18页。
④ 《史记》卷三十二《齐太公世家第二》,中华书局点校本,第1491页。

主。但城濮之战以后，晋楚争霸的局面仍没有结束。楚国进一步经略东南，据《左传·鲁宣公八年》载："楚为众舒叛故，伐舒、蓼，灭之。楚子强之，及滑汭。盟吴、越而还。"① 杜预注云："《传》言楚强，吴、越服从。"② 亦即当吴国见诸中原史籍之时，即已成为楚国的附属国了。在这样的背景之下，"朝周""适楚""观诸侯礼乐"便成了寿梦经略吴国的首要任务。

寿梦二年（前584年），楚之亡大夫申公巫臣自晋使吴，这是吴国与诸夏联系的一个重要事件。申公巫臣原为楚国的大夫，巫臣逃离楚国有几方面的原因。其一，当楚国围攻宋国的战争结束后，子重请求以属邑申、吕作为赏田，楚王同意了子重的请赏。但申公巫臣提出反对，认为申、吕作为赋税之地，可以作为防御北方的屏障，如果成为子重的赏田，"是无申、吕也，晋、郑必至于汉"。③ 于是楚王收回了对子重的承诺，子重遂怨恨巫臣。其二，因夏姬而结怨子反。夏姬是郑穆公之女，嫁给陈国大夫夏御叔，生子夏征舒（字南）。夏姬貌美多姿，陈灵公及陈大夫孔宁、仪行父都与其私通。④ 夏征舒一怒之下射杀了陈灵公。孔宁、仪行父都逃到了楚国，太子午逃到了晋国。夏征舒自立为陈侯。楚庄王因夏征舒杀陈灵公而率领诸侯讨伐陈国，杀夏征舒后迎太子午而立之。楚之子反欲娶夏姬，申公巫臣力阻之，子反亦怨恨巫臣。于是巫臣带上夏姬离开楚国，逃往晋国。⑤ 其后，子重、子反杀害了巫臣在楚国的家族，分了巫臣的采邑。因此，寿梦继位后的第二年（前584年）巫臣再作

---

① [晋]杜预集解：《春秋经传集解》第十《宣公上》，上海古籍出版社1978年版，第564页。
② [晋]杜预集解：《春秋经传集解》第十《宣公上》，第565页。
③ [清]高士奇撰：《左传纪事本末》卷四十九《吴通上国》，中华书局1979年版，第717页。
④ 参见《左传》宣公九年、十年，以及《史记·陈杞世家》等。《诗经·陈风·株林》被认为是刺陈灵公和夏姬淫乱之作，如《毛诗序》云："《株林》，刺灵公也。淫乎夏姬，驱驰而往，朝夕不休息焉。"（《毛诗正义》卷第七，《十三经注疏》标点本，北京大学出版社1999年版，第452页）
⑤ 邢昺《孟子注疏解经》卷第十上《万章章句下》："按《史记》云：ّ'夏姬，夏征舒之母，陈大夫御叔之妻。'三为王后，七为夫人，纳之者无不迷惑，陈灵公与大夫孔宁、仪共通于夏姬，废失朝政。征舒遂杀灵公及申公。盖将夏姬来奔于晋，晋人杀巫臣又娶夏姬。"但是，吕思勉先生对此持怀疑态度，谓："巫臣窃夏姬之事，详见《左氏》，说甚恢诡，疑非实录。……案不经之说，往往以一妇人为之经纬，如《蒙古源流考》之洪郭斡拜济是。《左氏》所采间有类《战国策》者，如昭公七年，蓮启疆为楚说昭公复得大屈，其最显者也。声子说子木之辞，亦此类，非信史也。"（《先秦史》，上海古籍出版社2005年版，第180页）

为晋国的使者入吴，目的在于教吴用兵叛楚。巫臣教吴国使用车马、用兵布阵之法，训练士卒，指导吴国用兵伐楚，吴国的军事实力得到了增强。巫臣还将其子狐庸留在吴国，寿梦委其为行人之职①，而《吴越春秋》则载"寿梦以巫臣子狐庸为相，任以国政"。无论哪一种文献的记载近实，寿梦都是以重任委诸狐庸。任用中原人士为高官，这在吴国历史上是十分鲜见的。这显示了寿梦广纳贤才，着意于汲取中原文化的胸襟，这也是吴国迅速走向强盛的重要条件。显然，巫臣使吴是吴国与中原文化交流进一步深化的重要契机。《史记》谓其"吴于是始通于中国"，②"吴子寿梦说（悦）之，乃通吴于晋"。③ 同时，更重要的是巫臣使吴从根本上瓦解了吴楚自楚庄王十三年（前601年）伐舒、蓼之后形成的楚、吴、越联盟。寿梦二年（前584年，鲁成公七年），吴国北伐郯国（今山东省郯城县西南），直逼鲁国，鲁国的执政大臣季文子深以为忧，曰："中国不振旅，蛮夷入伐，而莫之或恤。无吊者也夫！"发出了"吾亡无日矣"④的叹息。可见，此时吴国的国力已相当强盛。在吴、楚关系上，吴国也改变了受制于楚的局面，转而"伐楚，伐巢，伐徐。子重奔命。马陵之会，吴入州来。子重自郑奔命。子重、子反于是乎一岁七奔命。蛮夷属于楚者，吴尽取之。是以始大，通吴于上国。"⑤亦即原本属于楚国的地域，全部为吴国所占有。

寿梦在位期间，在"朝周""适楚"之后，还曾与鲁成公等会盟于钟离，对此，《吴越春秋》载：

> 寿梦元年，朝周，适楚，观诸侯礼乐。鲁成公会于钟离，深问周公礼乐。成公悉为陈前王之礼乐，因为咏歌三代之风。寿梦曰："孤在夷蛮，徒以椎髻为俗，岂有斯之服哉？"因叹而去，曰："于乎

---

① 吴国任狐庸的职务，文献记载不一。《吴越春秋·吴王寿梦传第二》："（寿梦）十七年，寿梦以巫臣子狐庸为相，任以国政。"《史记·吴太伯世家》则载其为吴行人。服虔曰："行人，掌国宾客之礼籍，以待四方之使，宾大客，受小客之币辞。"（引自《史记》第1448页）许是以"行人"之职而委以更多国政。
② 《史记》卷三十一《吴太伯世家第一》，中华书局点校本，第1448页。
③ ［晋］杜预集解：《春秋经传集解·成公上第十二》，上海古籍出版社1978年版，第689页。
④ 杨伯峻：《春秋左传注·成公七年》，中华书局1981年版，第832—833页。
⑤ 杨伯峻：《春秋左传注·成公七年》，第835页。

哉,礼也!"①

钟离之会的时间,文献记载不一②,《春秋》对其参加者的记述尤详,云:"冬十有一月,叔孙侨如会晋士燮、齐高无咎、宋华元、卫孙林父、郑公子鰌、邾人会吴于钟离。"③可见,这是一次规模较大的盟会。明人王樵在《春秋辑传》中更认为是诸侯大夫先约集相会,而后会吴。④其地钟离,史家有不同的解释:一说属于楚。如杜预云:"钟离,楚邑,淮南县。"⑤一说为国名(见《路史》),汉代置钟离县,属九江,今属濠州。⑥这次钟离盟会的动因概有两个方面:

首先,鲁以及中原诸国与吴国会盟,达到共同抗击楚国的目的。虽然公元前579年宋国的大夫华元促成了晋、楚弭兵,"楚公子罢如晋聘,且莅盟"。⑦但是,在鲁成公十五年(前576年)六月,楚国发兵侵郑、卫,对此,《左传》记载了当时楚国令尹子囊与司马子产的对话:

> 子囊曰:"新与晋盟而背之,无乃不可乎?"子反曰:"敌利则进,何盟之有?"

结果,"楚子侵郑,及暴隧,遂侵卫,及首止,郑子罕侵楚,取新石。"⑧可见,楚国北向用兵,对中原诸国形成了现实的威胁。正是在这样的背景之下,诸夏与吴国举行了钟离之会。同时,在两霸相持的大背景之下,寿梦招徕人才,富国强兵,国力倍增。寿梦二年(前58年),吴国发动了攻打郯国的战争。《左传·成公七年》载:"七年,春,吴伐郯,郯成。"但郯是鲁国的属国,而鲁与晋的关系又颇为微妙。据《史记》记载,成公四年,"成公如晋,晋景公不敬鲁。鲁欲背晋合于楚,或谏,乃不。

---

① 周生春:《吴越春秋辑校汇考·吴王寿梦传第二》,上海古籍出版社1997年版,第18页。
② 对于钟离之会的时间,文献记载的时间不一。《春秋》《左传》记其为鲁成公十五年。《史记》卷十四《十二诸侯年表》第二,记其为吴寿梦十年:"与会会钟离。"(《史记》中华书局点校本,第627页)《年表》于同年鲁成公十五年亦记其"始与吴通,会钟离"。因此,当为寿梦十年(即鲁成公十五年,前576年)为是。
③ 杨伯峻:《春秋左传注·成公十五年》,中华书局1981年版,第872页。
④ 转引自杨伯峻《春秋左传注·成公十五年》,中华书局1981年版,第872页。
⑤ 《春秋左传正义》卷二十七,《十三经注疏》标点本,北京大学出版社1999年版,第767页。
⑥ 见周生春《吴越春秋辑校汇考·吴王寿梦传第二》,上海古籍出版社1997年版,第18页。
⑦ 杨伯峻:《春秋左传注·成公十二年》,中华书局1981年版,第858页。
⑧ 杨伯峻:《春秋左传注·成公十五年》,第873页。

十年,成公如晋。"①可见,与晋国同为姬姓的鲁国也在晋、楚对峙中徘徊犹豫。吴国的这次北伐,集中地展示了吴国的国力和军事力量,对自视为上国的中原诸国震动甚大,并引起与楚国争霸的晋景公对吴国的重视。也就在这一年,流亡到晋国的楚国大夫申公巫臣被晋景公派遣到吴国,目的是瓦解楚、吴的联盟关系,进而扶持吴国以抗楚。

其次,吴国通过与鲁成公等中原诸国的会盟,增进与中原诸国的联系,学习礼乐文明,为北进中原做好文化准备。鲁国乃周武王之弟周公旦的封地,据《史记·鲁周公世家第三》记载,武王灭纣之后,"遍封功臣同姓戚者。封周公旦于少昊之虚曲阜,是为鲁公。"②而周朝的礼乐典章制度为周公所作,据《史记》记载,成王即位后,"天下已安,周之官政未次序,于是周公作《周官》,官别其宜。作《立政》,以便百姓。"③鲁是周公的封地,诚如杨向奎先生所说:"宗周初建,周公经营洛邑,绾毂东方而封建诸侯,六合之内各有强藩,而鲁与晋实为大国。"在比较齐鲁的关系时又说:"后来的发展,齐强而鲁弱。但中国之传统礼乐文明,却以鲁为正统。""鲁宗宗周传统,'周礼在鲁',而齐国偏离此道,遂有'齐一变至于鲁,鲁一变至于道'的概括。"④因此,"鲁有天子礼乐者,以褒周公之德也"。⑤ 寿梦与鲁成公会于钟离之时,"深问周公礼乐"。学习中原的礼乐文明。由于礼乐主要成于周公旦,太伯奔吴时尚未有系统的礼乐文明带到吴地⑥,其后吴与中原交流时亦无相关记载。寿梦与鲁成公之会时对礼乐的感叹,为季札修习礼乐提供了强烈的外部动因。从寿梦观礼乐之窘迫,到季札观乐之从容,相隔时间并不太长,但体现了吴国文化地位的重大变化,这其中季札卓荦的才华与勤勉的学习是实现这一转变的重要因素。

对于这次钟离之会,有史家认为吴乃夷邦,中原诸国与吴国本非同

---

① 《史记》卷三十三《鲁周公世家第三》,中华书局点校本,第1537页。
② 《史记》卷三十三《鲁周公世家第三》,第1515页。
③ 《史记》卷三十三《鲁周公世家第三》,第1522页。
④ 杨向奎:《〈鲁国史〉序》,见郭克煜等著《鲁国史》第1页,人民出版社1994年版。
⑤ 《史记》卷三十三《鲁周公世家第三》,第1523页。
⑥ 虽然《左传·哀公七年》载子贡在与吴国太宰嚭对话时曾说过"大伯端委以治周礼",但此之周礼,仅是指周族之礼,并不是其后周公所制之礼。诚如《左传》"正义"所云:"大伯之时,未有周礼,言'治周礼'者,谓治其本国岐周之礼,非周公所制礼也。"(《春秋左传正义》,第1641页)

好，往往对吴含有轻蔑之意。如杜预注云："吴夷未尝与中国会，今始来通，晋帅诸侯大夫而会之，故殊会，明本非同好。"①从聘会内容的记载来看，寿梦确实对于中原礼乐文明甚为生疏，深深体会到了文化的差异，以及文化交流的重要。因此，《吴越春秋》记载的钟离之会，多为寿梦对于文化差异的感喟。通过此次盟会，寿梦对于中原礼乐文明虽然仅有初步的了解，但已深切地体会到了熟悉礼乐文明是与中原列国交往的必要条件。事实上，能否守礼重义，直接关系到吴国攻守征伐、图强求霸的大业，为此，吴国亦曾有过深切的教训。如鲁襄公十三年（前560年），楚共王去世时，吴国乘机征伐楚国，楚国军队在养由基与公子午的率领之下，诱吴师而围之，在楚国庸浦（今安徽无为县南）大败吴师，吴国公子党被俘。在对方居丧之时征伐，受到了时人的不屑，《左传》引《诗经·小雅·节南山》"不吊昊天，乱靡有定"以讥刺吴国的无礼无义之行。第二年，当吴国遣使向盟国晋国报告战败的消息，并商讨如何讨伐楚国的计划时，晋卿范献子则谴责吴国乘楚丧而侵楚是不道德的行为，因此而拒绝了吴人的请求。② 因此，对礼义文明的了解与运用关系到吴国的兴衰大业。寿梦的努力直接影响了季札，这也是作为蛮夷之邦的季札能够被孔子叹为"吴之习于礼者"的重要动因。

值得指出的是，吴国虽然被视为荆蛮，但与中原文化有着千丝万缕的联系。古代以诸夏为中心，周边分别是东夷、南蛮、西戎、北狄。但其中的分判、厘别并不十分严格。诚如钱穆先生所说"当时中国本为一种华、夷杂处之局"。③ 同时，当时诸夏与戎狄之间的区别"其实只是文化生活上的一种界线，乃耕稼城郭诸邦与游牧部落之不同"。④ 比较而言，东夷、南蛮主要是农耕文明，与诸夏之间的生活习俗以及文化上的差异程度与戎狄并不一致。从这个意义上说，作为荆蛮的吴地与诸夏之间的文化交流要方便得多。事实上，吴地与中原文化的交流并没有真正

---

① 《春秋左传正义》卷第二十七，《十三经注疏》标点本，北京大学出版社1999年版，第767页。
② 杨伯峻：《春秋左传注·襄公十四年》："十四年春，吴告败于晋。会于向，为吴谋楚故也。范宣子数吴之不德也，以退吴人。"（中华书局1981年版，第872页）
③ 钱穆：《国史大纲》第二编第四章《霸政时期》，商务印书馆1996年版，第55页。
④ 钱穆：《国史大纲》第二编第四章《霸政时期》，第55、56页。

停止过,这屡屡在考古发现中得到证明。如乾隆二十六年(1761年)出土于江西临江的春秋中期的者减钟,"形式、纹饰和铭文都出于中原,这可以认为是吴的统治阶级为要吸收先进的中原文化而做出努力的一种实证"。① 当然,这种交流往往主要局限于器物文化层面,而对于中原的礼乐文明,吴地显然还保存了较多的土著风俗,这从寿梦钟离之会时的"深问礼乐",以及与中原迥异的椎髻为俗得到了证明。

钟离之会以后,吴国与中原诸国的交往更多。寿梦十六年(前570年),晋侯大会诸侯于鸡泽,据《左传》记载,"晋侯使荀会逆吴子于淮上,吴子不至"。② 虽然寿梦因"道远多难"而未能参加会盟,但是吴国与中原诸国,尤其是与晋国的关系已颇为密切。其后寿梦二十三年(前563年,襄公十年),鲁襄公"会晋侯、宋公、卫侯、曹伯、莒子、邾子、滕子、薛伯、杞伯、小邾子、齐世子光会吴于柤"。③ 这是一次规模更大的诸侯会盟,诸侯"会吴于柤",显示吴国影响在中原已逐渐扩大。

虽然晋楚两国是当时大国关系的核心,但是,在寿梦时期吴国逐渐强大,地位也得到了很大的提升,不但吴与楚之间的力量逐渐平衡,且吴国经常对楚国取攻伐之势,吴国成为当时列国之中影响甚大的诸侯国,为其后霸业的形成奠定了坚实的基础。司马迁记之曰:"寿梦立而吴始益大,称王。"④寿梦开启了吴国交通中原的新的一页,因此,当其在鲁襄公十二年(前561年)去世时,鲁襄公到周文王的庙中吊唁⑤,显示了吴国与中原尤其是姬姓国之间的交流得到了加强。

---

① 马承源:《关于翏生盨和者减钟的几点意见》,载《考古》1979年第1期。
② [晋]杜预集解:《春秋经传集解》第十四《襄公》一,上海古籍出版社1978年版,第808页。
③ [晋]杜预集解:《春秋经传集解》第十五《襄公二·经》,第863页。
④ 《史记》卷三十一《吴太伯世家》,第1447页。但对于吴君称王的时间,乾隆二十六年(1761年)出土的者减钟铭文提供了另一种可能,据马承源先生读识,此钟乃吴君毕轸(即《史记》所载之"句卑")之子者减所有,已显示毕轸为句吴王。果如此,吴君称王则早于寿梦。(参见马承源主编《商周青铜器铭文选》第四卷《东周青铜器铭文释文及注释》,文物出版社1990年版,第363页)
⑤ 《左传·襄公十二年》:"秋,吴子寿梦卒。临于周庙,礼也。凡诸侯之丧,异姓临于外,同姓于宗庙,同宗于祖庙,同族于祢庙。是故鲁为诸姬,临于周庙。"[晋]杜预集解:《春秋经传集解》第十五《襄公二》,上海古籍出版社1978年版,第891—892页)

第二章　早年季札

约寿梦十年①（前576年），寿梦第四子出生，名札。因排行第四，故称季。兄长有三，依次分别是诸樊②、馀祭和馀眜③。

一　时代与君位

季札出生时，周王朝早已名存实亡。伴随着这一权力转移的过程，一批以卿大夫为主体的贤士应运而生。他们往往学识渊博、品行高洁、思想活跃，并且通过频繁的会盟、聘问等形式，论政述志、砥砺名节，其言行与政治、道德取向影响了春秋晚期的社会进程、文化氛围，为儒家以及百家之学的肇兴提供了直接的思想资源。其中较为卓荦的如鲁国的叔孙豹、齐国的晏婴、晋国的叔向、卫国的蘧伯玉、郑国的子产等。吴国虽然偏于东南，但自寿梦以来，与中原诸国的交通已十分频密，正是在吴国与中原文化交融的背景之下，季札以突出的资禀与品行，成为吴

---

① 季札生卒年，正史无载。吴庆臣编《吴氏宗谱》云："十九世季札，寿梦公之四子也。生于周简王十年乙酉（前576）四月十八日，卒于周敬王三十五年丙辰（前485）。"姑从之。
② 司马贞：《索隐》："《春秋经》书'吴子遏'，《左传》称'诸樊'，盖遏是其名，诸樊是其号。《公羊传》'遏'作'谒'。"（引自《史记》卷三十一《吴太伯世家》，中华书局点校本，第1449页）
③ 司马贞：《索隐》："《左传》曰'阍戕戴吴。'杜预曰'戴吴，馀祭也'。又襄二十八年《左传》，齐庆封奔吴，句馀与之朱方。杜预曰'句馀，吴子夷末也'。计馀祭以襄二十九年卒，则二十八年赐庆封邑，不得是夷末。且句馀余祭或谓是一人，夷末惟《史记》《公羊》作'馀眜'，《左氏》及《谷梁》并为'馀祭'。夷末、句馀音字各异，不得为一，或杜氏误耳。"（引自《史记》卷三十一《吴太伯世家》，第1449页）

文化的杰出代表,誉著海内的贤士,与诸贤竞秀于春秋晚期的纷乱之世。同时,季札所处的时代还是一个中西方文化不约而同地对人类与世界进行深入反思的时代,即德国哲学家卡尔·雅斯贝尔斯(Karl

卡尔·雅斯贝尔斯

Jaspers,1883—1969)提出的"轴心时代(Axial Age)"。即从公元前800年到公元前200年之间,以公元前500年为中心。在这段精神历程之中,非凡的事集中地发生了。在中国产生了孔子和老子以及百家之学;在印度出现了《奥义书》,生活着佛陀;在伊朗,查拉图斯特拉在教授他那富于挑战性的宇宙观;在希腊有荷马、巴门尼德斯、赫拉克利特、柏拉图、修昔底德,以及阿基米德。在这个时代,东西方在相互并不了解的情况下,开始意识到在整体中的存在、自我以及自身的限度,创立了世界宗教,这个时期所创造的文明仍然影响着今天的世界。就当时的中国而言,老子的生平微茫难稽,但孔子则稍晚于季札。亦即,就古老的中国而言,季札是较早沐浴到这一时代曙色的春秋诸贤士之一,他与老子、孔子等春秋贤士共同为这一思想春天的到来献上了心香一瓣,留下了珍贵的思想资料。

对于季札早期生活,文献记载甚疏。在有限的文献中,仍然可以看到寿梦对于少子特别的钟爱,以及诸兄对于其弟的怜爱。① 幼年的季札

---

① 《公羊传·吴子使札来聘》:"季子弱而才,兄弟皆爱之,同欲立之为君。"〔汉〕公羊寿传、何休解诂:《春秋公羊传注疏》卷第二十一,北京大学出版社1999年版,第464页)

当是在寿梦对于中原礼乐文明的艳羡情感的驱使之下,以饱饫群籍、课习礼乐为主。当寿梦参加诸侯会盟之时,年岁渐长的季札也可能随父前行。如寿梦二十三年祖之会时,季札虽然仅十二三岁,但作为深受寿梦喜爱的少子,随父参加会盟是完全可能的。果如此,季札从中受到中原文化的熏染当是直接与深刻的。

当季札渐长之时,寿梦之后的君位继承问题日渐显现。吴国立国初期,太伯因无嗣而兄终弟及,其后都实行严格的子嗣父位的君位继承制度。但在殷商末年,太伯、仲雍即有让季历而及于文王的先例,这一因贤而让之举也受到了后世的景仰,司马迁因"嘉伯之让"①而将吴世家列为第一。这一因贤而改变君位继承制度的特例在寿梦时再一次出现了。对此,《吴越春秋》有这样详细的记载:

> 季札贤,寿梦欲立之。季札让曰:"礼有旧制,奈何废前王之礼,而行父子之私乎?"寿梦乃命诸樊曰:"我欲传国及札,尔无忘寡人之言。"诸樊曰:"周之太王,知西伯之圣,废长立少,王之道兴。今欲授国于札,臣诚耕于野。"王曰:"昔周行之,德加于四海。今汝于区区之国,荆蛮之乡,奚能成天子之业乎?且今子不忘前人之言,必授国以次,及于季札。"诸樊曰:"敢不如命?"②

但结果则与古公亶父之时的情况有所不同,这就是商周之际季历继位,而季札则"让不可"③,寿梦卒后,在季札执意辞让的情况下,乃立长子诸樊,摄行事当国。当诸樊除丧之后,仍意欲让位季札,但季札坚辞不受,曰:"曹宣公之卒也,诸侯与曹人不义曹君,将立子臧,子臧去之,以成曹君,君子曰:'能守节矣'。君义嗣,谁敢干君!有国,非吾节也。札虽不才,愿附于子臧之义。"④季札所说的子臧是曹国的公子欣时,字子臧。曹宣公与诸侯一起攻打秦国时身亡,曹国让子臧奉迎宣公灵柩,公子负刍与太子留守。负刍杀害公子自立,为曹成公。子臧回到

---

① 《史记》一百卷三十《太史公自序第七十》,中华书局点校本,第3307页。
② 周生春:《吴越春秋辑校汇考·吴王寿梦传第二》,上海古籍出版社1997年版,第19页。
③ 《史记》卷三十一《吴太伯世家第一》,第1449页。
④ 《史记》卷三十一《吴太伯世家第一》,第1450页。

曹国安葬宣公以后，曹国很多人都要随子臧离开曹国。曹成公请求子臧归来，子臧回国，曹国才得以安宁。其后诸国一起讨伐曹成公，将其解至京师，并且欲立子臧，子臧坚辞不受，说：《前志》有志曰：'圣达节，次守节，下失节。'为君非吾节也。虽不能圣，敢失守乎？"①最终致位成公，子臧不出，曹国得以安宁。季札以子臧辞位守节自律，认为诸樊乃嫡长子嗣国，继承王位合乎礼仪，没有人能反对。季札之固辞，最根本的原因还在于不愿打破君位继承制的既成之制，亦即季札对诸樊所言："君，义嗣也，谁敢奸君？有国非吾节也。"②当然，季札执守传统的根本目的是免使因君位继承而致兄弟相残，国政不稳。可见，季札所恪守的"节"，既是君位继承传统之"节"，也是免使国家祸乱之"节"。

对于季札辞让、兄长谦让的细节，诸文献记载详略不一，其中不无夸大之辞，如《吴越春秋·吴王寿梦传》中记载"诸樊骄恣，轻慢鬼神，仰天求死"。③《春秋公羊传》有更为生动的记载：

> 与季子同母者四。季子弱而才，兄弟皆爱之，同欲立之以为君。谒曰："今若是迮而与季子国，季子犹不受也，请无与子而与弟，弟兄迭为君，而致国乎季子。"皆曰："诺。"故诸为君者皆轻死为勇，饮食必祝，曰："天苟有吴国，尚速有悔于予身。"④

记述如此生动具体，其中虽然不无夸饰之嫌，但从一个侧面可以看出诸兄让国之诚。遵寿梦之意而立季札，乃是诸兄的共识。而对季子"弱而才"的记载，或亦可透示出诸兄对其弟怜爱有加的另一个原因。尽管季札辞让，但吴国人还执意要立季札为君。最后直到季札离开了王室而隐居农耕方才罢休，亦即《史记》所载："弃其室而耕，乃舍之。"⑤

诸樊继位后，继承了寿梦联晋抗楚的方略。但诸樊继位以来的初次伐楚则有轻骄乏义之失。诸樊元年（前560年），楚共王卒，吴趁机伐

---

① 引自《史记索隐》，《史记》卷三十一《吴太伯世家第一》，中华书局点校本，第1450页。
② 杨伯峻：《春秋左传注·襄公十四年》，中华书局版，第1008页。
③ 周生春：《吴越春秋辑校汇考·吴越春秋吴王寿梦传第二》，上海古籍出版社1997年版，第20页。
④ 《春秋公羊传注疏》卷第二十一，《十三经注疏》标点本，北京大学出版社1999年版，第464—465页。
⑤ 《史记》卷三十一《吴太伯世家第一》，第1450页。

楚,楚国的养由基、子庚诱兵设伏,大战于庸浦(今安徽无为县南),吴师大败,吴公子党被俘。① 次年春,吴国向盟国晋国告知了战败的情况,晋国的范宣子、士匄等人联络鲁、齐、宋、卫、郑、曹、莒、邾、滕、薛、杞、小邾等国的大夫大会于吴国的向(今安徽怀远县西),商讨吴讨伐楚国,以雪复庸浦失败之耻的计策。结果是晋国"范宣子数吴之不德也,以退吴人",②意即因为吴在楚丧之时伐楚,是有悖道德的行为,故而拒绝了吴国的要求。这是一次因礼义而失助于盟国的沉痛教训,必然使吴国对于礼义文明有更为深切的理解,明白恪守道德礼义是成就霸业的必要前提。③ 其后,吴楚之间经过几次征伐,吴负多胜少,尤其是已依附吴国的舒鸠为楚军所灭,吴军被败。前548年(鲁襄公二十五年,诸樊十三年),诸樊帅师进攻楚国的巢地(今安徽瓦埠湖南),在进入城门时被巢地的射手所杀。④

诸樊在世时即嘱其弟馀祭、馀眛要遵先王遗命,兄终弟及,以次相继,目的是最终传位于季札。诸樊去世后,其弟馀祭继位。

大约在诸樊去世前后(鲁襄公二十五年,前548年),将延陵(即今常州)作为季札的采邑,因此,季札被称为延陵季子。⑤

---

① 杨伯峻:《春秋左传注·襄公十四年》:"吴侵楚,养由基奔命,子庚以师继承之。养叔曰:'吴乘我丧,谓我不能师也,必易我而不戒。子为三覆以待我,我请诱之。'子庚从之。战于庸浦,大败吴师,获公子党。"(中华书局1981年版,第1002页)
② 杨伯峻:《春秋左传注·襄公十四年》,第1005页。
③ 晋国循礼而不伐丧与诸樊楚丧征伐有鲜明的对比,《左传·襄公十九年》:"晋士匄侵齐,及谷,闻丧而还,礼也。"
④ 《春秋左传注·襄公二十五年》:"十二月,吴子诸樊伐楚,以报舟师之役。门于巢。巢牛臣曰:'吴王勇而轻,若启之,将亲门。我获射之,必殪。是君也死,疆其少安。'从之。吴子门焉,牛臣隐于短墙以射之,卒。"(第1108页)
⑤ 季札封于延陵的时间当在诸樊十三年(前548年)末。《史记》载:"十三年,王诸樊卒。有命授弟馀祭,欲传以次,必致国于季札而止,以称先王寿梦之意,且嘉季札之义,兄弟皆欲致国,令以渐至焉。季札封于延陵,故号曰延陵季子。"(《史记》卷三十一,中华书局点校本,第1451页)《吴越春秋》载:"诸樊……将死,命弟馀祭曰:'必以国及季札。'乃封季札于延陵,号曰延陵季子。"(周生春:《吴越春秋辑校汇考·吴王寿梦传第二》,上海古籍出版社1997年版,第20页)《吴越春秋》记诸樊之嘱在"将死"之时,封季札于延陵亦当为诸樊所嘱,随之封季札采邑在情理之中,故记季札被封于延陵的时间为诸樊十三年。

二 馀祭稽考

对于吴王馀祭在位的时间,诸史记载不一,《春秋》和《左传》《史记·十二诸侯年表》记载馀祭卒于公元前544年(鲁襄公二十九年),在位四年。但《史记·吴太伯世家》以及《吴越春秋》则载其在位17年,至前530年馀眛即位。何说为是?对此,清人梁玉绳在《史记志疑》中有这样的判断:

> 《春秋》馀祭在位四年,夷末(即馀眛)在位十七年,《表》与《世家》倒错二君之年。《吴越春秋》误仍之。而此馀祭四年有守门阍杀馀祭之文,何也?盖后人因《史》误书,遂依《春秋》将六字移入四年。《史表》元文必书于十七年,不然,既云四年杀矣,何又称十七乎?①

梁氏指出了《史记》《十二诸侯年表》与《吴太伯世家》之间记载的乖错,并对何者为是进行了推测,但由于并未做详细论证,因此,后世学人仍多从《春秋》《左传》的记载,如,吕思勉先生有这样的分析:

> 疑《春秋》及《年表》是也。公子光之弑王僚也,乘盖馀、烛庸之在楚,季札之使晋。光告专诸曰:"季子虽至,不吾废也。"则季子在吴,未尝不为人所忌。馀祭之见弑,盖亦乘季子出使而发。然馀祭虽死,而国不能定,故至十七年馀眛乃立也……《春秋》系世之书,不记君之见弑,盖亦习为故常。《史记·吴世家》不记馀祭之弑,盖其所本者如此,非漏落也。②

《吴越春秋》的材料主要来自《史记》,诚如俞樾云:"治古书者,当各治其书。《吴越春秋》既从《史记》,则但当改正其文字之误,而不得改从《春秋》也。"③但《史记》同书而异记,孰为近实?我们认为梁玉绳的猜测

---
① [清]梁玉绳:《史记志疑》卷八《十二诸侯年表第二》,中华书局1981年版,第363页。
② 《吕思勉读史札记》上册,上海古籍出版社2005年版,第165—166页。
③ 转引自周生春《吴越春秋辑校汇考·吴王寿梦传第二》,上海古籍出版社1997年版,第22页。

虽简括而未论证，但较为近实，因为《春秋》与《左传》的记载存在着三个方面的问题：

首先，对馀祭被弑的原因难以解释。关于馀祭亡故，《春秋》与《左传》都有明确记载，其中尤以《左传》为详："吴人伐越，获俘焉，以为阍，使守舟。吴子馀祭观舟，阍以刀弑之。"①"阍"即守门人。意思是吴人伐越时，俘其兵卒，让其看船。馀祭在观看舟船时，被守船俘虏手刃而卒。对此马王堆三号墓出土帛书《春秋事语》中亦有记载。②显然，馀祭的亡故与吴越之间的战事有关。但是，《左传》明确记载"始用师于越也"，③亦即吴第一次对越用兵是在鲁昭公三十二年，这已是公元前 510 年（吴王阖庐五年），距《左传》记载的馀祭被刺时间相距 34 年。由此可见，为阍的越俘，极可能是吴正式"始用师于越"之前以另外的形式所获。据《左传·昭公五年》记载："冬十月，楚子以诸侯及东夷伐吴，以报棘、栎、麻之役。薳射以繁扬之师会于夏汭。越大夫常寿过帅师会楚于琐。闻吴师出，薳启彊帅师从之，遽不设备，吴人败诸鹊岸。"④可见，常寿过所率的越国军队曾与楚军一起攻打吴国，但被吴军在鹊岸打败。这一年是公元前 537 年。若据《史记·吴太伯世家》记载，馀祭为十七年卒，则是在公元前 531 年。君主观舟竟然被越俘所刺，如此疏于防备殊难理解，这极可能是因为越卒被俘已久，已浑如吴民而不觉。因此，越俘于 6 年之后击杀馀祭还是有可能的。而《春秋》襄公二十九年的有关记载，主要记述的是阍弑馀祭，《左传》襄公二十九年所载"吴人伐越"仅是记其原因而已，而并非记述吴人伐越本身。《春秋》则更无这一原因的记载，因此，如果《春秋》中对于"阍弑吴子馀祭"编年有误，则《左传》对此的相关记载便失去了文献价值。而《春秋》"阍弑吴子馀祭"错简而至襄公二十九

---

① 杨伯峻：《春秋左传注·襄公二十九年》，中华书局 1981 年版，第 1157 页。
② 杨伯峻：《春秋左传注·襄公二十九年》注："马王堆三号墓出土帛书《春秋事语》云：'吴伐越，复（俘）其民，以归，弗复囧囿刑之，使守其周（舟）。纪谮曰：刑不眘，使守布周（舟），游其祸也。刑人耻刑而念不辜，怨以司（伺）问，千万必有皋矣。吴子余蔡（馀祭）观周（舟），阍（阍）人杀之。'（第 1157 页）
③ 杨伯峻：《春秋左传注·昭公三十二年》，第 1516 页。
④ 杨伯峻：《春秋左传注·昭公五年》，第 1270—1271 页。对此，《春秋·昭公五年》亦载："冬，楚子、蔡侯、陈侯、许男、顿子、沈子、徐人、越人伐吴。"（《春秋左传注·昭公五年》，第 1261 页）

年则完全可能。吕思勉先生认为"馀祭之见弑,盖亦乘季子出使而发"更难以说通。越俘阍人弑馀祭,与公子光遣专诸刺吴王僚性质不同,这不是宫门之内的兄弟相残,与君位继承及季子出聘毫无关联,阍人选择的机会只能是接近馀祭之时而不是季札在不在吴国。

其次,馀祭卒于十七年而非四年的另一个证据则是季札出聘中原。馀祭四年(鲁襄公二十九年,前544年),季札受命聘问中原诸国,对季札中原之行的目的,《左传》谓之"其出聘也,通嗣君也"。所谓"通嗣君"即是新君继位后向别国通报讯息。如果季札于馀祭去世这一年出聘中原,虽然看似时间与"通嗣君"的出聘目的相吻合,亦即在馀昧甫继位时,即向中原诸国介绍继位后的情况,但其实这恰恰很难说通。反之,季札出聘时,馀祭已继位4年,"通嗣君"似乎又比较晚,故而学者们往往对于这一记载表示怀疑。《史记·吴太伯世家》对于此次季札的中原之行的记载虽然几乎与《左传》相同,但还是省掉了出聘"通嗣君"的目的,或许是意在弱化此次出聘的意图。那么,馀祭继位4年时,季札即使是因"通嗣君"而出聘是否有违常规呢?索检《左传》中关于"通嗣君"的记载凡六次,分别是"成公四年":"宋华元来聘,通嗣君也。""襄公二年":"穆叔聘于宋,通嗣君也。""襄公五年":"郑子国来聘,通嗣君也。""襄公二十七年":"(季札)其出聘也,通嗣君也。""襄公三十年":"楚子使薳罢来聘,通嗣君也。""昭公十二年":"夏宋华定来聘,通嗣君也。"其中一般都是新君继位次年出聘,但郑子国则是在郑僖公继位后的第三年才出聘鲁国。另有两次《春秋》中记载是杜预注中述及"通嗣君"的例子。一次是"襄公二十七年":"齐侯使庆封来聘。"杜预注曰:"景公即位,通嗣君也。"另一次是"昭公二十一年":"晋侯使士鞅来聘。"杜预注曰:"晋顷公即位,通嗣君。"前者出聘是在齐景公继位次年,而后者则是晋顷公继位后的第五年。可见,《左传》中"通君嗣"的记载无一发生在继位当年,而是发生在继位的次年到五年之间。因此,季札于馀祭继位后的第四年而至中原聘问,以"通嗣君"是完全可能的。更何况,因为与中原诸国相比较,吴国偏于南方,路途遥远,交通不便。据《左传·襄公三年》记载,当寿梦与晋侯会盟时,晋侯派遣荀会至淮上迎接寿梦,但没有等到寿梦,原因即是"道远多难"。① 其后寿梦专门遣大夫寿越到晋国,主要是解释寿梦爽约于鸡泽之会的原因。② 更何况馀祭乃死于非命。兄长初逝,无论从情感因素,还是从宫廷政治的复杂境况而言,季札当年出聘的可能性都不大。

最后,如果馀祭卒于四年,则季札观乐殊不可解。季札在聘问中原经过戚地时,听闻钟乐之声,对孙林父的行为甚为反感,其原因之一即是"君又在殡,而可以乐乎"?③ 亦即,季札认为卫献公卒而未葬,臣子不应闻乐。但馀祭四年,季札出聘时遍观周乐,时有"美哉"之叹,深深陶醉于其中。季札是吴之知礼者,同时,馀祭不但是君,而且是其兄,如果馀祭甫卒,于情于礼,季札绝不应有观乐之行。而吕思勉先生认为的阍人弑馀祭是在公元前544年这一年季札出聘之后,这与《春秋经》的记载明显相违。《春秋经》记事依时间为序,"阍弑吴子馀祭"在前而"吴子使札来聘"在后。因此,我们认为,馀祭被刺身亡,当以十七年(前531年)为是。④

如果馀祭为十七年卒,则诸史对其事迹记载亦较简括。值得一书的主要集中在齐相庆封奔吴一事。据《史记》记载:"王馀祭三年,齐相庆封有罪,自齐来奔吴。吴予庆封朱方之县,以为奉邑,以女妻之,富于在齐。"⑤庆封好田嗜酒,乃齐之罪人。但馀祭或因迂阔的义气,或为搏惜士之名,⑥为春秋时收留流亡贵族的风习所驱使,不辨是非,将庆封视若陈公子完、申公巫臣、叔孙豹一类的人物,过高地相信其曾任齐相的经历,乃至"数为吴伺察"。⑦ 但结果则是,"楚灵王会诸侯而以伐吴之朱

---

① [晋]杜预集解:《春秋经传集解》第十四《襄公一》,上海古籍出版社1978年版,第809页。
② 见《左传·襄公五年》。
③ 《春秋左传正义》卷第三十九,《十三经注疏》标点本,北京大学出版社1999年版,第1108页。
④ 当然,亦有学者认为季札已出聘而后馀祭被弑,如明陈绛云:"杜预注'吴子,馀祭。既遣札聘上国而死。札以六月到鲁,尚未闻丧。'经传考之不诬矣。吴僻处荒服,虽暂通上国,而吉凶之间不能以时至,故札非特在鲁,且终其使事盖亦未之及闻也。"(陈绛《金罍子》中篇卷二,明万历三十四年陈昱刻本)但《春秋经》述"阍弑吴子馀祭"在"吴子使札来聘"之前。且馀祭被弑乃吴国事件,必速报季札。而季札又遍访鲁、齐、郑、卫、晋。至鲁或闻国丧,然历数国而仍不知,殊不可解。
⑤ 《史记》卷三十一《吴太伯世家第一》,中华书局点校本,第1452页。
⑥ 当楚灵王会诸侯讨伐吴之朱方,诛杀庆封之后,馀祭曾怒曰:"庆封穷,来奔。吴封之朱方,以效不恨士也。"(周生春《吴越春秋辑校汇考·吴王寿梦传第二》,上海古籍出版社1997年版,第20页)
⑦ 周生春:《吴越春秋辑校汇考·吴王寿梦传第二》,第20页。

方,以诛齐庆封"。① 据《春秋·昭公四年》载:"秋七月,楚子、蔡侯、陈侯、许男、顿子、胡子、沈子、淮珍伐吴,执齐庆封,杀之。"②可见,馀祭厚礼庆封,结果成为诸侯伐罪的对象,使楚国师出有名,这无疑是一次重大的外交失误,而《吴越春秋》更记载为"故晋、楚伐之也"。果如其所记,这便从根本上改变了寿梦以来成功的联晋抗楚的传统,使吴国处于外交孤立的境地。从这一为政特点来看,这与屈狐庸对馀眛的评价"德不失民,度不失事,民亲而事有序"③不甚吻合。可见,厚寓庆封,招致诸侯伐罪,似为馀祭当国时所为。

---

① 《史记》卷三十一《吴太伯世家第一》,中华书局点校本,第1459页。
② 杨伯峻:《春秋左传注·昭公四年》,中华书局1981年版,第1245页。
③ 杨伯峻:《春秋左传注·襄公三十一年》,第1190页。

第三章 聘问中原

季札见诸史册首先是在公元前544年奉吴王"通嗣君"之命,历聘中原诸国,其间季札观乐知政,以卓越的艺术鉴赏力,写就了先秦艺术批评的第一页,对儒家文艺观具骅骝开道之功。他又察微知著、讽评时贤,显示了杰出的政治洞察力。一扫寿梦钟离之会时的卑微心理,使中原列国对吴国文化有了全新的认识。在诸侯列国屡屡上演因王位继承而喋血宫门的悲剧时,素来被视为蛮夷之邦的吴国,出现了一位高蹈守节的让国贤士,使中原诸国的君臣们对吴国的文化多了几分艳羡与敬慕。因此,季札出聘中原,更是一次向中原诸国昭示吴地精神风貌,改变中原诸国视吴国为蛮夷之邦、文化落后形象的文化展示之旅。为吴国成就政治霸业做了文化铺垫。

季札观乐浮雕

一 聘鲁观乐

自寿梦之"朝周,适楚",与鲁成公以及列国大夫会盟于钟离之后,诸樊继位之后的十几年并没有遣使与中原交通。馀祭四年(前544年),季札聘问中原诸国,其"通嗣君"实乃是向中原诸国通报寿梦之后尤其是馀祭继位以来的吴国国政。与春秋时期使臣穿梭于诸国之间主要从事与政治军事相关的外交活动稍有不同,季札之聘问中原客观上更是一个文化交流活动。

季札聘问中原,其职与《左传》中所称的"行人"有相似之处。如,《左传·襄公四年》载:"韩献子使行人子员问之。"杜预注曰:"行人,通使之官。"但《左传》中并未称季札为"行人"。从《左传》中的记载来看,晋、秦、郑、卫、陈、鲁、宋等国有行人之称,吴国自申公巫臣使吴之后,寿梦即曾以巫臣之子狐庸为行人,①但作为三辞君位的季札,地位远在使适四方、协九仪宾客之事的"行人"之上,故而《春秋》《左传》并不以"行人"名之。

季札此次中原之行,首先到鲁国国都曲阜。接待季札的是鲁国的著名政治家、外交家叔孙豹。叔孙为氏,名豹,穆子是其谥号,故史书多称其为叔孙穆子、穆叔,是鲁国世家叔孙得臣之子。鲁成公十六年(公元前575年)始任鲁国亚卿,与季文子、孟献子同掌国政。其间除了襄公五年(前568年)季文子去世后,因季武子少幼而曾掌几年国政之外,其余都是主要负责盟会、聘问及军事事务,正如叔孙豹自谓"叔出季处,有自来矣"。② 叔孙豹堪称是春秋时期最为杰出的外交家之一。鲁国封国之初虽然是上等诸侯国,但春秋以后,地位逐渐式微,经常受到强邻齐国的侵凌,同时,还常受到霸主晋国和楚国的轻忽。在这样的背景之下,叔孙豹以卓荦的才华,折冲樽俎,委蛇于诸大国之间,维护了鲁国的尊严和利益。叔孙豹学养深厚,娴于辞令,尤其是精通《诗》《书》。他常

---

① 详见杨伯峻:《春秋左传注·成公八年》,中华书局1981年版,第835页。
② [晋]杜预集解:《春秋经传集解》第二十《昭公一》,上海古籍出版社1978年版,第1178页。

常借《诗》以传达难以明言之义,优雅婉曲,征引极其精准得体,迥出于同侪之上。如果说季札是春秋时期品鉴诗乐最为全面、系统的贤士,那么,叔孙豹堪称是用《诗》最为娴熟自然的才俊。孔子所谓"不学《诗》,无以言",恰可成为叔孙豹外交实践的注脚。根据《左传》记载,季札在见叔孙豹之后随即就遍观周乐。季札聘鲁,叔孙豹乃副卿,执掌聘问、会盟事务。不难想象,季札在鲁国的种种行谊就是在叔孙豹的陪同之下进行的。《左传》中之所以对季札观乐记载十分详细,与其他篇章风格迥然有别,不能排除是由精通诗乐的叔孙豹陪同时记述了观乐的过程,而后为史家所采用。季札初到鲁国即见到叔孙豹这样的博物君子,堪称是知音相得,其臭如兰。这从季札对叔孙豹的诤言相告即可看出。对此,《左传》载:

> 吴公子札来聘,见叔孙穆子,说之。谓穆子曰:"子其不得死乎!好善而不能择人。吾闻君子务在择人。吾子为鲁宗卿,而任其大政,不慎举,何以堪之。祸必及子!"①

叔孙穆子虽然才华卓荦,为了鲁国尊严与利益死生以之,但季札还是指出了叔孙穆子存在举贤不力的弱点。季札对其"不得死乎"以及"祸必及子"的预言也为历史所印证。叔孙穆子早年因其兄叔孙侨如之贪虐而去鲁适齐。叔孙侨如被放逐以后,季孙氏将叔孙穆子召回国,成为叔孙氏的继承人。但叔孙穆子曾在齐国与村妇生有一子,名竖牛。当叔孙穆子年迈之时,家政为竖牛把持,对此,叔孙穆子空叹奈何。竖牛屏断了叔孙穆子与外的联系,并虐待叔孙穆子,把送给叔孙穆子的食物倒掉,使其病饿而终。②虽然我们不能推知季札何以得此判断,但季札的率直诤言足可见他们之间的交谊之笃。

在鲁国期间,季札遍观周乐,并一一发表了观乐感悟。这是春秋时期唯一的一次系统的诗乐批评记载。虽然春秋时期,赋诗言志在聘问、会盟时蔚成风气,但系统地观乐论政则始于季札。季札品评论鉴的基本取向直接开启了儒家文艺观的核心内涵。从这个意义上说,季札堪

---

① 杨伯峻:《春秋左传注·襄公二十九年》,中华书局1981年版,第1161页。
② 详见杨伯峻《春秋左传注·昭公四年》,第1258页。

称是中国儒家文艺评论的先驱者。(详见《观乐篇》)

二 聘问齐郑

季札离开鲁国,先后聘问了齐国与郑国,与当时的两位杰出的政治家晏婴与子产建立了金兰之谊。

首先,聘齐国,会晏婴。齐国是东方大国,西周初年,周武王封姜尚于营丘(今山东临淄北),建立了齐国。其后,齐桓公在管仲的辅助之下,九合诸侯,一匡天下,开启了春秋时期的首霸大业。但季札聘问齐国时,齐国的国力已下降,幸得贤相晏婴精诚辅政,使得齐国"百姓亲之",政平民和,"邻国忌之",①维持了齐国泱泱大国的地位。

晏婴(约公元前585—前500),字仲,谥平,后人又称为晏平仲。历仕齐灵公、齐庄公、齐景公三朝。晏婴为相数十年。当时齐国已处于衰颓之势,在君昏臣佞之时,晏婴或直言相谏,或愤而退隐,显示了卓越的政治见识与峻洁的气节。当崔杼杀害齐庄公时,晏婴不畏强暴,"枕尸股而哭"。② 晏婴内安社稷,外靖邦邻,寻隙而立,才使齐国"垂衣裳朝诸侯",保持了在诸侯国之中的大国地位。晏婴的治政才能受到了后世的高度评价,司马迁说:"假令晏子而在,余虽为之执鞭,所忻慕焉。"③当季札聘齐之时,晏婴虽然又被景公启用,但当时齐国的朝政把持在崔杼与庆封手中。景公二年(前546年),庆封灭了崔氏,独掌国政。次年,栾氏、高氏、陈氏、鲍氏和卢蒲姜又击杀了庆封之子庆舍,庆封逃到了吴国。其后,景公又受制于高氏、国氏,致使国政大乱。景公于是重新召回晏婴,晏婴得以真正有施展政治抱负的机会。史载:"诸侯忌其威,而高、国服其政。田畴垦辟,蚕桑豢牧之处不足,丝蚕于燕,牧马于鲁,共

---

① 《晏子春秋校注》卷二《内篇问上第三·景公问欲令祝史求福晏子对以当辞罪而无求第十》,中华书局2014年版,147—148页。
② 杨伯峻:《春秋左传注·襄公二十五年》,中华书局1981年版,第1098页。
③ 《史记》卷六十二《管晏列传第二》,中华书局点校本,第2137页。

贡入朝。"①晏婴精诚为国，励精图强，维护了齐国较强盛的国势。

季札到齐国时，正是齐景公即将召回晏婴执掌国政，晏婴得以施展政治抱负的前夕。对季札与晏婴的交谊，《左传·襄公二十九年》有这样的记载：

> 聘于齐，说晏平仲，谓之曰："子速纳邑与政。无邑无政，乃免于难。齐国之政将有所归，未获所归，难未歇也。"故晏子因陈桓子以纳政与邑，是以免于栾、高之难。②

据《左传》记载，齐景公三年（鲁襄公二十八年，前545年）崔氏、庆氏之乱结束后，齐景公给诸卿大夫以封邑。封给晏婴的是邶殿边上的60个城邑，但晏子没有接受，因为邶殿乃齐国的别都，③对此子尾甚为不解，晏婴则认为应以正德制约过分的欲求，使其有度。"利过则为败"。④因此，晏婴辞却了齐国的别都邶殿，而接受了封赐的北郭佐邑。但季札认为晏婴应将北郭佐邑与齐国的国政都归还景公。季札对晏婴的建议一方面是为了晏婴自身的安全，因为齐国卿大夫之间的倾轧都是为了权与利。"无邑无政，乃免于难"。这不但为齐景公十六年（鲁昭公十年，前532）栾高之难的事实所证明⑤，同时，"纳邑与政"也是晏婴受到景公信任，致使委政于晏婴的前提。景公三年封邑时，《左传》还有这样的记载："与子雅邑，辞多受少。与子尾邑，受而稍致之。公以为忠，故有宠。"所谓"稍"，杨伯峻注云："《广雅释诂》：'稍，尽也。'尽还之于景公。"⑥齐景公是一位好敛重财、穷奢极欲的君主，乃至"牛马老于栏

---

① 《晏子春秋校注》卷五《内篇杂上第五·景公恶故人晏子退国乱复召晏子第五》，中华书局2014年版，第233—234页。
② 杨伯峻：《春秋左传注·襄公二十九年》，中华书局1981年版，第1166页。
③ 见《春秋左传正义》卷第三十八，《十三经注疏》标点本，北京大学出版社1999年版，第1082页。
④ ［晋］杜预集解：《春秋经传集解》第十八《襄公五》，上海古籍出版社1978年版，第1106页。
⑤ 对栾、高之难，诸注均记为鲁昭公八年。如，杜预注："难在昭八年"。《春秋左传正义》卷第三十九，《十三经注疏》标点本，北京大学出版社1999年版，第1107—1108页)杨伯峻注："栾、高之难见昭八年《传》。"（《春秋左传注·襄公二十九年》，第1166页）然《左传·昭公八年》无栾、高之难的记载。而《左传·襄公十年》载："齐惠栾、高氏皆耆酒，信内多怨，强于陈、鲍氏而恶之……陈、鲍方睦，遂伐栾、高氏。……栾、高败，又败诸徐。国人追之，又败诸鹿门。栾施、高强来奔。陈、鲍分其室。"（杨伯峻：《春秋左传注·昭公十年》，第1315—1317页）
⑥ 以上引自《春秋左传注·襄公二十八年》，第1150页。

牢,不胜服也。车蠹于巨户,不胜乘也。衣裘襦裤,朽弊于藏,不胜衣也。醯醢,腐不胜沽也。酒醴酸酢,不胜饮也。菽粟郁积,不胜食也。又厚籍敛于百姓,而不以分馁民。"①景公三年的封邑行为,实乃大乱之后收摄众心的不得已之举,并不是由衷的赠封。相反,是否接受封邑,仅仅是其衡鉴人才的重要标尺。晏婴既受北郭佐邑之后,听从了季札的劝告,"速纳邑与政"。对于晏婴来说,这不啻是解厄纾祸之策,并为齐景公召用晏婴清除了心理障碍。同时,"纳邑与政"也体现了季札强公室的政治理念,亦即以强公室实现国家政治的稳定。桓公之时,以管仲为相,左鲍叔,右隰朋,尊天子以合诸侯,最终完成了一匡天下的霸业。但其后顷公外交失误,与晋战争大败,灵公时又被晋、宋、鲁联军所败。内政则被崔杼、庆封等把持,衍成内乱。迄至景公之时,齐国已一蹶不振。因此,季札所说的"齐国之政将有所归,未获所归,难未歇也",以及规劝晏婴纳政之举,都是意欲强公室,在此基础上再施展晏婴的才华。从这个意义上说,季札的强公室与齐桓公时尊王的理念是一脉相承的。齐桓公时尊王是借王室的旗号以凝聚人心,达到整合诸夏以攘夷的目的。春秋后期的强公室同样具有一统政令以图社稷安宁的目的。因为自从齐桓公以来,公室渐卑,私门迭兴。虽然"礼乐征伐自大夫出"乃大势所趋,但是,私门迭兴的结果往往是纷争不已,政令混乱,生灵涂炭。而张公室往往可以有效地避免政局不稳,因为公室是国家一统的象征。事实上,当晏婴掌国政时,时时以"顺"君,亦即以维护公室的权威为职志。当君主昏庸荒惰之时,晏婴讽谏陈辞,匡正君过。可见,季札适齐,与晏婴所言,既是为晏婴的个人安危计,更是从齐国的国家利益计。当其在鲁国时,闻歌《齐》,曾有:"美哉,泱泱乎!大国也哉!表东海者,其大公乎!国未可量也。"对于齐国国势的褒评,既是闻歌而叹,又是对齐国重振的期许。因此,季札对于晏婴所言,既是规劝,也是对齐国政治前景的推测。

值得注意的是,对于晏婴,季札的态度与孔子稍有不同。虽然《论

---

① 《晏子春秋》内篇《谏下第二·景公登路寝台望国而欢晏子谏第十九》,中华书局 2014 年版,第 104—105 页。

语》中孔子曾有"晏平仲善与人交,久而敬之"(《论语·公冶长篇第五》)之评,但据《晏子春秋》记载,孔子入齐,见齐景公而不愿见晏婴,原因是晏子事三君,必有三心。而《墨子·非儒下》亦有晏婴对儒家以及孔子的贬评。为此《孔丛子》中还对墨子中的记载进行了驳诘,理由是:"若是乎?孔子、晏子交相毁也,小人有之,君子则否。"其实,对于晏婴事三君,齐高子、梁丘据都存在着这样的疑问,皆问晏子:"子事三君,君不同心而顺焉,子多心乎?"晏子答曰:"一心可以事百君,百心不可以事一君。"①其"一心"实乃晏婴秉持的"利社稷"之心。关于孔子与晏婴之隙的有关记载可能并非信史,因为《晏子春秋》中晏婴反讥孔子穷困于宋陈蔡一事发生在鲁定公十年(齐景公四十八年,前500年),此时晏婴已去世,但是,晏婴仕三君引起的质疑可能体现了时人对晏婴的态度。事实上,晏婴虽仕三君,但灵公、庄公时期晏婴屡谏不纳,遂数度退而穷处,直至景公四年(544年)以后晏婴才真正能够有所作为。可见,所谓"事三君而不同心"并不符合史实。但尽管如此,季札聘齐之时,并不胶执于时议,"说(悦)晏平仲"。当然,季札与晏婴的相得或许还与他们同擅诗乐不无关系。此次季札的中原之行,虽然有"通嗣君"的政治目的,同时,从其行履来看,也是一次文化交流之旅,观乐以论政即是其显性的表现。对于季札与中原诸贤士的交谊,虽然《左传》中主要记载了季札跟他们论及的国政以及贤士们所处的政治环境,而背后隐性的文化情结与志趣,无疑会使他们的友谊与情感更加深笃。如果说季札与叔孙穆子的相得是以《诗》为主,那么,与晏婴、子产则是以乐为主。如果说年长于季札的叔孙穆子谈诗论乐对季札不无影响,那么,年相若的子产、晏婴与季札的影响则可能是相生相发。据《左传·昭公二十年》记载,晏婴对齐景公论"和""同"之时,其中即有论乐的内容:

> 先王之济五味、和五声也,以平其心、成其政也。声亦如味,一气、二体、三类、四物、五声、六律、七音、八风、九歌以相成也,清浊、小大、短长、疾徐、哀乐、刚柔、迟速、高下、出入、周疏以相济也。君子听之,以平其心。心平德和。故《诗》曰"德音不瑕"。今据不然,

---

① 王钧林、周海生译注:《孔丛子·诘墨第十八》,中华书局2009年版,第245页。

君所谓可,据亦曰可;君所谓否,据亦曰否。若以水济水,谁能食之?若琴瑟之专壹,谁能听之?同之不可也如是。①

季札论乐,孜求中和之美,主张"五声和,八风平,节有度,守有序"。晏婴也主张通过"和五声"以实现平心养德,以致其政,以"和"美实现音乐的审美与社会功能。晏婴曾谏言景公,谓之"新乐淫君"。"夫乐亡而礼从之,礼亡而政从之,政亡而国从之。国衰,臣惧。君之逆政之行,有歌,纣作《北里》,幽厉之声,顾夫淫以鄙而偕亡。"②季札虽然没有直接论述新乐、雅乐,但从其对《颂》以及六代之乐的极致推赞之辞不难看出,季札崇雅的取向隐然可见。他们对于新乐雅乐的价值判断,都是以社会功能作为标准。不难看出,季札与其相说(通"悦")的贤士们结成金兰之谊,其中一个重要的因素是志趣相得。

其次,"路见遗金"辨。对季札在齐国的行谊,《韩诗外传》还有这样的记载:

吴延陵季子游于齐,见遗金,呼牧者取之。牧者曰:"何子居之高,视之下,貌之君子,而言之野也!吾有君不臣,有友不友,当暑衣裘,吾岂取金者乎?"延陵子知其为贤者,请问姓字。牧者曰:"子乃皮相之士也,何足语姓字哉!"遂去。延陵季子立而望之,不见乃止。孔子曰:"非礼勿视,非礼勿听。"③

这是文献中十分鲜见的对季札的行谊语含贬义的记载。是否属实?需略做辨析。这段记载初见于《韩诗外传》。西汉初年,传授《诗经》的有鲁、齐、韩、毛四家,其中韩诗一派的创始者为韩婴,于汉文帝时列为博士官。据《汉书·儒林传》载:"婴推诗人之意,而作《内外传》数万言。"④《内传》已佚,今存《外传》十卷,与《汉书·艺文志》所载的六卷卷帙亦有别,或许部分内容为后人增益。四库馆臣肯认王世贞对《外传》的评论,谓之:"王世贞称《外传》引《诗》以证事,非引事以明《诗》,其

---

① 杨伯峻:《春秋左传注·昭公二十年》,中华书局1981年版,第1420页。
② 《晏子春秋校注》卷一《内篇谏上第一·景公夜听新乐而不朝晏子谏第六》,中华书局2014年版,第17—18页。
③ 许维遹:《韩诗外传集释》卷十第十八章,中华书局1980年版,第357页。
④ 《汉书》卷八十八,中华书局点校本,第3613页。

说至确。"从其内容来看,《外传》并非阐述经义之作,而是与刘向的《新序》《说苑》大致相同,先述故事,后引《诗》为证。《韩诗外传》虽然具有一定的史料价值,但内容颇为庞杂,其中错杂了诸多历史传说以及作者虚构的内容。虚构之作,必以"奇"以求吸睛之效。季札乃一让国贤士,倍受时人称誉,然而在《韩诗外传》中,放牧者竟称其为"皮相之士",而不屑告诉其姓名。这种"诬贤"以出奇的方法,在历代小说中屡见不鲜。事实上,《韩诗外传》不但"诬贤",还有"诬圣"之作。如卷一第三章记述的是"孔子南游适楚"的故事,当其到阿谷时,见到一位佩戴玉饰的美丽少女在洗衣,于是孔子以觞、琴、絺绤以授子贡,以调戏浣女。在此章中,孔子似秋胡轻薄之流,与其人格理念判若天壤。洪迈谓其"其谬戾甚矣"。(《容斋随笔·续笔》卷八)借诬圣以博奇的意图昭然可见。

对于仅见于《韩诗外传》的记载,王充还从逻辑上予以驳诘:

> 夫季子耻吴之乱,吴欲共立以为主,终不肯受,去之延陵,终身不还,廉让之行,终始若一。许由让天下,不嫌贪封侯。伯夷委国饥死,不嫌贪刀钩。廉让之行,大可以况小,小难以况大。季子能让吴位,何嫌贪地遗金?季子使于上国,道过徐。徐君好其宝剑,未之即予。还而徐君死,解剑带冢树而去。廉让之心,耻负其前志也。季子不负死者,弃其宝剑,何嫌一叱生人取金于地?季子未去吴乎,公子也;已去吴乎,延陵君也。公子与君,出有前后,车有附从,不能空行于途,明矣。既不耻取金,何难使左右?而烦披裘(注:《韩诗外传》作"牧")者?世称柳下惠之行,言其能以幽冥自修洁也,故千岁交志。置季子于冥昧之处,尚不取金,况以白日,前后备具,取金于路,非季之子操也。或时季子实见遗金,怜披裘薪者,欲以益之;或时言取彼地金,欲以予薪者,不自取也。世俗传言,则言季子取遗金也。①

王充《论衡·书虚篇》将《韩诗外传》中关于季札见路有遗金的记载作为开篇第一条进行了驳议,认为其说虚谬,理由有四:其一,季子国尚

---

① 黄晖撰:《论衡校释》卷第四《书虚篇》,中华书局1990年版,第168—170页。

可让,何嫌贪地遗金?其二,季子挂宝剑以践心诺,何以唤一生人取金?其三,季子出行,附从随焉,取金何烦披裘者(牧者)?其四,季子于冥昧之处尚不会取金,遑论白日?论证谨严缜密,毋庸置疑。对于何以有此怪诞记载,王充亦有精辟推论:"夫世间传书诸子之语,多欲立奇造异,作惊目之论,以骇世俗之人;为谲诡之书,以著殊异之名。"①虽然原始文献中对于季札的记载数量有限,理应一一得到珍视。但显文露书,是非易见,其中的虚构悖理之处也宛然可寻。尽管如此,虚构者选取季札而立奇造异,作惊目之论,前提是季札之贤名已高,一如其作诬圣之篇的原因一样。因此,路有遗金的传说,恰恰从反面证明了季札决非"皮相之士",而是一实至名归的贤者。

最后,聘郑国、会子产。离开齐国之后,季札又到了郑国。郑国是西周末年(前806年)始封的一个小诸侯国。在春秋诸侯争霸过程中,郑国在外交方面依隈于晋、楚两强之间,处境维艰。在内政方面,七穆②并与国政,卿族纷争。郑僖公五年(前566年,鲁襄公七年),郑国执政子驷派人杀了郑僖公,立简公。简公年幼,子驷与公子子孔都想自立,其时郑国的情势诚如子产自己所说:"国小而逼,族大宠多。"(《左传·襄公三十年》)正是在这样的背景之下,年轻的子产走上了郑国的政坛。

子产(?——前522年)名公孙侨,又名公孙成子。子产为其字,又字子美。子产是郑国的贵族,其祖父为郑穆公,父为子国,曾担任过郑国执政。子产为郑国执政20余年,是春秋时期著名的贤相。郑简公元年(鲁襄公八年,前565年),年幼的子产甫论国是,即显示了卓荦的政治才华。③他既有"政如农功,日夜思之"(《左传·襄公二十五年》)的勤恳,也有"苟利社稷,死生以之"(《左传·昭公四年》)的忠贞。子产的杰出贡献受到了时人与史家的普遍褒赞,孔子称颂其为"古之遗爱"(《左传·昭公二十年》),谓其"有君子之道四焉,其行己也恭,其事上也敬,

---

① 黄晖撰:《论衡校释》卷第四《书虚篇》,中华书局1990年版,第167页。
② 七穆:春秋时期郑国七家卿大夫的合称。他们都是郑穆公的后代,包括驷氏、罕氏、国氏、良氏、印氏、游氏和丰氏。
③《左传·襄公八年》载:"(庚寅),郑子国、子耳侵蔡,获蔡司马公子燮。郑人皆喜,唯子产不顺,曰:'小国无文德,而有武功,祸莫大焉。楚人来讨,能勿从乎?从之,晋师必至。晋、楚伐郑,自今郑国,不四五年,弗得宁矣。'子国怒之曰:'尔何知!国有大命,而有正卿。童子言焉,将为戮矣。'"

其养民也惠,其使民也义。"(《论语·公冶长第五》)季札由齐入郑之后,与子产一见如故,《左传》载:

> 聘于郑,见子产,如旧相识,与之缟带,子产献纻衣焉。谓子产曰:"郑之执政侈,难将至矣! 政必及子。子为政,慎之以礼。不然,郑国将败。"①

子产像

季札见子产,"如旧相识"。子产也"厚遇季子"。② 季札以吴地贵重的缟带相赠,而子产回赠以郑地贵重的纻衣。季札聘问郑国的这一年,郑国执政子展去世,其子子皮代父即位上卿。当时郑国闹饥荒,青黄不接,子皮遵父遗命开仓济民,虽民心稍安,但郑国贵族集团的内乱即将发生。鲁襄公二十九年(前544年)执政卿伯有(良霄)派子晳(公孙黑)出聘楚国,因为当时楚、郑两国关系恶化,子晳因其危险而拒不从命,伯有认为子晳世代为行人,出使他国乃职之所系,子晳坚持不从,曰:"可则往,难则已,何世之有?"③但伯有仍强迫其前往,子晳十分愤怒,"将伐

---

① 杨伯峻:《春秋左传注·襄公二十九年》,中华书局1981年版,第1166页。
② 《史记》卷四十二《郑世家第十二》,中华书局点校本,第1771—1772页。对于季札与子产一见如故,亦被后世视为相孚于未见之前的典范。如宋王柏《跋赵星渚贴》云:"昔吴公子至郑,见子产如旧识,即有缟带纻衣之交赠。何也? 盖季札知郑有子产,子产知吴有季札久矣,是以深相孚于未见之前,意交欢于既见之后。"(王柏《鲁斋集》卷十二,民国续金华丛书本)
③ 《春秋经传集解》第十九《襄公六》,上海古籍出版社1978年版,第1131页。

伯有氏，大夫和之"。（同上）鲁襄公三十年（前543年），当伯有与子晳的矛盾激化之时，懦弱的郑简公不能节制臣下，不得不与子晳等大夫会盟。至此，郑国的国难已不可避免。当伯有在朝会时再度提出派子晳出使楚国之后，子晳便发兵攻打伯有，伯有逃奔到许国。当伯有得知上卿子皮并没有参与子晳攻伐时，便误认为子皮支持他，于是从许国归来，攻打子晳，最后伯有兵败被杀于街市。季札聘郑就是在伯有被杀的前一年。季札以敏锐的政治嗅觉，感受到了郑国祸难将至的端倪，分析了可能致乱的原因，对子产行将执政做出了精准的预判。

对于郑国的将至之难，季札认为根本的原因是"执政侈"。显然，对于驷（驷氏，子晳）、良（良氏，伯有）之乱，季札认为责在伯有，这与子产的认识大致相同。襄公三十年（前543年）子产到晋国时，曾对叔向论及驷、良之争的原因："伯有侈而愎，子晳好在人上，莫能相下也。"①显然，"侈而愎"的弱点远过于"好在人上"。对此，子皮亦有相同的认识，云："罕（子皮）、驷（子晳）、丰（公孙段）同生，伯有汰侈，故不免。"②据《左传》记载："郑伯有耆酒，为窟室，而饮酒，击钟焉，朝至未已。朝者曰：'公焉在？'其人曰：'吾公在壑谷。'皆自朝布路而罢。既而朝，则又将使子晳如楚，归而饮酒。"③伯有不但奢侈，还甚为骄横。鲁襄公二十七年（前546年），郑国的六卿随郑伯宴享赵孟，赵孟请郑国六卿赋诗以见志。其中，伯有赋《鹑之贲贲》（今本作《鹑之奔奔》），该诗原是讽刺卫国君主的诗歌，因此，赵孟甚为不解，曰："床笫之言不逾阈，况在野乎？非使人之所得闻也。"其实伯有赋《鹑之贲贲》，是取其中的"人之无良，我以为君"两句。因此，宴享结束后，赵文子言于叔向："伯有将为戮矣。诗之言志，志诬其上而以怨之，以为宾荣，其能久乎？幸而后亡。"叔向曰："然，已侈，所谓不及五稔者，夫子之谓矣。"④当然，伯有的骄横最主要的还是体现在打破了郑国世卿执政的伦序。春秋时期，诸侯国世卿集团普遍存在，和晋国的六卿、鲁国的三桓一样，郑国也有世卿集团，即

---

① 杨伯峻：《春秋左传注·襄公三十年》，中华书局1981年版，第1170页。
② 杨伯峻：《春秋左传注·襄公三十年》，第1175页。
③ ［晋］杜预集解：《春秋经传集解》第十九《襄公六》，上海古籍出版社1978年版，第1140页。
④ 杨伯峻：《春秋左传注·襄公二十七年》，1134—1135页。

所谓"郑国七穆"。伯有是七穆中的公孙之子世代,而子西则为公孙世代,七穆各氏的当国惯例原本是位次轮流,同一世代轮流结束,次代相及。但鲁襄公二十七年(前546年)郑国诸卿的位次是:子展、伯有、子西、子产、子大叔。伯有位居子西之先,越位而尊,自然会受到其他诸卿的不满,因此,伯有之"侈"与"愎",也与其越位有直接的关系。伯有最终确实因汰侈而身亡。

郑国在子产执政之前,世卿中奢靡之风盛行,尤以伯有、丰卷为甚。其结果正如季札所预言的那样,"难将至"。前543年,即季札、子产相见的次年,郑伯与大夫在太庙会盟讨伐伯有,伯有死于羊肆。其后子驷氏(子晳)还要攻打子产,子皮怒而止之曰:"礼,国之干也,杀有礼,祸莫大焉。"(《左传·襄公三十年》)子产这才幸免于难。在季札离开不久郑国发生的这一切,显示了季札对于郑国时局卓越的洞察力。

季札根据郑国的情势,认为子产即将成为郑国的执政,即他所谓"政必及子"。郑国祸乱顿起之时,子皮也无能为力。但贤者子产出而为政已渐成共识。如,当时大夫然明与裨谌曾有这样一段对话:

> 然明曰:"政将焉往?"裨谌曰:"善之代不善,天命也,其焉辟子产?举不逾等,则位班也。择善而善举,则世隆也。天又除之,夺伯有魄,子西即世,将焉辟之?天祸郑久矣,其必使子产息之,乃犹可以戾。不然,将亡矣。"①

在然明与裨谌之前,季札对于子产行将执政已有预判。尽管如此,季札还是对子产提出了秉政建议,这就是为政当重礼。对此,《左传》的记载是"慎之以礼"。而《史记》则载为:"子为政,必以礼;不然,郑将败。"②季札当是对子产为政的诤言相劝。虽然他们相会时子产尚未全面施展自己的政治才华,改革措施也并未展开。季札与子产晤谈的具体内容史无详载,但是,从季札对子产为政的建议来看,"慎之以礼"当是就子产将要实施的作封洫、作丘赋、铸刑书,尤其是铸刑书而发的。子产的铸刑书等改革受到了贵族阶层的批评,如晋国的

---

① 杨伯峻:《春秋左传注·襄公三十年》,中华书局1981年版,第1168页。
② 《史记》卷四十二《郑世家第十二》,中华书局点校本,第1771页。

上大夫叔向给子产写信，云："民知争端矣，将弃礼而征于书，锥刀之末，将尽争之。"①郑国以七穆为主的贵族集团在当时仍具有巨大的影响力，季札对子产"慎之以礼"的诤言相劝，当是对子产改革措施整体认同的前提之下，注意刑、礼相济，以保证社稷安宁。只有这样，改革才能够顺利进行。

与晏婴一样，子产也颇通音乐。虽然对于子产直接的论乐之辞记载不多，但《左传·昭公二十五年》郑国子大叔曾引述子产之言，其中论及了乐与礼的关系：

> 夫礼，天之经也，地之义也，民之行也。……气为五味，发为五色，章为五声，淫则昏乱，民失其性。是故为礼以奉之；为六畜、五牲、三牺，以奉五味；为九文、六采、五章，以奉五色；为九歌、八风、七音、六律，以奉五声。……民有好、恶、喜、怒、哀、乐，生于六气。是故审则宜类，以制六志。哀有哭泣，乐有歌舞，喜有施舍，怒有战斗。……哀乐不失，乃能协于天地之性，是以长久。②

子产所认识的乐，乃是得天地自然，且与礼相应同的音乐。如果说季札与晏婴都是从中和审美的角度来认识音乐的社会功能，那么子产则是通过天地人一体的观念，论述了音乐的自然美的属性。正是在这样的理论背景之下，音乐才能与社会人生谐和永存，即他所说的"哀乐不失，乃能协于天地之性，是以长久"。季札与子产之间的投契如兰臭，与他们深谙音乐不无关系。

三 聘问卫晋

离开郑国后，季札又聘问卫国，最终到达晋国。

首先，聘问卫国。在卫国时，季札与当时的卫国诸贤甚为相得。因为有多位贤明君子，季札遂对卫国的国政做了无忧之评。据《左传·襄

---

① 杨伯峻：《春秋左传注·昭公六年》，中华书局1981年版，第1276页。
② 杨伯峻：《春秋左传注·昭公二十五年》，第1457—1459页。

公二十九年》记载:"(季札)适卫,说蘧瑗、史狗、史鰌、公子荆、公叔发、公子朝,曰:'卫多君子,未有患也。'"

季札论列的数位卫国君子中最重要的当是蘧伯玉与史鰌。① 蘧瑗,字伯玉,卫国大夫,是卫国的贤君子。明人薛应旂谓之"笃行慎德,老而不倦"。② 蘧伯玉历仕卫献公、殇公、襄公、灵公。从蘧伯玉的行谊来看,他是一位德行高洁的仁者。据《淮南子》载:"蘧伯玉以其仁宁卫,而天下莫能危也。"③ 将蘧伯玉与臧武仲,共同视为能够保证卫国与鲁国社稷安宁的贤人。据《古列女传》载:卫灵公与夫人夜坐,听车声辚辚,到宫阙附近时车声渐失,过了宫阙声音又起。卫灵公即问夫人曰:"知此为谁?"夫人曰:"此蘧伯玉也。"卫灵公问夫人何以知之。夫人曰:"夫忠臣与孝子,不为昭昭信节,不为冥冥惰行。蘧伯玉,卫之贤大夫也。仁而有智,敬于事上,此其人必不以闇昧废礼,是以知之。"卫灵公派人去察看,果然是蘧伯玉。④ 可见,蘧伯玉是一位表里如一、不愧屋漏的忠荩之臣。

史鰌也是卫国的大夫,名鰌,字子鱼。对于其行谊,《韩诗外传》载:"昔者卫大夫史鱼病且死,谓其子曰:'我数言蘧伯玉之贤,而不能进。弥子瑕不肖而不能退,为人臣生不能进贤而退不肖,死不当治丧正堂,殡我于室足矣。'卫君问其故,子以父言闻君,造然召蘧伯玉而贵之,而退弥子瑕,从殡于正堂,成礼而后去,生以身谏,死以尸谏,可谓直矣。《诗》曰:'靖恭尔位,好是正直。'"⑤ 除此,《孔子家语·困誓篇》等文献亦有记载。可见,尸谏的行为最见史鱼之"直"。

与聘问其他诸国时,季札言论多涉于政治、人事的细节不同,而论卫国纯粹以君子人格为是。显然,在季札的政治伦理中,为政者的德行直接关乎一国的治政,这也是其后孔孟及儒家思想的基本价值取向。

---

① 如《史记·卫康叔世家第七》:"(卫献公)三年,吴延陵季子使过卫,见蘧伯玉、史鰌,曰:'卫多君子,其国无故。'"(中华书局点校本,第1597页)
② 《四书人物考》卷二十一《传十八·蘧伯玉》,周群、王玉琴校注:《四书大全校注·附录》,武汉大学出版社2009年版,第1288页。
③ 陈广忠译注:《淮南子·泰族训》,中华书局2013年版,第1203页。
④ 参见刘向《古列女传》卷三《仁智传·卫灵夫人》,四部丛刊景明本。
⑤ 韩婴撰、许维遹校释:《韩诗外传集释》卷第七第二十一章,中华书局1980年版,第264—265页。

卫国是季札在历聘诸国时唯一的一次没有提出具体的政治建议,而做出无忧之评的诸侯国,这是因为季札认为得贤士即可国安,显示了为政者的道德因素在季札的政治理想中占据突出的地位。

其次,诤言孙林父。在自卫适晋的路上,季札经过卫国大夫孙林父的封邑戚。孙文子(即林父)①,良夫之子,是卫国世卿,曾帅师伐齐。在卫成公时曾参与钟离、戚会盟等。但是,孙文子的德行颇受非议。据《左传·襄公七年》载,孙文子聘问鲁国,当时就出现了倨傲违礼而不悔的尴尬,受到了叔孙穆子的蔑视:

> 卫孙文子来聘,且拜武子之言,而寻孙桓子之盟。公登亦登。叔孙穆子相,趋进,曰:"诸侯之会,寡君未尝后卫君。今吾子不后寡君,寡君未知所过。吾子其少安!"孙子无辞,亦无悛容。穆叔曰:"孙子必亡。为臣而君,过而不悛,亡之本也。《诗》曰:'退食自公,委蛇委蛇。'谓从者也。衡而委蛇必折。"②

此前季札聘问鲁国时已与时贤叔孙穆子相交甚笃,因此,季札当时对孙林父可能已有所了解。从鲁襄公七年(前566年)的聘问仪式来看,孙林父乃是失礼而不知悔的虚骄之人。更重要的是,孙林父还有逐君,乃至以封邑叛卫附晋之举。他曾与宁惠子一起逐献公,立殇公。后宁惠子之子宁喜与孙林父因争宠于殇公而交恶,殇公派宁喜攻打孙林父,孙林父逃至晋国,请求晋国支持献公复位。卫献公当时在齐国,齐景公得此消息,与卫献公一起到晋国共同伐卫,俘获了卫殇公与宁喜。献公复位即诛杀了宁喜。孙林父与宁氏都是献公、殇公君位更迭的主使者,深陷于权力争斗的中心。季札经过孙林父的封地戚邑③时,献公甫卒。《左传·襄公二十九年》有这样的记述:

> 自卫入晋,将宿于戚。闻钟声焉,曰:"异哉!吾闻之也:辩而

---

① 服虔曰:"孙文子,林父也。"(《史记》卷三十七,中华书局点校本,第1597页)
② 杨伯峻:《春秋左传注·襄公七年》,中华书局1981年版,第952—953页。
③ 《左传》记其地为"戚",然《史记·吴世家》《卫世家》均作"宿"。当以《左传》为是。《史记索隐》:"戚既是邑名,理应不易。今宜读为'戚'。戚,卫邑,孙文子旧所食地。"(《史记》,第1458页)《索隐》虽以音转强为之解,并不足信,然其溯《史记》之本,归于《左传》,恰是实情。

不德①,必加于戮。夫子获罪于君以在此,惧犹不足,而又何乐?夫子之在此也,犹燕之巢于幕上。君又在殡,而可以乐乎?"遂去之。文子闻之,终身不听琴瑟。②

孙林父有逐君之行,并且曾将戚邑叛附晋国,堪称卫国之贼臣。季札对于孙林父身处危境而犹自作乐深为不解,谓其:"夫子获罪于君以在此,惧犹不足,而又何乐?"将其比喻为筑巢于帷幕之上的燕雀,身处危境而不自知。加之,献公卒而未葬,作乐亦不合为臣之礼。因此,虽然季札对于卫国的诸贤大夫深为赞叹,但对卫国的另一大夫孙林父则甚为不满,乃至决意"去之"。③ 值得注意的是,孔子对孙林父亦很反感。他对子贡述及孙林父时云:"食其禄者,必死其事。孙子知卫君之将不君,不念伏死以争,而素规去就,尸利携贰,非人臣也。臣而有不臣之心,明君所不赦。"④可见,孙林父缺乏忠义之德,亦鲜礼仪之行。季札聘问中原列国,与时贤遍结兰臭之谊,但也有不淑之遇。尽管如此,孙林父听闻季札之言即"终身不听琴瑟"。⑤ 据此,宋人吕祖谦就认为季札更高出于著名贤士蘧伯玉:

> 以是知有国家者不患有小人,而患无君子。盖有君子则小人

---

① 对于"辩而不德",清沈钦韩《春秋左氏传补注》:"服曰:辩若斗辩也。夫以辩争,不以德居之,必加于刑戮也。按'辩'与'变'通,以臣逐君,非正也。既为变乱,而不德,则其戮更重。《易·坤卦》:由辩之不早辩。《音义》:荀作变。《礼运注》:变当为辩。是辩变互易也。"(《春秋左氏传补注》卷八,中华书局1985年版,第154页)而俞樾更有别解:"辩而不德。《集解》曰:辩犹争也。樾谨按:杜氏不解德字。《史记注》引服虔曰:'夫以辩争,不以德居之,必加于刑戮也。'其说非是。苟能以德居之,又何争乎?德当读为直。德字古文作悳,本从直声,故即与直通。《周易·系辞传》'有功而不德'。蜀才本作置。德之通作直,犹置之通作德也。争而不直,故互加于刑戮矣。"(《群经平议》卷二十六,《续修四库全书》经部第178册,第429页)而杨伯峻认同梁履绳在《左传补释》中的解释,认为"辩"应读为"变","以臣逐君,非正也。既为变乱,而又不德"。(《春秋左传注·襄公二十九年》,第1166—1167页)虽然诸家对于"辩而不德"训解不一,但大意都认为这是季札对于孙林父出君之举提出的批评。
② 杨伯峻:《春秋左传注·襄公二十九年》,中华书局1981年版,第1166—1167页。
③ 对于季札于戚闻乐,《史记·吴太伯世家》与《卫康叔世家》记载不一。《吴世家》与《左传》大致相同,然,《卫康叔世家》载:"过宿舍,孙林父为击磬,曰:'不乐,音大悲,使乱乃此矣。'"(《史记》,中华书局点校本,第1597—1598页)《史记》所记显然事出《左传》,然《史记·卫康叔世家》似多推衍痕迹。诚如《史记索隐》释《吴太伯世家》中季札"自卫如晋,将舍于宿"段云:"太史公欲自为一家,事虽出《左氏》,文则随义而换。"(《史记·吴太伯世家》,中华书局点校本,第1458页)
④ 《孔丛子·记义第三》,中华书局2009年版,第39页。
⑤ 杨伯峻:《春秋左传注·襄公二十九》,第1167页。

已为他移夺变化。卫之蘧伯玉，夫子亦尝称之以君子，就当时言之，伯玉地位已高，亦未易及，然把伯玉比季札，只看这一事，知文子逐君之时，伯玉不能止之，不过从近关出而已。何伯玉不能化文子于久处之余，而札能悟之于一言之顷？以是知伯玉之地位固已高，而札之地位又高于伯玉也。伯玉不能已文子于未逐君之时，而季札数语能使终身不听琴瑟，则伯玉与季札已争数等。如不有季札，则伯玉地位已仅高，看札方知地步向多，在学者当如此看。①

洵为肯綮之论。据《孔子家语》载，孔子闻之，曰："季子能以义正义，文子能克己服义，可谓善改矣。"②对于季札以义匡正孙林父，孙林父知错而善改，都予以称赞。

最后，聘问晋国。从卫经过戚，季札到了当时的中原霸主晋国，这也是季札出使中原的目的地。③ 对于季札适晋，《左传·襄公二十九年》载："适晋，说赵文子、韩宣子、魏献子，曰：'晋国其萃于三族乎！'说叔向，将行，谓叔向曰：'吾子勉之！君侈而多良，大夫皆富，政将在家。吾子好直，必思自免于难。'"④

晋国是与吴国关系最为密切的诸侯国。吴国"始通于中国"⑤，即首先是从晋国开始的。吴王寿梦二年（前584年），楚之亡大夫申公巫臣自晋使吴，带了"两之一卒"即30辆兵车帮助吴国训练军队，并且还留下"偏两之一"（《左传·成公七年》）即15辆兵车给吴国，使吴国的军事实力大为增强，并且确定了两国共同抗楚的方略。其后，晋吴之间的外交活动日渐频繁。寿梦时代即有钟离之会、鸡泽会盟、戚之会盟等等。诸樊继承位，仍延续了晋、吴结盟的传统，诸樊元年（前560年）吴伐楚，战败。次年春天，"吴告败于晋"，晋"为吴谋楚故"，会诸侯于向（今安徽怀远县）。不但如此，公元前550年，"晋将嫁女于吴"（《左传·襄公二

---

① [宋]吕祖谦：《左氏传说》卷九，《吴季札聘列国观人材》，文渊阁四库全书本。
② 杨朝明、宋立林主编：《孔子家语通解·正论解第四十一》，齐鲁书社2013年版，第474页。
③ [汉]刘向：《新序·节士》载："延陵季子将西聘晋，带宝剑以过徐君。"可见，此次季札中原之行的目的地是晋国。
④ 杨伯峻：《春秋左传注·襄公二十九年》，中华书局1981年版，第1167页。
⑤ 《史记》卷三十一《吴太伯世家第一》，中华书局点校本，第1448页。

十三年》),晋吴之间还以联姻的方式强化两国的盟好。晋吴联盟堪称是吴国日渐走向强大,从而能够抗击强楚、逐鹿中原、成就霸业的外交基石。季札出聘晋国,更是晋吴交流史上的精彩华章。

季札对于晋国公室衰微、权力下倾的情况深有体察。当时晋国政坛为六卿左右,叔向对此深以为虑,曾对晏婴说:"虽吾公室,今亦季世也。戎马不驾,卿无军行……民闻公命,如逃寇雠。栾、郤、胥、原、狐、续、庆、伯,降在皂隶。政在家门,民无所依。"①晏婴对此亦深表认同。②季札所谓"晋国其萃于三族乎""大夫皆富,政将在家",表达的正是与叔向、子产等时贤相似的政治判断。

对于叔向,季札的评价与孔子也颇为相似,孔子曰:"叔向,古之遗直也。治国制刑,不隐于亲,三数叔鱼之恶,不为末减。曰义也夫,可谓直矣。"③据《左传·昭公十四年》记载,晋国的邢侯与雍子为田界发生争执,久而无决。当司法官士景伯出使楚国时,由叔向的异母弟叔鱼代为审理此案。事实是雍子违法,但雍子将女儿嫁给叔鱼,叔鱼断邢侯有罪。邢侯一怒之下在朝廷上将叔鱼与雍子杀死了。韩宣子问叔向怎么办,叔向认为三人同罪,于是将邢侯处死,三人陈尸于市。孔子对叔向的评价便是就此事而发。季札见叔向是在襄公二十九年(前544年),而叔鱼之案则是在鲁昭公十四年(前528年)。季札十几年前对叔向的评价在叔鱼之案中得到了体现,并在孔子那里得到了应和。季札见微而识人,显示了惊人的洞察力。

公元前544年,季札历聘诸国,强化了吴国与中原诸国的联系。季札在汲取中原文化精华的同时,也展示了吴国文化精神风貌与对中原文化的融摄能力,扩大了吴国在中原的政治影响力。季札的中原之行,与当时列国诸贤观乐论政,见微而知著,群贤为之倾服。其后,司马迁亦称叹曰:"延陵季子之仁心,慕义无穷,见微而知清浊。呜呼,又何其

---

① [晋]杜预集解:《春秋经传集解》第二十《昭公一》,上海古籍出版社1978年版,第1219页。
② 据《史记·晋世家》记载:"(晋平公)十四年,吴延陵季子来使,与赵文子、韩宣子、魏献子语,曰:'晋国之政,卒归此三家矣。'十九年,齐使晏婴如晋,与叔向语。叔向曰:'晋,季世也。公厚赋为台池而不恤政,政在私门,其可久乎!'晏子然之。"(《史记》卷三十九《晋世家第九》,中华书局点校本,第1684页)
③ [晋]杜预集解:《春秋经传集解》第二十三《昭公四》,第1397页。

闳览博物君子也。"①

四　挂剑酬心

季札聘问中原，还留下了一段被后世传诵不已的践诺守信的佳话。据《史记》载：

> 季札之初使，北过徐君。徐君好季札剑，口弗敢言。季札心知之，为使上国，未献。还至徐，徐君已死，于是乃解其宝剑，击之徐君冢树而去。从者曰："徐君已死，尚谁予乎？"季子曰："不然。始吾心已许之，岂以死倍吾心哉！"②

季札践履心诺的高行，成为后世诚信践诺的范则而被广为传颂。季札不以生死负他人，亦不自倍其心。唐人王起称誉其："盛矣哉，挂剑之名，将万古而不昧！"③

关于季札挂剑对中国传统道德观念产生的影响，将在本书第十三章进行讨论，兹不赘述。需要指出的是，徐国曾是历史上一个幅员较为辽阔的诸侯国，对其疆域虽然有诸种不同的看法，其中认为疆域最为广大的当数蒙文通在《越史丛考》中所指出的，即东南吴越的版图原是徐国的旧壤，吴越的霸业就是徐戎的继续。④ 但杨伯峻在注《春秋经·庄公二十六年》"秋，公会宋人、齐人伐徐"时曰："徐，国名，嬴姓。古徐子

---

① 《史记》卷三十一《吴太伯世家第一》，中华书局点校本，第1475页。
② 《史记》卷三十一《吴太伯世家第一》，第1459页。
③ [清]董诰辑：《全唐文》卷六百四十二《延陵季子挂剑赋》，清嘉庆内府刻本。
④ 蒙文通《越史丛考》："《舆地纪胜》卷十二载：台州有'古城，在黄岩县南三十五里……故老云，即徐偃王城，城东偏有偃王庙。'则越州、台州皆偃王所至，宜穆王越海以讨之。……勾践子孙孙尚且'或为王，或为君，滨于江南海上'，徐事亦正与越相类。越州为古之越国，台州为古之东瓯，知徐当时亦兼有瓯越之地。……周衰而海东之国朝服于徐，周宣克徐再疆理南海。至春秋之初，海东之国又从服于徐。……徐衰而吴、越代兴，吴、越之霸业即徐戎之霸业，吴、越之版图亦徐国之旧壤，自淮域至于东南百越之区，及乎东海外越之地，皆以此徐越瓯闽之族筚路蓝缕，胥渐开辟，其于我伟大祖国之历史贡献岂小也哉！"（《越史丛考·史记越世家补正》，人民出版社1983年版，第144页、146页、147页）

国在今安徽省泗县西北五十里。"①所据当是《括地志》："大徐城在泗州徐城县北三十里,古之徐国也。"②显然,这是指徐国的都城言,而非徐国之疆界。

虽然厘清古徐国的疆域位置十分困难,但徐国曾是历史上一个与西周相抗衡,在诸侯国中影响力甚大的国家,尤其是徐偃王时更是如此,这是有文献可稽的。如《史记集解》载:"传云昔周穆王巡狩,诸侯共尊(徐)偃王,穆王闻之,令造父御,乘骒骥之马,日行千里,自还讨之。或云命楚王帅师伐之。"③但"徐不忍斗其民,北走彭城武原山下,百姓随而从之万有余家"。④《后汉书·东夷列传》记载更为详细:"及武王灭纣,肃慎来献石砮、楛矢。管、蔡畔周,乃招诱夷狄,周公征之,遂定东夷。康王之时,肃慎复至。后徐夷僭号,乃率九夷以伐宗周,西至河上。穆王畏其方炽,乃分东方诸侯,命徐偃王主之。偃王处潢池东,地方五百里,行仁义,陆地而朝者三十有六国。"⑤《淮南子·人间训》亦载:"昔徐偃王好行仁义,陆地之朝者三十有二国。"虽然史籍对于徐国的记载甚少,但出土的徐国铜器则颇丰。清光绪十四年(1888年),江西高安曾出土12件徐国铜器,因而有学者认为徐人曾到赣西北部地区。可见,徐国在东夷具有重大的影响。春秋前期,徐国国势依然颇盛。鲁僖公三年(前658年),徐国曾统一了淮南的群舒,对此,《春秋经》载:"徐人取舒。"⑥对于群舒的位置,杨伯峻注曰:"大致宗国在今安徽省舒城县,而散居于舒城县、庐江县至巢县一带。"这一时期江、淮之间的争疆夺势的战争主要发生在楚与徐之间。文献记载鲜见,或许是因徐国曾经作为抗击宗周的主要力量,因此而受到正统史家的轻忽。但其后楚国渐强,逐渐征服了巢、舒、蓼等国。同时,吴国自寿梦以来国力得到了增强,吴、楚争霸成为南方诸国关系的中心,徐国的国力逐渐浸微,而屡

---

① 杨伯峻:《春秋左传注·庄公二十六年》,中华书局1981年版,第233页。
② 转引自张守节《史记正义》,见《史记》卷四十三《赵世家第十三》,中华书局点校本,第1780页。
③ 引自《史记》卷五《秦本纪第五》,中华书局点校本,第176页。
④ [唐]韩愈撰、马其昶校注:《韩昌黎文集校注》第六卷《衢州徐偃王庙碑》,上海古籍出版社1986年版,第410页。
⑤ [南北朝]范晔:《后汉书》卷八十五《东夷列传第七十五》,中华书局点校本,第2808页。
⑥ 杨伯峻:《春秋左传注·僖公三年》,第248页。

受吴楚侵夺,如《左传·成公七年》:"吴始伐楚、伐巢、伐徐。""蛮夷属于楚者,吴尽取之,是以始大,通吴于上国。"①据《左传》记载,徐国被灭在鲁昭公三十年(前512年,吴阖庐三年)冬十二月:"吴子怒,冬十二月,吴子执钟吾子。遂伐徐,防山以水之。己卯,灭徐。"②当季札于襄公二十九年聘问中原时,徐国虽然国势衰微,但毕竟还是吴楚竞相争取的一个诸侯国。徐国因与楚国同属于殷商直系,关系较吴国更为密切,并世为楚国所制。但当时的徐君又是"吴出也",亦即其母为吴国之女。吴国为了实现霸业,必然需要北进中原,徐国则地处吴国北上的必经之路。季札此次北上"通嗣君",亦即与北方诸国进行政治文化的沟通与交流,其中一个虽未明确记载,但于情理,可以推测的目的是要争取徐国在吴楚相争中更倾向于吴国。因此,季札心许徐君,践约而挂剑,除了体现季札笃诚守信的品质之外,还体现了其卓越的外交智慧。事实上,季札道经徐国之后的6年,吴王馀祭十年(前538年,鲁昭公四年)《春秋经》即有"楚人执徐子"的记载。《左传》亦记之曰:"徐子,吴出也,以为贰焉,故执诸申。"③可见,楚王因为怀疑徐国通吴而拘徐君,而此之"徐子",当是刘向《说苑》中记载的徐之嗣君。徐之嗣君不敢受剑,季札挂剑于徐君墓树而去。对此感人的敦信守诚之举,徐人嘉而歌之,曰:"延陵季子兮不忘故,脱千金之剑兮带丘墓。"④徐之嗣君必然感佩于心。楚王"以为贰焉"的反应,正侧面印证了季札过徐之后徐君与吴国联系的加深。进而亦可推测,楚人将"徐子""执诸申"的结果,或许导因于季札挂剑。对此,明人姜宝在释解《春秋经》中"楚人执徐子"时,已有这样的体认:

> 按《史记》,札使北过徐,还而挂剑徐君之墓,可见吴通上国,道必由徐。今执徐子,为其不能闭吴通上国之道,为贰己也。⑤

此次季札出聘中原,道经徐国,文献虽然没有翔实的记载,季札不

---

① 杨伯峻:《春秋左传注·成公七年》,中华书局1981年版,第835页。
② 杨伯峻:《春秋左传注·昭公三十年》,第1508页。
③ 杨伯峻:《春秋左传注·昭公四年》,第1252页。
④ 《新序》第七卷《节士》,《诸子百家丛书》本,上海古籍出版社1990年版,第39页下。
⑤ [明]姜宝:《春秋事义全考》卷十三,清文渊阁四库全书本。

以生死为碍,不以色欲心约无凭为托词,毅然践约,挂剑墓树,留下的是后人的不绝赞叹,也留下了徐之嗣君深深的感怀以及吴国与中原诸国无碍的交通,为吴王成就霸业做了准备。从这个意义上说,明人田艺蘅诵季札的挂剑时所说的"审音惟妙解,挂剑有深衷"①,可谓触摸到了季札的心海微澜。

  挂剑之举体现了诚信守诺与外交智慧两方面的含义。因此,挂剑所寄寓的除了酬心守信的含义之外,季札与徐君真诚的友谊也是挂剑之举的一个重要动因,挂剑寄寓的伤悼情怀也不应为后世所忽视。从这个意义上说,季札之剑,又是痛悼徐君的祭品。因此,古代诗人将季札挂剑的题材用诸痛悼故人的挽诗,这其实是符合季札本意的。如宋人孙应时《挽徐居厚寺簿》诗云:"有怀终挂剑,雪涕独难禁。"②宋人王炎《宋可挹挽诗》云:"林间谁挂剑,清泪堕悲歌。"③概言之,季札挂剑既是其孰信守义的品行使其然,同时也是其卓越的政治外交智慧的结果。

---

① [明]田艺蘅:《香宇集》续集卷十五《丁巳稿诗·延陵谒吴季子祠》,明嘉靖刻本。
② [宋]孙应时:《烛湖集》卷十七,文渊阁四库全书本。
③ [宋]王炎:《双溪类稿》卷五,文渊阁四库全书本。

第四章　中年季札

历史文献中对季札的记载主要集中在公元前544年历聘中原,以及此前的让国行谊方面,对聘问中原之后的记载颇为鲜见。其中的一些零星记载需要通过爬梳辨析,方可窥见季札大概的人生轨迹。

一　"延州来季子"

公元前542年,吴国国君又派申公巫臣之子屈狐庸作为行人出聘晋国,目的是通吴晋之路。当屈狐庸至晋时,赵文子问及了季子的近况。对话如下:

> 赵文子问焉,曰:"延州来季子,其果立乎? 天似启之,何如?"对曰:"不立。是二王之命也,非启季子也。若天所启,其在今嗣君乎! 甚德而度,德不失民,度不失事,民亲而事有序,其天所启也。有吴国者,必此君之子孙实终之。季子,守节者也。虽有国,不立。"①

对于"延州来",杜预视其为一邑,但后世学者多不以此说为是,因为不知"延州来"为何处。服虔则认为"延",即延陵,州来,另为一邑名。② 杨伯峻亦认同此说,云:"季子即季札,初封延陵,故《檀弓下》及

---

① 杨伯峻:《春秋左传注·襄公三十一年》,中华书局1981年版,第1189—1190页。
② 详见《春秋左传正义》卷第四十,《十三经注疏》标点本,北京大学出版社1999年版,第1131页。

《史记》屡称之为延陵季子,此称延,省称也。延陵今江苏常州市。后加封州来,故此称延州来季子。州来,今安徽凤台县。"①但是,据文献记载,州来为吴所灭是在鲁昭公十三年(前529年)②。在吴据州来之前,何以封季札于此?因此,何以解释"延州来季子"?是季札研究中绕不开的难题,故而略做考述。

近人钱穆认为"延州来"即"延陵"的方言表述。其《史记地名考》云:

> 吴称句吴,越称於越;寿梦、寿越、惠墙伊戾,皆夷言发声。"陵""来"双声,故发声成"州来";"延州来"即"延陵"。《左传》三言"延州来",不言"延陵";《史》《汉》仅言"延陵",不言"延州来",明延州来、延陵是一非二。③

钱穆将延州来等同于延陵的说法在唐人孔颖达《礼记疏》中即已明确提出:"延陵,一名延州来,故《左传》云'延州来季子聘于上国。'所以郑又引以会之,云:'《春秋》传谓延陵、延州来,即此经。'延陵,即《左传》延州来,明是一也。"④但这一解释存在一个问题:《左传》中除了记载"延州来季子,其果立乎"之外,尚有"州来"的记载,如《左传》:"马陵之会,吴入州来。"同年的《春秋经》亦有"吴入州来"。如依钱穆所述,"州来"乃"陵"字的方言,则"州来"等同于"陵",殊难理解。《史记》中虽然没有"延州来",但是有"州来"的记载,如:"冬,蔡迁于州来。是岁鲁哀公三年,而孔子年六十矣。"⑤显然,"州来"非"陵"字的方言发音。对于延陵与州来之间的关系,宋人程公说的论述值得参考:"延陵为季子封邑。及季子让国之延陵,吴人尊礼焉,以楚州来加其食邑。春秋疆场彼此所属无常。《左传》曰'延州来季子',明季子并食二邑意者。"⑥其说颇为中肯。当然,对于州来是邑,抑或是国,论者的看法并不一致。杜预《左

---

① 杨伯峻:《春秋左传注·襄公三十一年》,中华书局1981年版,第1190页。
② 《春秋经·昭公十三年》:"吴灭州来。"(杨伯峻:《春秋左传注·昭公十三年》,第1343页)
③ 钱穆:《史记地名考》卷十九《吴越地名·延陵》,商务印书馆2001年版,第938页。
④ 《礼记疏·附释音礼记注疏》卷第十《檀弓下》,清嘉庆二十年南昌府刻本。
⑤ 《史记》卷四十七《孔子世家第十七》,中华书局点校本,第1927页。
⑥ [宋]程公说:《春秋分记》卷三十书十二《延州来辩》,文渊阁四库全书本。

传·昭公十三年》注:"州来,楚邑。用大师焉曰灭。"但对于杜预此注,王夫之《春秋稗疏》提出质疑:

> 州来,书"入",又书"灭",则其为国无疑,而杜云"楚邑",当由传言"楚子狩于州来",谓是其邑耳。如楚子田于孟诸,孟诸岂亦楚邑乎?州来,国小,服役于楚,游猎其地,唯一其所为耳。《前汉·地理志》"下蔡,故州来国,在今寿州",楚之东侵,疆域止于舒蓼。未尝北至寿颍,州来亡,实亡于吴。若平王曰:"州来在吴,犹在楚也",则言其国已灭,他日已取之为尤易耳,非州来之先已在楚也。若为楚邑,则已失之,何言犹在哉?①

其义是说州来并非楚邑,而为一国。其实,在王夫之之前,宋人已有此说:

> 故州来国,为楚所灭。《传》灵王狩于州来,次于颍尾,地在淮颍之会。后吴取之,以封季札。至夫差时蔡成公畏楚徙此,谓之下蔡……《释例》以州来为楚邑,而又以延州来为吴邑。误矣。②

事实上,释州来为楚邑的杜预在其辨析"灭"与"取"时,已承认州来为国。杜预《左传释例》曰:"用大量,起大众,重力以陷敌,因而有之,故曰胜国,通以'灭'为文也。'取'者,乘其衰乱,或受其溃叛,或用小师而不顿劳兵劳力,则直言取。如取如携,言其易也。"③杜预之"灭"州来,即有"胜国"之意。灭州来国之后而为楚所有,故称"楚邑"。

我们认为,州来作为吴、楚、蔡交界处的小国,随着吴、楚实力的消长而屡次易手。在公元前542年赵文子问屈狐庸之前,吴人曾有短暂的攻取州来的经历,但其后又曾为楚所占,因此,《左传·昭公十二年》载楚灵王狩猎州来,州来仍为楚所据。其后,公元前529年吴灭州来。当楚国的令尹请求伐吴,夺回州来时,楚灵王云:"吾未抚民人,未事鬼

---

① 《春秋稗疏》,《续清经解》第1册,上海书店1988年版,第54页。
② [宋]程公说:《春秋分记》卷三十书十二,文渊阁四库全书本。除此,宋人黄震《黄氏日抄》亦有载:"州来楚邑也。刘氏权衡曰:'非也,灭之名施于国,非县邑,所得亢也。'州来小国,世服于楚。赵氏曰:'州来近楚,吴乘楚乱,平王新立而灭之耳。'《传》载平王谓平抚民,人不敢争,其后吴以州来封季札。"《黄氏日抄》卷十二《读春秋·吴灭州来》,元后至元刻本)
③ 转引自《春秋左传正义》卷第十二,《十三经注疏》标点本,北京大学出版社1999年版,第326页。

神,未修守备,未定国家,而用民力,败不可悔。州来在吴,犹在楚也。子姑待之。"①可见,此时州来虽为吴所灭,但不久当又为楚所夺。因为昭公二十三年(前519年)《左传》又载吴人伐州来,楚奔命救州来。② 那么州来在鲁昭公二十三年(前519年)之前仍属楚。如此,何以解释襄公三十一年(前542年)"延州来季子"之说?程公说所谓"明季子并食此二邑意者,若今带遥郡之制耳"。其说虽然可通,但似乎仍未论及何以季札得楚地作为封邑的问题。我们以为,将吴、楚迭相所属之地封之于季札,不能排除这一可能:州来的民心向背比所属何国更为重要,楚灵王所谓"州来在吴,犹在楚也"即可证明。因此,封邑并不是为了季札本人,而是借季札之贤名,以争取州来百姓的民心,力图在两国争雄之中使州来民心偏向吴国,使吴国处于有利地位。因为州来堪称是吴楚相争、易手次数最多的淮北要地,是吴国西进北上的前沿。而吴、楚两国在此长期处于拉锯状态,诚如程公说所记:"吴虽曾入而灭之,未必能守,所以再伐焉,而楚必救之也。"③显然,在这个堪称吴楚易手最频的重镇,得州来民心比名义上得州来之地更为重要。通观吴楚两国,季札之贤名无人能及。程公说所谓"季子吴之望,州来吴楚之要境。吴以是封季子,示重吴而制楚,义或有焉"④,其说也依稀透露了这样的信息。

二　僚光之乱

自寿梦以来,历经诸樊、馀祭、馀眛发展,吴国的国力已迅速增强,根据《左传·襄公三十一年》记载,吴王派公孙巫臣之子屈狐庸聘问晋国时,赵文子问吴国的国情时,屈狐庸对馀眛有这样的褒赞:"甚德而度。德不失民,度不失事。民亲而事有序。"⑤其对馀眛的德行予以很高

---

① 杨伯峻:《春秋左传注·昭公十三年》,中华书局1981年版,第1361页。
② 见杨伯峻《春秋左传注·昭公二十三年》,第1445页。
③ [宋]程公说:《春秋分记》卷三十书十二,清文渊阁四库全书本。
④ [宋]程公说:《春秋分记》卷三十书十二。
⑤ 杨伯峻:《春秋左传注·襄公三十一年》,第1190页。

的评价。吴王馀眜在位的4年，在吴、楚两国关系中吴国多取攻势。如《左传》载："楚师还自徐，吴人败诸豫章，获其五帅。"①又载："顺灭州来，令尹子期请伐吴。王弗许，曰：'吾未抚民人，未事鬼神，未修守备，未定国家，而用民力，败不可悔。州来在吴，犹在楚也。子姑待之。'"②可见，当时的楚国对于吴国攻取州来已空叹奈何了。

但是，吴国内部隐然存在着的一个矛盾逐渐显现了出来：自仲雍至寿梦之前的君位继承实行严格的子嗣父位的制度，但吴王寿梦因季札贤明卓异，而欲立其为君，遂使传统的君位继承制度发生了改变，而实行兄终弟及制，以"必致国于季札而止"。③前527年（鲁昭公十五年），馀眜去世之前，欲将君位授予季札，季札坚辞不受，曰："吾不受位，明矣。昔前君有命，已附子臧之义。洁身清行，仰高履尚，惟仁是处。富贵之于我，如秋风之过耳。"④其离开都城，归于封邑延陵。由于季札坚辞不受，馀眜之后何人继位便产生了争议，对于可能继承王位者的身份，文献记载也产生了混乱，原因即在于可以继承王位者有多种可能性。《史记》的记载是：

> 季札让，逃去。于是吴人曰："先王有命，兄卒弟代立，必致季子。季子今逃位，则王馀眜后立。今卒，其子当代。"⑤

吴人于是立馀眜之子僚为王。⑥ 子承父位是周代以来传统的王位继承方法，寿梦以后实行的兄终弟及制是变例。弟终而后，何人承位？吴国历史上并无先例可循。同时，更复杂的还在于王僚的身份还有一

---

① 杨伯峻：《春秋左传注·昭公十三年》，中华书局1981年版，第1348页。
② 杨伯峻：《春秋左传注·昭公十三年》，第1361页。
③ 《史记》卷三十一《吴太伯世家第一》，中华书局点校本，第1451页。
④ 周生春：《吴越春秋辑校汇考·吴王寿梦传第二》，上海古籍出版社1997年版，第20页。
⑤ 《史记》卷三十一《吴太伯世家第一》，第1461页。
⑥ 《史记》《吴越春秋》均记僚为馀眜之子。《史记·吴太伯世家第一》："（馀眜四年）乃立王馀眜之子僚为王。"《史记》卷三十一《吴太伯世家第一》，第1461页）《吴越春秋》："吴人立馀眜子州于，号为吴王僚也。"（周生春：《吴越春秋辑校汇考·吴王寿梦传第二》，上海古籍出版社1997年版，第20页）但《公羊传》则记僚为寿梦之长庶子："僚者，长庶也，即之。"（《春秋公羊传注疏》卷第二十一，北京大学出版社1999年版，第465页）司马贞《史记索隐》云："按《左》狐庸对赵文子谓'夷末甚德而度，其天所启也，必此君之子孙实终之。'若以僚为末子，不应出此言。又光言'我王嗣'则光是夷昧子，且明是庶子。"（《史记》卷三十一《吴太伯世家第一》，第1450页）孔疏引服虔云："夷昧生光而废之。僚者，夷昧之庶兄。夷昧卒，僚代立，故光曰'我王嗣也'。"（《春秋左传正义》卷第五十二，北京大学出版社1999年版，第1483页）所论亦有据，姑记之。

种可能:《公羊传》载王僚乃寿梦庶子,即所谓"僚者,长庶也"。① 如《公羊传》记载属实,虽有嫡庶之别,但诸樊以来兄弟相继的传统并没有变,且是"长"庶,这在馀眛之后,季札坚辞的特殊情境之中,也不失为一种现实的选择。当然,嫡庶之别仍是一忌,其继位的合法性明显不足,故而何休解释王僚"即之"而不书"篡"的原因曰:"缘兄弟相继而即位,所以不书僚篡者,缘季子之心,恶以己之是,扬兄之非,故为之讳。"② 而另一个可能的王位继承者为公子光,据《史记》记载:"公子光者,王诸樊之子也。"③《世本》则认为其为夷末(馀眛)之子④。不管何说为是,公子光继位都是对子承父位的传统王位继承制的回归。即使按《史记·吴太伯世家》的记载,吴王僚为馀眛之子,公子光为诸樊之子,公子光欲承王位也具有一定的宗法依据。这种王位继承的或然性是吴王僚与公子光矛盾的根本原因。

吴王僚继承王位后,公子光暗中招纳贤士,意欲袭杀王僚。王僚五年(前522年),楚国亡臣伍子胥投奔吴国。伍子胥,名员,其父伍奢,兄伍尚。祖父伍举,事楚庄王以直谏称著。伍奢为太子太傅,因谏楚平王不要听信谗臣无忌之言而疏远太子建,与长子伍尚一并被楚平王所杀。伍员历经艰辛,最终逃到吴国。伍员知道公子光有夺取王位的图谋,于是求得勇士专诸荐于公子光。

吴王僚八年(鲁昭公二十三年,前519年),公子光伐楚,败楚师。遂而北伐,败陈、蔡之师。次年,公子光再伐楚,攻克居巢(今安徽省巢县)、钟离。吴王僚十一年(前516年,鲁昭公二十六年),楚平王卒。次年(前515年),吴王意欲在楚国国丧之时伐楚,派遣其弟盖(掩)馀、烛庸以兵进攻楚国。并且派季札出使晋国,以了解北方诸侯国的强弱情况,以及晋国对于吴国即将进行的伐楚战争的态度。对此,《左传·昭公二十七年》有这样的记载:

---

① 《春秋公羊传注疏》卷第二十一,《十三经注疏》标点本,北京大学出版社1999年版,第465页。
② 《春秋公羊传注疏》卷第二十一,第465页。
③ 《史记》卷三十一《吴太伯世家第一》,中华书局点校本,第1461页。
④ 杨伯峻:《春秋左传注》:"李慈铭《越缦堂日记》亦云:'阖闾为夷眛子无疑。'则有吴国者,此君(夷眛)之子孙实终之也。"(中华书局1981年版,第1190页)

吴子欲因楚丧而伐之，使公子掩馀、公子烛庸帅师围潜，使延州来季子聘于上国，遂聘于晋，以观诸侯。①

当楚国国丧，公子盖馀、烛庸攻楚之时，楚国发兵断吴后路，吴兵不得归。吴国都城空虚，公子光抓住时机，令专诸袭刺吴王僚自立，为吴王阖庐。这是吴国历史上的一次大变局。自太伯奔吴以来，历史文献中并无吴国王位继承中刀光剑影的记载，君位的承续井然有序，但公子光刺王僚而自立改变了这一局面。公子光代王僚而立的一个重要变数在于是否能够得到季札的承认。当公子光派专诸前去刺王僚时曾说："我真王嗣，当立，吾欲求之。季子虽至，不吾废也。"②可见，公子光的判断是：对于刺王僚而自立的既成事实，季札聘问归来也不会改变。公子光并未说明做出这一判断的根据，其"不吾废"是不能废还是不会废，也不得其详。而根据季札的政治人生理念，对于公子光遣专诸弑王僚的行为必然深恶不已，但执意不肯承认既成事实，则会引起更大的祸乱，结果必然是国不宁、民不安。公子光当是深明季札必以大局为是而得出了"不吾废"的结论。前515年季札出聘晋国与前544年历聘诸国，《左传》等文献记载甚详不同，此出聘晋国是观诸侯之变，史乘记载甚略，且目的地亦有不同的记载，《左传》昭公二十七年载："使延州来季子聘于上国，遂聘于晋，以观诸侯。"相反，《礼记》却有这样的记载："延陵季子适齐，于其反也。"③适齐而非适晋，当是季札尚未到达晋国，或是由齐适晋的途中，得知吴王僚被刺的消息，遂匆匆归吴。④

---

① 《春秋左传正义》卷第五十二，北京大学出版社1999年版，第1481—1482页。
② 《史记》卷三十一《吴太伯世家第一》，中华书局点校本，第1463页。
③ [清]孙希旦：《礼记集解》卷十一《檀弓下第四之二》，中华书局1989年版，第294页。
④ 对于此次出聘经历的时间，后世亦有学者认为季札此次出使历三年之久。如唐陆广微《吴地记》："季子历三年回，闻僚被杀，乃匍匐往其坟号哭。"（清文渊阁四库全书本）其说别无文献可证，姑录备考。但根据此次出聘的目的是"欲因楚丧而伐之""以观诸侯"，"楚丧"而"伐之"，时不可久，因此，"历三年"之说于理难通。对于目的地，孔颖达为《左传》"使延州来季子聘于上国"句正义曰："服虔云：'上国，中国也。盖以吴辟在东南，地势卑下，中国在其上流，故谓中国为上国也。'下云'遂聘于晋'，则上国之言不包晋矣，当总谓宋、卫、陈、郑之徒为上国耳。亦不知其聘几国也，经不书，未必不至鲁。"（《春秋左传正义》卷第五十二，第1481页）

三 循礼葬子

归吴途中,长子夭亡。在季札葬子过程中,孔子还曾前往观葬。①关于季札葬子的经过,《礼记·檀弓下》有详载:

> 延陵季子适齐,于其反也,其长子死,葬于嬴、博之间。孔子曰:"延陵季子,吴之习于礼者也。"往而观其葬焉。其坎深不至于泉,其敛以时服。既葬而封,广轮掩坎,其高可隐也。既封,左袒,右还其封,且号者三,曰:"骨肉归复于土,命也!若魂气则无不之也,无不之也。"而遂行。孔子曰:"延陵季子之于礼也,其合矣乎。"②

从《礼记》的记载可以看出,季札旅途丧子,悲痛之情自然难抑。虽因旅次条件所限,但仍循礼而行。其葬子的细微处,可见季札循礼而因时从宜的特征,如"敛以时限""广轮掩坎,其高可隐"。正义释之曰:"敛以行时之服,不更制造,是其节也。今封坟,广轮掩坎,其高可隐,又是有其节制故也。"逝者的衣服并无新制,亦即王肃注所谓:"随冬、夏之服,无所加。"开挖的墓穴也与棺材相仿而不过大;坟的高度也仅是人可手凭而不过高。这些都体现了季札能因时斟酌而得乎礼、循礼有节的特征。在情感的表达方面同样如此。聘问途中爱子病卒,不能葬归故土,其悲痛之情不难想象。这在葬子的细微处也得到了体现,如"坎深不至于泉"。正义释之曰:"以生时不欲近泉,故死亦不至于泉,以生时之意以恕于死者。"季札其后绕其封土三匝,痛哭不已。孙希旦谓之:"以愍其尸柩之不能还吴。"③以示诀别之情。对于号哭之言,孙希旦谓之:"言魂气无不之,以冀其精气之随己而归,亦送形而往、迎精而反之

---

① 季札曾有两次出聘中原,一次是在鲁襄公二十九年,一次是在鲁昭公二十七年。襄公二十九年,孔子才9岁,不可能远涉嬴、博之间观葬。因此,季札葬子,必在吴王僚十二年(鲁昭公二十七年,前515年)。
② 孙希旦:《礼记集解》卷十一《檀弓下第四之二》,中华书局1989年版,第294页。
③ 孙希旦:《礼记集解》卷十一《檀弓下第四之二》,第294页。

意也。"①这都表现了季札的怜子情愫。因此,"延陵季子之于礼也,其合矣乎。"应是孔子对季札葬子因行次的条件所限,循礼因时从宜表示肯定。当然,对于孔子所说的"延陵季子之于礼也,其合矣乎",后世王安石、方慤等学者还做出了不同的解释。王安石在《季子》中云:

> 延陵季子,其长子死,既封而号者三遂行,孔子曰:"延陵季子之于礼,其合矣乎。"夫长子之丧,圣人为之三年之服,盖以谓父子之亲而长子为亲之,后人情之所至重也。今季子三号遂行,则于先王之礼为不及矣……昔庄周丧其妻,鼓盆而歌,东门吴丧其子,比于未有此,弃人齐物之道,吾儒之罪人也。观季子之说,盖亦周吴之徒矣。父子之亲,仁义之所由始,而长子者,继承祖考之重,故丧之三年,所以重祖考也。今季子不为之尽礼,则近于弃仁义薄祖考矣。②

王氏所论,不无扬圣抑贤的情绪。比较而言,朱熹对季札葬子的评论则较为公允:

> 问:"'延陵季子之于礼也,其合矣乎!'不知圣人何以取之?"曰:"旅中之礼,只得如此。变礼也只得如此。"③

元人吴澄则对王安石的苛执之评进行了详细的驳诘:

> 详此记文,"右还其封且号者三",八字为一句,谓围绕其封丘以行,而且号哭也。"者三"两字是记其围绕之匝数,非记其号哭之声数也。足行口哭,二事兼并,围绕之行既止而后号哭之声亦止。非谓但哭三声也,荆国(疑为"公"——引者注)王氏以此为哀不足,盖误分一句作两句读,遂误解。且号者三与庄子书之三号同也。况季子于子之丧自初死至葬时甚促,亦经旬日,或经半月,或经两旬,迟速莫考。初死之时,哭必尽哀,又能有再哭三哭,朝哭夕哭,其哭不止一次矣。非但有此,既葬还封之,一哭也,恶得以此而议

---

① 《礼记集解》卷十一《檀弓下第四之二》,中华书局1989年版,第294—295页。
② 〔宋〕王安石:《临川集》卷第六十八,四部丛刊本。
③ 〔宋〕黎靖德编、王星贤点校:《朱子语类》卷八十七《檀弓下》,中华书局1994年版,第2235页。

其哀之不足哉？荆国（疑为"公"——引者注）天质偏厚,慈爱笃至,贤者过之,而不合乎中庸。其长子雩死,悲戚不堪,力辞相位,以己方人,而议季子。季子情礼两得,无可议也。①

吴澄所论甚是,季札葬子,实乃得随时处中之道,堪称是"礼从宜"的典范,因为葬子极可能是发生在季札得知僚光之变后匆匆归吴的途中,所谓"季子不为之尽礼"恰恰可能是因为国事紧迫所致。孔子专程前往观季札葬子之礼,并两处称季札明礼,即所谓:"延陵季子,吴之习于礼者也。""延陵季子之于礼也,其合矣乎！"②据宋人胡仔《孔子编年》记载,自鲁昭公二十五年孔子至齐为高昭子家臣,并与齐景公论政,其后数年均在齐国。可见,《礼记》以及《孔子家语》等文献的记载是可信的。孔子专程观葬礼,足见孔子对季札的尊崇与敬慕。从公元前544年季札聘问中原的过程来看,与季札过从的多为诸国的世卿与名重一时的贤达。此次聘晋适齐,虽然文献记载甚疏,但季札已是誉著中原的贤士。孔子当时虽已37岁,但真正能够施展自己的政治抱负,担任鲁国大司寇、摄相事则是在50多岁（鲁定公十年,前500年）以后。尽管如此,孔子兴私学,已产生了一定的社会影响。鲁昭公二十年（前522年）,齐景公与晏婴适鲁时,景公与孔子还有过关于秦穆公何以能够称霸的对话,可见孔子也已名显于世,因此也不能完全排除季札与孔子有所交流的可能。但文献并无季札葬子时与孔子交流的信息,可能是因为此时所记的主题乃季札葬子,以记述季札葬子的细节为主,而与襄公二十九年季札从容聘问诸国,可以详细记载季札与诸贤过从、对话不同,此次季札与孔子虽有过交流而未记载亦在情理之中。

《礼记》以及《孔子家语》中有关孔子"往而观其葬"的记载,还具有超乎这一行为本身的价值。孔子专程赴嬴、博之间观葬,体现了孔子对于季札的倾慕之情。倾慕之由,必是对季札节操以及行谊有充分的了解。因此,对于季札于前544年聘问中原时尤其是在鲁国的行谊,包括季札观乐的内容必有所知。基于这样的史实,探讨季札观乐对于孔子

---

① [元]吴澄:《礼记纂言》卷十四中,清文渊阁四库全书本。
② 《礼记集解》卷十一《檀弓下第四之二》,中华书局1989年版,第294页。

乃至儒家文艺观的启示便是完全合乎逻辑的。事实上,季札观乐已昭示了儒家文艺观中最为重要的以诗乐观政、中和之美的端倪。从这个意义上说,季札堪称是儒家文艺观的先驱,这也是季札辞国守制、挂剑履诺的高行之外,对中国思想史最为重要的贡献。儒家文艺思想是中国传统文艺思想的主干,规约了中国古代文艺家们对文艺的社会功能、审美境界的认识,从而形成了中国传统美学的独特风格。因此,孔子观礼的行为堪称是厘定季札历史文化地位的重要坐标。

嬴、博皆为春秋时齐邑。嬴,故城在今山东莱芜西北。博,故城在今山东泰安东南。今莱城区口镇垂杨村有季札长子墓、孔子观礼处等遗存,与史所载"其长子死于嬴、博之间"正相吻合。

四 去之延陵

季札归国时,吴国政局大势已定。季札屡辞君位,重要的原因在于不能因寿梦以及诸兄们对自己的偏爱而打破吴国君位继承的惯例,以免因君位而兄弟相残。但是,王僚被杀无情地打破了吴国王位继承史上平稳有序的传统,而其祸根实由诸樊之下,兄弟相传而不立嫡所致。王僚与公子光虽然对季札都很尊崇,但季札并不能改变他们因王位而相争的局面。在吴国王位继承的成法已产生权变的背景之下,季札仅能通过个人谨守王位传子成法的行谊,以让位的高风影响于争位者。事实证明,这种道德的影响力并没有能够改变吴国王位之争的大势,季札出使之时,公子光指使专诸刺杀了王僚,吴国宫门喋血已成事实。季札归国以后,《史记·吴太伯世家》有这样的记载:

季子至,曰:"苟先君无废祀,民人无废主,社稷有奉,乃吾君也。吾敢谁怨乎?哀死事生,以待天命。非我生乱,立者从之,先人之道也。"复命,哭僚墓,复位而待。[1]

---

[1]《史记》卷三十一《吴太伯世家第一》,中华书局点校本,第1465页。

据《史记》及《左传》记载,季札归国后虽然复命于王僚墓前,但"哀死事生""复位而待",以待新君之命,而"敢谁怨乎"①,足见在刀光剑影之下,季札的责难与抗争都已无济于事,只能徒增怨愤。当然,王僚被杀后,阖庐也不能完全违背传位至季札的祖训,据《公羊传》记载,公子光还有"致国乎季子"之举。季札当然了解这仅是阖庐为洗刷弑君之名的违心之言,但季札还是坦陈了对弑君行径的不满,曰:"尔弑吾君,吾受尔国,是吾与尔为篡也。尔杀吾兄,吾又杀尔,是父子兄弟相杀,终身无已也。"②据《公羊传》记载,自王僚被弑后,季札居延陵而终身不入吴国朝廷。从文献对季札行谊的记载来看,《公羊传》所记,虽然直露少文,但语言风格与季札更加吻合。季札于公元前544年聘问中原诸国时,与诸贤过从述志,坦露率直。当王僚被刺之后,季札对于阖庐的幽怨自在情理之中。从这个意义上看,《公羊传》的记载更加合理。同时,"去之延陵,终身不入吴国"的记载,也与季札的生平基本相符。从吴王僚十二年(前515年)之后,历史文献中除了吴王夫差十一年(前485年)有季札救援陈国的记载之外,再无季札的生平消息,这也印证了"终身不入吴国"的诺言。而《史记》及《吴越春秋》记述了季札"复位而待",但其后了无所待"君命"而行之的记载,可见,季札愤而避走延陵更合实情。

季札对于公子光刺王僚的愤懑还可以通过盖馀、烛庸的行为中得到佐证。公元前514年,吴王僚曾遣公子盖馀、烛庸伐楚,季札适晋,以观诸侯之变。军事、外交两相呼应。对于盖馀、烛庸的身份有两说:《史记集解》引贾逵曰:"二公子皆吴王僚之弟。"③而《史记索隐》则另有载:"昭二十三年《左传》曰:'光帅右,掩馀④帅左',杜注彼则云'掩馀,吴王寿梦子。'又《系族谱》亦云'二公子并寿梦子'。若依《公羊》,僚为寿梦子,则与《系族谱》合也。"⑤如后说成立,则盖(掩)馀、烛庸与季札是昆仲

---

① 《史记》卷三十一《吴太伯世家第一》,中华书局点校本,第1465页。
② 《春秋公羊传注疏》卷第二十一,《十三经注疏》标点本,北京大学出版社1999年版,第466页。
③ 引自《史记》卷三十一《吴太伯世家第一》,第1463页。
④ 《史记索隐》:"《春秋》作'掩馀'义同而字异。或者谓太史公被腐刑,不欲言'俺'也。"(引自《史记》卷三十一《吴太伯世家第一》,第1463页)
⑤ 引自《史记》卷三十一《吴太伯世家第一》,第1463页。

的关系。据《史记》记载,当烛庸、盖馀二人伐楚被困,听到公子光弑王僚自立的消息后,"乃以其兵降楚,楚封之于舒"。①《春秋》及《左传》的记载与此稍异。《左传·昭公二十七年》:"吴公子掩馀奔徐,公子烛庸奔钟吾。"②当吴王阖庐三年(鲁昭公三十年,前512年)吴国灭徐,"吴子使徐人执掩馀,使钟吾人执烛庸,二公子奔楚。楚子大封,而定其徙。"③从盖(掩)馀、烛庸对于阖庐的态度可以看出,阖庐使专诸刺王僚的行为,卿族们普遍表示不满。愤而远避,是他们共同的人生选择。因此,季札避走延陵而不入吴都,较之于"复位而待"更加合理。

虽然吴王阖庐是通过兄弟相残而取得王位的,但这是一个积极有为的君主。在位第九年(前506年)即大败楚军,攻入郢都,成为当时与齐桓公、晋文公齐名的霸主,《吕氏春秋》载:"古者有以王者,有以霸者矣,汤、武、齐桓、晋文、吴阖庐是矣。"④对于阖庐,楚人有云:"阖庐口不贪嘉味,耳不乐逸声,目不淫于色,身不怀于安,朝夕勤志,恤民之羸,闻一善言若惊,得一士若赏,有过必悛,有不善必惧,是故得民以济其志。"⑤阖庐以伍子胥为谋臣,以伯嚭为大夫,以孙武为将,富国强兵,在经过了柏举之役以后,吴国的势力得到了空前的增强,乃至"东征至于庳庐,西征至于巴蜀,北迫齐晋,令行中国"。⑥但在阖庐一朝,各种文献对季札的行谊无一记载,其根本原因当在于衔王僚被杀之恨而有"去之延陵,终身不入吴国"之诺使其然。

对于季札愤而离开吴国国都,淡出历史视野之外,有学者认为季札的销声匿迹大约凶多吉少。⑦其根据主要在于杜预在《春秋释例》中释襄公三十一年"延州来"时注"阙"。持季札结局堪忧的论者认为"阙"有"除,毁"之意,如《吕氏春秋·孝行》中"父母全之,子弗敢阙"。但这种解释仅限于人之阙,亦即阙是指人,这是由月轮的盈阙之意引申而来,

---

① 《史记》卷三十一《吴太伯世家》,中华书局点校本,第1465页。
② 杨伯峻:《春秋左传注·昭公二十七年》,中华书局1981年版,第1485页。
③ 杨伯峻:《春秋左传注·昭公三十年》,第1507页。
④ 许维遹:《吕氏春秋》卷第八《论威》,中华书局2009年版,第183页。
⑤ 《国语集解·楚语下第十八》,中华书局2002年版,第525页。
⑥ 许维遹:《吕氏春秋集释》卷第八《论威》,第186页。
⑦ 参见陆建方《季札考》,《东南文化》1993年第6期。

由此引起联想的是"受损"意。但这并非杜预之意。杜预之谓"阙",显然是其基本意"空缺"。如《列子·汤问》:"昔者女娲氏炼五色石以补其阙",即没有(未知)此地名的解释,只是指地名的解释阙如,而非人之阙。因此,孔颖达正义对杜预的解释一依地名为据:"《释例·土地名》'延州来,阙。'不知其处,则杜谓'延州来'三字共为一邑。""《释例》'延州来,阙',杜意当谓吴地别有州来,非楚邑也。"① 显然,注家都以"延州来"作为地名,而不是作为对季札的借代。显然,杜预所谓"延州来,阙"的解释并无凶意。同时,更明显的证据在于,《春秋释例》中被杜预标注为"阙"的地名不计其数。即如其标注的鲁襄公年间《春秋左传》中的地名,除襄公三年的"鸠兹"中有"丹阳芜湖到东今皋夷也",其余皋舟、二十八年朱方、三十一延州来均标为"阙"。这显然是指难以解释地名之"阙"。因此,推测季札在阖庐期间的凶兆并无根据。其后,史书还有吴王夫差十一年(前485年,鲁哀公十年)抗楚救陈的记载,这一事件似乎是季札亲为。

---

① [晋]杜预:《春秋释例》卷六,清武英殿聚珍版丛书本。

第五章　终老诸谜

与"其学以自隐无名为务"的老子，见周室衰微，乃西出函谷关，"莫知其所终"①，留下了旷世之谜一样，文献对季札的晚年记载也恍惚迷离，近期颐而帅师救陈竟载于《左传》，身后题碑又出于圣人手笔。是耶？非耶？兹试释一二以为招玉之引。

一　救陈试解

历史文献经历了对季札行谊30年的失载之后，《左传·哀公十年》（前485年，吴王夫差十一年）又有这样的记载：

> 吴延州来季子救陈，谓子期曰："二君不务德，而力争诸侯，民何罪焉？我请退，以为子名，务德而安民。"乃还。②

历30年以后，以年届九旬之身而再现于史家笔下，这自然会受到质疑。孔颖达《正义》："襄、昭之传称延州来季子者，皆是季札也。此说务德安民是大贤之事，亦当是札，故计迹其年，言虽老犹能将兵也。孙毓以为季子食邑于州来，世称'延州来'。季子犹赵氏，世称'知伯'。延州来季子，或是札之子与孙也。"③孔颖达先认为救陈的是季札，后又引

---

① 《史记》卷六十三《老子韩非列传第三》，中华书局点校本，第2141页。
② 杨伯峻：《春秋左传注·哀公十年》，中华书局1981年版，第1656页。
③ 《春秋左传正义》卷第五十八，《十三经注疏》标点本，北京大学出版社1999年版，第1654页。

孙毓之说存疑。杨伯峻则认同孙毓之说,对"延州来季子"提出了疑问,说:"杜注:'季子,吴王寿梦少子也。寿梦以襄十二年卒,至今七十七岁。寿梦卒,季子已能让国,年当十五六,至今盖九十余。'此延州来季子未必即季札本人,以近百岁老翁帅师,恐情理所难,或其子孙,仍受延、州来之封,故仍其称乎。"①季札年近期颐而能帅师,确实令人生疑。但孔颖达以务德安民乃大贤之事为根据,判断救陈乃季札本人所为,还是颇令人信服的。从其对子期的语气来看,显然非季札子孙所言。尤其是"二君不务德,而力争诸侯",这显然是一位德劭者的语气。根据杜预的解释,"二君"乃是"吴、楚"之君。既有楚君,更有吴君,直陈其"不务德",若是季札后代,断不可以如此口吻斥责一国之君主。

更重要的是,救陈之役含有吴、楚两国多年的恩怨。陈国是处于吴楚之间的小国,当吴王阖庐九年(鲁定公四年,前506年)吴国攻打楚国时,曾派人见陈怀公,希望其一起攻楚。但陈怀公采纳了逢滑的建议,没有附从阖庐。当吴王夫差继位战胜越国之后,便于公元前494年发兵入侵陈国,以报复陈怀公未应阖庐之召的怨愤。夫差七年(鲁哀公六年,前489年),夫差"复修旧怨"②,再度伐陈。楚昭王遂发兵救陈,最终病死于军中。吴王夫差十年(鲁哀公九年,前486年),楚国在上次救陈未果之后又发兵攻陈。当时吴国的兵锋主要集中于北方的齐国。次年冬,季札率兵救陈。可见,围绕着陈国的争夺战载荷着吴楚两国多年的恩怨。面对着积淀了两国多年恩怨的战役,如果没有很深的资望,断不可能轻易主动撤兵。因此,救陈之"吴延州来季子"必为一威望极高者,不但直斥吴、楚两国国君不修德操,仅以争夺诸侯疆域为目的,而且为了使陈国生民免遭涂炭,竟然自请退兵,这一骇俗之行绝非一般统军之帅以及季札子孙所能为。概而言之,救陈民于危境而不争陈国土地之得失,非季札不能为。

对于"延州来季子救陈"主要的疑问在于季札当时已90余岁,难以帅师赴陈。但春秋时年高者并不鲜见,如卫之蘧伯玉,始见于文献记载

---

① 杨伯峻:《春秋左传注·哀公十年》,中华书局1981年版,第1656页。
② 杨伯峻:《春秋左传注·哀公六年》,第1633页。

是在《左传·襄公十四年》，当时孙文子进入卫都帝丘，意欲攻打卫献公，见到蘧伯玉并征询其意见，蘧伯玉冷静地回答："君制其国，臣敢奸之？虽奸之，庸知愈乎？"①可见，当时蘧伯玉声名已著，当已近于壮岁。孔子至卫，住在蘧伯玉家中时，已是鲁哀公元年（前494年）。其间经历了昭公、定公，至哀公元年已历65年，此时的蘧伯玉应已近期颐。周文王也是年近期颐乃崩，据《史记集解》载："徐广曰：'文王九十七乃崩'。"②王先谦亦曾列年逾百载者数人："商之老彭、伊陟、周之君奭、老聃、子夏、汉之张苍、伏生、窦公，皆身历数朝，年逾百载。"③因此，判断季札救陈，不应仅因年龄的因素而完全予以否定。

果是季札出面救陈，还要解释季札于30年前做出的"终身不入吴国"之诺的问题。我们认为季札并未违诺，原因有二：一是终身不入吴国的前提是"去之延陵"，而延陵乃吴国下邑。诚如何休所解："礼，公子无去国之义，故不越境。"因此，季札并没有离开吴国，而仅是"不入吴朝"④而已，必然还与闻吴国大事。二是季札之愤乃是因阖庐遣人击杀王僚而起，而此时夫差已继位11年。更重要的是，季札帅师救陈，也有可能并非为夫差所遣。因为夫差当时主要忙于北伐齐国，据《左传·哀公十年》记载："公会吴子、邾子、郯子伐齐南鄙，师于鄎。""齐人弑悼公，赴于师。吴子三日哭于军门之外。徐承帅舟师将自海入齐，齐人败之，吴师乃还。""秋，吴子使来复儆师。"⑤吴夫差十二年（鲁哀公十一年，前484年）五月，夫差与鲁哀公帅师伐齐。可见，夫差兵锋所向主要在北方，而陈国则处于吴国的西南方向，距离季札的又一封邑州来（吴王夫差三年迁蔡国于州来）不远。当公元前485年冬天楚子伐陈之时，季札可能是以其独有的声望，集吴国西面防御楚国的兵士应急救陈。果如此，则并不违背"终身不入吴国"之诺。

宋人苏辙认为，季札救陈时的退兵避楚之举与其一生的行谊、德行

---

① 杨伯峻：《春秋左传注·襄公十四年》，中华书局1981年版，第1012页。
② 引自《史记》卷四《周本纪第四》，中华书局点校本，第118页。
③ [清]王先谦：《诗三家义集疏》卷二十八，中华书局1987年版，第1091页。
④ 以上引自《春秋公羊传注疏》卷第二十一，《十三经注疏》标点本，北京大学出版社1999年版，第466页。
⑤ 杨伯峻：《春秋左传注·哀公十年》，第1655—1656页。

完全统一,云:

> 春秋之际,世不知义而以权利为贵,虽齐桓、晋文皆以争国成名者也。如子臧之于曹,季子之于吴,皆有可取之义,弃而不顾,而况于争乎?予高二子之义,欲考其行事,而子臧反国而致事,事不复见,季子事吴九十余年,观其挂剑于墓,不以死背其心;葬子嬴博,不以恩累其志;引兵避楚,不以名害其德。盖所以养心者至矣。虽禄之天下有所不受,而况于吴乎?彼其所养者,诚重故也。①

苏辙从季札修德养心的层面,论述了其一生行谊的逻辑关系。被视为蛮夷之邦的吴国,能慨然救陈,也引起了后世诸多学者的颇多感喟与商论②。虽然救陈是否为季札的信息已湮没在悠远的历史时空之中,但现存文献记载的季札德行确实为我们破解历史谜障提供了逻辑推衍的条件。从这个意义上说,苏辙在《古史》中稽考季札事迹的方法,对我们准确地认识季札不无启迪。

---

① [宋]苏辙:《古史》二十七《曹子臧吴季札列传第四》,宋刻元明递修本。
② 如宋人吕本中从季子救陈而有中国衰微的感叹,云:"武夷胡氏传《春秋》,恶首乱、善解纷、自诛乱臣讨贼子之外,凡书'救'者,未有不善之也。……救在外域则罪中国,楚公子贞救郑、狄救齐、吴救陈是也。吴虽蛮夷之国来会于戚则进而书'人'矣,使季札聘则又进而书'子'矣,救而果善,曷为独以号举而不进之也。其以号举而不进之者,深著楚罪而伤中国之衰也。陈者,有虞之后,尝为楚灭而仅存耳。今又无故兴师肆行侵伐而列国诸侯纵其暴横,不能修方伯连帅之职,而吴能救之,故独以号举,深著楚罪而伤中国之衰也。孔子曰:'道不行,乘桴浮于海,从我者其由与?'非果欲浮海,其书吴救陈之意乎?"([宋]吕本中:《春秋集解》卷三十,清文渊阁四库全书本)明人徐浦亦据《春秋》"楚公子结帅师伐陈,吴救陈"句云:"楚伐陈,宜中国诸侯救之也,然卒无有能修方伯连帅之职者,惟吴延州来季子救陈焉。《春秋》书'救',善之也,称'吴'不称'子',见救在夷狄而贬在中国也。"([明]徐浦:《春秋四传私考》卷下,清嘉庆十六年祝氏留香室刻本)苏轼则感佩季子救陈而作《延州来季子赞》:"泰伯之德,钟于先生。弃国如遗,委蜕而行。坐阅春秋,几五之二。古之真人,有化无死。"(孔凡礼点校:《苏轼文集》卷二十一,中华书局1986年版,第600页)而明人茅坤则对苏轼之说提出质疑,曰:"子瞻据季子救陈在哀公十年,故以为其救陈也,去吴之亡仅十三年尔。季子知吴之亡,何以不谏?予独谓阖庐既已杀王僚而自立,逃而去,终身焉不入吴之市。盖季子已绝人世也久矣。《左传》所称季子云云,妄也。大较《左传》多浮夸焉,知其非以讹传讹也。子瞻求其说而不得,谓季子且不死则又过矣。"([明]茅坤:《唐宋八大家文钞》卷一百四十三,清文渊阁四库全书本)

二 墓与碑

在《左传·哀公十年》记载了季札救陈之后，史书再无季札生平活动的信息。根据吴庆臣《吴氏宗谱》载，季札生于周简王十年乙酉（前576年），卒于周敬王三十五年丙辰（吴王夫差十一年，前485年）。18年之后，曾经国殷民众，禾稼登熟，兵革坚利，使"九夷之国莫不宾服"（《墨子·非攻中》）的吴国，因夫差骄溢纵欲，拒谏喜谀，好战穷兵，致使大臣怨怼，百姓不附，轻诸侯，凌齐晋，最终骤然为越国所灭，夫差被擒于干隧。季札于老迈之年发出的"君不务德，而力争诸侯"诤言，不可能为虚骄的夫差所纳，这与伍子胥的尽忠极谏，抉目而辜何其相似？对此，苏轼有这样的感喟："救陈之明年，而子胥死。季子知国之必亡，而终无一言于夫差，知言之无益也。夫子胥以阖庐霸，而夫差杀之如皂隶，岂独难于季子乎！乌乎悲夫，吾是以知夫差之不道，至于使季子不敢言也。苏子曰：延州来季子、张子房，皆不死者也。江左诸人好谈子房、季札之贤，有以也夫。"① 东坡在《延州来季子赞》中对季子"有化无死"之赞，准确地体现了季札留下的精神财富并未因吴国灭亡而湮没于历史长河之中，而是越出了春秋之时、吴国之地，化成于中国传统文化之中。季札受到了后世的普遍崇仰，或歌诵，或赋辞。如明人沈长卿纵论春秋诸贤，论季札云：

> 札为春秋第一流人物，非他贤所能仿佛，即如晏婴纳政与邑得免栾高之难，札教之也。夫晏婴智矣，而不智于札。若子产、若蘧瑗、若叔向，皆一时之杰，而与札投契如生平。札盖有圣人之风焉，闻乐而知列国之兴替，圣之睿者也；阅览博物，圣之多能者也；挂剑盟心，圣之信者也。彼尝葬子于嬴博之间，而夫子观其礼，素已倾向札矣。卒而手题其墓，曰："呜呼有吴延陵君子之墓。"②

沈长卿以季札与群贤的交谊为据，越贤而圣，将季札与孔子同侪，

---

① 孔凡礼点校：《苏轼文集》卷二十一《延州来季子赞并序》，中华书局1986年版，第599页。
② [明]沈长卿：《沈氏弋说》卷一《季札》，明万历刻本。

就季札对孔子文艺观的启示而言,亦非全为过誉。

季札墓

对于季札的墓,史书屡有记载,如《越绝书》载:"毗陵上湖中冢者,延陵季子冢也,去县七十里。上湖通上洲。季子冢古名延陵墟。"[1]虽然《越绝书》是较早记载季子冢的文献,但"上湖"何在,尚需考证。加之此段文字可能有脱失,具体地址仍不甚明了。《皇览》载:"延陵季子冢,在毗陵县暨阳乡,至今吏民皆祀。"[2]《元和郡县志》载:"常州晋陵县。春秋时延陵,汉之毗陵也。后与郡俱改为晋陵,季札所居也。墓在本县北七十里申浦之西。"[3]《太平寰宇记》载:"季札墓在今县(毗陵县——引者注)北七十里申浦西是也。"[4]其中《皇览》《太平寰宇记》所记为后世史家广泛引据。今江阴申港墓、碑、庙俱存,与文献记载相符。同时,在江苏江阴申港季子祠内、丹阳县延陵镇九里村延陵季子庙内分别有宋人与唐人摹写的传为孔子所书的"呜呼有吴延陵君子之墓"碑,即"十字碑"。[5] 历代学者虽然对"十字碑"的真伪聚讼难辨(详见本书第十四章),但相传为孔子所题的碑文仅比干与季札,这本身即已蕴含了丰富的文化意义。

---

[1] 李步嘉校释:《越绝书校释》卷第二,中华书局2013年版,第37—38页。
[2] [三国]刘劭、王象撰,清孙冯翼辑:《皇览》,清嘉庆十三年刻本。
[3] [唐]李吉甫撰:《元和郡县志》卷二十六,清武英殿聚珍版丛书本。
[4] [宋]乐史撰:《太平寰宇记》卷九十二《江南东道四》,清文渊阁四库全书本。
[5] 除此,尚有"十二字碑"宋拓本存世,《大观太清楼帖宋拓真本》第五卷有"鲁司寇仲尼书:乌延陵博(封)邑有吴君子之墓呼"拓本(文物出版社2001年版)。

观乐篇

据《左传》记载，公元前544年（鲁襄公二十九年）吴国公子季札奉吴王馀祭之命聘问鲁、齐、晋、郑、卫五国，到鲁国后观赏鲁国乐工演周乐，季札观周乐而察时政，品评感喟。古代诗乐相联，品乐亦即品诗。清人马瑞辰云："诗三百篇，未有不可入乐者……《左传》吴季札请观周乐，使工为之歌《周南》《召南》，并及于十二国。若非入乐，则十四国之诗不得统之以'周乐'也。"① 因此，这堪称先秦时期一篇最早的、较为系统的文艺评论文献。这段文献既体现了季札卓荦的文艺观，又具有丰富的史料价值，并可窥见早期儒家文艺观的诸多信息。

---

① 《诗入乐说》，见《毛诗传笺通释》卷一，中华书局1989年版，第1—2页。

第六章 《二南》《郑》《卫》论

一 观《二南》论

《周南》《召南》通称为"二南",居于十五国风之首。"二南"被汉儒列为"正风",其余十三国风皆为"变风"。但是,对"二南"的诸多问题学术界迄今仍莫衷一是。诸如,"二南"作于何时、何地?"周""召"与"南"是何关系?为何称"南"而不称"风"?对于"二南"的诠释则滥觞于季札观乐。季札所评对其后的孔子和毛诗均有启迪。《左传·襄公二十九年》载:

> 请观于周乐。使工为之歌《周南》《召南》,曰:"美哉!始基之矣,犹未也,然勤而不怨矣。"

对于季札所谓"始基之矣",贾逵云:"言未有《雅》《颂》之成功。"①孔颖达云:"亦谓《二南》为王化基始,《序》意出于彼文也。"②孔氏梳理了季札评价《二南》之于《毛诗序》的启迪作用。《诗大序》云:"《周南》《召南》,正始之道,王化之基。"可见,其后释《二南》为王业风化的发轫之作,其源正是出于季札。孔颖达在释《诗大序》中的这一表述时云:"《周南》《召南》二十五篇之诗,皆是正其初始之大道,王业风化之基本也。

---

① 《史记》卷三十一《吴太伯世家》,中华书局点校本,第1453页。
② 《毛诗正义》卷第一,《十三经注疏》标点本,北京大学出版社1999年版,第20—21页。

高以下为基，远以近为始。文王正其家而后及其国，是正其始也。化南土以成王业，是王化之基也。"①季札将《二南》视为王化的根据与起点，可见其对《二南》的重视。其后的孔子亦对《二南》推崇甚至，云："人而不为《周南》《召南》，其犹正墙面而立者。"（《论语·阳货第十七》）《孔丛子》载："孔子读诗及《小雅》，喟然而叹曰：吾于《周南》《召南》，见周道之所以盛也。"②

"二南"作于何时？季札所谓"犹未也"，也开启了后世解《诗》者判断"二南"创作时间的诸多法门。《诗大序》云："《关雎》《麟趾》之化，王者之风，故系之周公。""《鹊巢》《驺虞》之德，诸侯之风也，先王之所以教，故系之召公。"《关雎》是《周南》的首篇，《麟趾》是《周南》的末篇；《鹊巢》是《召南》的首篇，《麟趾》是《召南》的末篇。这是明确将"二南"与周公、召公相联系。但是，《毛诗序》并没有明确指出"王者"和"先王"是谁。对此，孔颖达正义云："文王所行，兼行先王之道，感文王之化为《周南》，感先王之化为《召南》，不言先王之教，无以知其然，故特著之也。此实文王之诗，而系之二公者。"③亦即"王者"是指周文王，《二南》乃文王之诗。这一观点也受到朱熹等人的认同。而其端绪其实与季札的评论有关。对于季札所谓"犹未也"，杜预释之曰："犹未也，犹有商纣，未尽善也。"④意即商纣犹存，大业仍未就。果如杜预所释，那么季札认为《二南》乃文王时的作品。对于《二南》的创作时间虽然还有其他不同的观点，如三家诗认为约产生于周康王时期，但比较而言，孔颖达、朱熹等所认为的作于文王、武王时期的影响最大。清魏源据季札评二南，得出这样的结论：

> 季札观乐，为之歌《周南》《召南》，曰："美哉！始基之矣，犹未也，然勤而不怨矣。"专指文王时言政，知二《南》以地为别，不以诗为别；以文王风化为义，不以二公风化为义；以二公所陈为区别，不以二公所化为区别。惟主于文王之风化，故《召南》皆《周南》之应，

---

①《毛诗正义》卷第一，《十三经注疏》标点本，北京大学出版社1999年版，第20页。
②《孔丛子·记义第三》，中华书局2009年版，第44页。
③《毛诗正义》卷第一，第20页。
④《春秋左传正义》卷第三十九，《十三经注疏》标点本，第1096页。

以其为丰、镐本国之风,有文王后妃之什焉。尊为"四始",冠于《召南》,不亦宜乎?然诗虽作于文王,陈于武王,而其被诸管弦,用为房中乡国之乐,则实定于周公制作之日,故"四始"又皆以周公所定为义。①

这样的结论堪称是历代论述《二南》最为全面,并受到学者普遍接受的结论之一,所据乃是季札观《二南》的评论。

对于《二南》的内容特点,季札谓其"勤而不怨"。杜预释之曰:"未能安乐,然其音不怨怒。"②这样的解释显然是承"犹未也"而来。孔颖达正义云:"《诗序》云:'治世之音安以乐,乱世之音怨以怒。'此作《周》《召》之诗,其时犹有纣存,音虽未能安乐,已得不怨怒矣。"季札的这一评价,遂成为后世论《二南》的经典表述,如《文心雕龙·时序》谓之"逮姬文之德盛,《周南》勤而不怨"等等。

毋庸讳言,季札关于《二南》的评论为后世论《诗》者提出了一个难解的问题:"勤而不怨"的评论与今存《二南》的内容不甚吻合。对此,明人田汝成有这样的疑问:

> 今《二南》之诗具在,览其辞多闺帷衽席之谈,离合悲欢之思,所谓"勤而不怨"者何所指乎?白茅纯束之诱,鼠牙雀角之争,挑闼不羁与今委巷恶少无异。先王礼乐之教不宜有此,安在其为"好色而不淫"也?治毛诗者恒曰《二南》见夫妇之伦,君臣之分,又曰《麟趾》《关雎》之应也,《驺虞》《鹊巢》之应也。愚窃以为君者臣之纲也,夫者妇之表也。作诗者欲述臣贤,何不先之以君德;欲彰妇顺,何不冠之以男教,而琐琐于闺帷衽席之谈,何其亵也?《麟趾》以喻公族,其仁厚近之矣。《驺虞》以不杀为瑞而引之以兴,一发五豝之惨何其不伦也?夫《二南》之化,虽文武成康世德所致,亦由周召足以宣之,故变《风》之终周公,变《雅》之终召公,与《二南》相为包括,寄意深矣。当是时,二公所以夹辅赞襄者,考之《诗》《书》,何所表见?其于《二南》之化,何所裨益也?兹欲究始基之义,以免面墙之

---

① [清]魏源:《诗古微》上编之三《二南义例篇下》,《魏源全集》,岳麓书社2005年版,第203页。
② [晋]杜预集解:《春秋经传集解》第十九,上海古籍出版社1978年版,第1123页。

讯，何由而可？①

王通、阮逸等人亦有同样的疑问，他们认为这是季札将《豳》风与《二南》混淆了。其实，季札观乐极可能是闻其中的某一篇而已，因此，"勤而不怨"并非对二《南》作品的整体评价。《毛诗》《江有汜》的序云"《江有汜》，美媵也。勤而无怨，嫡能悔过也"②，其意似指季札可能是闻《召南·江有汜》而发。当然，《二南》之中，体现"勤而不怨"情绪的作品甚多，如魏源云：

> 《小星》，使臣勤劳在外，以义命自安也。"嘒彼小星，喻小人在朝也。与《汝坟》《卷耳》《殷其雷》《四牡》，皆商末政役烦急，君子勉从王事之诗。故季札闻歌二《南》曰："美哉！始基之矣，犹未也，然勤而不怨矣。""实命不同"，勤而不怨之谓也。③

对于季札观乐所涉内容，杜预、吕祖谦等人都有论述。如吕祖谦云："当时鲁史乐工为季札歌列国之诗，欲观历代之乐，一时之间每国不过歌一两篇而已。若使其于《风》《雅》《颂》一一遍歌，则虽穷年越岁歌亦未能毕，岂一朝一夕间乐工能尽歌之乎？"④杜氏、吕氏所言甚是，这也是季札观乐时些许评论难解的关键所在。

二 观《郑》论

郑卫之声向被视为同类，但季札观《郑》《卫》的即兴评述则将《郑》《卫》作区别论。《左传·襄公二十九年》载：

> 为之歌《郑》，曰："美哉！其细已甚，民弗堪也。是其先亡乎？"

季札闻《郑》而憾其"细已甚"，由此而使"民弗堪"，遂做出国"先亡"的推论，可见，"细已甚"危害之大。对于季札之谓"细"，孔颖达认为是

---

① [明]田汝成：《田叔禾小集》卷十《策福州学府诸生》，明嘉靖四十二年刻本。
② 《毛诗正义》卷第一，《十三经注疏》标点本，北京大学出版社1999年版，第97页。
③ [清]魏源：《诗古微》下编之一《诗序集义·召南》，《魏源全集》，岳麓书社2005年版，第622页。
④ [宋]吕祖谦：《左氏传说》卷第九，文渊阁四库全书本。

"为政细密"。云:"居上者,宽则得众。为政细密,庶事烦碎,故民不能堪也。"①但这样的解释是基于儒家政教为本的文艺立场,似乎难以说通。因为"为政细密"褒贬难判,与其后的"民弗堪"、国"先亡"的贬义不尽相符。同时,歌辞一般比较简约,表达"细已甚"难度甚大。其实这很可能是季札在观乐时秉持的中道方法,表达了在艺术手法上孜求审美愉悦与功利致用的平衡的观念。亦即,他认为《郑》之诗乐的情感委婉细腻,愉悦(亦即"美哉")有过,而功利致用不足,易诱使民众过分享乐而荒其本业。据考古学研究,郑卫之音在声乐方面多用繁声促节,采用了新的音阶。② 同时,当时的郑国除了金石乐器之外,大量的丝竹乐器得到了应用。据《战国策·齐策》记载:"临淄甚富而实,其民无不吹竽鼓瑟、击筑弹琴。"齐国如此,郑、卫之乐当更加柔婉琐细,表现手法也更加丰富多彩。这才是季札既称其"美",又谓其"细已甚"的原因。对此,清人陈启源《毛诗稽古篇》的论述亦可参证:"淫者,过也,非专指男女之欲也。古之言淫多矣,于星言淫,于雨言淫,于水言淫,于刑言淫,于游观田猎言淫,皆言过其常度耳。乐之五音十二律长短高下皆有节焉,郑声靡曼幻眇,无中正和平之致,使闻之者导欲增悲,沈溺而忘返,故曰淫也。"③郑声细而至于"淫"的事实在历史文献中也得到了证实,《左传·昭公元年》:"中声以降,五降之后,不容弹矣。于是有烦手淫声,慆堙心耳,乃忘平和,君子弗听也。"杜预注云:"五降而不息,则杂声并奏。所谓郑、卫之声。"④由此也可以看出,季札观乐对于郑卫之音的认识虽然与孔子不尽相同,但孜求中和、孜求艺术服务于政教的目的还是一致的,这是从乐的角度而言。如果从歌辞的角度来看,也留有"细已甚"的些许痕迹。事实上,《郑风》中确实多有描写极细腻的作品,如《将仲子》诗,传情达意,婉转曲折。虽然《毛诗序》认为该诗是讽刺郑庄公之作,

---

① 《春秋左传正义》卷第三十九,《十三经注疏》标点本,北京大学出版社1999年版,第1098页。
② 冯洁轩通过新郑城出土的六枚春秋时代甬钟的测音结果发现,"不管从新音阶或旧音阶的角度来看,它的隧音和鼓音结合起来,已构成完整的七声音阶。"(《论郑卫之音》,载《音乐研究》,1984年第1期)而周乐则是五声音阶。郑、卫据于殷商故地,故其音乐受其影响。
③ 转引自程树德《论语集释》卷三十一《卫灵公上》,中华书局1990年版,第1088页。
④ 以上引自[晋]杜预集解《春秋经传集解》第二十《昭公一》,上海古籍出版社1978年版,第1201—1202页。

但自宋代郑樵以来,学者多认为是一首表现男女情爱的诗歌,所写的乃一篱落之间的女子,既难抑与仲子之情,又畏惧父母、兄弟、国人之言,不敢贸然相从。虽然短短数句,但情感表达则一波三折,欲迎又拒,欲拒还迎,曲折细腻堪称"细已甚"。可见,虽然季札观乐以知政为宗旨,但其闻《郑》声则主要是从艺术形式的角度来论述的。因此,季札称颂其"美",实质是肯定了其审美愉悦的功能。当然,即使如此明显的论乐取向,也往往受到儒者的曲解,如孔颖达正义云:"'美哉'者,美其政治之音有所善也。"孔颖达将审美与诗乐的政治功能完全统一,但这样的疏解很难解释既有"美哉"之叹,为何又有国之先亡的猜测?这显然不合季札之意。不难看出,季札评《郑》,其实是对审美愉悦与艺术社会功能做区别论。从这个意义上说,季札论乐对艺术独立性问题已有所涉及,这是孔子乃至儒家诗乐理论中鲜有论及的。

季札的"细已甚"从一个侧面体现了其艺术的评判标准。一方面,季札称颂其"美",即肯定了其审美价值。诚如宋人张文伯所云:"美,诗人之情,不有先王之训。"①但是,季札更重视艺术的社会功能。对于"细已甚"与"民弗堪也"之间的逻辑关系,历代学者虽然有所论及,但似乎尚不甚清晰。如孔颖达之正义,完全将审美与诗乐的政治功能相统一,认为季札所谓"美哉",乃是"美其政治之音有所善也",而其后的所有论述其实都消解了艺术的审美作用。季札之论的逻辑起点在于审美,"细已甚"似乎并不是指政教烦碎,而是诗乐中表现的情感委婉细腻过甚。《郑风》是季札观乐时极少对其内容提出异议的一国之风。季札既美之,又何以批评其"细已甚"呢?因《左传》的记载极简洁,其间的逻辑关系并未展开,但与季札大致同时的孔子对郑声的评价则可参证。据《论语·卫灵公第十五》记载:"子曰:行夏之时,乘殷之辂,服周之冕,乐则韶舞。放郑声,远佞人。郑声淫,佞人殆。"对于郑声淫,一般都释之为淫乐,如《白虎通·礼乐篇》:"孔子曰'郑声淫'何?郑国土地民人山居谷汲,男女错杂,为郑声以相悦怿。"朱熹《诗集注》:"郑卫皆淫声,然《卫诗》三十九,淫奔才四之一。《郑诗》二十一,淫奔不翅七之五。卫犹为

---

① [宋]张文伯:《九经疑难》卷四《毛诗·郑国风·季札美歌郑风》,明祁氏澹生堂钞本。

男悦女，郑皆为女惑男。……故夫子独以郑声为戒。"但是，杨慎曰："淫者，过也。水过于平曰淫水，雨过于节曰淫雨，声过于乐曰淫声，谓郑作乐之声淫，非谓《郑诗》皆淫也。"陈启源《毛诗稽古篇》亦云："朱子以郑声淫一语断尽《郑风》二十一篇，此误解也。夫子言郑声淫耳，曷尝言《郑诗》淫乎？声者，乐音也，非诗词也。淫者，过也，非专指男女之欲也。古之言淫多矣，于星言淫，于雨言淫，于水言淫，于刑言淫，于游观田猎言淫，皆言过其常度耳。乐之五音十二律长短高下皆有节焉，郑声靡曼幻眇，无中正和平之致，使闻之者导欲增悲，沈溺而忘返，故曰淫也。"①陈氏认为朱熹以"淫过"之"淫"为男女"淫欲"之"淫"是理解错误，其证据之一在于夫子删《诗》以垂教立训，就不会广收淫词艳语以传示来学。果如杨慎、陈启源等人所言，"淫"之意为"过"，那么，这就与季札所评颇为近似了。季札所谓"细已甚"之"甚"，亦即"过"之意。

季札论《郑》，虽然言多贬义，但并没有明确言及"淫"，更无"淫色""淫邪"之意，这对后世论《郑》产生了影响。首先提出"郑声淫"而欲"放郑声"的是孔子。《论语》载："颜渊问为邦。子曰：'行夏之时，服周之冕。乐则韶舞，放郑声，远佞人；郑声淫，佞人殆。'"（《论语·卫灵公第十五》）又："子曰：'恶紫之夺朱也，恶郑声之乱雅乐也，恶利口之覆邦家也。'"（《论语·阳货第十七》）《吕氏春秋》亦云："出则以车，入则以辇，务以自佚，命之曰招蹷之机。肥肉厚酒，备以相强，命之曰烂肠之食。靡曼皓齿，郑卫之音，务以自乐，命之曰伐性之斧。"②又说："世浊则礼烦而乐淫，郑卫之声，桑间之音，此乱国之所好，衰德之所说。"③高诱注曰："郑卫之音皆新声，非雅乐。"④孔子虽然"放郑声"，但并未言及卫，这在后世学者看来仅是"举甚言之"。对此，朱熹论述得甚为详细：

> 郑卫之乐，皆为淫声。然以《诗》考之，《卫诗》三十有九，而淫奔之诗才四之一。《郑诗》二十有一，而淫奔之诗已不翅七之五。《卫》犹为男悦女之词，而《郑》皆为女惑男之语。卫人犹多刺讥惩

---
① 以上转引自程树德《论语集释》卷三十一《卫灵公上》，中华书局1990年版，第1087—1088页。
② 许维遹：《吕氏春秋集释》卷第一《本生》，中华书局2009年版，第16—18页。
③ 许维遹：《吕氏春秋集释》卷第六《音初》，第143页。
④ 引自许维遹《吕氏春秋集释》卷第十八《淫辞》，中华书局2009年版，第493页。

创之意,而郑人几于荡然无复羞愧悔悟之萌。是则郑声之淫,有甚于卫矣。故夫子论为邦,独以郑声为戒,而不及卫,盖举重而言,固自有次第也。①

可见,在他们看来,郑卫虽然程度有别,但并无本质区别,皆是淫声的代表。朱熹曾引张载之言,谓卫国人的性情或轻浮,或柔弱,或怠惰,"其人情性如此,则其声音亦淫靡。故闻其乐,使人懈慢而有邪僻之心也。《郑诗》放此。"②似乎卫为因而郑为果。可见,在正统的儒家学者看来,郑、卫并无本质区别。因此,《礼记·乐记》等文献中将郑、卫归于一类,描述了其令人惊悚的危害:"郑、卫之音,乱世之音也,比于慢矣。桑间、濮上之音,亡国之音也,其政散,其民流,诬上行私而不可止也。"③当然,斥郑卫最烈的当数朱熹,其说尽废小序。对此,后世学者诸如杨慎、毛奇龄、朱彝尊、王士祯等人多持异议,论者往往援季札观乐为据驳斥朱熹。如赵翼认为"但引季札观乐及程伊川诗说数语,则不辨自明矣。季子观乐……全无一语及于淫乱,则概以为淫奔者过也"。④明人王鏊也对朱子说提出质疑,云:"毛郑泥于《小序》,宛转附合,多取言外之意,不为无失。而朱子不泥序说,独味《诗》之本旨,恐亦未为得也。"又言:"朱子以'郑声淫'之一言,遂致疑于郑、卫,多指为淫奔之诗。然季子观周乐,为之歌《卫》曰:'美哉渊乎。'歌《郑》曰:'美哉!其细已甚。'夫《郑》《卫》既皆淫诗,何季子皆曰美哉?于郑虽讥其细,而亦未尝及其淫也。"⑤驳议者一般都较客观地指出了郑卫之音的审美功能往往远过于所谓雅乐。历史文献中不乏这样的记载,如魏文侯谓子夏曰:"寡人听古乐则欲寐,及闻郑卫,余不知倦焉。"⑥其实,所谓郑卫之音与雅音的区别只是相对的。《郑风》《卫风》中的部分怨诗、情诗在其他的风诗中亦有存在。子夏在回答魏文侯时就说:"郑音好滥淫志,宋音燕女溺志,卫

---

① [宋]朱熹:《诗集传》卷第四,中华书局2011年版,第72页。
② [宋]朱熹:《诗集传》卷第三,第53页。
③ [清]孙希旦:《礼记集解》卷三十七《乐记第十九之一》,中华书局1989年版,第981页。
④ [清]赵翼:《陔馀丛考》卷二《诗序》,中华书局1963年版,第27页。
⑤ 引自文征明《太傅王文恪公传》,《文征明集》卷第二十八,上海古籍出版社1987年版,第662—663页。
⑥ 《汉书》卷二十二,《礼乐志第二》,中华书局点校本,第1042页。

音趣数烦志,齐音敖辟骄志,四者皆淫于色而害于德,是以祭祀弗用也。"①这便将宋、赵之音与郑、卫之音同归一类了。汉应劭亦云:"桑间、濮上,郑、卫、宋、赵之声,弥以放远,滔湮心耳。"②事实上,《鄘风》中的《桑中》诸诗,并非讽刺礼义陵迟、男女淫奔的作品。诚如崔述所云:"《桑中》一篇但有叹美之意,绝无规戒之言。"③后世论诗者往往以礼教为绳,一一苛责于原本自然抒写的诗作。这种观念限制了诗歌娱情悦性的作用,大大弱化了文学的审美功能。事实上,这样的胶执之论并不能完全阻滞文学抒情言志的作用。据《汉书·礼乐志》记载,在汉代,郑卫之声流行称盛,且进入了乐府,云:"今汉郊庙诗歌,未有祖宗之事,八音调匀,又不协于钟律,而内有掖庭材人,外有上林乐府,皆以郑声施于朝廷。"④迄至哀帝之时"郑声尤盛",乃至迫使哀帝下诏罢去郑声。尽管如此,郑卫之声仍然十分兴盛,南北朝期间,"宋大明以来,声伎所尚多郑、卫,而雅乐正声鲜有好者"。⑤ 就今本《毛诗》数量来看,《郑风》21篇,《邶风》19篇,《邶》《鄘》《卫》共达39篇,是十五《国风》之中数量最多的,这从一个侧面可以看到郑卫之声在春秋时期的影响之大,原因则在于郑卫之音的审美价值远过于雅乐,诚所谓"好音生于郑、卫,而人皆乐之于耳,声同也。"⑥郑卫之音能更好地表达委婉复杂的情感,如刘向《新序》所载之齐宣王所言:"寡人今日听郑卫之声,呕吟感伤,扬激楚之遗风。"⑦季札观乐,对郑卫之声唯叹其"美哉",这主要是从审美的角度、怡情的角度而言。郑卫之音与所谓雅乐的根本区别恰如傅武仲所云:"郑卫之乐,所以娱密坐、接欢欣也,馀日怡荡,非以风民也。其何害者!"⑧对于所谓的"淫"了无所及。

孔子所说"郑声淫",成为后世论"郑卫之音"的圭臬。但对于"淫"的诠释众说不一,或谓之"淫色""淫邪",或谓之"过甚""过之常度"。就

---

① 《史记》卷二十四《乐书第二》,中华书局点校本,第1224页。
② [汉]应劭:《风俗通义·声音第六》,明万历两京遗编本。
③ [清]崔述:《读风偶识》卷二《邶鄘卫风》,清崔东壁遗书本。
④ 《汉书》卷第二十二,中华书局点校本,第1071页。
⑤ [唐]李延寿:《南史》卷十八《萧惠基传》,中华书局1975年版,第500页。
⑥ [汉]桓宽:《盐铁论》卷第五,《相刺》第二十,四部丛刊本。
⑦ [汉]刘向:《新序》卷二《杂事第二》。
⑧ [梁]萧统编、[唐]李善注:《文选》卷十七,《舞赋》,上海古籍出版社1986年版,第796页。

后者而言，季札所谓"细已甚"颇合其意。但论者多以其为"淫色""淫邪"之意，遂有乱世之音的恶谥。就此而言，季札论《郑》《卫》时了无其意，这为我们了解郑卫之音提供了一个与儒家学者不同的重要历史信息。季札论《郑》《卫》虽是即兴之言，但又有近乎史实的一面。事实上，《左传》等文献中对《郑风》的使用多明郑国之志，如《左传·昭公十六年》：

> 夏四月，郑六卿饯宣子于郊。宣子曰："二三君子请皆赋，起亦以知郑志。"子䲧赋《野有蔓草》。宣子曰："孺子善哉，吾有望矣。"子产赋郑之《羔裘》。宣子曰："起不堪也。"子大叔赋《褰裳》。宣子曰："起在此，敢勤子至于他人乎？"子大叔拜。宣子曰："善哉，子之言是。不有是事，其能终乎？"子游赋《风雨》，子旗赋《有女同车》，子柳赋《萚兮》。宣子喜曰："郑其庶乎。二三君子以君命贶起，赋不出郑志，皆昵燕好也。二三君子，数世之主也，可以无惧矣。"宣子皆献马焉，而赋《我将》。①

郑国的六卿所赋的诗歌都表达了郑国的意向，若为淫声，岂能引以自况？且韩宣子闻之欣喜并认同。可见，郑卫淫声之说，不但在季札的品评中了无踪影，见之于史乘的也并非淫邪之声所能范围。

为何时人运用《郑风》以明志，而孔子还力斥郑声呢？其中一个重要的原因当与孔子所在的鲁国历史文化有关。鲁国有承祧与维系西周礼乐文明不隳的独特责任，据《礼记·明堂位》载："成王以周公为勋劳于天下，是以封周公于曲阜，地方七百里，革车千乘，命鲁公世世祀周公以天子之礼乐。"②当雅乐的地位受到挑战之时，其他的诸侯国尚可容忍，但鲁国则不同，鲁国是周公的封国，制礼作乐乃周公的重大贡献，鲁国是诸侯国中独享天子之礼乐的国家，因此，他们更不能容忍礼崩乐坏。缘乎此，我们便能够理解孔子"放郑声"最重要的原因在于其"乱雅乐"，即如同"恶紫之夺朱"一样。这与其后的荀子等人有所不同，荀子排斥郑卫之音，是因为其能"使人之心淫"。因此，他提出"君子耳不听

---

① ［晋］杜预集解：《春秋经传集解》第二十三《昭公四》，上海古籍出版社1978年版，第1411页。
② ［清］孙希旦：《礼记集解》卷三十一，中华书局1989年版，第842页。

淫声,目不视女色,口不出恶言"。① 荀子与《礼记·乐记》中的观点颇为相近,认为乐之清正或淫邪关乎国之治乱,而孔子则以维护西周雅乐的正统地位为职志。因此,他删诗正乐,使"三百五篇孔子皆弦歌之,以求合《韶》《武》《雅》《颂》之音。礼乐自此可得而述,以备王道,成六艺。"② 但是,孔子胶执于正统并不能改变礼崩乐坏的趋势,根本的原因是西周之礼乐已经固化为僵死的程式,而不能适应变化了的时代要求。与此截然不同的是,郑卫之声既承绪了殷商之乐成熟的基因,同时又很少有礼的束缚。郑、卫、齐、宋等国既非王畿之地,亦非鲁国那样以承祧礼乐正宗为己任的邦国,因此,雅乐的束缚与影响力相对较小,郑卫之音作为民间音乐能够得以发育与广泛流播。

在对郑卫之音一片挞伐声中,季札对于郑卫之音较为平和的评论便显得尤为难得。郑卫之音的流行打破了西周雅乐定于一尊的不利局面,促进了灵活多样的音乐的发展,使音乐自然地抒写情感,而不仅仅是教化的工具,这是音乐自身发展的必然趋向。因此,季札对于郑卫之音的"美哉"之赞,在后代文人中也得到了承续。唐代白居易便认为艺术有其独立性,他在《复乐古器古曲》中云:"是故和平之代,虽闻桑间濮上之音,人人情不淫也,不伤也,乱亡之代,虽闻《咸》《蒦》《韶》《武》之音,人情不和也,不乐也。"③孔、荀等人的崇雅之论并不能改变郑卫之音的流行,这基于两个方面的原因:其一,雅乐乃宫廷庙堂之乐,并不能反映下层百姓的情感与生活。因此,郑卫之音不可无,不可抑。其二,雅乐因为是礼之辅,而礼又是森严不可僭越的,这就决定了雅乐也必然是僵化板滞之乐。这就无怪乎魏文侯闻之而欲睡了。而当艺术失去了愉情悦性、抒发情感这一最基本的功能,而仅存隆礼敦化功能之时,也就失去其存在的最根本的理由,必然会窒息艺术的生命。因此,冯梦龙云:"虽然,桑间濮上,《国风》刺之,尼父录焉,以是为情真而不可废也。山歌虽俚甚矣,独非郑卫之遗欤?"④他将山歌与郑卫之音相联系,承认

---

① [清]王先谦:《荀子集解》卷十《乐论》第二十,中华书局1988年版,第381页。
② 《史记》卷四十七《孔子世家第十七》,第1936—1937页。
③ [唐]白居易:《白居易集》策问六十四《复乐古器古曲》,中华书局1979年版,第1365页。
④ 《叙山歌》,见《明清民歌时调集》,上海古籍出版社1987年版,第269页。

了"情真而不可废",亦即自由灵活地表达情感,乃是艺术存在与发展的必然要求。

当然,季札之论又有与孔子相通的一面。这主要体现在以下三个方面。其一,孜求中和之美。孔子论诗乐主张"乐而不淫,哀而不伤"(《论语·八佾第三》),以中和为美,这也是季札观乐时品歌论乐的核心取向。除了其在论《邶》《鄘》《卫》时所说的"忧而不困"之外,在孔子之前,季札论《豳》时已有"乐而不淫",论《颂》时也有"哀而不愁"之评。在论《颂》时更是以"直而不倨,曲而不屈"等14个相同的句式,状写了《颂》在内容方面持节有度,音律方面"五声和,八风平,节有度,守有序"的和谐之美。其二,以乐观政、以诗观政的功利文艺观。孔子说:"小子何莫学乎诗?诗可以兴,可以观,可以群,可以怨。"(《论语·阳货第十七》)其中的"观",就是通过诗歌观风俗,知盛衰,这是儒家文艺观的重要特征。而季札观乐时不但在论《郑》时从"细已甚",推想到"民弗堪",乃至对其国祚的忧虑,而且整个论乐过程都是通过诗乐以知一国之盛衰、君德的高下。其三,季札在肯定郑卫之音具有审美愉悦的前提之下,也特别推崇雅乐。这固然从其"请观周乐"的目的可以看出,同时,他在品鉴论述之时,对于《颂》有极致之评。当然,季札的崇雅倾向也是与其功利文艺观相通的,因为《颂》与《风》相比较,更真实直接地记录了时代的特征,《大雅》《颂》堪称是史诗。因此,季札对于《颂》的极度推崇,也体现了注重作品的观世功能是其文学观的首要特征,这与孔子的思想并无二致。其四,对于郑声的评价具有相通之处。季札对于郑声虽然有"美哉"之叹,但接着便做出了观乐之时的唯一贬评:"其细已甚,民弗堪也。是其先亡乎?"而对于《邶》《鄘》《卫》则均为褒赞之评。同样,孔子亦独曰"郑声淫",而并未论及卫。清人马瑞辰提出了这样的问题:"顾卫宣淫烝,行同禽兽,《墙茨》济恶,《桑中》刺奔,淫风流行,较郑滋甚,而夫子独曰'郑声淫',何哉?"①对此,马瑞辰的解释是:

> 《左传》,秦医和告晋侯曰:"先王之乐,所以节百事也,故有五节,迟速本末以相及,中声以降。五降以后,不容弹矣。于是有烦

---

① [清]马瑞辰撰:《毛诗传笺通释》卷八《郑风·郑风总论》,中华书局1989年版,第249页。

手淫声,慆堙心耳,乃忘平和,君子弗听也。"服子慎释之曰:"郑重其手而声淫过。"是知淫之言过。凡事之过节者为淫,声之过中者亦为淫,不必其淫于色也。而诗言其志,歌咏其声。诗之失愚,乐之失奢,二者相因而各有别。卫之淫在诗,郑之淫在声也。卫诗之淫在色,郑声之淫不专在色也。①

马瑞辰认为,孔子仅论"郑",乃因为其"声",亦即郑乐之淫,即如《左传·昭公元年》记载的医和所谓"烦手"所致。而郑乐之"烦手淫声",与季札所谓"细已甚",其意正同。同时,季札所做的"民弗堪也,是其先亡乎",也确实可能与《郑风》本身的内容有关。孔子所谓"郑声淫",确有"不专于色"的含义在。对此,马瑞辰有这样的分析:

> 郑自叔段好勇,兵革相寻,公子五色,弑夺叠见,逆气成象而淫乐兴焉。是故《郑风》二十一篇,惟《缁衣》美武公,其二十篇皆刺诗,即皆为淫声。男女之奔为淫,君臣之乱未始非淫也。风俗之偷为淫,师旅之危未如非淫也。阴阳之过为淫,风雨晦明之疾未始非淫也。②

马瑞辰为证圣而说《郑风》,其实主要承祧了朱熹《诗集传》的观点:将《郑风》等同于"郑声",遂援圣以贬评《郑风》。事实上,《诗》论家们往往不太注意孔子所说的郑之"声"与《郑风》可能存在着的些许差异,孔子的"郑声淫""放郑声"遂成后世评价《郑风》的经典依据。而此前季札闻歌《郑》与歌《卫》做出的不同评价,同样依稀可见其与此后孔子论乐意脉贯通的痕迹。

季札观乐在孔子知事之前,孔子谓"延陵季子,吴之习于礼者也",③可见其对季札的敬意。江阴的季子墓旁,有"呜呼有吴延陵君子之墓"之碑,亦即"十字碑",相传为孔子所书。虽然博雅如欧阳修尚不能判其真伪,故而见录于《集古录》,"以俟博识君子"。④尽管此碑真伪难稽,但

---

① [清]马瑞辰撰:《毛诗传笺通释》卷八《郑风·郑风总论》,中华书局1989年版,第249—250页。
② [清]马瑞辰撰:《毛诗传笺通释》卷八《郑风·郑风总论》,第250页。
③ [清]孙希旦:《礼记集解》卷十一《檀弓下第四之二》,中华书局1989年版,第294页。
④ [宋]欧阳修:《集古录跋尾》,人民美术出版社2010年版,第8页。

季札论乐对孔子的文艺思想有诸多启迪,孔子对季札甚为推敬则是历史事实。从这个意义上说,季札观乐时的诸多即兴之论,对儒家文艺观实有先发之功。而对于郑卫之音的些许融通之评,则体现了季札宽广的文艺视野与襟怀。

三　观《卫》论

《诗经》中的"卫风"是一个具有歧义的概念,因为《邶》《鄘》《卫》三风在"三家诗"中合为一卷,而《毛诗》则分为三风。乃至目前的《诗经》注家也或循"三家诗"之例,或本于《毛诗》传统,莫综一是。究竟何以为是?《左传·襄公二十九年》载:

> 为之歌《邶》《鄘》《卫》,曰:"美哉,渊乎!忧而不困者也。吾闻卫康叔、武公之德如是,是其《卫风》乎!"

《左传》中季札关于《邶》《鄘》《卫》的评价,除了体现季札对《卫》风从内容到审美方面的赞叹之外,还为我们理解三风的关系提供了重要的历史信息。

首先,在文献学方面最早提供了关于《邶》《鄘》《卫》关系的信息。《毛诗》中《邶风》《鄘风》和《卫风》分列,但是,"三家诗"合三风为一卷,亦即所谓"三国同风",这对其后的《诗经》注家有广泛的影响。如朱熹《诗集传》云:"邶、鄘、卫三国名。在《禹贡》冀州,西阻太行、北逾衡漳,东南跨河,以及兖州桑土之野……卫本都河北,朝歌之东,淇水之北,百泉之南。其后不知何时并得邶、鄘之地。"①但朱熹对于邶、鄘既已入卫,诗皆写卫事,又为何系故国之名的原因存疑未解。其实,对《邶》《鄘》《卫》作一体论始于季札观乐的记载。季札观乐时,"为之歌《邶》《鄘》《卫》",季札感叹道:"吾闻卫康叔武公之德如是,是其《卫风》乎?"季札将《邶》《鄘》《卫》视为一体真实地反映了当时《卫风》的面貌,这在相关

---

① 《诗集传》卷第二,中华书局2011年版,第21页。

的文献中也得到了印证,如《左传·襄公三十一年》北宫文子引《卫》诗曰:"威仪棣棣,不可选也。"①但北宫文子所引乃《邶风·柏舟》第三章中的两句,而并不在《卫风》之列。对此,杜预的解释是:"此《邶风》刺卫顷公,故曰《卫诗》。"②但这仅仅陈述了表象,而未涉及《邶风》中的诗歌何以刺卫顷公,亦即《邶》《鄘》统汇于《卫》,归为一组的原因。更何况,对于该诗的创作旨趣,一般认为并非如《毛诗序》和杜预所说的"刺卫顷公"。作者当是一位女子。朱熹谓其为"妇人不得于其夫,故以柏舟自比"。③宋人王柏也认为该诗既不是"仁人不遇,小人在侧"之作,也不是庄姜所作,云:"以兄弟不足依据,而叹其不能奋飞,此闾巷无知之言也。"④因此,《诗经》中卫诗分编,或邶、鄘、卫三国同风的问题并没有得到根本解决。对这一问题进行正面探索的当数顾炎武、魏源等人。他们认为卫国存诗最多,是汉儒将其一分为三。如顾炎武曰:"邶鄘卫者,总名也。不当分某篇为邶,某篇为鄘,某篇为卫。分而为三者,汉儒之误。"⑤但何以分之? 顾炎武谓之:"邶、鄘、卫本三监之地,自康叔之封未久而统于卫矣。采诗者犹存其旧名,谓之《邶》《鄘》《卫》。"⑥清人贺贻孙则云:"邶有邶音,鄘有鄘音,卫有卫音,所得之地不同,故其乐之音亦异。随地审音,别而为风,至其言卫事则一而已矣。"⑦意思是一分为三是因为"三音"不同。但据顾炎武所言,邶、鄘、卫"相距不过百余里"。⑧果如其然,音分三类,似乎仍难以理解。魏源则干脆得出这样的结论:"邶、鄘、卫者,犹曰殷商,曰荆楚,乃故卫之称,以异于楚丘之新卫。"⑨亦即邶、鄘、卫同义。虽然后世对于何以分为三名众说不一,但季札观乐为后世对《邶》《鄘》归《卫》的讨论提供了最为重要的历史坐标。诚如马

---

① [晋]杜预集解:《春秋经传集解》第十九《襄公六》,第1167页。
② [晋]杜预集解:《春秋经传集解》第十九《襄公六》,第1168页。
③ [宋]朱熹:《诗集传》卷第二,中华书局2011年版,第21页。
④ [宋]王柏:《诗疑》卷一,清通志堂经解本。
⑤ [清]顾炎武著、黄汝成集释:《日知录集释》卷三,岳麓书社1994年版,第86页。
⑥ [清]顾炎武著、黄汝成集释:《日知录集释》卷三,第84页。
⑦ [清]贺贻孙:《诗触》卷一《邶风鄘风论》,清咸丰敕书楼刻本。
⑧ [清]顾炎武著、黄汝成集释:《日知录集释》卷三,第87页。
⑨ [清]魏源:《诗古微》下编之一《诗序集义·邶鄘卫下》,《魏源全集》第一册,岳麓书社2005年版,第629页。

瑞辰所云："吴季子观乐，为之歌《邶》《鄘》《卫》，季子曰：'吾闻卫康叔、武公之德如是，是其《卫风》乎！'则古盖合《邶》《鄘》《卫》为一篇，至毛公以此诗之简独多，始分《邶》《鄘》《卫》为三。"①

其次，对于《郑》《卫》的评价并不一致。当季札闻《邶》《鄘》《卫》之歌时，皆为赞叹之言，了无贬义。除了对其审美效果的赞叹之外，还有内容方面的赞美，亦即："渊乎，忧而不困者也。"对此，杜预注之曰："亡国之音哀以思，其民困。卫康叔、武公德化深远，虽遭宣公淫乱，懿公灭亡，民犹秉义，不至于困。"②对于"吾闻卫康叔、武公之德如是"，《史记集解》贾逵曰："康叔遭管叔、蔡叔之难，武公罹幽王、褒姒之忧，故曰康叔武公之德如是。"③《国语》亦记载，武公年九五犹箴儆于国，恭恪于朝。④当然，亦有说者怀疑武公有杀其兄恭伯代立的劣迹。但《史记索隐》以及崔述等人认为其兄恭伯乃自杀，证据之一便是季札在观乐时对卫康叔、武公令德的由衷赞叹。如崔述云："乐以象德，故曰见其乐而知其德，若武公弑兄自立，大本失矣，其乐复何足观？而季札让国之贤，亦必不服膺于弑兄之贼也。"⑤不难看出，季札对《卫风》的赞叹，是与其表现卫康叔、武公德化深远具有直接的关系，亦即其审美价值是与诗乐丰厚的内涵相关联的。但《诗经》《邶》《鄘》《卫》风中直接赞美卫康叔或武公之德的作品并不多，得到普遍认同的似乎仅《淇奥》一篇。其诗如次：

  瞻彼淇奥，绿竹猗猗。有匪君子，如切如磋，如琢如磨。瑟兮僩兮，赫兮咺兮。有匪君子，终不可谖兮。

  瞻彼淇奥，绿竹青青。有匪君子，充耳琇莹，会弁如星。瑟兮僩兮，赫兮咺兮。有匪君子，终不可谖兮。

  瞻彼淇奥，绿竹如箦。有匪君子，如金如锡，如圭如璧。宽兮

---

① [清]马瑞辰撰：《毛诗传笺通释》卷一《杂考各说·邶鄘卫三国考》，中华书局1989年版，第18—19页。
② [晋]杜预集解：《春秋经传集解》第十九，上海古籍出版社1978年版，第1124页。
③ 以上引自《史记》卷三十一《吴太伯世家第一》，第1453—1454页。
④ 徐元诰撰，王树民、沈长云点校：《国语集解·楚语上第十七》："昔卫武公年数九十有五矣，犹箴儆于国，曰：'自卿以下至于师长士，苟在朝者，无谓我老耄而舍我，必恭恪于朝，朝夕以交戒我，闻一二之言，必诵志而纳之，以训导我。'"（中华书局2002年版，第500—501页）
⑤ [清]崔述：《考信录》卷八，清嘉庆二十二年刻本。

绰兮,猗重较兮。善戏谑兮,不为虐兮。

"匪"通"斐",形容人风采斐然。"瑟",矜持庄严的样子。"僩",威武的样子。"咺",通"宣",形容心胸坦荡。"谖",忘记。"琇",宝石。"箦",通"积"。该诗的题旨历代论《诗》者有共识。《毛序》云:"《淇奥》,美武公之德也。有文章,又能听其规谏,以礼自防,故能入相于周,美而作是诗也。"《左传·昭公二年》:"北宫文子赋《淇奥》",杜预注:"《淇奥》,《诗·卫风》,美武公也。"汉人徐干云:"卫武公年过九十,犹夙夜不怠,思闻训道。命其群臣曰:'无谓我老耄而舍我,必朝夕交戒。'又作《抑》诗以自儆也。卫人诵其德,为赋《淇奥》。"①因此,季札闻歌《卫》,仅闻《淇奥》一首也不无可能。这篇诗歌称颂了"君子""如切如磋,如琢如磨"之德,"如金如锡,如圭如璧"之质,"宽兮绰兮,猗重较兮"之品,"充耳琇莹,会弁如星"之貌。《毛序》谓其"能听其规谏,以礼自防",称颂其自警自省之德,这样的解释或许受到季札"忧而不困"的启示。对武公的称颂既美其形又美其德,尤其是描绘其"锻炼以精,温纯深粹,而德器成矣"。② 与季札所叹的"美哉!渊乎",其意正同。可见,季札叹《卫风》之"微言",恰成后世论《卫》的重要渊薮。季札论《卫》全是赞美之辞,这与郑、卫同列的传统观念迥然有别。其原因除了季札所闻的可能恰恰是美武公的《淇奥》有关之外,还与季札闻歌之评,当是声、诗相兼,而以"声"为主有关,这从闻《郑》而有"细已甚"之叹可知。而"卫之淫在诗,郑之淫在声也",③因此,季札闻歌《卫》而赞便在情理之中了。

---

① [汉]徐干:《中论》卷上,四部丛刊景明嘉靖本。
② [宋]黎靖德编:《朱子语类》卷第八十一《淇奥》,中华书局1994年版,第2107页。
③ [清]马瑞辰撰:《毛诗传笺通释》卷八《郑风·郑风总论》,中华书局1989年版,第249页。

第七章 诸《风》论

季札在鲁国观乐,除了对《二南》《郑》《卫》之风的评论之外,还对于列国之风一一做了评说。这对后世了解季札观乐时《诗》的原始状貌提供了珍贵的信息,给后人提供了许多有益的启示。

一 观《王》论

《左传·襄公二十九年》载:

> 为之歌《王》,曰:"美哉!思而不惧,其周之东乎?"

对于季札论《王风》"其周之东乎",《史记集解》服虔的解释是:"平王东迁洛邑。"①亦即季札认为《王风》乃平王东迁之后的作品,这也受到后世论《诗》者的普遍认可。如朱熹云:

> 王,谓周东都洛邑,王城畿内方六百里之地,在《禹贡》豫州,大华、外方之间。北得河阳,渐冀州之南也。……至幽王嬖褒姒,生伯服,废申后及太子宜臼,宜臼奔申。申侯怒,与犬戎攻宗周,弑幽王于戏。晋文公、郑武公迎宜臼于申而立之,是为平王。徙居东都王城。于是王室遂卑,与诸侯无异,故其诗不为《雅》而为《风》。然

---

① 引自《史记》卷三十一《吴太伯世家第一》,中华书局点校本,第1454页。

其王号未替也,故不曰周而曰王。①

平王东迁之后,周室衰微,同于列国。其间还发生了郑师抗衡王师,周公黑肩欲杀庄王别立王子克的事件,这给王畿之民以巨大的心理震慑。崔述在《读风偶识》中描述了《王风》产生的背景是:"幽王昏暴,戎狄侵陵;王平播迁,家室飘荡。"《王风》凡十篇,普遍表达的是哀怨悲愤的情感,但也有少数表现男女爱情的诗篇。对于季札所说的"思而不惧",杜预注云:"宗周陨灭,故忧思。犹有先王之遗风,故不惧。"②由于季札观列国之风,一般仅是观其中的一两篇后即兴发论,对"思而不惧",后人认为是闻《黍离》或《君子于役》《君子阳阳》而后的感喟。如,明人刘绩云:"王,王国风。平王东迁,政令不行于天下,《黍离》降为国风,不登于雅,民虽思宗周,不惧迁东都,是文武泽在人也。"③显然,刘绩援《黍离》为例,认为"思"乃是"思宗周","不惧"是"不惧迁东都"。徐璈亦引黄檀之语诠释季札对《王风》之评:"《黍离》之为《国风》,以其诗体之为风也。平王东迁,其诗乃东土之音也。故曰王国风。"④《黍离》诗旨虽然众说不一,《毛诗序》云:"《黍离》,闵宗周也。周大夫行役至于宗周,过故宗庙宫室,尽为禾黍。闵周室内之颠覆,彷徨不忍去,而作是诗也。"即《毛诗》认为此诗是周大夫悲悯宗周沦陷而作。原来繁华的宫室,长满了离离禾黍。而韩诗认为是周卿尹吉甫次子伯封所作⑤。比较而言,《毛诗》的解释影响更大,刘绩、胡承珙等人承《毛诗》之意。胡氏驳《韩诗》云:"尹吉甫在宣王时,尚是西周,不应其诗列于东都。"⑥而王先谦则仍遵韩说,认为该诗乃伯封过王城,"求兄不得,揣其已殁,忧而作诗,情事分明",⑦认为胡承珙之议,不足以诘难韩说。如依毛诗对《黍离》的解释,季札"思而不惧"与《黍离》的题旨颇为吻合。

---

① [宋]朱熹:《诗集传》卷第四,中华书局2011年版,第55页。
② [晋]杜预集解:《春秋经传集解》第十九,上海古籍出版社1978年版,第1124页。
③ [明]刘绩:《春秋左传类解》卷十九,明嘉靖刻本。
④ [清]徐璈:《诗经广诂》,清道光十年刻本。
⑤ [清]王先谦撰、吴格点校:《诗三家义集疏》卷四《王·黍离第四》:"韩说曰:'昔尹吉甫信后妻之谗而杀孝子伯奇,其弟伯封求而不得,作《黍离》之诗。'"(中华书局1987年版,第315页)
⑥ 引自王先谦《诗三家义集疏》卷四,中华书局1987年版,第315页。
⑦ [清]王先谦:《诗三家义集疏》卷四,第315页。

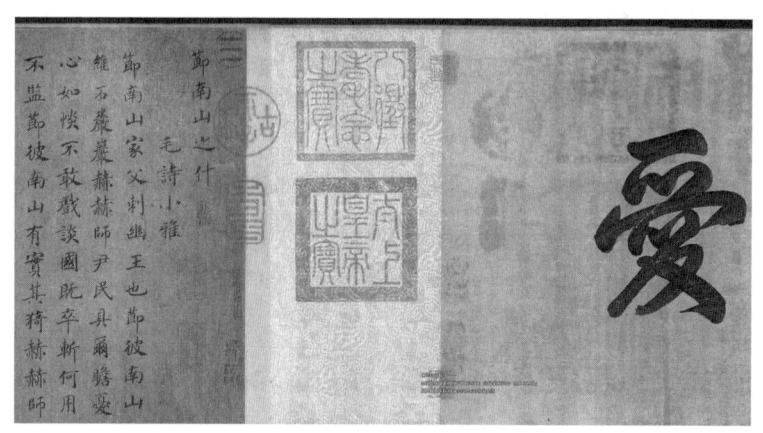

[南宋]马和之《诗经·小雅·节南山之什图卷(绢本)》

而清人陆奎勋则认为季札所观,乃是《王风》中的《君子于役》与《君子阳阳》,云:"《左传》季札观乐,为之歌《王》曰:'美哉,思而不惧,其周之东乎?'所谓'思'者,《君子于役》之诗是也;所谓'不惧'即指是(指《君子阳阳》——引者注)诗,解人当自悟之。"①

《君子于役》原文是:

> 君子于役,不知其期,曷至哉?鸡栖于埘,日之夕矣,羊牛下来。君子于役,如之何勿思!
>
> 君子于役,不日不月,曷其有佸?鸡栖于桀,日之夕矣,羊牛下括。君子于役,苟无饥渴?

《君子于役》的诗旨有两说。《毛序》:"《君子于役》,刺平王也。君子行役无期度,大夫思其危难以风焉。"②朱熹则不认同《毛诗》所解,云:"大夫久役于外,其室家思而赋之。"③王先谦亦从朱熹之说:"据诗文'鸡栖'、'日夕'、'羊牛下来',乃室家相思之情,无僚友托讽之谊。所称'君子',妻谓其夫,《序》说误也。"④但两说均承认该诗具有"思"的意旨。陆奎勋判断季札闻《王》,所谓"思"指《君子于役》是可以理解的。陆氏认

---

① [清]陆奎勋:《陆堂诗学》卷三,清康熙五十三年陆氏小瀛山阁刻本。
② [清]陆奎勋:《毛诗正义》卷第四,《十三经注疏》标点本,北京大学出版社1999年版,第256页。
③ [宋]朱熹:《诗集传》,中华书局2011年版,第56页。
④ [清]王先谦:《诗三家义集疏》卷四《君子于役》,中华书局1987年版,第318页。

为,"不惧"则是据《君子阳阳》,其诗全文如次:

> 君子阳阳,左执簧,右招我由房。其乐只且!
> 君子陶陶,左执翿,右招我由敖。其乐只且!

阳阳,扬扬的假借字,形容快乐得意的样子。簧,竹制的古乐器。翿,舞者所持的羽制道具。由房、由敖,诸家注解不一,清人马瑞辰曰:"'由房'与'由敖'亦当同义,皆谓相招为游戏耳。"①"只且",语尾助词。《毛诗》解《君子阳阳》云:"《君子阳阳》,闵周也。相招为禄仕,全身远害而已。"②三家诗对于该诗题旨亦与《毛诗》无异。但诗中并无明显的"相招为禄仕"之义。姚际恒对于《毛诗》以"招"字而成其说提出了驳议。"闵周"之说亦甚牵强。方玉润所论不无启示:"此种诗亦可无俟深考。盖三代贤人君子,多隐仕于伶官,以其得节礼乐,可以陶情淑性而收和乐之功。故或处一房之中,或侍遨游之际,无不扬扬自得,陶陶斯咏,有以自乐。"③陆奎勋将《君子于役》与《君子阳阳》形成"思而不惧"的连贯意脉,是受到朱熹《诗集传》的影响。朱熹认为"此诗疑亦前篇妇人所作"。④但由于诗中之"簧""翿"等歌舞道具,并非贫贱者所能有,朱熹的解释"盖其夫既归,不以行役为劳,而安于贫贱以自乐",实难成立。陆奎勋综汇《君子于役》与《君子阳明》两诗对季札"思而不惧"的悟解,同样也失之牵强。但历代解《诗》的学者据季札之评而作的种种尝试,无论是否客观允洽,都体现了季札观乐之评对于后世《诗》学的深远影响。

二 观《齐》论

齐为姜姓国,其地"通工商之业,便鱼盐之利"。⑤ 音乐也较为繁盛。

---

① [清]马瑞辰撰:《毛诗传笺通笺》卷七,中华书局1989年版,第232页。
② 《毛诗正义》卷第四,《十三经注疏》标点本,北京大学出版社1999年版,第256页。
③ [清]方玉润:《诗经原始》卷之五,中华书局1986年版,第194页。
④ [宋]朱熹:《诗集传》,中华书局2011年版,第57页。
⑤ [宋]朱熹:《诗集传》卷第五,第75页。

春秋早期，陈公子完奔齐，将《招》乐带到了齐国，丰富了齐国的音乐。①孔子在齐观乐，也陶然于其中："子在齐闻《韶》，三月不知肉味，曰：'不图为乐之至于斯也。'"（《论语·述而第七》）当时郑、卫、宋、齐诸国的音乐都受正统雅乐的影响较小，因此孔子在齐国闻乐才有"三月不知肉味"之叹。古代诗乐一体，《诗经》的《齐诗》凡十一首，也具有与其音乐相应的特色。内容或刺齐襄公荒淫，或写婚恋生活。因此，马瑞辰云："治国以礼义者，礼义积而民多信让；治国以功利者，功利积而国多富强。世或谓信让之衰，流为微弱，尝于鲁征之；富强之弊，失在荒淫，可于齐见之。"②但《左传·襄公二十九年》季札观乐时对《齐》风则有这样的记载：

> 为之歌《齐》，曰："美哉！泱泱乎！大风也哉！表东海者，其大公乎！国未可量也。"

与观乐时的评论多受到后世学者的普遍认可不同，季札闻《齐》乐的评论后世学者则多有不解之处，故而略做疏解。

其一，对于季札："美哉！泱泱乎！大风也哉！表东海者，其大公乎！"服虔释之曰："泱泱，舒缓深远，有大和之意。其诗风刺，词约而义微，体疏而不切，故曰大风。"③亦即在季札看来，齐国的诗乐如泱泱之水，雄浑阔大。但是现存的齐诗与季札所论存在着这样的矛盾：《齐》诗凡十一篇，其中多状写荒淫昏乱之作。即使《郑》《卫》靡丽之诗，尚有《淇澳》《缁衣》等标举武公之德的作品。而《齐》诗仅《鸡鸣》一篇抒陈古义，以讽哀人。自《还》《著》以下都被认为是刺诗。清人李贻德遂有这样的曲说："《齐谱正义》曰：'夫人不能警戒，切以月出之歌，挈壶氏废其所掌责，以颠倒之咏，各随所失，作诗刺之。'若然，则齐风之作因时起兴，援古证今。《学记》所云'微而臧'。孟子云'言近而旨远'，此其大概矣。"④李贻德显然是据《东方之日》《东方未明》而对季札所言进行的诠

---

① 《汉书·礼乐志》："春秋时，陈公子完奔齐。陈舜之后，《招》乐存焉。"而《韶》乐起始于誉乐《九招》。
② [清]马瑞辰撰：《毛诗传笺通释》卷九《齐风总论》，中华书局1989年版，第293页。
③ 《史记》卷三十一《吴太伯世家第一》，中华书局点校本，第1454页。
④ [清]李贻德：《春秋左氏传贾服注辑述》卷十三，清同治五年朱栏刻本。

释,但这样的解释仍与泱泱乎大风的气象不甚吻合。季札何以有"大风"之叹？原因为何？清人贺贻孙认为"季子所闻者乐也,虽歌齐诗,然以齐音谱之,则大风也……季札所观者,工歌之齐诗,非大公之诗也。然闻齐声而得表东海之大公,古人于声音之道固有冥会神遇而不可以言传者矣。"①贺贻孙之论可聊备一说,亦即季札所闻实乃得声之大势。如前所述,齐国是一个音乐资源甚为丰富的国家,陈公子完奔齐带去了《招》乐。同时,新乐亦很繁盛,根据子夏的解释,魏文侯闻之而不知倦的新乐"溺音",不仅仅是指郑卫之音,还是宋音、齐音。但这些使人"不知倦"而溺于其中的音乐又各有特点,子夏谓之:"郑音好滥淫志,宋音燕女溺志,卫音趋数烦志,齐音敖辟乔志。"②可见,四国之音差异显著。对此,孔颖达释之曰:"郑国乐音好滥相偷窃,是淫邪之志也。""宋音所安唯女子,使人意志没溺也。卫音既促又速,使人意志烦劳也。齐音敖狠辟越,使人意志骄逸也。"③可见,四国之音之中,唯齐音具阳刚之势。这是因为齐国不但有新乐,还有《韶》那样规制盛大之乐。虽然这是由鲁国乐工歌奏,但列国之乐的特色理应得到展现。缘乎此,我们就不难理解季札所做的"泱泱乎！大风也哉"的赞叹了。齐乐的"敖狠辟越"之势遮蔽了歌辞的内容,加之吴、齐两地方言殊异,季札所评,仅能据势而得。这或许就是解开这一谜团的关键。对此,宋人张文伯更认为季札所闻的乃《齐风》首篇《鸡鸣》,他同样认为季札对《齐》的赞叹仅是就其声而言：

> 歌《齐》曰:"美哉"。此诗者以《鸡鸣》有思贤妃之事,《东方未明》,虽刺无节,尚能保遽自警。诗人怀其旧俗,有箴规。季札美其声,非谓诗内皆美诗。④

当然,季札感于齐乐中体现出的阔大之气,在《齐风》中也有所体现,即使是刺诗,状写齐国的礼仪之盛亦壮阔炫目。如《敝笱》虽然是一

---

① [清]贺贻孙:《诗触》卷二,清咸丰敕书楼刻本。
② [清]孙希旦:《礼记集解》卷三十八《乐记》,中华书局1989年版,第1016页。
③ 引自孙希旦《礼记集解》卷三十八《乐记》,第1016页。
④ [宋]张文伯:《九经疑难》卷四《季札美歌(齐风)》,明祁氏澹生堂钞本。

首讥刺齐襄公之妹文姜和鲁桓公的诗歌，但极言文姜由鲁国回到齐国盛大的行仪："其从如云"，"其从如雨"，"其从如水"。同样，在《齐风·著》中描写婚嫁时新郎玉饰琳琅的情景曰："充耳以素乎而，尚未之以琼华乎而。""充耳以青乎而，尚之以琼莹乎而。""充耳以黄乎而，尚之以琼英乎而。"尽情渲染了齐国当时追求华靡艳丽的风习。齐国的泱泱浩大之气，在其铺张侈靡的风习中得到了体现，即如齐国的一代名相管仲亦是如此，这在《论语》中得到了印证。当有人问："管仲俭乎？"孔子说："管氏有三归，官事不摄，焉得俭？"（《论语·八佾第三》）而这种风习也与礼仪制度有直接的关系，一国的礼仪就是以一定的形式来展示国家的恢宏阔大的气派。孔子曾说："周监于二代，郁郁乎文哉！吾从周。"（《论语·八佾第三》）孔子尊崇周代的正是丰富多彩的礼仪制度。季札以知礼著称，因此，他通过列国的礼仪，或通过音乐中体现出的宏大的国家仪范，从而发出了这样的感喟。

其二，对于季札所谓"国未可量也"，杜预注曰："言其或将复兴。"但明人傅逊则不以为然，云："盖言后将强大，指桓公伯业耳。且齐亡为田氏所篡，何复兴耶？"①事实是此时齐政已衰，此后仅历悼、简、定、康四世而已，先亡于郑。"未可量"殊难解释。清人朱贻德有这样的解释："季札之意以泱泱大风，人民和会，姜氏虽替，必有嗣而兴者，故曰国未可量。明国之未可量，非姜氏未可量也。下文说晏平仲谓之曰'齐国之政将有所归。'季固知之熟矣。"②这样的解释是以季札言必有验为前提的。殊不知，季札乃初入诸夏，此次观乐本是欣赏与学习兼而有之。其实季札所言，多述其大概。事实上，不但论《齐》如此，论《郑风》时，认为郑为先亡，但郑不但亡于齐后，且三家分晋亦在郑亡之先。这种种不验之预，恰可附证《左传》中季札之言乃实录，而非后世史家精心结撰的预言书。

---

① [明]傅逊：《春秋左传注解辨误》卷下，明万历十三年刻本。
② [清]李贻德：《春秋左氏传贾服注辑述》卷十三，清同治五年朱栏刻本。

三 观《豳》论

《毛诗》《豳风》列于《陈风》之后,《小雅》之前。但《左传·襄公二十九年》记季札观乐时,在歌《齐》之后,歌《秦》之前,有这样的记载:

> 为之歌《豳》,曰:"美哉,荡乎!乐而不淫,其周公之东乎!"

对季札关于《豳》的评论,杜预注曰:"荡乎,荡然也。乐而不淫,言有节。周公遭管、蔡之变,东征三年,为成王陈后稷、先公不敢荒淫,以成王业,故言'其周公之东乎'。"①季札对《豳》的评论对后世《诗》学的影响主要体现在以下几个方面。

首先,关于《豳风》在列国之风中的位次问题。季札观乐时,《豳》列于《齐》之后,《秦》之前,其理由当与豳在平王东迁之后,其地为秦所有相关。但《毛诗》则将其排在《秦风》之后,列国之风的最末。孔子何以作此调整?程俊英《诗经注析》以为,这与《豳》诗中的《七月》备《风》《雅》《颂》之义有关。因为《周礼·籥章》有这样的记载:"掌土鼓豳籥。中春,昼击土鼓,龡《豳》诗以逆暑。……凡国祈年于田祖,龡《豳雅》,击土鼓以乐田畯。国祭蜡,则龡《豳颂》,击土鼓以息老物。"郑玄注:"《豳诗》,《豳风·七月》也。《豳雅》亦《七月》也。"《豳》诗分归于《雅》《颂》的现象,说明诗类是可以变化的,而变化的原因则可能与乐有关,亦即可以配以不同的乐类。诚如清人王先谦所释:"《籥章》言《豳诗》者,正谓《豳风》,以其诗固《风》体也。其曰《豳雅》《豳颂》者,则又以诗入乐,各歌其类,合乎《雅》《颂》故也。"②程俊英据此得出了这样的推论:

> 可知《七月》虽属风诗,但它又可以在不同的场合配上《雅》《颂》的乐调来歌唱。这种"全篇备《风》《雅》《颂》之义,《籥章》龡之以一时而共三用"的特殊作用,或许正是孔子将《豳风》置于《国风》

---

① 《春秋左传正义》卷第三十九,《十三经注疏》标点本,北京大学出版社1999年版,第1099页。
② [清]王先谦:《诗三家义集疏》卷十三《七月》,中华书局1987年版,第526页。

之末的原因。让这样的诗歌在《风》与《雅》《颂》之间起承上启下的桥梁作用，实在很相宜的。①

孔子将其移至国风之末的另一个因素亦应受到注意。孔颖达正义谓：《豳风》"凡七篇，皆是周公之事也"。② 显然，就内容而言，这是列国之风中时代最为久远的诗歌。同时，《豳风》还是列国之风中题旨最为集中的一国之风。之所以如此，朱熹《诗集传》云："周公旦以冢宰摄政，乃述后稷、公刘之化，作诗一篇以戒成王，谓之《豳风》。而后人又取周公所作，及凡为周公而作之诗以附焉。"③方玉润认为《七月》并非周公所作，因为周公生长世胄，位居冢宰，不可能言及农桑稼穑之事。认为《七月》"必古有其诗，自公始陈王前，俾知稼穑艰难，并王业所自始，而后人遂以为公作也"。④ 至于其他诸诗，"至《鸱鸮》《东山》二诗，乃为公作。《伐柯》《破斧》《九罭》《狼跋》则又众人为公而作之诗。以其无所系属，故并附《七月》后，而统而名之曰《豳》，凡以为公故也。"⑤正因为如此，《豳风》具有了与《周颂》某些相通的性质，而与一般的《风》诗不同。因此，将其排在《风》诗的最后，除了可能与音乐方面的因素有关之外，还有内容方面的原因。亦即《豳风》是从《风》到《雅》《颂》的过渡，是由《风》诗清新自然的民间诗歌到表彰先公先王的勋业，表达尊祖祭天神圣情怀的作品。从这个意义上说，孔子将《豳风》移至《风》之末，并无轻忽《变风》之意。清人马瑞辰更力证其不应被视为《变风》，认为"太史因述周人颂公之诗以附其后，意主于美周公"，⑥同时，他还列述《毛诗序》等文献以证之。因为《诗序》所谓"王道衰，礼义废，政教失，国异政，家殊俗"之后，《变风》《变雅》方作。但"《豳》岂作于王道衰、政教失之时乎"，并且据三国时期郑小同编《郑志》的记载以证："张逸问：'《豳·七月》专咏周公之德，宜在《雅》，今在《风》何？'答曰：'以周公专为一国，上

---

① 程俊英、蒋见元：《诗经注析·豳风》，中华书局1991年版，第405页。
② 《春秋左传注义正义》卷第三十九，《十三经注疏》标点本，北京大学出版社1999年版，第1099页。
③ 朱熹注、赵长征点校：《诗集传》卷第八《豳》，中华书局2011年版，第117页。
④ ［清］方玉润：《诗经原始》卷之八《豳》，中华书局1986年版，第304页。
⑤ ［清］方玉润：《诗经原始》卷之八《豳》，第304页。
⑥ ［清］马瑞辰撰：《毛诗传笺通笺》卷一，中华书局1989年版，第15页。

冠先公之业,亦为优矣,所以在《风》下,次于《雅》前。'"因此得出这样的结论:"是郑君以《豳》居《风》《雅》之间,未尝遂目为《风》,岂得谓之《变风》乎?"①由此也更能推得孔子移《豳》为《风》末,蕴含着尊崇《豳风》之意。

其次,关于"乐而不淫"之评。季札对于《豳》"乐而不淫"的判断则给后世学者提出了一个评价难题。因为《论语·八佾》有这样的记载:"子曰:'《关雎》,乐而不淫,哀而不伤。'"孔子对见列于《周南》中的《关雎》的评价是"乐而不淫",季札则是闻《豳》而有此论。虽然季札发论于先,但尊圣的情结往往左右了后世学者对这一问题的判断。因此,他们常常以孔子之论为基准,反证季札所论之是与非。如乐工歌《豳》之时,季札曰:"美哉,荡乎!乐而不淫,其周公之东乎!"王通在《中说》中认为季札不知乐,其理由之一即在于"《豳》乌乎乐,其'勤而不怨'乎"②,逻辑前提即是孔子曾言《关雎》"乐而不淫"。而《关雎》见列于《周南》。王通将《左传》中季札言《周南》《召南》的"勤而不怨"用之于论《豳风》。换言之,"乐而不淫"者,定是二《南》,因其为圣人之言。宋人阮逸则干脆认为可能是《左传》古文将评《二南》与评《豳》颠倒了,云:"《周南·关雎》'乐而不淫'。《豳》实无乐。文中子辨季札,必知乐,此文误耳。"亦即现存《豳风》中并无描写欢乐的诗歌,而"乐而不淫"则是状《周南·关雎》,这样也就与《论语》中"子曰《关雎》乐而不淫,哀而不伤"完全吻合了。当然也有学者既不违"圣",又不怀疑季札之评,但论证也更加复杂而有违常理。如宋人陈祥道以为,《左传》记载并没有错,只是作诗者与说诗者论事与论风的角度不同而已,云:"作诗者叙其事,说诗者逆其心,其理然也。《关雎》'乐而不淫',《豳》'勤而不怨'。季札以《二南》为'勤而不怨',以《豳》为'乐而不淫',何也?《关雎》'乐而不淫',后妃之德而已。'勤而不怨'则《二南》之事也。《豳》'勤而不怨'则豳民之事而已,'乐而不淫'则豳国之风也。"③陈祥道在肯定了孔子评《关雎》的前提之下,也认为季札所说的《豳》"乐而不淫"就是描述的豳国乐歌的风格。

---

① [清]马瑞辰撰:《毛诗传笺通释》卷一《豳非变风说》,中华书局1989年版,第15页。
② 张沛校注:《中说校注》卷七,中华书局2013年版,第179页。
③ [宋]陈祥道:《论语全解》卷二,文渊阁四库全书本。

但是，这种绕路说禅的诠释方式并不符合季札直接明快的言说风格。摒除预设因素，结合《豳风》内容直接讨论季札论《豳》才是诠释正途。从《诗经·豳风》的内容来看，季札观《豳》时发出的感喟其实是可以理解的。《诗经·豳风》中的《破斧》说"周公东征"，《东山》说："我徂东山，慆慆不归"，"自我不见，于今三年"，"周公之东乎"的事实历历可征。季札"周公之东乎"，论《豳》，亦可能是闻《破斧》《东山》等作品而发。关于"乐而不淫"，对"淫"的疏解颇为关键。"淫"概有二义：一乃淫邪、淫色；二乃过甚，"过之常度"。但季札所言"淫"之含义，显然是"过"。这从其闻《颂》时有"迂而不淫"可证。季札对《颂》极为尊崇，叹其"至矣哉"，决无"淫邪"之意。清人陈启源在《毛诗稽古篇》的论述亦可参证："淫者，过也，非专指男女之欲也。古之言淫多矣，于星言淫，于雨言淫，于水言淫，于刑言淫，于游观田猎言淫，皆言过其常度耳。"①因此，《豳风》中乐而不失其度的作品即符合季札评说的条件。事实上，《豳风》不乏表达快乐情感的作品，如开篇之作《七月》，虽然是一首农事诗，但内容丰富，情调积极。其首章即有"同我妇子，馌彼南亩，田畯至喜"，卒章亦有"跻彼公堂，称彼兕觥，万寿无疆"。因此，清人夏炘云："'乐而不淫'，指《七月》一篇。"②所言不无道理。同时，《东山》诗写征人离合之情细腻生动，卒章"其新孔嘉，其旧如之何"既有对重逢的热烈憧憬而又不失理性。诚如程俊英所说，该诗"每章末尾的收勒之笔，也牢牢地驾驭了感情的潮流，把现实与想象，感情与理智交织在一起"。③这样的评价恰如对季札"乐而不淫"的绝佳注脚。而对王通之于季札的质疑，张恒认为，勤并不影响《豳风》所体现出的乐，痛诋王通，认为恰恰是王通不知诗，云：

> 吴季札曰《豳》"其乐而不淫乎"。王通云："孰谓季子知乐，《豳》乌乎乐？其勤而不怨乎？"予曰：孰谓通知诗？《豳》诚勤矣，彼其顺天之时，敏民之事，洽老幼之欢，笃上下之爱，始乐于勤，卒勤而乐，上乐其下，下乐其上，特不怨云乎哉。④

---

① 转引自程树德《论语集释》卷三十一《卫灵公上》，中华书局1990年版，第1088页。
② [清]夏炘：《读诗札记》卷四《豳风》，清咸丰三年刻本。
③ 程俊英、蒋见元：《诗经注析》，中华书局1991年版，第420—421页。
④ [明]张恒：《明志稿》卷一《小雅辨》，明刻本。

张恒对于王通的驳议,主要是因为其并未胶执于孔子言《关雎》作为先在标准,因此,能平允地就《豳风》的内容分析季札之评的根据。

最后,"乐而不淫","其周公之东乎"的判断为后世探讨《豳风》创作时间的依据之一。如清人贺贻孙云:"《豳风》者,周公之事也,周公封鲁而食邑于豳、岐之间,故孔颖达曰:'豳者,周公之采地也。'不曰鲁而曰豳者,鲁无诗,周公又未尝治鲁也。周公之诗无所可系,故从《七月》而系以豳也。""周公居东,成王疑矣,故亦曰变风也。变者,时也,处变之时而不失其正,非周公圣人其孰能之乎?""夫周公何以东也?周公之东,周公之变也。然周公虽东而观其乐,闻其歌,犹曰乐而不淫,则犹有《周南》遗风。所谓变而不失其正也。变风者,子夏之言也,变而不失其正也,则子夏之意而亦夫子之意。"①但魏源则根据季札观《豳风》所说的"乐而不淫,其周公之东"得出了不同的结论,认为周公东诛管、蔡,何乐之有?"古者公族有辟,公亲素服不举彻乐,如其伦之丧。"但周公遭逢手足之祸,理应创巨痛深,但《豳风》之中《七月》《东山》之作,祝则"咒觥""万寿",谑则"其新孔嘉",何以"谈笑处垂涕之时"?因此,魏源认为,这并不是周公所作,而是豳国旧风。因此,《七月序》之"陈王业",就是指旧有此诗,而周公陈之。《豳风》中多太王旧国之诗,这也是郑玄困惑于《豳风》兼《雅》《颂》的原因。魏源根据季札之评等文献,而得出了《七月》《鸱鸮》"皆周公所陈于王,而考其实则皆豳国旧风"的结论。而对于《东山》为"季历伐戎旋军之事"一说,魏源除了有"狄在周北,戎在周西,文王时尚以西距昆夷为亟,况季历之世,何暇遽舍西攘而专东略"的疑问之外,还引季札只说"其周公之东"为据,对该说做了否定。魏源综合分析季札对《豳风》之评,从而认为这些作品主要乃豳人所作,是反映豳地民风的作品,而由"太师采以入什"。② 这样的结论与崔述、马瑞辰等人的论证不谋而合,纠正了《毛诗序》为代表的传统认识。但是,由于过多地胶执于诗歌中表现的"乐"的情感与周公本人的关系,遂使其对于这些诗歌创作主体的结论出现了矛盾,导致最终否定了这些诗歌

---

① [清]贺贻孙:《诗触》卷二《豳风论》,清咸丰敕书楼刻本。
② 以上引自[清]魏源《诗古微》上编之三《豳风三家诗发微》,《魏源全集》第一册,岳麓书社2005年版,第223—226页。

中存在着周公东征题材的可能性，也恰恰违背了他屡屡称引季札所提示的"其周公之东乎"的文献意义。魏源对《豳风》认识的得与失，都与季札之评不无关系。

四 观《秦》论

季札在观《豳》之后，又闻歌《秦》，做出了与观《郑》相对立的感叹。《左传·襄公二十九年》载：

> 为之歌《秦》，曰："此之谓夏声。夫能夏则大，大之至也，其周之旧乎？"

杜预注云："秦仲始有车马礼乐，去戎狄之音，而有诸夏之声，故谓之夏声。及襄公佐周平王东迁，而受其故地，故曰周之旧也。"①季札对《秦》的评价正与评《郑》曰"细"相反。对此，明人陶望龄云："季札闻歌《郑》曰：'其细已甚，民将不堪。'闻歌《秦》曰：'此之谓夏则大'。夫声大兆王，细征替，由此言之，纤俭寒弱者，细之类，大之反也。"②季札对《秦》的评价受到了后世学者的普遍认同。如学者在解《国语》"求我懿德，肆于时夏"中"夏"之义云："乐章之大者曰夏。"③但是，也有人对此提出疑问，认为这是后人附会而成。如明人季本云："季札歌《秦》而曰：'能夏则大。'此后人见其强大称王时之言也。兹非邪说乎？"④但季本论学本诸阳明，主观想象的成分较重，不可轻信。

对于《秦风》在列国之风中的次第，《毛诗》将《秦》退于《魏风》《唐风》之后，有人认为这是孔子对于强秦的贬抑。如明人邵宝认为季札观乐的次序，乃周太师之序，"今《诗》小异焉，殿《豳》于《曹》，而退《秦》于《魏》，将无意乎秦将大矣。秦西夷之国，犹未离其类焉，秦苟大则中国

---

① ［晋］杜预集解：《春秋经传集解》第十九《襄公六》，上海古籍出版社1978年版，第1125页。
② ［明］陶望龄：《歇庵集》卷四《戴玄趾制义序》，明万历刻本。
③ 徐元皓：《国语集解·周语上》第一，中华书局2002年版，第2页。
④ ［明］季本：《诗说解颐》正释卷十一，清文渊阁四库全书本。

之患也。圣人于是有忧焉。故退之。"①其说可备参考。

从现存的《秦风》来看,既有《蒹葭》《晨风》等委婉之作,也有《驷驖》《车邻》《小戎》等严整肃穆的篇什。季札对于《秦风》的评价与《齐风》有相通之处,都是赞叹其具有雄浑壮丽之美。《秦风》与《齐风》一个共同的特点是具有尚武精神。秦人尚武好勇,与北方戎狄经常南扰东侵,并影响了秦地的风习文化有关。如朱熹《诗集传》曰:"秦人之俗,大抵尚气概,先勇力,忘生轻死,故其见于《诗》如此。"②《秦风》凡十篇,多激昂慷慨之风,如《无衣》就是一篇军歌,其"修我戈矛,与子同仇"具有英壮豪迈、气吞六国的气象,其内容与风格在《诗经》中殊为独特。除此,《小戎》《驷驖》等都从不同的侧面体现了秦风慷慨俊迈的风格。数量与《秦风》相仿佛的《齐风》尚武的特色同样明显。如《还》描写了两位英武潇洒的猎手,驰驱竞逐,而又彬彬有礼、相互称叹的场景。《卢令》则是《诗经》中最短的诗,极简明地描写了猎人与猎犬。从这些作品也不难看出齐国的社会风习。诚如清人方玉润所云:"齐俗以弋猎相矜尚。"③季札听歌齐、秦,都赞叹其"大",这与齐风、秦风都具有雄健英武气概不无关系。

同时,秦又是深受西周礼乐文化影响的诸侯国,杜预所谓"去戎狄之音而有诸夏之声"的解释,就清晰地说明了其与诸夏文化统一的一面,亦即作为"周之旧"的基础。对于夏,扬雄《方言》云:"夏,大也。自关而西,凡物之壮大者而爱伟之,谓之夏。"扬雄所言与杜预所注其意相近。而季札点示出秦乃"周之旧",正揭示了"秦风"雄肆宏大的历史根源。对于秦与周的关系。《毛诗》有清晰的叙述:

> 秦者,陇西谷名,于《禹贡》近雍州鸟鼠之山。尧时有伯翳者,实皋陶之子,佐禹治水。水土既平,舜命作虞官,掌上下草木鸟兽,赐姓曰嬴。周孝王使其末孙非子养马于汧、渭之间。孝王为伯翳能知禽兽之言,子孙不绝,故封非子为附庸,邑之于秦谷。至曾孙

---
① [明]邵宝:《学史》卷一《寅》,文渊阁四库全书本。
② [宋]朱熹:《诗集传》卷第六,中华书局2011年版,第100页。
③ [清]方玉润:《诗经原始》卷之六《齐》,中华书局1986年版,第229页。

秦仲,宣王又命作大夫,始有车马礼乐侍御之好。国人美之,翳之变风始作。秦仲之孙襄公,平王之初,兴兵讨西戎以救周。平王东迁王城,乃以岐、丰之地赐之,始列为诸侯。其封域东至迤山,在荆岐终南惇物之野。①

事实上,《秦风》中清晰地保留了秦地受周代礼乐文明影响的印记。如《秦风》中《车邻》,据《诗序》云:"《车邻》,美秦仲也。秦仲始大,有车马礼乐侍御之好焉。"秦仲因伐戎被封为大夫,秦国人为秦国国君开始享有车马侍御制度而做了这首诗。因此,后人认为"秦风"具"夏声"也与此有关。如服虔云:"秦仲始有车马礼乐之好,侍御之臣,戎车四牡,田狩之事。其孙襄公列为秦伯,故'蒹葭苍苍'之歌,《终南》之诗,《终南》之诗,追录先人;《车邻》《驷驖》《小戎》之歌,与诸夏同风,故曰夏声。"②魏源亦云:"《车邻》《驷驖》《小戎》之歌,与诸夏同风。"③是襄公追录先祖之诗。这些作品中体现出的周代礼乐印记清晰可见,如《车邻》中表现出的燕礼,《驷驖》中表现出的田狩礼,《终南》《渭阳》中表现出的宾礼,《黄鸟》中表现的丧礼,《权舆》与饮食礼等等。④ 从这个意义上说,季札对于秦与齐的称叹虽然颇为相似,但对齐似乎主要是对其过往历史的称赞,对秦则是就其与周朝文化渊源关系的称叹,其中带有明显的文化因素。如果确如服虔等人所理解的那样,季札所闻之《秦》歌实为《车邻》,那么,"秦"之大,乃是因为"去戎狄之音而有诸夏之声",是对诸夏礼乐文化的认同,而这与季札作为吴之"习礼者"是一致的。

值得注意的是,季札虽然对于《秦风》予以褒评,但并无"美哉"的赞叹。对此,明人湛若水云:"歌秦而止谓之'能夏而大',不赞其美者,何也?札之意其有所感而憾者矣。呜呼,闻其乐而知其德,君子所以差等,百王也可不慎欤?"⑤果如湛若水所言,季札则对于秦国的社会风习、

---

① 《毛诗正义》卷第六,《十三经注疏》标点本,北京大学出版社1999年版,第405—407页。
② 《毛诗正义》卷第六,《十三经注疏》标点本,第408页。
③ [清]魏源:《诗古微》中编之四《秦风答问》,《魏源全集》第一册,岳麓书社2005年版,第431—432页。
④ 详见刘丽《〈诗经·秦风〉与周代礼乐文化》,载《江淮论坛》2007年第1期。
⑤ [明]湛若水:《格物通》卷五十九,清文渊阁四库全书本。

治道兴衰的判断是颇为准确的。但由于当时秦国地处西部,与戎狄杂居,而吴国与中原交通甫始,因此,季札对秦国政情风俗的判断极有可能仅是凭观乐而后得出的结论,殊为难得。季札审音知政并非虚传。

五 观《魏》论

《毛诗》《魏风》在《齐》《唐》之间,而季札观乐时,则在观《秦》之后。①《左传·襄公二十九年》载:

> 为之歌《魏》,曰:"美哉,沨沨乎!大而婉,险而易行,以德辅此,则明主也。"

季札论《魏》的文字有两处颇有争议:其一是"险"。杜预注云:"'险'当为'俭'字之误也。大而约,则俭节易行。惜其国小无明君也。"②杨伯峻谓其当为"险":"险,易为相对之词,如《易·系辞上》:'卦有小大,辞有险易。'"其二是"明"。《史记·吴世家》作"盟"。《左传》作"明"。司马贞《史记索隐》:"《左传》亦作'明',此以听声知政,言其明听耳,非盟会也。"③所言甚是。

魏国乃西周初年受封而立,清人陈奂云:"魏在商为芮国地,与虞争田,质成于文王。至武王克商,封姬姓之国,改号曰魏。"④杨伯峻谓其"在今山西芮城县北"。⑤魏国是春秋时期历史比较短暂的国家,季札观乐之时,魏国已成为晋国魏氏的采邑。据《左传·闵公元年》载:"晋侯(献公)作二军,公将上军,大子申生将下军,赵夙御戎,毕万为右,以灭

---

① 《左传》关于季札观乐的记载,也成为了解孔子删《诗》时调整列国之《风》次第的主要参照文献。对于孔子何以将《秦风》移至《魏风》《唐风》之后,方玉润的解释是:"继齐而霸,先秦而强者,晋也。魏既入晋,则晋为晋地,故与《唐》同居《齐》《秦》之间。且其地为舜、禹故都,与他国不同,先之所以见圣帝遗风犹未尽泯,霸图盛业于此方新云尔。"(《诗经原始》卷之六,中华书局1986年版,第241页)
② [晋]杜预集解:《春秋经传集解》第十九《襄公六》,上海古籍出版社1978年版,第1125页。
③ 引自《史记》卷三十一《吴太伯世家第一》,中华书局点校本,第1455页。
④ [清]陈奂:《诗毛氏传疏》,中国书店1984年版。
⑤ 杨伯峻:《春秋左传注·襄公二十九年》,中华书局1981年版,第1163页。

耿、灭霍、灭魏。"①正因为如此，对于季札的评论有不同的解读。杜预曰："沨沨，中庸之声。婉，约也。""大而约，则俭节易行。"②由于历代解《诗》者受杜注的影响甚大，一般都以"大而婉，俭而易行"的角度去寻找现存《魏风》中与其相符称的篇目，清人姜炳璋《诗序补义》③、陆奎勋《陆堂诗学》④中都认为是因《葛屦》《汾沮洳》而发。但是，现存《魏风》凡七篇，其中大部分是刺诗。直接刺时、刺世的诗歌有3首，即《葛屦》《伐檀》和《硕鼠》，间接的讽刺诗有《汾沮洳》《陟岵》。杜预的解释与《魏风》的内容不甚吻合。与杜预注不同，杨伯峻对于季札观《魏》之评的理解是："当季札之时，魏早为晋魏氏之采邑，此言其政令习俗，虽艰难而行之甚易也。"⑤这对于我们解读季札对于《魏风》的评论不无启迪。

对于季札观《魏风》评论解读的不同，其实源于是对《魏风》原作的理解，还是对季札观乐时对魏地政情评论的理解。⑥ 杜预之注，本于魏国灭亡前的现象，因此，谓其"国小无明君"。但杜注难以解释"大而婉"。季札观乐时称"大"的是《齐》，曰："泱泱乎大风。""表东海者其大公乎。"可见，称《齐》之大，与奄有东海，且齐国有齐桓公称霸的历史。称其为"大"，乃与齐国的国势有关。另一个闻乐而称"大"的则是《秦》，季札曰："此之谓自声。夫能夏则大，大之至也，其周之旧乎？"显然，秦之"大"乃与"夏"、与"周之旧"有关。其"周之旧"是指周代的礼乐文明，这在其称《大雅》时得到了证明。其叹《大雅》曰："广哉！熙熙乎！曲而有直体，其文王之德乎？"亦即文王之德，是其"广哉"的根据，因此，分析

---

① ［晋］杜预集解：《春秋经传集解》第四《闵公》，上海古籍出版社1978年版，第216页。
② ［晋］杜预集解：《春秋经传集解》第十九《襄公六》，第1125页。
③ ［清］姜炳璋云："季札于《魏风》曰'泱泱乎，大而婉，俭而易行'，以此（注：《葛屦》《汾沮洳》）二诗观之，诚有合矣。"《诗序补义》卷九，清文渊阁四库全书本）
④ ［清］陆奎勋云："《左传》：'为之歌《魏》曰，美哉，沨沨乎，大而婉，俭而易行，以德辅此，则明主也。'试问鲁人所歌何诗，元凯固不能注，汉后说《诗》者亦未能晓悟《葛屦》诗以偏心为刺，故美其'大而婉'。《汾沮洳》讥其'美如玉，殊异乎公族。'知魏俗之崇俭矣。季札闻歌而即知风人之旨，后人不能通微，甚至目《左传》为伪书，可发长叹。"《陆堂诗学》卷四，清康熙五十三年陆氏小瀛山阁刻本）
⑤ 杨伯峻：《春秋左传注·襄公二十九年》，中华书局1981年版，第1163页。
⑥ 《魏风》当是魏亡之前的作品。对此，宋人苏辙曾提出："魏地入晋久矣，其诗疑皆为晋而作，故列于《唐风》之前，犹邶鄘之于卫也。"（转引自［宋］朱熹《诗集传·魏之一九》，中华书局2011年版，第71页)方玉润认为苏辙的怀疑不能成立，所论甚确，云："晋至献公，国已强大，政渐奢侈。而魏诗每刺其君俭勤，与晋气象迥乎不侔，必非晋诗无疑。"《诗经原始》卷之六，中华书局1986年版，第241页）

季札观乐的评论,就不能仅仅限于原诗的内容,还应结合观乐时列国的国势进行分析。对季札观《魏风》时的评论亦当如此。魏国早在季札观乐之前一百余年已经成了晋人的采邑,季札之"明主",实乃晋国国君。但现存的《魏风》都是公元前661年晋献公灭魏之前的作品①,因此,与其他的列国之风不同,季札闻歌《魏》之声发出的评论则是与观乐时魏地的治政与风习有关。历代对于季札观《魏风》时发出的评论,往往与夏虞遗风犹在有关,认为,魏虽灭,但以德辅政的传统犹存。但这难以解释何以为"大"?季札对其他国风的评论多有猜测,对《魏》则包含着期许,所谓"大而婉""险而易"都是两个意义对立范畴的组合。所以对立,即当季札观乐时,魏国被晋国吞并百余年,范畴的对立很可能是源于这种特殊国情。晋国距王畿不远,与周王朝有特殊的关系。当周幽王为犬戎所杀时,晋文侯与其他诸侯拥立平王有功,平王曾赐予其很多器物,并命其与郑国共同辅佐王室。迄至公元前679年,正当齐桓公会宋、陈、卫、郑之君于鄄,齐桓公始成霸业之时,晋国曲沃武公也杀缗侯,吞并了翼,晋国得到了统一。统一伊始,便征伐周的夷邑,杀死该邑大夫夷诡诸,周执政大臣周公忌父被迫逃到虢国。晋国势力日益强大,直接威胁到了周天子。当晋献公灭了耿、霍、魏国之后,接着又灭了虞国与虢国。其后虽然晋国因发生了短暂的内乱而中衰,但自晋文公始,晋国开始了春秋时期历时最久的霸业。其后虽然因大夫掌权而受到削弱,但迄至季札观乐时,晋楚争霸的大势仍然没有改变。同时,晋国又与吴国会盟,因此,季札对于晋国的国情尤为了解。晋国自从赵盾执政之后,政治上一个突出的特点是"六卿专政",公室衰微。季札对《魏》风的感叹,实乃有感于当时晋国国政、国势而发。所谓"大而婉"当是叹晋国的国势之大,"婉"则是与相近的秦风比较而言。虽然《魏风》中也有《伐檀》《硕鼠》等言辞较为激烈的诗歌,但与《秦风》中《无衣》等军歌相

---

① 对于《魏风》的创作时间概有两说。一种认为是魏人晋后之作,如苏辙云:"魏地入晋久矣,其诗皆为晋而作,故列于《唐风》之前,犹《邶》《鄘》之于《卫也》。"对此说,朱熹案云:"篇中'公行'、'公路'、'公族'皆晋官,疑实晋诗。又恐魏亦尝有此官,盖不可考矣。"(朱熹:《诗集传》,中华书局2011年版,第81页)另一种认为是作于魏亡之前。如方玉润云:"晋至献公,国已强大,政渐奢侈。而魏诗每刺其君俭勤,与晋气象迥乎不侔,必非晋诗无疑。"(方玉润:《诗经原始》卷之六《魏》,中华书局1986年版,第241页)学者多以后说为是。

比较，尚有些许"婉"的风韵。所谓"险而易行，以德辅此，则明主也"，可能与晋国"六卿专政"的现实有关。其"险"更似指"六卿"之险。他对叔向的临别赠言："大夫皆富，政将在家。吾子好直，必思自免于难。"正可印证其对于《魏风》的评价。对此，魏源似乎触摸到了季札之评的现实用意，他关注的并不是"大而婉，险而易行"，而是"以德辅此，则明主也"，云："试思《陟岵》何与刺俭？《汾沮洳》《园桃》《伐檀》则皆刺不用贤。故季札观歌《魏风》，曰：'以德辅此，则明主也。'是《魏风》以求贤自辅为谊，斯近之矣。"①所谓"以求贤自辅为谊"，蕴含了些许现实的期冀。事实上，魏国虽然为晋所并，但诚如崔述所言："自并魏之后，晋国国势益强，遂霸天下，及三家分晋而魏氏为多贤，文侯修德勤民，为战国诸君第一。善乎！吴季札之言曰'大而婉，险而易行，以德辅此，则明主也。'谅哉，其知音也。"②这是季札观列国之风时评论颇为精微、用意比较婉曲的一例，这种独特性源于晋国是吴国最重要的盟国。

六 观《唐》论

在观《魏》之后，季札闻《唐》，做出了这样的发问："思深哉！其有陶唐氏之遗民乎？不然，何忧之远也？非令德之后，谁能若是？"(《左传·襄公二十九年》)对于季札闻歌《唐》的评论，杜预注云："晋本唐国，故有尧之遗风，忧深思远，情发于声。"③朱熹亦云："唐，国名，本帝尧旧都……周成王以封帝叔虞为唐侯。南有晋水。至燮，乃改国号曰晋。"④因此，《唐风》亦即"晋风"。对于"其有陶唐氏之遗民"，杨伯峻注云："尧本封于陶，后徙于唐，则唐旧为尧都，故云有'陶唐氏之遗民。'"⑤清人陈

---

① [清]魏源：《诗古微》下编之一《诗序集义·魏风》，《魏源全集》第一册，岳麓书社2005年版，第639页。
② [清]崔述：《读风偶识》卷三，清崔东壁遗书本。
③ 《春秋左传正义》卷第三十九，《十三经注疏》标点本，北京大学出版社1999年版，第1100页。
④ [宋]朱熹：《诗集传》卷第六，中华书局2011年版，第87页。
⑤ 杨伯峻：《春秋左传注·襄公二十九年》，中华书局1981年版，第1163页。

孚释之曰："是忧深思远之情见于乐音之中,地虽属晋,而风则唐也。"①

季札对唐风的评价甚高,概而言之在于思深忧远。季札揭示出唐风中表现出的深忧之思与唐国当时的环境不无关系。古代唐、晋、魏等国大约在今天的山西境内,多山地,仅汾河盆地土地较为肥沃。更由于当时的西部、北部为犬戎、白狄,边患不断。正如朱熹在《诗集传》中所言:"其地土瘠民贫,勤俭质朴,忧深思远。"最早对唐国民风进行精到论述,以及对《唐风》内容特征进行总结的正是季札。

一般认为季札所论是因闻《唐风》首篇《蟋蟀》而发。如吕祖谦云:"且如歌《唐》,季札则曰:'其有陶唐氏之遗民乎,不然,何其忧之远也。'这只是歌《蟋蟀》一篇。"②清人范家相亦云:"季札之美《唐风》曰:'思深哉,其有陶唐氏之遗民乎?'即《蟋蟀》一诗可以见之,岁晚务闲,不图休息,瞿瞿蹶蹶,动自警心,岂非思之深而忧之远欤?"③《蟋蟀》全文如次:

> 蟋蟀在堂,岁聿其莫。今我不乐,日月其除。无已大康,职思其居。好乐无荒,良士瞿瞿。
>
> 蟋蟀在堂,岁聿其逝。今我不乐,日月其迈。无已大康,职思其外。好乐无荒,良士蹶蹶。
>
> 蟋蟀在堂,役车其休。今我不乐,日月其慆。无已大康,职思其忧。好乐无荒,良士休休。

这是一首岁末感怀之作。作者以蟋蟀由室外迁到室内起兴,表示已临岁暮。诗人感叹光阴流逝的迅速,提醒自己不要过度追求安乐,还要想到不要荒怠了自己所担任的职位。好的士人,应具有警戒之心。对于"忧",《郑笺》云:"忧者,谓邻国侵伐之忧。"对于该诗的题旨,《毛序》云:"此晋也,而谓之唐,本其风俗,忧深思远,俭而用礼,乃有尧之遗风焉。"④季札观《唐》的感喟与其诗意旨颇为吻合。

而清人马瑞辰、魏源则认为可能是闻《唐风》的首篇与次篇:"至季

---

① [清]陈孚:《诗传考》卷二,清嘉庆九年尧山刻本。
② [宋]吕祖谦:《左氏传说》卷第九,文渊阁四库全书本。
③ [清]范家相:《诗沈》卷之八,文渊阁四库全书本。
④ 《毛诗正义》卷第六,《十三经注疏》标点本,北京大学出版社1999年版,第377页。

札云'其有陶唐氏之遗风乎',盖第取《蟋蟀》《山枢》二诗言之,此《序》说'尧之遗风'所自来也。"①但次篇《山有枢》的题旨与《蟋蟀》迥然有异,诚如方玉润所评:"此讽唐人富有徒俭而不中礼之诗,与前篇(《蟋蟀》——引者注)针锋相对。"②比较而言,季札所评可能据《蟋蟀》而发受到了普遍认同,并对后世论《唐风》产生了重要的影响。据《孔丛子》载:"孔子曰,于《蟋蟀》见陶唐俭德之大也。"朱熹《诗集传》云:"(唐)其地土瘠民贫,勤俭质朴,忧深思远,有尧之遗风焉。"③清人贺贻孙《诗触》云:"唐,尧墟也,成王封其弟叔虞,曰唐侯……盖自尧舜以来,德泽在人,其君子思深,其小人俭啬。"④诸家释《诗》,季札的影响宛然可寻。

季札对于《唐风》忧深思远的解释影响了后世对《唐风》具体篇目的解读以及《唐风》篇目次第的排列。如清人刘始兴认为,《唐风》中的《蟋蟀》《山有枢》中所表现的诗人忧乱情感是因晋桓叔之乱而起。根据《左传》记载,晋昭侯元年(前745年),昭侯封叔父成师于典沃,号为桓叔。其后晋大夫潘父与桓叔发动政变,虽然最终没有成功,但昭侯被杀,桓叔则败归曲沃。《唐风·扬之水》和《椒聊》便被视为讽刺晋昭侯的作品,如《毛序》云:"《扬之水》,刺晋昭公也。昭公分国以封沃,沃盛强,昭公微弱,国人将叛而归沃焉。"⑤"《椒柳》,刺晋昭公也。君子见沃之盛强,能修其政,知其蕃衍盛大,子孙将有晋国焉。"⑥果为如此,则因晋桓叔之乱而起,表现诗人忧乱情感的《蟋蟀》应列于《扬之水》《椒聊》之后,但现存《唐风》则将《蟋蟀》列为开篇,清人刘始兴认为,这是因为《蟋蟀》正体现了唐国忧深思远的社会状貌。⑦

虽然季札对唐风的评价受到了后世的普遍认同,间或亦有质疑之

---

① [清]马瑞辰撰:《毛诗传笺通释》卷十一《唐风总论》,中华书局1989年版,第335页。魏源亦云:"《山枢》《蟋蟀》之诗,并刺国君。讽以太康驰驱之节。则季札所美,必此数篇,而非晋昭曲沃之事明矣。"(《诗古微》中编之三《魏唐答问》,《魏源全集》第一册,岳麓书社2005年版,第423页)
② [清]方玉润:《诗经原始》卷之六,中华书局1986年版,第254页。
③ [宋]朱熹:《诗集传》卷第六,中华书局2011年版,第87页。
④ [清]贺贻孙:《诗触》卷二,清咸丰敕书楼刻本。
⑤ 《毛诗正义》卷第六,《十三经注疏》标点本,北京大学出版社1999年版,第383页。
⑥ 《毛诗正义》卷第六,第385页。
⑦ [清]刘始兴:《诗益》卷二《蟋蟀》首章注云:"此忧乱之诗,盖为沃而作也。……盖其时曲沃强而晋微弱,故国人忧之如此。然其词旨隐约,只若自儆者然,而其俗之忧深思远,于此可见。"清乾隆八年尚古斋刻本。

声,但这主要是针对《毛序》等后世的注解而言,如清人夏炘云:"序诗者因季札有'陶唐氏之遗风'一语,遂曰:'此晋也,而谓之唐,本其风俗,忧深思远,俭而用礼,乃有尧舜之遗风焉。'系曲说之甚者。谓唐诗之厚,有尧之遗风则可。谓唐之名,唐因尧而得名则断不可也。"[1]夏炘之议,实为孜求准确理解季札之评而发,承认唐诗得尧之遗风而反对唐承尧名,这其实已与季札观《唐》之论本身无涉,但也道出了季札观《唐》之论开启了后世评论《唐风》的诸多法门这一事实。

七 观《陈》论

季札观乐时,总体予以贬评的唯《郑》与《陈》。比较而言,对《郑》尚有"美哉"之叹,而对《陈》则全为贬评,曰:"国无主,其能久乎?"(《左传·襄公二十九年》)

周武王时,帝舜之胄虞阏父为陶正,武王多赖其利器用,于是将长女大姬嫁虞阏父之子满,封于陈。郑玄云:"大姬无子,好巫觋祷祈鬼神歌舞之乐,民俗化而为之。五世至幽公,当厉王时,政衰,大夫淫荒,所为无度,国人伤而刺之,陈之变风作矣。"[2]匡衡疏亦云:"陈夫人好巫,而民淫祀。"[3]但是,季札对陈国国祚的犹豫是否因陈地巫风盛行而起?陈启源在《毛诗稽古编》中提出了质疑,云:"文王后妃之德,化及南国夫人、大夫妻与汉滨之游女。大姬亲孙女,独不率教,乃行事淫巫,开陈地数百年敝习。况《传》称胡公不淫,斯亦足表正。其封内民顾不从君而从夫人,皆理之难晓者。"[4]魏源对陈启源的质疑提出反驳,认为:"巫祝列于周官,楚俗又尚巫鬼,太姬封陈,近邻楚地,因其旧俗,无子祈祷,特等姜嫄之禘祀,尚殊郑、卫之淫风。陈亡灵公非以巫觋,故《陈风》十篇,其七皆刺君荒淫,而刺巫觋歌舞惟首二篇,岂谓一国所尚惟兹一事?且

---

[1] [清]夏炘:《读诗札记》卷四,清咸丰三年刻本。
[2] 《毛诗正义》卷第七《陈谱》,《十三经注疏》标点本,北京大学出版社1999年版,第436页。
[3] 引自《汉书》卷八十一《匡衡本传》,中华书局点校本,第3335页。
[4] [清]陈启源:《毛诗稽古编》卷七《陈》,文渊阁四库全书本。

大姒不能化管、蔡,而惟疑太姬不能坊民乎?"①虽然魏源不同意陈启源提出的《毛诗》、三家诗释《陈》存在着矛盾的说法,但其实对于陈启源关于陈地的政事、风习特点并非起因于大姬的说法则是完全认同的。季札闻《陈》而作贬评,指斥其"国无主",显然不是就大姬而言。对"国无主",杜预注曰:"淫声放荡,无所畏忌,故曰'国无主。'"但是,季札对陈国国祚"其能久乎"的忧虑并未应验,对此,清人崔述云:

> 季札观乐也,于郑风曰"其细已甚,民弗堪也,是其先亡乎?"于陈风曰:"国无主,其能久乎?"然陈为楚灵所灭。楚平复封之,至春秋之末而后陈卒亡。而郑下至战国之初而后亡,乃魏风之"大而婉、险而易行"者反于春秋之初而先亡。何哉?盖凡风俗之浮靡而无远虑者,势必浸衰浸弱以至于亡。若掊克持权,强凌弱,众暴寡,有不可终日之势,则其亡也忽焉。②

崔述认为这并非是季札观乐判断有误,而恰恰证明了其乃知乐之贤者。云:

> 《陈风》凡十篇。首二篇即言歌舞,其余八篇,言男女约会思慕者四篇,刺淫乱及无良者二篇。独《衡门》《东门》二篇为佳诗耳,然皆贤者高蹈不仕之作,则其风俗政事从可知矣。吴季札曰:"国无主,其能久乎。"可谓知乐也已。吾故读《陈风》而知陈之必亡也。然吾读《株林》而又知陈之未遽亡也。何者?灵公虽无人理,然大夫谏之,诗人刺之。是其直道犹存,公论未泯,知其民心尚有一线之未尽,不然荒淫者听之而已,人亦不复丑之,即丑之亦不为诗以刺之,即刺之亦无人为传之矣。是以楚庄灭陈而复封之,楚灵灭陈而楚平又封之。至春秋之末而后陈卒亡。信乎,诗之可以观也。近世说者动谓诗不当存淫诗,不知政事得失,风俗盛衰皆于诗中验之,岂容删而不存?若如所言,诗何由得通于政?季札亦何由辨其得失及国祚之短长乎?其亦迂腐之至也已。③

---

① [清]魏源:《诗古微》中编之四《陈曹答问》,《魏源全集》第一册,岳麓书社2005年版,第440页。
② [清]崔述:《读风偶识》卷三,《崔东壁遗书》本。
③ [清]崔述:《读风偶识》卷四。

崔述认为,《陈风》中刺诗以及季札观《陈》的评论正是分辨政之得失、风俗盛衰的窗口。刺诗的产生与存在,正是陈国并未遽亡的不可忽略的因素。

季札从《陈风》中悟得的似乎是陈国的乱象,而乱象之由即是"国无主"。《诗经》中现存《陈风》凡十篇,其中多以描写爱情为主。季札何以观陈风而得到"国无主"的印象? 原因概有二:

其一,《陈风》中确有讽刺君主荒淫的内容。《陈风》中唯一一篇可以与史料互证的是《株林》,诗的内容是:

> 胡为乎株林? 从夏南? 匪适株林,从夏南。
> 驾我乘马,说于株野。乘我乘驹,朝食于株。

根据《左传》鲁宣公九年与十年的记载,夏姬是陈国大夫夏御叔的妻子,生子夏徵舒,字南。陈灵公因夏姬貌美而与其私通,结果为夏南所杀。"株"是夏徵舒的封邑。"林"是郊外的意思。这首诗正是讽刺陈灵公与夏姬私通而作。诚如方玉润所云:"盖公卿行淫,朝夕往从所私,必有从旁指而疑之者。即行淫之人,亦自觉忸怩难安,故多隐约其辞,故作疑信言以答讯者而饰其私。诗人即体此情为之写照,不必更露淫字,而宣淫无忌之情已跃然纸上,毫无遁形,可谓神化之笔。"①国君因淫乱而被击杀,此乃"无主"之明证。同样,另一篇诗《墓门》第一章云:"墓门有棘,斧以斯之。夫也不良,国人知之。知而不已,谁昔然矣?"《毛诗序》云:"《墓门》,刺陈佗也。"据《左传·桓公五年》记载,陈桓公生病时,其弟陈佗杀害了太子免。陈桓公死后,陈佗代之为君,陈国大乱。次年,蔡国出兵杀死了陈佗。但苏辙认为陈桓公在世时,陈人知道陈佗不忠诚,但桓公没有消灭陈佗,遂至国乱。清人方玉润也认为:"诗非刺佗无良师傅,乃刺桓公不能去佗耳。"②此乃《诗经》中陈国"无主"的实证。

其二,陈国"无主"的情形还有可能影响民风,遂至有"其能久乎"的疑问。对此,王夫之认为季札对陈国国运之忧虽然是"国无主",实质则是习俗,以及民众身心的颓坏,最后影响于国运。云:"陈之俗偷矣,唯

---

① [清]方玉润:《诗经原始》卷之七《墓门》,中华书局1986年版,第289—290页。
② [清]方玉润:《诗经原始》卷之七《墓门》,第286页。

其身心之可胜而不择,是以君子陋之,而知其国之必亡。"①《陈风》虽然以表现爱情的民歌为主,但其中的一些作品情感的表达颇有荡越之嫌,如《东门之枌》:

> 东门之枌,宛丘之栩。子仲之子,婆娑其下。
> 谷旦于差,南方之原。不绩其麻,市也婆娑。
> 谷旦于逝,越以鬷迈。视尔如荍,贻我握椒。

这是一首描写男女聚会歌舞的情歌。朱熹《诗集传》云:"此男女聚会歌舞,而赋其事以相乐也。"其中的"不绩其麻,市也婆娑",诚如朱熹所云:"是弃其业以舞于市而往会也。"②其意是说,选择一个好的日子,丢下纺麻的本业,一同到南边的平原上去欢乐。对此,王符云:"《诗》刺不绩其麻,女(今《诗》作"市")也婆娑。又多不修中馈,休其蚕织,而起学巫祝,鼓舞事神,以欺诬细民,荧惑百姓。"③王符所云也许不无道理。从中可以看出,《陈风》表现了民众欢娱而不及于生产的景况。虽然这些诗歌原本多为表现青年男女淳朴真挚情感的作品,但从以雅乐为绳、以王化为本的传统观念来看,如此轻靡曼妙的歌舞优游,难免被认为是弃本业而纵情愫,民风当不堪其浸淫,这也许就是季札发出国祚难永评论的根据。民风奢荡又与君臣所好密切相关,对此,历代论《诗》者皆有共识。如黄所云:"今陈之风俗至于男女不纺绩其麻,市也婆娑,弃其旧业而歌舞于市井。此所为上有好者,下必有甚焉者也。"④清人马瑞辰云:

> 陈以大姬好巫而民俗化之共观竞于歌舞,男女杂于游观。巫风盛行则淫风必炽,是故《陈风》首以《宛丘》《东门之枌》,言民俗之好巫也;终以《泽陂》,刺民俗之好淫也。化于下者实启于上,此《月出》《株林》所以先《泽陂》而作也。⑤

---

① [清]王夫之:《诗广传》卷二,中华书局1964年版,第60页。
② [宋]朱熹:《诗集传》卷第七,中华书局2011年版,第106页。
③ [汉]王符撰、汪继培笺:《潜夫论》卷第三《浮侈第十二》,上海古籍出版社1978年版,第143页。
④ [宋]李樗:《毛诗集解》卷十五,文渊阁四库全书本。
⑤ [清]马瑞辰撰:《毛诗传笺通释》卷十三《陈风总论》,中华书局1989年版,第401页。

巫风盛行必影响之于民风,乃至于欢娱无度而不治本业的地步。历代的论者常常将陈国的民风浮荡与陈君好逸联系起来,这也许才是季札对陈国国祚是否能够久远产生疑问的根本原因。通过其论陈风,亦可见季札观乐,知政事、察民风才是其根本的旨趣。

"其先亡乎"虽然是揣测之论,并为历史证明是不实的。但是,又有"《诗》亡于陈灵"[①]一说。虽然其说不确,但无论是对于国祚、对于《诗》,都显示了君臣之德、政情民风关乎一国之兴衰,这也是季札观乐时屡屡申论的孜求致用的文艺观。

八 "无讥"《郐》[②]《曹》

《毛诗》于《陈风》之后尚有《郐风》《曹风》和《豳风》。季札在观《陈》之后,《左传·襄公二十九年》有这样的记载:"自《郐》以下无讥焉。"因《豳》先观于前,故而"自《郐》以下"当是指《郐风》与《曹风》。对此,清人陆奎勋《陆堂诗学》云:"季札观乐,自《郐》以下无讥。今所存者特《曹风》,即当时亦未必有滕薛小国诗也。"[③]服虔曰:"《郐》以下及《曹风》也,其国小,无所刺讥。"[④]《毛诗》中《郐风》《曹风》各四篇,在《国风》中数量最少,但对其地位后世的认识并不一致,这主要集中在对于排列次第的认识方面。一种认为《郐》《曹》列于《国风》之末,因其不甚重要。如章如愚引述孔颖达《正义》云:

《桧》风曷次于末?桧则其君淫恣,曹则小人多宠。国小而君

---

① [宋]罗泌《路史》卷十九,文渊阁四库全书本。此说不确。罗泌谓之:"谬哉,灵公之杀乃鲁宣之十年,《春秋》之作百二十一年矣。"(《路史》卷十九)《孟子》载:"王者之迹熄而《诗》亡,《诗》亡而后《春秋》作。"清人宋翔凤认为"迹"乃"𬨎"之讹。马瑞辰云:"古者天子巡狩,命大师陈诗以观民风。其后天子虽不巡守,方国犹有采诗之官。《说文》:'𬨎,古之遒人以木铎记诗言。读与同。'此即《孟子》所谓'王者之𬨎'也。盖自遒人之官不设,则下情不上通,无由观风俗,知得失,而诗教遂亡。"(《毛诗传笺通释》卷十三《陈风总论》,中华书局1989年版,第401页)
② 杨伯峻《春秋左传注·襄公二十九年》注:"'郐'亦作'桧'。"(中华书局1981年版,第1164页)
③ [清]陆奎勋:《陆堂诗学》卷五,清康熙五十三年刻本。
④ 《史记集解》,引自《史记》卷三十一《吴世家第一》,中华书局点校本,第1455页。

奢，民劳而政僻。季札之所不讥，《国风》次之于末，宜哉。①

另一种认为由于其次序近于《雅》，因此特别重要，孔子编排时有深意在。如宋人陈傅良云：

> 桧亡，东周之始也。曹亡，春秋之终也。夫子之删诗也，系曹、桧于《国风》之后，于《桧》之卒篇曰："思周道也，伤天下之无王也。"于《曹》之卒篇曰："思治也，伤天下之无伯也。"②

清人方玉润则不以为然，其根据即在于季札观乐时所说的"自《郐》以下无讥焉"：

> 此论似圣人编《诗》以《桧》《曹》殿《国风》之后，皆有意于二诗也。但季札观乐时，《诗》之次序已如此，非定自夫子也。且使二诗具有深意，季札当叹美而深长思之，何以云："《桧》以下无讥焉？"此可见其国小事微，诗亦无足重轻。采风者录之，聊以备一国之俗云尔。至二诗之有念周京，各有意在。编而存之，偶与相符，非有深意也。不然，乱极思治，何国蔑有，岂独二小国为然乎哉？③

方氏认为，"深意"之说，不足为训。季札何以"自《桧》以下无讥"，根本原因当是"国小事微，诗亦无足轻重"。从今本《毛诗》中《桧》《曹》两风的篇制来看，远不及其他的列国诸风。还需指出的是，季札观乐虽然在《左传》的记载中显得比较突出，但因为其涉及列国之风以及《雅》《颂》、诸乐舞等，除了对《颂》《韶䕵》等较为详细之外，其余评述也极为简括，因此，对于"国小事微"，数量又少的《桧》《曹》，概而述之亦在情理之中。当然，也不应讳言这样的事实：由于季札观乐的记载最早见诸《左传》，因此，历代注家往往是以肯认其内容为不刊的前提之下进行讨论的，季札之言也随着儒家正统地位的确立而赋予了先验合理的色彩。虽然《桧风》《曹风》数量甚少，内容亦不及其他列国诸风丰富，但"无讥"之评似乎有失草草。如对于《曹风》，马瑞辰即有较详细的论述，可聊备

---

① ［宋］章如愚：《山堂考索》续集卷七《经籍门·诗桧国》，清文渊阁四库全书本。
② ［宋］陈傅良：《春秋后传》卷第十二，文渊阁四库全书本。
③ ［清］方玉润：《诗经原始》卷之八，中华书局1986年版，第298页。

参考：

> 《国风》以《曹》终，盖犹《春秋》黜曹之义焉。至次《曹》于《桧》后者，桧灭于郑，曹灭于宋，皆亡国也；桧君好絜衣服，曹君好奢，其恶又相类；故并列之，以著亡国之风，为有国者戒。大抵国之兴以俭勤，而亡以奢泰；兴以得人，亡以弃贤。昭好奢而《蜉蝣》刺，共拂谏而《候人》歌。有国者可以鉴矣！乱极则思治。《易》曰："无平不陂，无往不复。"故《鸤鸠》以思君子，《下泉》以念周京。犹《桧》之终于《匪风》，以思治也。①

马瑞辰正面陈述《曹风》的内容，较之于方玉润仅据季札观乐所言而漠视其价值显得更加客观，"备一国之俗"本身即已体现了这些作品的价值。

---

① ［清］马瑞辰撰：《毛诗传笺通释》卷十五《曹风总论》，中华书局1989年版，第434页。

第八章 《雅》《颂》论

季札观乐时对于《小雅》《大雅》《颂》的褒评渐次升级,至《颂》而达极致,集中体现了季札的审美理想。

一 观《小雅》论

闻歌《小雅》,《左传·襄公二十九年》记载了季札的评述:"美哉,思而不贰,怨而不言,其周德之衰乎?犹有先王之遗民焉。"

季札评《小雅》,后世论争最多的是对"周德之衰乎"的理解。季札认为,《小雅》乃衰世之作,这势必涉及《小雅》的创作年代、地域以及区别二《雅》的标准等问题。对此,前人虽有充分的论述,但认识并不一致。《毛诗序》云:"雅者,正也,言王政之所由废兴也。政有大小,故有《小雅》焉,有《大雅》焉。"又云:"其用于乐,国君以《小雅》,天子以《大雅》"①孔颖达疏曰:"二雅正经,述小政为《小雅》,述大政为《大雅》。既有《小雅》《大雅》之体,亦有《小雅》《大雅》之音。王道既衰,变《雅》并作。取《小雅》之音,歌其政事之变者,谓之'变《小雅》';取《大雅》之音,歌其政事之变者,谓之'变《大雅》。'"②郑玄小、大《雅谱》云:"《小雅》《大雅》者,周室居西都丰、镐之时诗也。"孔颖达《正义》曰:"以此二《雅》,正

---

① 《毛诗正义》卷第九,《十三经注疏》标点本,北京大学出版社1999年版,第544页。
② 《春秋左传正义》卷三十九,《十三经注疏》标点本,北京大学出版社1999年版,第1101页。

有文、武、成,变有厉、宣、幽,六王皆居在镐、丰之地,故曰:'丰、镐之时诗也。'"①即认为二《雅》都是作于周王畿地区。朱熹则认为雅即正,与乐有关。云:"雅者正也。正乐之歌也。"对于前人所谓雅分正变之别,朱熹认为:"正《小雅》,燕飨之乐也。正《大雅》,会朝之乐。"②今人程俊英认识近于朱熹,认为雅为乐调之名,在《诗经注析》中说:"《雅》是周首都镐京一带地区的乐调名。""雅本为一种乐器名,孳乳而为乐调之名。"并且认为:"《风》《雅》之别,就像现在地方调和京调一样,非常明显。"③释《雅》为乐名的古代学者甚多,如宋人程大昌云:"《雅》,乐歌名也。"郑樵《六经奥论》云:"律有小吕、大吕,则歌有《大雅》《小雅》,宜有别也。"惠周惕《诗说》:"大小《二雅》,当以音乐别之,不以政之大小论也,如律有大小吕。"清人陆圻亦云:"余以为大小雅之说,譬之汉史帝王之令,有甲令、乙令,原无文义之别,又况乐章有大吕小吕之分,乐舞有大垂手、小垂手之号,则皆因声为节,考部就班,亦岂可妄为轩轾?"④

对《大雅》《小雅》在内容上的区别,朱熹已有认识,清人方玉润言之更详,云:"太史公曰:'《小雅》怨诽而不乱。'若《大雅》则必无怨诽之音矣。知乎《小雅》之所以为《小雅》,则必知乎《大雅》之所以为《大雅》,其体固不可或杂也。大略《小雅》多燕飨赠答、感事述怀之作,《大雅》多受釐陈戒、天人奥蕴之旨。及其变也,则因事而异,且有非作诗人自知而主者。"⑤方玉润注意到了大、小《雅》在有无怨诽内容方面的不同。怨诽之声的出现,显然是国运衰颓的表象之一。而一般来说,西周初年文、武、成、康之盛,到前10世纪以后,便渐渐衰落下来。在前9世纪末年,宣王号称中兴,但其后不断衰落之势便不可挽回。《节南山》《正月》《十月之交》《无雨正》《小旻》《北山》等都是写西周末年社会动荡与政治的昏暗,这也为后世论《诗》者所认识,如《节南山》,《毛诗序》曰:"《节南山》,家父刺幽王也。"《笺》:"家父,字,周大夫也。"《诗三家义集疏》

---

① 《毛诗正义》卷第九,《十三经注疏》标点本,北京大学出版社1999年版,第539页。
② [宋]朱熹:《诗集传》卷九《小雅二》,中华书局2011年版,第129页。
③ 程俊英、蒋见元:《诗经注析》下册,中华书局1991年版,第435页。
④ [清]陆圻:《威凤堂文集·小雅论》,清康熙刻本。
⑤ [清]方玉润:《诗经原始》卷之九《小雅》,中华书局1986年版,第327页。

亦载：

> 齐说曰：周室之衰，其卿大夫缓于谊而急于利，亡推让之风而有争田之讼，故诗人疾而刺之曰："节彼南山，惟石岩岩。赫赫师尹，民具尔瞻。"尔好谊则民向仁而俗善，尔好利则民好邪而俗败。①

对于这些作品产生的时间，朱熹认为正雅多为周公制礼时所定，变雅的时代则不可考。程俊英认为《大雅》三十一篇，都是西周盛时之作。《小雅》七十四篇产生的时间比较长，从西周到东周都有，以厉、宣、幽王时代为最多。事实上，就整个《小雅》而言，季札的判断还是较为符合实际的。他提出了"周德其衰乎"的疑问，这是《小雅》中确实存在的。郑玄《诗谱序》云："厉也，幽也，政教尤衰，周室大坏，《十月之交》《民劳》《板》《荡》勃尔俱作。众国纷然，刺怨相寻。"②即使是主张《雅》为正乐的学者，也将其中的一些作品视为变《雅》，如《毛诗》正义："正有文、武、成，变有厉、宣、幽。"③虽然他们仍坚持是居于镐、丰之地的作品为主，但不能排除产生于成周雒邑的作品。同时，其中怨刺之作并不鲜见，如《正月》中"赫赫宗周，褒姒灭之"便清晰地记载了周幽王之时，君主纵饮宣淫、犬戎侵陵、民生凋敝的现实。诗人"愤极而为是诗，亦欲救之无可救药时矣"。不但被视为变《雅》的是如此，列为《正雅》的《采薇》《出车》《鱼丽》等也被认为并非治世之音。如《诗三家义集疏》载："齐说曰：《采薇》《出车》《鱼丽》思初。上下促急，君子怀忧。""当采薇出车之时，上下促急，故君子忧时而作是诗。'思初'，犹言'思古'也。"④可见，这些作品都是被视为正《小雅》的作品，但很可能不是周初之作，如魏源云："其《采薇》兼述懿王时者，追原夷祸所始，故云'疾而歌之'，⑤与《史记·匈奴传》戎狄破逐周襄王，中国疾之，故诗人歌'薄伐'云云者同例，非谓诗作于其时，且亦可见断非文王之世。"⑥可见，季札观《小雅》而有"周德之

---

① [清]王先谦：《诗三家义集疏》卷十七，中华书局1987年版，第657页。
② 《毛诗正义》卷首，《十三经注疏》标点本，北京大学出版社1999年版，第8页。
③ 《毛诗正义》卷之九，第539页。
④ 以上引自王先谦《诗三家义集疏》卷十四，中华书局1987年版，第590页。
⑤ "疾而歌之"是指《汉书·匈奴传》："懿王时，王室遂衰，戎狄交侵，暴虐中国。中国被其苦，诗人始作，疾而歌之曰：'靡室靡家，猃狁之故。'"《汉书》卷九十四上，中华书局点校本，第3744页）
⑥ [清]魏源：《诗古微》上编之四《小雅宣王诗发微》，《魏源全集》第一册，第254页。

衰乎"的评论并不难以理解。

尽管如此，《小雅》中真正表现周世衰微的作品并不很多，这也是人们理解季札观乐的议论时遇到的困惑。有人认为，这也许是季札所闻的乃孔子返鲁之前未删之《诗》的状况，与《毛诗》的情况不同；也许是因为《雅》《颂》错乱，季札所观所见可能是变《雅》作品。因此，王通提出了质疑，云："孰谓季子知乐，《小雅》乌乎衰，其周之盛乎！"①对于王通所言，宋人阮逸注曰："《小雅》自《鹿鸣》至《菁菁者莪》，皆言先王之德也，故《天保》已上治内，《采薇》已下治外。后王能修先王之政，仲尼删《诗》，谓虽不及先王之大，然亦不失其政，故曰'《小雅》，言政之小者也。'季子所听，云'思而不贰，怨而不言'则不谓《变雅》者也。"②显然，阮逸并不认同王通对季札的指责，而认为季札所言乃是就变雅而发，只是季札之时并未称变雅而已。苏轼则认为季札与王通都各执一偏：季札所谓"衰"，实是指观乐时周室的情况。王通以为"盛"，是指《小雅》中犹存的文、武余烈。云：

> 《小雅》者，言王政之小，而兼陈乎其盛衰之际者也。夫幽、厉虽失道，文、武之业未坠，而宣王又从而中兴之，故虽怨刺并兴，而未列于《国风》者，以为犹有王政存焉。故曰：《小雅》者，兼乎周之盛衰者也。昔之言者，皆得其偏，而未备也。季札观周乐，歌《小雅》，曰："思而不贰，怨而不言，其周之衰乎？"《文中子》曰：《小雅》乌乎衰？其周之盛乎！"札之所谓衰者，盖其当时亲见周道之衰，而不睹乎文、武、成、康之盛也。文中子之所谓盛者，言文、武之余烈，历数百年而未忘，虽其子孙之微，而天下犹或宗周也。故曰：二子者，皆得其偏而未备也。太史公曰："《国风》好色而不淫，《小雅》怨诽而不乱。"当周之衰，虽君子不能无怨，要在不至于乱而已。《文中子》以为周之全盛，不已过乎。故通乎二子之说，而《小雅》之道备矣。③

---

① 张沛：《中说校注》卷七《述史篇》，中华书局2013年版，第178页。
② 引自张沛《中说》卷七《述史篇》，第178页。
③ 孔凡礼点校：《苏轼文集》卷六《三传义·问小雅周之衰》，中华书局1986年版，第182页。

苏轼认为,论《小雅》当兼及盛衰,看似折冲于季札、王通之间,但其实乃是季札而非王通。因为苏轼所首肯的"太史公"之言,正合季札之本意。季札论《小雅》正是综合融通而非一偏之论,其"思而不贰,怨而不言"是如此,"周德之衰"与"先王之遗民"也是对举而成。比较而言,明人张恒是季札而非王通的态度则更加鲜明,云:

> 读《祈父》《黄鸟》《我行其野》《白驹》而知宣王鲜终之尤,夫宣已不克保其盛,他可知矣。下至幽王任尹嬖褒,臣离民怨,以至天变交作,戎狄乘之,此《节南山》鼓钟浩浩,昊天白华。《小弁》《十月之交》《正月》,繁霜之所由作也。西周沦亡,实丁此辰。他若《沔水》《小宛》《四月》之伤乱,《巧言》《青蝇》之畏谗,《谷风》之于朋友,《角弓》之于宗族,《菀柳》之于君臣,与夫《苕之华》《何草不黄》等什,靡非牢骚怨闵,判涣萧条之景,而犹以为周之盛?吾不得其解也。①

还有学者对季札评论的质疑是认为演奏的乃既成之诗乐,以示警讽而已,并不足以观政。如郑樵云:"盖诗者乐也。古人以声诗奏之乐,后世有不能法祖,怠于政者,则取是诗而奏之,以申警讽,故曰作。作之为义,如始作、翕如之作,非谓其诗始作于衰世也。"②但郑氏所论也不尽是。因为奏乐以刺政,同样是衰政的表现。郑樵曲为其说,目的还是回避周衰的问题,而维护传统的以雅为正的观点。由此可见,季札发出"周德之衰乎"的疑问还是有史实根据的。

后世对其讨论的另一个焦点是关于"犹有先王之遗民焉"。对此,宋人张文伯云:

> 季札闻歌《小雅》而曰:"美哉,思而不贰,怨而不言,其周德之衰乎?犹有先王之遗民焉。"杜云:"衰,小也。先王,商王也。"文中子曰:"季札焉知乐?《小雅》,周之盛也。"予谓二子之说皆未得其真。何者?思而不贰,怨而不言,何关商之末王乎?若闻《鹿鸣》

---

① [明]张恒:《明志稿》卷一《小雅辨》,明刻本。
② [宋]郑樵:《六经奥论》卷三《诗经》,文渊阁四库全书本。

《鱼丽》而谓之衰，又何以季札乎？盖周德既衰，乐意错乱，太师非其人，不知《小雅》，自有正《雅》，《大雅》，自有变《雅》，而遂误以凡变者为《小雅》，凡正者为《大雅》。而季札所闻适皆《节南山》之类，故有周德衰之叹耳。其后仲尼自卫反鲁，乃始分《雅》《颂》，各得其所。由仲尼而《雅》《颂》各得其所，则仲尼已前大小《雅》不得其所矣。故季札所闻者，皆厉、宣、幽王之诗，而当时太师目之为《小雅》者也。比其所以称怨而不言，不亦宜乎？①

在张文伯看来，季札所论的"先王"是指商王。其实这种看法始于杜预，其注云："衰，小也。谓有殷王余俗，故未大。"②同样，朱熹、真德秀亦将"先王"视为商王。他们对"犹有先王之遗民"解释为："谓有殷王余俗，故未大衰。"③但也有论者不同意此说，认为季札所言仍是周王。据孔颖达《春秋左传正义》载："服虔以为，此叹变《小雅》也。其意言思上世之明圣，而不贰于当时之王；怨当时之政，而不有背叛之志也，其周德之衰微乎！疑其幽、厉之政也。"④阮逸在注王通《中说》时云："幽厉之世，国异政，家殊俗，斯《变雅》作矣，然有先王之遗民，不敢怨贰，亦由先王盛德使然。"⑤阮逸将对"先王之遗民"的理解与"思而不贰，怨而不言"结合起来，其意是以"先王"指文王。明人傅逊更加直接，云："'犹有先王之遗民焉。'详其文意，明为幽厉时。先王指文、武、成、康无疑也。杜乃曲意而为之说，诚大凿而悖矣。"⑥这样的理解与季札对《小雅》评论的整体意义结合紧密，较之于张文伯的曲解更加合理。如此解释，张氏质疑便失去了前提。

---

① 〔宋〕张文伯：《九经疑难》卷四，明祁氏澹生堂钞本。
② 〔晋〕杜预集解：《春秋经传集解》第十九《襄公六》，上海古籍出版社1978年版，第1126页。
③ 见朱熹《仪礼经传通解》卷二十七，文渊阁四库全书本。真德秀：《文章正宗》卷十六《叙吴公子请观周乐》，文渊阁四库全书本。
④ 《春秋左传正义》卷第三十九，《十三经注疏》标点本，北京大学出版社1999年版，第1102页。
⑤ 张沛：《中说校注》卷七《述史篇》，中华书局2013年版，第178—179页。
⑥ 《春秋左传注解辨误》卷下，明万历十三年刻本。事实上，后世学者多认同服虔之说而不以杜说为是。如杨慎云："（杜预注）其说不通。……服虔之说云：'此叹变小雅也'，其意谓思上世之明圣而不贰，指幽厉之政也。其见卓矣。"（《升庵集》卷四十二《小雅周之衰》，清文渊阁四库全书本）再如，皮锡瑞云："服说是也。杜解衰为少义，甚迂远。"（《左传浅说》卷上，清光绪二十五年刻本）朱骏声在比较了杜预与服虔的注后亦云："服说是也。"（《春秋左传识小录》卷下，清光绪八年临啸阁刻本）

但孔颖达又提出了这样的疑问："以《小雅》《大雅》二诗相对。今歌《大雅》云：'其文王之德乎！'是歌其善者。以《大雅》准之，明知歌《小雅》，亦歌其善者也。若其小然，何意《大雅》歌善，《小雅》歌不善？且鲁为季札歌《诗》，不应扬先王之恶，以示远夷。"①因此，他不认同服虔等人的观点，而以杜预注为是。但孔颖达所论实难成立，原因有二：其一，闻《小雅》而发论是季札观后的结果，结果已明，再推测鲁不可能为季札歌《小雅》中"不善"的内容不合逻辑，也失去了论证的意义。其二，孔颖达对"吴"的认识不准确。吴与周为同姓，且太伯、仲雍为古公亶父长、次二子，为季历之兄，司马迁云："余读《春秋》古文，乃知中国之虞与荆蛮句吴兄弟也。"②而将《吴世家》列于诸世家第一。事实上，春秋会盟时，吴王曾与当时的中原上国争长。③可见，孔颖达视季札所代表的吴国为"远夷"，其说难以成立。因此，季札所观之乐，理应是确实听闻了衰世之音。

与季札观列国之风时往往就某一篇发论一样，季札对《小雅》的评价很可能也是因《小雅》中的某一篇而言。根据季札观乐的内容，以闻其首篇为多。如果以首篇《鹿鸣》言之，则季札的感叹便较易于理解。《鹿鸣》全诗如次：

> 呦呦鹿鸣，食野之苹。我有嘉宾，鼓瑟吹笙。吹笙鼓簧，承筐是将。人之好我，示我周行。
>
> 呦呦鹿鸣，食野之蒿。我有嘉宾，德音孔昭。视民不恌，君子是则是傚。我有旨酒，嘉宾式燕以敖。
>
> 呦呦鹿鸣，食野之芩。我有嘉宾，鼓瑟鼓琴。鼓瑟鼓琴，和乐且湛。我有旨酒，以燕乐嘉宾。

关于《鹿鸣》的写作旨趣有两种不同的观点：一种是《毛诗序》、郑玄、孔颖达、朱熹、姚际恒等人认为是君王燕飨群臣嘉宾之作。如《毛诗

---

① 《春秋左传正义》卷三十九，《十三经注疏》标点本，北京大学出版社1999年版，第1102页。
② 《史记》卷三十一《吴太伯世家第一》，中华书局点校本，第1475页。
③ 《史记·吴太伯世家》："（夫差十四年）七月辛丑，吴王与晋定公争工。吴王曰：'于周室我为长。'晋定公曰：'于姬姓我为伯。'赵鞅怒，将伐吴，乃长晋定公。"《史记》卷三十一《吴太伯世家第一》，第1474页）

序》云:"燕群臣嘉宾也。既饮食之,又实币帛筐篚,以将其厚意,然后忠臣嘉宾得尽其心矣。"①描写的是上隆下报,为政之美。另一种则认为是西周晚期王道既衰时期的作品,是刺诗。司马迁、高诱、蔡邕等人持这种观点。如司马迁云:"仁义陵迟,《鹿鸣》刺焉。"②将春秋时代诸侯割据的源头追溯到西周时期周道衰微的历史,而其所本的文献,即是《关雎》《鹿鸣》等作品。司马迁提出的《鹿鸣》乃"仁义陵迟"的观点,也受到了后世一些学者的认同,如蔡邕《琴操》云:"《鹿鸣》操者,周大臣之所作也。王道衰,君志倾,留心声色,内顾妃后,设旨酒嘉肴,不能厚养贤者,尽礼极欢,形见于色。大臣昭然独见,必知贤士幽隐,小人在位,周道凌迟,自以是始。故弹琴以讽谏,歌以感之,庶几可复。"③虽然对《鹿鸣》创作的确切时间尚无定论,但两种几乎对立的作诗旨趣,都对后世论《诗》产生了重要的影响。而所谓"刺诗"说,其源头实可追溯到季札。虽然我们从《鹿鸣》的内容似乎难以见到"刺诗"的风格,但通过《鹿鸣》的巨大影响或许可以为我们透露出某些解读信息。《鹿鸣》在后世被广泛应用于乡饮酒礼、燕礼等宴会上歌唱。如高诱注《淮南子·诠言》云:"乡饮酒之乐,歌《鹿鸣》。"据臧琳《经义杂记》考证,晚至曹操时,杜夔尚能歌唱这一曲调。可见,《鹿鸣》乃是一篇成熟典型的宴饮之曲,而宴饮诗在经历了早期的如《大雅》中的《行苇》等逐步发展,至西周中期大约周穆王时,对燕礼格外重视,燕礼的功能更加完备。《鹿鸣》作为燕饮诗的代表之作,当是燕礼功能变化后的作品。事实上,《鹿鸣》描写的内容看似其乐融融,但通过"呦呦鹿鸣,食野之苹"起篇,正是想通过轻松平和的鹿鸣声来消弭严肃的气氛,为"人之好我,示我周行"的主旨做准备,目的是在通上下之情。而刻意营构的氛围正反衬了政情、舆情交流的滞碍。因此,许慎遂在注《淮南子》时得出这样的结论:"《鹿鸣》之作,君有酒肴,不召其臣,臣怒而刺上者。"④同时,从形式上看,《鹿鸣》了无早期颂祷之辞的刻板呆滞,而是形式圆熟自如,重章叠句,很富音律美,这

---

① 《毛诗正义》卷第九,《十三经注疏》标点本,北京大学出版社1999年版,第555页。
② 《史记》卷十四《十二诸侯年表第二》,中华书局点校本,第509页。
③ [汉]蔡邕:《琴操》卷上,清平津馆丛书本。
④ 刘广忠译注:《淮南子》第十四卷《诠言》,中华书局2012年版,第837页。

与《国风》中的作品有相似之处。因此也不能排除其是衰周时的刺诗。由此可见,季札观《小雅》发出的评论,对《小雅》的解读具有重要的文献学意义。

当然,季札所观之《小雅》究竟是哪一篇,学者也有不同的看法。如黄道周云:"季札子曰:'美哉,思而不贰,怨而不言,其周德之衰乎?犹有先王之遗民也。'则《楚茨》诸篇之谓矣。"①黄道周对于《楚茨》的解读基本延续了《毛诗序》。《毛序》云:"《楚茨》,刺幽王也。政烦赋重,田莱多荒,饥馑降丧,民卒流亡,祭祀不飨,故君子思古焉。"②黄道周亦认为《楚茨》乃幽王时所作③。但《毛诗序》的解读受到了朱熹、吕祖谦等人的驳议,吕祖谦云:"《楚茨》极言祭祀所以事神受福之节,致详致备。所以推明王致力于民者尽,则致力于神者详。观其威仪之盛,物品之丰,所以交神明,逮群下,至于受福无疆者,非德盛政修,何以致之。"④朱熹也认为《楚茨》到《车舝》十篇,词气和平,称述详雅,可能是正雅之篇错脱于此。朱、吕二人所论甚确。因此,黄道周推论季札所观的可能是《楚茨》诸篇的设想难以令人信服。

从前人的辨析中可以看出,论者多拘于汉儒提出的《诗》之正变说来解释季札"周德之衰",但正、变只是后人据《诗》内容特点做出的大概描述,这不应成为我们理解春秋时季札观《小雅》所论的既定标准。季札"周德之衰"的疑问给我们留下了诸多信息,元人袁桷据此疑问便得出了"夫子以前《雅》之无别明矣"的结论,其云:"季子之歌《王》固为王矣,歌《小雅》而曰'周德之衰',是歌《六月》至于《何草不黄》矣。《鹿鸣》至于《菁菁者莪》皆美诗也。曷言乎'周德之衰乎'?今之《小雅》皆夫子所定,则凡歌《鹿鸣》至于《菁菁者莪》,非周德之衰,是《雅》《颂》之得所复与乐正明矣。太史公谓'仁义陵迟,《鹿鸣》刺焉'。夫子以前《雅》之无别明矣。"⑤同时,袁氏提出的大小《雅》中部分作品合乐、部分作品不

---

① [明]黄道周:《黄石斋先生文集》卷七《小雅部第六》,清康熙五十三年刻本。
② 《毛诗正义》卷第十三,《十三经注疏》标点本,北京大学出版社1999年版,第809页。
③ 详见《黄石斋先生文集》卷七《小雅部第六·小雅楚茨至鸳鸯表序》。
④ 转引自[宋]朱熹注、赵长征点校《诗集传》卷第十三,中华书局2013年版,第205页。
⑤ [元]袁桷:《清容居士集》卷第四十一《答高舜元十问》,四部丛刊景元本。

合乐的推测,虽然并未提出确凿的证据,但也为我们分析季札对于《小雅》的评论不无启示。袁氏提出,"凡可以合于乐者,《小雅》至于《菁菁者莪》而止,《大雅》至于《卷阿》而止,衰乱之诗不得入于乐矣。"①鲁襄公二十九年,季札甫至鲁国,鲁国便使乐工遍歌周乐,这也是鲁国一次规模较大的待宾仪式,从季札的即席之评来看,所歌的内容基本符合现存《诗》的概貌,且多以正面肯定为主。虽然也有近乎负面的对《陈》风的评价,但这是因《陈风》的基本内容使其然。对于《陈风》以及陈地风俗,历代《诗》论家都有共识,如清人崔述云:"今《陈风》首二篇即以奢荡为事,则其政事可知已矣。……未有若陈俗之专以游荡为事者也。"②因此,鲁国乐工歌《陈》以及季札之评实乃不二选择。但《小雅》则不同,《小雅》的内容十分丰富,且多为西周时的作品,这与列国之风体现各诸侯国的政情民风不同。虽然当时早已王命不行,但西周是列国共同的政治、文化之祖,因此,歌《雅》《颂》更有可能选择以歌赞为主的篇目,这也是季札对于《雅》《颂》的赞叹尤甚的一个重要原因。基于这样的考虑,歌《小雅》之时,选择被汉儒列为变雅的作品可能并不大,宋人张文伯猜测"《节南山》之类"③的可能更小,《节南山》中的呼天而诉之词与季札"思而不贰,怨而不言"明显乖悖。比较而言,司马迁所谓:"仁义陵迟,《鹿鸣》刺焉。"④其说本于鲁诗。⑤ 如鲁乐工所歌《小雅》果是《鹿鸣》,则季札之评或为鲁诗议《鹿鸣》所本亦未可知。

二 观《大雅》论

与《小雅》相比,季札对于《大雅》的评价更高,既着意于对作品气象

---

① [元]袁桷:《清容居士集》卷第四十一《答高舜元十问》,四部丛刊景元本。
② [清]崔述:《读风偶识》卷四《陈风》,清崔东壁遗书本。
③ 《九经疑难》卷四《小雅周德之衰》条,明祁氏澹生堂钞本。
④ 《史记》卷十四《十二诸侯年表第二》,中华书局点校本,第509页。
⑤ 梁玉绳推测许是源自鲁诗,《史记志疑》曰:"《汉书·儒林传》称孔安国为申公弟子,则安国所受者鲁诗,史公从安国问古文《尚书》,或亦从学鲁诗。……唯以《鹿鸣》为刺诗不知何出?《困学纪闻》三疑是三家之说,今亡佚莫考矣。"(《史记志疑》卷八)

的描述，同时又与文王之德相联系，秉持了其观乐论政的一贯风格，曰："广哉，熙熙乎！曲而有直体，其文王之德乎？"（《左传·襄公二十九年》）

《大雅》乃舂容大篇，其旨正大，气象开阔。本于这样的认识，论者往往对季札状《大雅》为"广哉，熙熙乎"深表认同，认为这很好地体现了《大雅》舂容正大的气象。所谓"曲而有直体"杜预注云："其声委曲而有正直之体。"①杨伯峻释之："言其乐曲有抑扬顿挫高下之妙，而本体则直。"②这样的解释都是强调季札所评是以直体为本，以符合大雅正大开阔的气象。但学者们仍然对季札及杜预注的解释时有异议。在他们看来，《小雅》与《大雅》不同之处在于《小雅》尚杂乎风之体，其特点即所谓："大抵寂寥短简，其首篇多寄兴之辞，次章以下则申复咏之，以寓不尽之意。"③因此，严粲认为季札状《大雅》为"曲而有直体"殊为不通，而可能是就《小雅》而论。因为在他看来，"《小雅》兼有风体，故'曲而有直体'，若《大雅》之体，安有所谓'曲'？"他认为杜预所谓"其声委曲而有正直之体"的解释，是将其归之于声而非论其体。严粲所论显然不能成立，因为季札闻《颂》亦有"曲而不屈"之评，严粲对"曲"的认识过于胶执孤陋。虽然《诗经》当中的《风》诗多比兴，《雅》《颂》中多赋体，但这也是概而言之，《诗经》中的《风》《雅》《颂》作为诗歌的特质并没有本质的区别，《雅》《颂》当中亦多用形象描绘的方法。对于季札所说的"曲而有直体"，清人贺贻孙则有不同于严粲的解读，他虽然还是从"体"的角度来讨论，但结论较严粲公允。贺贻孙认为季札对大、小《雅》的区别与《诗大序》不同，《诗大序》是以正变为盛衰，而季札则是以大小为盛衰，季札对大小《雅》特征的概括是相对的。《小雅》并不都是西周衰微时所作，也有《鹿鸣》《天保》等作品。同样，《大雅》并非都是文王时的作品，也有《民劳》《桑柔》等作于周厉王时的作品。因此，他虽然承认"体之小者为之则小雅"，"体之大者为之则大雅"，季札"特就其多者论之而已"，因

---

① 引自[晋]杜预注、[宋]林尧叟注、[明]王道焜、赵如源辑《左传杜林合注》卷三十二，清文渊阁四库全书本。
② 杨伯峻：《春秋左传注·襄公二十九年》，中华书局1981年版，第1164页。
③ [宋]严粲：《诗缉》卷一，明味经堂刻本。

此,《小雅》虽然未必尽是周室衰微时所作,但却是"衰之渐也"。反之,《大雅》亦然。他认为季札的评论十分合理,云:"季札固精于言体矣,其于《大雅》曰'曲而有直体'言其体之直,则彼思与怨者其不能不以曲为体可知矣。曲者,思之至而怨之深也。思至故不贰,怨深故不言。思与怨者,幽王之时为之,思而不贰,怨而不言,则非幽王之时为之,而文武成康之泽为之。"①亦即,有思与怨则必为曲。事实上,正如贺贻孙所言,大小《雅》的作品相当复杂,《小雅》的复杂性自不待言,即使内容与风格比较统一的《大雅》,也有《民劳》《板》《荡》《抑》《桑柔》等风格殊异的作品。因此,陆德明将其归为变《大雅》。如其中的《荡》诗,召穆公借咨嗟指责殷纣之词,以哀伤厉王无道,其"曲"说手法昭昭可见。事实上,承认二《雅》正、变相对性,是论《诗》者较为普遍的观点,如清人马瑞辰云:

> 文武之世,不得有《变风》《变雅》。夷、厉、宣、幽之世,有《变风》,未尝无《正风》;有《变雅》,未尝无《正雅》也。盖其时天子虽无道,而一国之君有能以《风》化下,如《淇奥》《缁衣》之类,不得谓非《正风》也。宣王中兴,虽不得为圣主,而有一政之善足述,如《车攻》《吉日》之类,不得谓非《正雅》也。《风》《雅》之正变,惟以政教之得失为分。政教诚失,虽作于盛时,非正也。政教诚得,虽作于衰时,非变也。论诗者但即诗之美刺观之,而不必计其时焉可也。②

季札不言正变,闻乐而抒见,不为耳眭,不为目瞀,正显示了季札评乐的真切与自然。

对于"文王之德乎",后世持《雅》有正变的学者认为季札所闻乃是《正大雅》,对此,杜预注云:"《雅》《颂》,所以咏盛德形容,故但歌其美者,不皆歌《变雅》。"③又曰:"《大雅》,陈文王之德,以正天下。"④但是,季札所闻究竟是《大雅》中的哪些内容,历代的《诗》论者虽然没有明确猜测,但因为季札有"文王之德乎"之叹,因此,《大雅》中正面歌颂文王

---

① [清]贺贻孙:《诗触》卷三《论》二,清咸丰敕书楼刻本。
② [清]马瑞辰撰:《毛诗传笺通释》卷一《风雅正变说》,中华书局1989年版,第10页。
③ [晋]杜预集解:《春秋经传集解》第十九《襄公六》,上海古籍出版社1978年版,第1126页。
④《史记集解》,引自《史记》卷三十一《吴太伯世家第一》,中华书局点校本,第1455页。

盛德的作品都有可能。当然，哪些是歌颂文王的作品，论者并不一致。《郑谱》将《大雅》《灵台》以前八篇皆列为文王诗。但清人陈启源则提出《毛诗》诸《序》对其认识不一，认为《绵》诗八章皆太王之事，《棫朴》"六师"，乃既有天下之制，固已不专主于文。"《旱麓》，受祖也"；"《皇矣》，美周也"，则二《序》皆不言文王。且《旱麓》诗惟言"岂弟君子"，《皇矣》诗多陈太王、王季，或作于未称王以前，因此，不能认为《大雅》中的这些作品都是颂文王之德的。魏源则坚持依《郑谱》，并据三家《诗》等文献，对其中的《绵》《棫朴》《旱麓》《皇矣》进行了考述，以其属文王之诗：

《绵》诗《毛传》惟末章始及文王，《郑笺》则本《韩诗》之义，以后二章皆属文王，故云：文王见太王立冢土，有用众之义，故不绝去其恶之心，亦不废其聘问邻国之事。案，《孟子》言"文王事昆夷"，又引"肆不殄厥愠，亦不陨厥问"，以为文王之诗。《赵岐注》言文王不殄绝畎夷之温怒，亦不陨失文王之善声问。盖其初年事也。《大传》言文王受命四年而伐犬夷，则行道兑而昆夷骇之事也。若太王时迫逐迁徙，安有駾喙之事乎？此当属文王者一。

《棫朴》之诗，《春秋蕃露》曰："左右奉璋"，此文王之郊也；"六师及之"，此文王之伐崇也。以是知文王之先郊而后伐也。此《鲁诗》之说，以薪槱为郊祀燔燎之用，奉璋为圭瓒祼尸之礼。天子出征，类乎上帝造乎祢，文王以方伯专征，或得具六师，即得代天子行类祭。故《皇矣》有"是类是祃"之文，而是篇有"六师及之"之语。"六师"之说，韩、鲁不同，《郑笺》用《韩诗》说。则《棫朴》盖颂文王专征及之事，故章末以"纲纪四方"为言。《毛序》之"能官人"，仅得其一而遗其一矣。此知为文王者二。

《旱麓》之诗，五言"岂弟君子"，皆谓文王，《郑笺》谬以"君子"谓太王、王季，及其《雅谱》，又列为文王诗。岂有美文王受祖而全诗但述祖德，绝不及受之为何人者？《文选注》引《薛君章句》曰：文王盛德，上及飞鸟，下及鱼鳖。此《韩诗》以《旱麓》美文王之德。郑注《礼·中庸》篇云："圣人之德，至于天，则'鸢飞戾天'；至于地，则'鱼跃于渊'。是其明著于天地也。"本用韩义。及笺《诗》乃以"恶人远去""民喜得所"为喻。岂知道被飞潜，万物咸若，于"作人"之圣化尤宏乎？此当专属文王者三。

《皇矣》之诗，《汉书·郊祀志》匡衡疏曰："'乃眷西顾，此为予宅'，言天以文王之都为居也。"此《齐诗》以首章即美文王之证。《郑笺》本鲁、韩以诠是篇，亦全主文王，故以二国为商与崇，四国为密、阮、徂、共。《毛传》虽以二国为夏、商，然于次章"帝迁明德"，谓天"徙就文王之德"，则亦不以为太王。……且四章"维此王季"，《左传》引作"维此文王"，《韩诗》及王肃本并作"文王"，故《左氏》历释诗词而申之曰"近文德矣"。明以九德为文王之德，况"王此大邦"，明指"文王受命"之事。若依《郑笺》谓王季可比德于文王，则无称父似其子之义。刘炫又谓可比于前代文德之王，则《左氏》释文为九德，不应别指前代后代之人。《集传》又训"比"为"至"，与"克比"不相蒙。岂非皆执《毛诗》误本，以文王为王季之故乎？今合三家遗说以证毛，知前四章皆专指文王，则全诗瞭然矣。至后四章显颂文王，尤无疑谊。是《皇矣》之诗，当专属文王者四。①

根据魏源在《诗古微》中的考证，作者最后得出结论："《灵台》以上八篇，皆文王诗，当从《郑谱》无疑。"②对其归之于文王时所做的原因，魏源答曰："季札观周乐，以《大雅》为美文王之德。今此八诗之为文王，非独《郑谱》也。"③以季札观乐与三家诗参证，以合于《郑谱》，这是魏源考证的基本逻辑与方法，论证甚为详密。当然，如果仅闻《大雅》之中的一首，亦当为前八首之中的一首。根据"其文王之德乎"问句的语气以及"曲而有直体"的特征推断，似不应为首篇《文王》，因为《文王》是一首正面称颂文王配天文德的作品，季札不应用推测的语气。比较而言，《棫朴》是一首称颂文王任用贤才的诗歌，但又是通过祭祀与出征这两件事婉曲体现出来的，诚如胡承珙所说："国之大事在祀与戎，举此二者以明贤才之用。"④颇具"曲而有直"之致。同时，清人方玉润据朱熹《诗集传》"前三章言文王之德，为人所归；后二章

---

① [清]魏源：《诗古微》上编之五《大雅正始十四诗发微》，岳麓书社1985年版，第295—297页。
② [清]魏源：《诗古微》上编之五《大雅正始十四诗发微》，第295—297页。
③ 以上见《诗古微》上编之五《大雅正始十四诗发微》，《魏源全集》第一册，第295页。
④ [清]胡承珙：《毛诗后笺》卷二十二《棫朴》，清道光刻本。

言文王之德,有以振作纲纪天下之人,而人归之"的解读,论该诗的结构以及表现手法的多样性云:"使非不能作士,人孰归之?故此诗亦倒叙法耳。其作人之盛也,既美其质,复琢其章,故能焕发成采。"①仿佛亦有"曲而有直体"之意味。季札闻此诗乐而有《大雅》之评遂不难理解。

三 观《颂》论

季札对《颂》的评价内容最为丰富,堪称极致,曰:"至矣哉!直而不倨,曲而不屈;迩而不逼,远而不携;迁而不淫,复而不厌;哀而不愁,乐而不荒;用而不匮,广而不宣;施而不费,取而不贪;处而不底,行而不流。五声和,八风平,节有度,守有序,盛德之所同也。"(《左传·襄公二十九年》)

《毛诗》中《颂》分为《周颂》《鲁颂》和《商颂》。《周颂》是周初赞扬文、武、成诸王的作品。《商颂》是春秋时期的作品,据罗泌、魏源、皮锡瑞、王先谦、王国维等人的考证,《商颂》即是《宋颂》②,是赞颂宋襄公的作品。而《鲁颂》则是歌颂鲁僖公之作。对于季札所说的"盛德之所同也",历代学者有不同的理解,其根源主要在于"鲁僖未为盛德,与成汤不惟位分不伦,而人品亦异"。③ 杜预的解释是:"《颂》有《殷》《鲁》,故曰'盛德之所同'。"④意思是,《殷》《鲁》颂都是称颂盛德,与《周颂》相同,一体皆歌。但刘炫认为季札所闻仅是《周颂》,曰:

---

① [清]方玉润:《诗经原始》卷之十三《大雅》,中华书局1986年版,第484—485页。
② [清]魏源:《诗古微》下编之一《商颂》:"《商颂》实《宋颂》也,亦颂之变也。周文商质,而周之《颂》反质于商,商之《颂》反侈于周。《长发》《殷武》二诗尤甚,与宣王诸《雅》无异焉,其差优于鲁者。《那》《烈祖》《玄鸟》颂先王,异于《鲁颂》之谀生君也。"所言甚确。(《魏源全集》第一册,第672页)另,[清]王先谦:《诗三家义集疏》卷二十八:"'商,宋诗也'者,《礼·乐记》郑注文,不曰'宋'而曰'商'者,孔子编《诗》,鲁定公讳宋故也。"(中华书局1987年版,第1089页)又曰:"盖鲁定公名宋,故鲁人讳宋称商,夫子录《诗》,据鲁太师之本,犹卫之称邶鄘,晋之称唐,皆仍其旧。"(《诗三家义集疏》卷二十八,中华书局1987年版,第1090页)
③ [宋]王质:《诗总闻》卷十九《闻颂一》,清武英殿聚珍版丛书本。
④ 《史记》卷三十一《吴太伯世家第一》,中华书局点校本,第1456页。

"《鲁颂》只美僖公之德,本非德洽之歌。何知不直据《周颂》,而云颂有商、鲁乎?"①孔颖达则不同意刘炫的理解,为杜预辩说,云:"季札至鲁,欲褒崇鲁德,取其一善,故云'盛德所同'。若直歌《周颂》,宜加'周'字,不得唯云'歌《颂》',故杜为此解。刘以为《鲁颂》不得与《周颂》同,而规杜氏,非也。"②宋人欧阳修亦认为是三《颂》同歌,曰:"襄公二十九年吴公子札聘于鲁,谓观周乐,为之歌《颂》,颂者,今诗之周、鲁、商《颂》也"③季杨伯峻则认为季札所说乃是因三《颂》乐曲而非内容所发,说:"季札只论《颂》之乐曲,不论三《颂》所颂之人德之高下,功之大小,故曰'盛德之所同。'"④

当然,这也引出了关于孔子删诗的问题。因为《毛诗》的《颂》分为《周颂》《鲁颂》和《商颂》。其中《商颂》赖周太师以存。⑤但《鲁颂》为何得以与《周颂》并列,朱熹《诗集传》对其的解释是:"成王以周公有大勋劳于天下,故赐伯禽以天子之礼,鲁于是乎有《颂》,以为庙乐。其后又自作诗以美其君,亦谓之《颂》。"⑥但这样的解释并没有解决根本的问题,因为朱熹所言仅解释了鲁有颂之乐的原因,没有解释何以颂鲁君的作品而见列于《颂》之中的问题。因为现存的《鲁颂》是春秋时期的作品,其中的《閟宫》即是鲁僖公同时期的公子奚斯所作。这样的作品在内容上也与《周颂》"以成功告于神明"不同。就风格而言,孔颖达谓之:"此虽借名为《颂》,而体实《国风》。"⑦洵为史实。现存《鲁颂》凡四篇,《泮水》《閟宫》乃歌颂鲁僖公之作,风格与《雅》相

---

① 引自《春秋左传正义》卷第三十九孔颖达《正义》,《十三经注疏》标点本,北京大学出版社1999年版,第1104页。清人陈奂亦认同刘炫之说,云:"《左传》吴札请观周乐,为之歌《颂》,吴札曰:'五声和,八风平,节有度,守有序,盛德之所同也。'此歌《颂》者,美文王、武王、成王盛德,皆同歌《周颂》,非并《鲁》《商》而歌之也。杜预谓'《颂》有《殷》《鲁》,故曰盛德所同。'刘炫规之是矣。"(《诗毛氏传疏》卷二十六《清庙之什诂训传第二十六》,清道光二十七年陈氏扫叶山庄刻本)
② 《春秋左传正义》卷第三十九,第1104页。
③ 欧阳修:《太平因革礼》卷十八《总例十八·乐二》,清广雅书局丛书本。
④ 《春秋左传注·襄公二十九年》,中华书局1981年版,第1165页。
⑤ 诸说不一。《国语》:"正考父校商名于周大师。"三家诗都以考父作于襄公之世。即《商颂》乃春秋时所作。宋代的罗泌则明确指出:"《商颂》,《宋颂》也。颂襄公之诗耳。"(罗泌《路史》卷十九《后纪》十,文渊阁四库全书本)其后,此说代有学人论及,如明人区庆云《诗论》云:"宋亦有《颂》而无《风》者也。《商颂》即《宋颂》也。"(见屈大均辑《广东文选》卷十,清康熙二十六年刻本)
⑥ [宋]朱熹:《诗集传》卷第二十,中华书局2011年版,第317页。
⑦ 《毛诗正义》卷第二十,《十三经注疏》标点本,北京大学出版社1999年版,第1385页。

似。而《駉》与《有駜》的体裁则类似《风》。《鲁颂》与《周颂》如此不同,遂而别出《周颂》而单列,其原因诚如程泰之《诗议》所云:"僖虽有《颂》未必敢与《周颂》并藏。"如果鲁国的君臣不敢将这些作品与《周颂》并藏,孔子集诗而删次时,何以敢将其与《周颂》并列?这些都是颇有疑问的。通过季札观乐,我们可以看到《鲁颂》并列于《周颂》极可能不是孔子自卫返鲁后所为,而是季札观乐时即已形成,因为如果当时季札观乐时仅闻《周颂》,当会明确记其"为之歌《周颂》"。且"盛德之所同也",也是将三《颂》并称而一准于《周颂》的评价。因此,季札观乐中有关《颂》的评论对于考证孔子删诗的具体内涵具有文献学意义。

季札因《颂》而发论的另一个值得关注的当是其对《颂》的极致评价。在季札看来,这是一种极其和美的诗乐境界,即他所谓"至矣哉",既有"五声和,八风平,节有度,守有序"的音律之美;同时,在内容方面,以14个相同的句式,状其持节有度。诚如孔颖达所云:"自'直而不倨',至'行而不流',凡十四事……季札或取于人,或取于物,以形见此德。每句皆下字破上字,而美其能。"①季札对《颂》的评价甚高,评论也最为翔实、全面,足见其对《颂》的重视,也体现了季札以诗观史、以诗观政的认识指向。目前的学术界研究《诗经》往往对《国风》关注较多,这与其多"比兴"等文学特质有关。但是,《雅》《颂》有独特的历史价值,尤其是《颂》诗,它的主要功能并非在于文学与审美,它是因朝廷、宗庙祭祀而产生的,是礼仪制度的产物。《颂》承荷着特殊的功能,因此,在风格上,必然如黄钟大吕,庄严宏远,精深醇厚。诚如胡应麟所云:"《雅》《颂》宏奥淳深,庄严典则,施诸明堂清庙,用既不伦;作自圣佐贤臣,体又迥别。三代而下,寥寥寡和。"②就内容而言,诚如白寿彝先生在《史记新证》中所说:"《雅》《颂》是史诗,它的价值不能小看,有很多有关周代社会的生产关系、劳动情况等重要记载,在别处找不到的,在《周颂》里却有一些。"由于《颂》诗(主要指《周颂》)的功能体现的往往是一国的精

---

① 《春秋左传正义》卷第三十九,《十三经注疏》标点本,北京大学出版社1999年版,第1104页。
② [明]胡应麟:《诗薮》内编卷一,上海古籍出版社1958年版,第3页。

神、气韵和神采,与《国风》往往抒写一己之情怀,表现喜怒感喟不同。它的创作主体是国家,因此,虽然没有创作个体那样轻灵自由地抒情、言志,但包含着更丰厚的时代精神与政治信息。从这个意思上说,以乐观政,以乐观史,《颂》诗理应更受到重视。缘乎此,我们便能够理解季札何以论《颂》最为翔实、最为敬肃了。由此可见,季札观乐关注的首要因素在于知政、明德,然后才是审美,这也是其后儒家文艺观所秉持的基本原则。从这个意义上说,季札观乐的这一基本导向对孔子以及儒家的文艺观也不无影响。

季札论《颂》还给我们提供了认识季札的另一个窗口,这就是季札古今一体的历史观,与不分亲疏、持正平允的品鉴态度。如前所述,季札观乐时,就其《颂》而言,极可能是《周颂》《鲁颂》《商颂》三颂兼有。就内容而言,《周颂》为周初作品,赞扬的是文、武、成诸王。《鲁颂》是歌颂鲁僖公的作品,《商颂》是歌颂宋襄公的作品。就宗族而言,周王与鲁君以及季札本人都是姬姓,而宋国乃商朝之后,微子启始封,乃子姓。就年代而言,文、武、成王都是西周初年人,而鲁僖公、宋襄公都是春秋时人。虽然从时间上看,鲁僖公与宋襄公远晚于西周初年诸王,但鲁僖公为政能兴祖业、复疆土,颇受赞誉。宋国虽然是小国,但因宋襄公修仁行义,几成霸主。虽然他们的功业很难与西周初年诸王统一中原相比,但季札不因宋襄异姓为贬,不以僖公、襄公为晚,不以周天子与诸侯尊卑为别,以"盛德之所同也"称之,一体皆尊,显示了其卓越的史观与公允的品鉴标准。

当然,我们也无法回避这样的问题:季札观乐对列国之风,极可能是观其中的某一两首,但对于《颂》有"盛德之所同"之评,则听闻的数量可能较多,且可能涉及《周颂》《鲁颂》《商颂》。何以有《风》《颂》听闻数量之别?这应与两者的地位与特征有关。《周颂》就是歌颂周王朝初年诸王文治武功,或祭祀时的诗、歌、舞一体的综合艺术形式。季札"请观周乐",最经典的"周乐"正是《周颂》。自然,《颂》也是季札观乐的重点所在。

季札论《颂》,对于后世的文艺评论产生了直接的影响。一方面,季札以 14 个相似的句式,完整地描述了中和之美的多重表现,对儒家审美理想的形成有先导之功;另一方面,启示了《诗序》等对《大雅》的认识。《诗序》对于颂的解释也是着意于盛德,云:"颂者,美盛德之形容,以其成功,告于神明者也。"[①]其中,季札的影响宛然可寻。

---

① 《毛诗正义》卷第一,北京大学出版社 1999 年《十三经注疏》标点本,第 18 页。

第九章 观舞论

虽然《墨子·公孟篇》曰:"诵《诗》三百,弦《诗》三百,歌《诗》三百,舞《诗》三百。"体现了三百篇皆可诵歌弦舞。但是,在季札观乐时,显然将歌与舞做了区分。当然,这并不意味着对传统的"诗入乐说"的否定,而是体现了当时有以舞为主的舞乐存在。因为《左传》在记载了季札闻"歌"与今《毛诗》大致相似的内容之后,还记载了观"六代之乐"时的"见舞"之评。从中依稀可以窥见古舞乐的大致内容与审美价值。

一 《象箾》《南籥》《大武》论

季札首先看到的是文王、武王时的乐舞。《左传·襄公二十九年》载:"见舞《象箾》《南籥》者,曰:'美哉!犹有憾。'见舞《大武》者,曰:'美哉!周之盛也,其若此乎?'"

首先,关于《象箾》《南籥》。杜预谓其"皆文王之乐"。① 孔颖达正义曰:"《象箾》与《南籥》各是一舞。《南籥》既是文舞,则《象箾》当是武舞也。"②郑玄注《诗》时有"《象》用兵时刺伐之舞"一说,也可印证这一传统的认识。季札虽叹《象箾》《南籥》之美,但谓其"犹有憾"。对此,杜预的解释是:"文王恨不及己致太平。"③但作为极尊文王,美文王盛德的季

---

① 〔晋〕杜预集解:《春秋经传集解》第十九《襄公六》,上海古籍出版社1978年版,第1128页。
② 《毛诗正义》卷第三十九,《十三经注疏》标点本,北京大学出版社1999年版,第1105页。
③ 〔晋〕杜预集解:《春秋经传集解》第十九《襄公六》,第1128页。

札,称文王有憾,似乎令人费解。我们认为,季札"犹有憾"可能是憾文王之盛德未能遍及天下,亦即季札所谓"憾",主体并非文王,而是天下百姓。但尽管如此,对于季札"犹有憾"之论也不乏非议者,如孙复《文王论》曰:

> 《春秋左氏传》吴公子季札来聘,请观于周乐,见舞《象箾》《南籥》者曰:"美哉,犹有憾。"说者曰,憾,恨也。文王恨不及已致太平,意以为文王不能夷商纣于当时,取天下于己手,有遗憾焉。愚甚惑焉。窃谓季子之是言也,非知乐者也,厚诬于圣人矣。若果如是,季子之言也,则是文王怀二心以事上,匿怨以伺其间,包藏祸心,乃乱臣贼子矣。①

按孙复的标准,作为圣人,当忠君与仁民发生矛盾时,仁民应让位于忠君。他引用《礼记》中所载的孔子之言为证,子曰:"下之事上也,虽有庇民之大德,不敢有君民之心,仁之厚也。"②这其实是片面理解了孔子所言。孔子虽然忠君尊王,但他又主张仁政德治,云:"为政以德,譬如北辰,居其所而众星共之。"(《论语·为政第二》)亦即只有施仁政才能够受到百姓的拥戴。更重要的是,"不敢有君民之心","思不出位"的愚忠思想实乃孔子与儒家思想的糟粕,孙复则以其后孔子思想中消极的内容来绳尺季札观乐,这实际是以孔子之短以律季札之长,逻辑上的荒谬自不待言。

其次,关于《大武》。据《周礼·大司乐》载,周代存有六代之乐,分别是黄帝之《云门》《大卷》,《尧》之《大咸》,禹之《大夏》,商汤之《大濩》,周武王之《武》。《大武》当作于周初,是所谓六代之乐中距观乐时最近的作品,也是散见于各种文献最多的一种。孔颖达正义曰:"郑玄《周礼》注云:'《大武》,武王乐也。武王伐纣,以除其害,言其德能成武功'也。"③其他文献亦有记载,但内容稍有不同。如《礼记·乐记》:"夫《武》,始而北出,再成而灭商,三成而南,四成而南国是疆,五成而分周

---

① [宋]孙复:《孙明复小集·文》,文渊阁四库全书本。
② [清]孙希旦:《礼记集解》卷五十一《表记第三十二》,中华书局1989年版,第1307页。
③ 《春秋左传正义》卷第三十九,《十三经注疏》标点本,北京大学出版社1999年版,第1160页。

公左,召公右,六成复缀,以崇天子。"根据孙希旦的解释,《大武》表现有多方面的内容:"象武王始出伐纣,至孟津而大会诸侯也。""象武王渡河,至牧野而克商也。""象武王既克商,而旋师南向也。""象旋师而因定南国之未服者也。""象天下既定,而周公、召公分陕而治也。""象周公、召公既成治功,而归其功于天子,以尊崇之。"①可见,《大武》确是西周全盛时的作品。由此可见,季札所谓"周之盛也,其若此乎",恰是对《大武》的准确评价。而根据《礼记》以及《左传·宣公十二年》楚庄王所言可知,《大武》当为六章,而与其对应的歌诗也当为六篇。其中较为公认的是《周颂》之中的《武》,以及列在《颂》末的《酌》《桓》《赍》《般》五篇。另一篇王国维认为是《昊天有成命》,高亨认为是《我将》,但多数学者认为是《时迈》。

同时,鲁国之于《大武》《大夏》与列国又有不同的意义。据《礼记·祭统》曰:"昔者周公旦,有勋劳于天下,周公既没,成王康王追念周公之所以勋劳者,而欲尊鲁,故赐之以重祭。外祭则郊、社是也,内祭则大尝、禘是也。夫大尝、禘,升歌《清庙》,下而管《象》,朱干玉戚以舞《大武》,八佾以舞《大夏》,此天子之乐也。"②因此,季札在鲁国请观周乐,《大武》当是不二之选。因其鲁国在西周成、康之时,即赐其重祭,"朱干玉戚以舞《大武》"。故而季札所见的乃是最为正宗的《大武》乐舞。《大武》与其他诸舞的不同之处还在于,《大武》有文献明确记载在《周颂》中,保存着歌诗的综合艺术。因此,季札做出的"周之盛也"的赞叹,许是与《大武》作为综合艺术形成的审美境界有关。

当然,还有一个乐舞表演的顺序问题,因为季札观舞基本是由近及远的。但何以先舞文王之乐《象》,而后舞武王之乐《大武》呢?孔颖达认为原因是"先舞《象》而后舞《武》者,以《象》非一代大乐,故先舞之"。③

---

① [清]孙希旦:《礼记集解》卷三十八《乐记第十九之二》,中华书局1989年版,第1024页。
② [清]孙希旦:《礼记集解》卷四十七《祭统第二十五》,第1253页。此说清人认为乃鲁之僭越所致。孙希旦云:"愚谓大尝,大祫也。诸侯皆得社与大祫,惟不得郊与大禘。此因郊而并言'社',因禘而并言'尝'耳。然鲁之郊、禘,本惠公以后之僭礼,而托言出于王赐耳。《记》之所言,则因鲁之所自托者而遂传以为实也。"(《礼记集解》卷四十七《祭统第二十五》,中华书局1989年版,第1253页)尽管如此,鲁之天子舞乐祭祀当是史实。
③《春秋左传正义》卷第三十九,《十三经注疏》标点本,北京大学出版社1999年版,第1106页。

孔颖达所言有一定的根据，所谓六代之乐之中，并没有《象》。总之，季札观《大武》，为后世探索《大武》的内容提供了重要的文献依据。

二 《韶濩》《大夏》《韶箾》论

观文王、武王时的乐舞之后，《左传》又分三个层次记述了季札观其他乐舞以及做出的品评。

其一，"见舞《韶濩》者，曰：'圣人之弘也，而犹有惭德，圣人之难也。'"对于《韶濩》，杜预注："殷汤乐。"①孔颖达正义："《周礼》谓之《大濩》。郑玄云：'《大濩》，汤乐也。汤以宽治民，而除其邪，言其德能使天下得其所也。'然则以其防濩下民，故称'濩'也。此言《韶濩》，不解'韶'之义。韶亦绍也，言其能绍继大禹也。"②可见，唐人孔颖达已不知何以"韶""濩"相联了，因此，他将"韶"释之为"绍继大禹"，作为修饰"濩"的动词。可见，季札所观的当是商汤时的音乐《大濩》，亦即《周礼·大司乐章》中所记载的周代的"六乐"之一。对此，《竹书纪年》载："殷商成汤二十五年作《大濩》之乐。"成书于战国的《墨子》中亦有记载："汤放桀于大水，环天下自立以为王。事成功立，无大后患，因先王之乐，又自作乐，命曰濩。"③但是，与《大韶》《大武》相比，商代的《大濩》是较早绝响于世的一部。虽然对于亡佚的具体时间不可考，但根据《春秋繁露·楚庄王》等对"濩"的胡乱想象可知，汉代时《大濩》为何物已不为人所知。而季札观《大濩》，是甚为珍贵的记载《大濩》的文献。对于季札观后所感，论者鲜见，杜预仅释之为："惭于始伐。"杨伯峻则释"惭德"为"惭愧之德"。谓："季札或以商汤伐纣（群注：疑是'伐桀'之误）为以下犯上，故云'犹有惭德'而表不满。"④杨氏所述颇合情理。对《大濩》，季札表达了"圣人之弘"与"圣人之难"的矛盾心理，亦即犹具"惭愧"。通过这个评

---

① ［晋］杜预集解：《春秋经传集解》第十九《襄公六》，上海古籍出版社1978年版，第1128页。
② 《春秋左传正义》卷第三十九，《十三经注疏》标点本，北京大学出版社1999年版，第1106页。
③ ［清］孙诒让著、陈以楷点校：《墨子间诂》卷一《三辩第七》，中华书局1986年版，第36页。
④ 杨伯峻：《春秋左传注·襄公二十九年》，中华书局1981年版，第1165页。

价,可以看出季札对于忠君与弘业之间的矛盾。但是,称其为"圣人",说明他充分肯定了商汤创立殷商的伟业。因此,对于"弘"与"难"两个方面,"弘"是主,"难"为次。"惭德"乃是"弘"业过程中的一个心理微憾而已。由此亦可见,季札的忠君观念远较其后的孔子通脱。孔子"不敢有君民之心",不当有出位之思,忠君近于愚。果如孔子的忠君思想而为之,则商汤则不能成其"圣"业。通过季札对《大濩》的评论,我们亦可以窥见季札的忠君思想较其后的儒学淡薄。

其二,"见舞《大夏》者,曰:'美哉!勤而不德,非禹其谁能修之?'"《大夏》是夏代流传下来的歌舞,是周代所存的"六代之乐"之一。杜预注《大夏》为"禹之乐"。① 史书记载的关于夏代流传下来的乐歌有两个:一为《大夏》(或称《夏》《夏籥》),一为《九夏》,包括《王夏》《肆夏》《昭夏》《纳夏》《章夏》《齐夏》《族夏》《祴夏》《骜夏》等(见《周礼·钟师》)。但对于《大夏》与《九夏》是否同实而异名,学界有不同的看法。对于《大夏》,《庄子》《礼记》《吕氏春秋》等文献中都有记载,如《吕氏春秋·古乐》云:

  禹立,勤劳天下,日夜不懈。通大川,决壅塞,凿龙门,降通漻水以导河,疏三江五湖,注之东海,以利黔首。于是命皋陶作为《夏籥》九成,以昭其功。②

可见,《夏籥》九成是表彰大禹治水功绩的乐曲,而此前季札对乐舞《大夏》的评论也具同样的含义。郑玄注季札之评云:"言禹能大尧、舜之德。"孔颖达正义:"《周礼》注云:'禹治水敷土,言其德能大中国也。'季札见此舞,叹禹勤苦为民,而不以为恩德,则郑《周礼》注是也。"③杨伯峻亦有相似的理解:"《淮南子·缪称训》云:'禹无废功,无废财,自视犹觖如也',可解此'勤而不德'。不德,不自以为德也。"④而《左传》成书早于《吕氏春秋》,堪称是最早对《大夏》内容正面评论的文献。文献对《大夏》的记载多冠之以"舞";对《九夏》,多冠之以"奏",从这个意义上看,

---

① [晋]杜预集解:《春秋经专集解》第十九《襄公六》,上海古籍出版社1978年,第1128页。
② 许维遹:《吕氏春秋集释》卷第五《古乐》,中华书局2009年版,第126页。
③ 《春秋左传正义》卷第三十九,《十三经注疏》标点本,北京大学出版社1999年版,第1107页。
④ 杨伯峻:《春秋左传注·襄公二十九年》,中华书局1981年版,第1165页。

似是两种稍有不同的艺术形式。季札观乐时，对《风》《雅》《颂》都谓之"歌"，对"六代之乐"都谓之"舞"，亦可证明《大夏》与《九夏》之间的区别。《礼记》中有"八佾以舞《大夏》"，可见《大夏》是一个大型的乐舞，用于祭祀山川、宗庙等重要仪式时表演。《大夏》与《大武》一样，都是天子专享的乐舞，仅鲁、宋国以特许天子之礼的名义，行僭越之实才能够表演，季札方可得观其宏大的场景。对此，《礼记·祭统》有明确的记载："夫大尝、禘，升歌《清庙》，下而管《象》，朱干玉戚以舞《大武》，八佾以舞《大夏》，此天子之乐也。"①正因为其隆重，因此，教育学习《大夏》亦有明确的规定，有服饰、年龄的限制，绝非幼童嬉戏而为，当是成人贵族方可习。如《礼记·内则》载："子……二十而冠，始学礼，可以衣裘帛，舞《大夏》。"②

其三，"见舞《韶箾》者，曰：'德至矣哉，大矣！如天之无不帱也，如地之无不载也。虽甚盛德，其蔑以加于此矣。观止矣，若有他乐，吾不敢请已！'""箾"同"箫"，《韶箾》即《箫韶》。相传为虞舜时的乐舞，《尚书·益稷》中有"《箫韶》九成"的记载。同时，史书中还有对《韶》乐的多种记载，如《竹书纪年》载："有虞氏舜作《大韶》之乐。"《吕氏春秋·古乐篇》载："帝舜乃命质修《九招》《六列》《六英》以明帝德。"③所谓《大韶》《九招》实乃《韶箾》。对于《九招》，《史记·五帝本纪》载："四海之内咸戴帝舜之功。于是禹乃兴《九招》之乐。"④可见其都是舜之乐舞。《韶》乐是一种流传久远的雅乐。据《隋书·何妥传》载："秦始皇灭齐，得齐《韶》乐；汉高祖灭秦，《韶》传于汉，汉高祖改名《文始》。"⑤曹魏时期，魏文帝又诏命《文始》复称《大韶》。其后，晋改名为《正德》，南朝宋改为《凯容》，南朝梁改为《大观》，直至隋朝时《大韶》《大观》仍然存在。对于《韶》乐，孔子曾说："《韶》，尽美矣，又尽善也。"（《论语·八佾第三》）孔子在齐观《韶》乐，也陶然于其中："子在齐闻《韶》，三月不知肉

---

① ［清］孙希旦：《礼记集解》卷四十七《祭统第二十五》，中华书局1989年版，第1253页。
② ［清］孙希旦：《礼记集解》卷二十八《内则第十二之二》，第771页。
③ 许维遹：《吕氏春秋集释》卷第五《古乐》，中华书局2009年版，第126页。
④ 《史记》卷一《五帝本纪第一》，中华书局点校本，第43页。
⑤ ［唐］魏徵等：《隋书》卷七十五《何妥传》，中华书局点校本，第1714页。

味,曰:'不图为乐之至于斯也。'"(《论语·述而第七》)而季札同样视《韶䈁》为显示"德至"的乐舞,又谓其"观止",亦即尽善尽美之作,这与孔子的评价十分相似。孔子视《韶》乐为善与美的完美结合,而季札虽然着重论述其表现的道德寓意,但其"观止","蔑以加于此"之叹,足以体现了这是善与美的统一。从这个意义上说,季札对《韶》舞的感叹,对孔子有直接的启示作用。对此,明人湛若水云:"札其知乐君子也欤,于其历代之音列国之风,既皆称赞而品别之,而《韶》之一乐独赞其天地之覆载,为盛德之蔑加,信乎见之真也。夫子在齐,叹曰:'不图为乐之至于斯也。'札之见其殆庶几乎?"①儒者湛若水已隐然表达了季札观《韶》而具有的启圣之功。事实上,其后的学者往往将季札闻《韶》之叹作为理解儒家天道人性相贯通,德性遍在含浑,德化万物于无形的经典表述,对此,清人王夫之将季札闻《韶》之言完全融化于儒家伦理的阐发论证的过程之中,云:

> 延陵季子之何所睹邪,而谓《韶》曰:"如天之无不帱也,如地之无不载也?"故子曰:"知德者鲜矣。"今夫天之德,元亨利贞也;人之德,仁义礼智也,可知而可言者也。虽然,言仁未足以发人之爱也,言义未足以发人之廉也,言礼未足以发人之敬也,言智未足以发人之辨也;非言之不足以发也,发之而无以函之也。故曰:知不言之言者,可以言言,谓其函之也。妄者曰:"照之以天",则抑不知天也。不言以函言,而后仁义礼智无不函焉,斯则如天之帱,如地之载也。②

孔子曾对子由说:"知德者鲜矣。"朱熹的解释是"谓义理之得于己者,非己有之,不能知其意味之实也"。③ 谓德之实得于己之难,根据张栻所云:"'知德者鲜',以其践履之未至,故不能真知其味。"④这是其后的理学家们将孔子的伦理思想作内倾性诠释的思路。但儒学的伦理思

---

① [明]湛若水:《格物通》卷五十九,文渊阁四库全书本。
② [清]王夫之著、王孝鱼点校:《诗广传》卷五《周颂》,中华书局1964年版,第147页。
③ [宋]朱熹撰:《四书章句集注·论语集注》卷八,中华书局1983年版,第162页。
④ [宋]张栻:《癸巳论语解》卷八,清文渊阁四库全书本。

想系统在其建构与发展过程中还有天道人性相通、万物一体的思想路径，孟子所谓"尽其心者，知其性也，知其性则知天也"，这种一体性是儒家伦理体系得到圆融与保证成德自在的理论前提。其后的儒学从不同的向度进行了理论阐发，汉儒以天人比附为特征，宋儒则通过以《中庸》为介，在《易传》中寻求天德的根据，从而实现了儒家道德体系的一体性。但是，王夫之认为，这种一体性尚未能够真正实现天德自然流行、天人通贯一体。原因在于或简单生硬地"照之以天"，或以僵硬的道德说教而缺乏德润无言的"函之"介质。在王夫之看来，季札闻《韶》发出的感叹恰恰很好地解决了这一问题。季札所谓"如天之无不帱也，如地之无不载也"道出了道德的圆满周遍。同时，季札乃闻《韶》而叹，诗乐正是道德之函，是天德润泽浑化于无形的妙器。他接着以《周颂·清庙》为例，云：

> "《清庙》之瑟，朱弦疏越，一唱三叹，有遗音也。"非其澹也，为八音函也。《清庙》之诗，盛德无所扬诩，至敬无所申警，壹人之志，平人之气，纳之于灵承，而函德之量备矣。故以微函显，不若以显而函微也；以理函事，不若以事而函理也。用俄顷之性情，而古今宙合，四时百物，赅而存焉，非拟诸天，其何以俟之哉！张子之言天，曰清也、虚也、一也，大也，知此，乃可以与知《清庙》矣。①

王夫之对《清庙》的论述，事实上将季札观乐以及闻《韶》之叹置于儒家发展历史过程之中，而与张载的太虚、性与天道合一、与天地合德的思想神脉相通。殊不知，季札观乐不但先张载 1500 余年，而且是在孔子尚未立说之前。由此亦可见季札对于儒学发生发展的些许启示。

但是，关于《韶》的理解并未形成定谳。早在 20 世纪 60 年代，顾颉刚先生在《史林杂识》一书中所载的《韶》文中就指出："《韶》为春秋时新声，又发展于战国者。"这是对《韶》乐的颠覆性的定性。其实，此前已有学者提出类似的观点，如《广阳杂记》载："子在齐闻《韶》乐，不图为乐之至于斯也，言不图以帝王之乐而作于诸侯之国也。盖悲焉，三月不知肉

---

① [清]王夫之著、王孝鱼点校：《诗广传》卷五《周颂》，中华书局 1964 年版，第 147 页。

味,悲之至也。"①孔子闻《韶》而悲,当然是指其为新声,因为孔子对新声以夺雅乐的现状深为悲叹。这样的理解有一定的合理性,与鲁齐两国当时音乐的特点也较为吻合。因为齐乐与郑卫之音颇多相通之处,新声称盛,而鲁则是恪守正统雅乐的地区。但这又遇到两个方面的问题:其一,孔子除了有"闻《韶》,三月不知肉味"之外,还曾说:"《韶》,尽美矣,又尽善也。"(《论语·八佾第三》)在孔子看来,美与善的统一,显然是雅乐所具的特点。其二,从《韶》乐的流播情况来看,都被用于庙堂之上,如果是新乐则殊难解释。何以为是?我们认为,《韶》乐极可能是一种独特的音乐,其规制十分庞大,就《韶》乐的名称来看,就有《九韶》《九招》等不同的名称。"九"是对章节之多的虚指,可见其规制之"大"。就其表演的效果来看,同样宏大华丽。据《尚书·益稷》记载:"《箫韶》九成,凤凰来仪。"《史记·夏本纪》中亦沿其所记,且更加详备:"舜德大明,于是夔行乐,祖考至,群后相让,鸟兽翔舞,《箫韶》九成,凤凰来仪,百兽率舞,百官信谐。"②可以看出,《韶》乐舞宏肆华丽,与郑声的靡曼幻眇完全不同。正因为如此,季札在观《韶箾》时对其有这样的极致之评,即如同闻歌时对《颂》的评价一样。云:"德至矣哉!大矣!如天之无不帱也,如地之无不载也,虽甚盛德,其蔑以加于此矣!观止矣,若有他乐,吾不敢请矣!"就其所表述的内容而言,是善与美的结合,"大"是其重要特征。显然不是指流行于闾阎的新声。但是,为何20多年之后,孔子至齐闻《韶》乐而三月不知肉味呢?或许,这与当时齐鲁两国的音乐表现方法有一定的关系。鲁国虽然以承祧西周正统的礼乐文明自居,但是,恪守礼教之乐,本身具有胶执板滞之不足,而郑、卫、齐、宋诸国的音乐表现手法则更加灵活,据《战国策·齐策》记载:"临淄甚富而实,其民无不吹竽鼓瑟、击筑弹琴。"可见,齐国的音乐文化十分普及,这必然会促进器乐表现手法的丰富。当然,表演乐舞《韶》时,只是取宏大之势,而非靡曼之音,因此,季札才做出极致之评。

对于季札所说的"吾不敢请已",服虔的解释是:"周用六代之乐,尧

---

① [清]刘献廷:《广阳杂记》卷五,清同治四年钞本。
② 《史记》卷二《夏本纪第二》,中华书局点校本,第81页。

曰《咸池》，黄帝曰《云门》。鲁受四代，下周二等，故不舞其二。季札知之，故曰有他乐吾不敢请。"①宋人王十朋亦认同此说，云："昔季札观乐而止于《韶》，自《韶》之外不敢观。"②对于何谓"四代"之乐，清人李贻德注曰："四代，虞夏商周也。四代之乐皆得称周乐者。《明堂位》云：'命鲁公世世祀周公以天子礼乐。'四代之乐命于周王，故云周乐也。"③从季札所云"若有他乐，吾不敢请已"可见，季札确是"吴之习于礼者"，且是吴之知乐者。正因为如此，他才不敢观闻"六代之乐"中的黄帝之《云门》《大卷》，《尧》之《大咸》等等。

---

① 《史记》卷三十一《吴太伯世家第一》，中华书局点校本，第1457页。
② [宋]王十朋撰：《会稽三赋·会稽风俗赋》，清嘉庆刻本。
③ [清]李贻德：《春秋左氏传贾服注辑述》卷十三，清同治五年朱栏刻本。

第十章 观乐综论

《左传》中关于季札观乐的记载给后世留下了珍贵的历史信息，概有以下几个方面的价值与意义。

一 证解"孔子删诗"的重要文献

孔子作为儒家的至圣先师，一个重要贡献是删诗正乐。对此，文献记载甚确，如《论语·子罕第九》："子曰：'吾自卫反鲁，然后乐正，《雅》《颂》各得其所。'"古代诗乐一体，因此，"正乐"亦即"正诗"，但孔子所正的仅为《雅》《颂》，而没有言及《风》《南》。同时，孔子仅言及"正"而非"删"。而《史记·孔子世家》的记载则更为详细："孔子语鲁大师：'乐其可知也。始作翕如，纵之纯如，皦如，绎如也，以成。''吾自卫反鲁，然后乐正，《雅》《颂》各得其所。'古者《诗》三千余篇，及至孔子，去其重，取可施于礼义，上采契后稷，中述殷周之盛，至幽厉之缺，始于衽席……三百五篇孔子皆弦歌之，以求合《韶》《武》《雅》《颂》之音。礼乐自此可得而述，以备王道，成六艺。"① 孔子删诗正乐的时间言之凿凿，在鲁哀公十一年（前484年），但是，此前六十年（鲁襄公二十九年，前544年）《左传》中记载季札观乐时，对《风》《雅》《颂》的记载次序与《诗经》大致相同，唯《豳》置于《齐》之后，《秦》置于《魏》之前。古代诗乐一体，可见，季札论

---

① 《史记》卷四十七《孔子世家第十七》，中华书局点校本，第1936—1937页。

乐时列国之风已与《毛诗》基本相似,因此,是否有"孔子删诗"一说,自唐代孔颖达以来,聚讼纷纭,莫衷一是。

孔子删诗说以及质疑之声的形成也经历了一个演变过程。司马迁虽然没有明言其"删",但由"三千余篇",经过"去其重",终为"三百五篇",显然已有"删"诗之意。但"删"的内容也明确为"去其重",也就是说从"三千余篇"到"三百五篇",信息量并没有太大的变化。而明确提出孔子"删诗"的是东汉的王充和汉末魏晋时的项岱。① 其后的学者多不再说明"去其重"。可见,删诗说经历了一个踵事增华的过程。

较早对删诗说提出质疑的当数东汉的郑众,质疑的根据便是季札观乐,郑注《周礼·春官·大师》引郑众语曰:

> 古而自有风、雅、颂之名,故延陵季子观乐于鲁时,孔子尚幼,未定《诗》《书》,而曰"为之歌《邶》《鄘》《卫》",曰:"是其《卫》风乎",又为之歌《小雅》《大雅》,又为之歌《颂》。《论语》曰:"吾自卫反鲁,然后乐正,《雅》《颂》各得其所。"时礼乐自诸侯出,颇有谬乱不正,孔子正之。②

不难看出,郑众认为,《风》《雅》《颂》在孔子之前已经形成,孔子仅仅是正乐而已,言下之意并没有删诗。虽然早在东汉时郑众即根据季札观乐对孔子删诗说提出了质疑,但是,随着《诗经》经典化过程的强势作用,郑众的质疑被湮没了。因为果真如此,圣人的辉光便销蚀不少。因此,儒者往往以尊圣为旨归,故为曲说,反诬《左传》,以证圣人之不可疑。如宋人王柏云:

> 吴季札观乐于襄之二十有九年,夫子方八岁,《雅》《颂》正当庞杂之时,左氏载季札之辞皆与今诗合。止举《国风》微有先后尔。使夫子未删之诗果如季札之所称,正不必夫子之删,已如今日之《诗》矣。甚矣!左氏之诬,其诳我哉,自可抚掌一笑于千载之上。③

---

① [汉]王充云:"《诗经》旧时亦数千篇,孔子删去重复,正而存三百篇。"(《论衡校释》卷第二十八《正说篇》,中华书局1990年版,第1129页)《汉书》云:"虙羲画卦,书契后作。虞夏商周,孔纂其业。纂《书》删《诗》,缀《礼》正《乐》。"(《汉书》卷一百下《叙传》第七十下,中华书局点校本,第4244页)
② [汉]郑玄注、[唐]贾公彦疏:《周礼注疏》,阮元校刻:《十三经注疏》,中华书局1980年版,第796页。
③ [宋]王柏:《诗疑》卷一,清通志堂经解本。

王柏的结论是"左氏之诬,其诳我哉"。但了无论证,根据唯在于夫子删诗的前提不可疑,"使夫子未删之诗果如季札之所称,正不必夫子之删,已如今日之《诗》矣"。如此怀疑,在王柏看来,乃"甚矣",最终不予证明而仅以"抚掌一笑"置之。这种现象产生的原因,清人皮锡瑞分析甚确:"不以经为孔子手定,而属之他人,经学不明,孔教不尊……故必以经为孔子作,始可以言经学;必知孔子作经以教万世之旨,始可以言经学。"①

真正对删诗说提出质疑的是唐人孔颖达。孔颖达认为,根据《左传》中季札观乐的内容,可以正司马迁记载之误。曰:"此为季札歌《诗》,风有十五,国其名,皆与《诗》同,唯其次第异耳。则仲尼以前,篇目先具,其所删削盖亦无多。记传引《诗》亡逸甚少,知本先不多也。《史记·孔子世家》云:'古者诗三千余篇,孔子去其重,取三百五篇。'盖马迁之谬耳。"②同样,他在《毛诗正义》中亦有论述,其《诗谱序》疏云:

《史记·孔子世家》云:"古者诗本三千余篇,去其重,取其可施于礼义者三百五篇。"是《诗》三百者,孔子定之。如《史记》之言,则孔子之前,诗篇多矣。案《书传》所引之诗,见在者多,亡逸者少,则孔子所录,不容十分去九。马迁言古诗三千馀篇,未可信也。③

其后的质疑之声渐盛。除少数学者(如邵雍、欧阳修等)之外,大多数人(如朱熹、程大昌、刘克庄、叶适、苏天爵、朱彝尊、崔述、魏源等)都认为孔子删诗说不可信。如宋人程大昌云:"夫子自卫反鲁,然后乐正,《雅》《颂》各得其所,其曰得所者,复其故列云也。既曰复其故列,则非夫子创为此名也。季札观乐在襄之二十九年,夫子反鲁在哀之十一年,却而数之,《六经》之上距季札无虑六十余年。《诗》之布于《南》,于《雅》,于《颂》,于诸国,前乎夫子,其有定因也。"④朱彝尊亦云:"季札观乐于鲁,所歌《风》诗,无出十三国之外者。又子所雅言,一则曰'《诗三

---

① [清]皮锡瑞:《经学历史》,中华书局2004年版,第7页。
② [晋]杜预注、[唐]孔颖达疏:《春秋左传正义》卷第三十九,《十三经注疏》标点本,北京大学出版社1999年版,第1099页。
③《毛诗正义·诗谱序》,《十三经注疏》标点本,北京大学出版社1999年版,第8页。
④ [宋]程大昌:《考古编》卷一《诗论四》,民国校刻儒学警悟本。

百》',再则曰'诵《诗三百》',未必定属删后之言。"①魏源云："夫子有正《乐》之功,无删《诗》之事。"②崔述云："吴公子季札来聘,请观于周乐,所歌之《风》,无在今十五国之外者。是十五国之外本无风可采。否则有之而鲁逸之,非孔子删之也。"③这些观点也普遍为学界所认同。当然,后世学者认为孔子删诗之说不足信的理由还有很多。如清人赵翼在《陔馀丛考》中曾做过这样的统计,《左传》引诗共二百十七条,逸诗不过三条;《国语》引诗凡三十一条,逸诗仅一条。④可见逸诗的数量非常少,以此亦可印证孔子"删诗"的可能性不大。方玉润则承认正乐而否认删诗,云："夫子反鲁在周敬王三十六年、鲁哀公十一年丁巳,时年已六十有九。若云删《诗》,当在此时。乃何以前此言《诗》皆曰'三百'不闻有'三千'说耶？此盖史迁误读正乐为删《诗》云耳。夫曰正乐,必《雅》《颂》诸乐,固各有其所在,不幸岁久年湮,残阙失次。夫子从而正之,俾复旧观,故曰：'各得其所',非有增删于其际也。奈何后人不察,相沿以至于今,莫不以正乐为删《诗》,何不即《论语》诸文而一细读之也？"⑤

季札观乐的记载虽然被认为是质疑孔子删诗最有力的证据,但持孔子删诗的学者同样可以据此得出不同的结论。如宋人严粲云："变风迄《豳》,反周之初,世道不终穷也。《齐》《豳》《秦》《魏》《唐》《陈》《桧》《曹》,季札所观,太师乐歌之次第也。今诗之次第,孔子所定也。降《秦》于《唐》,而挈《豳》以终之,盖一经圣人之手,而旨趣深矣。"⑥又有学者认为,即使季札观乐时《诗》的名称次第与现存内容大致相同也不能否认孔子删诗,如宋人李邦直云："古乐存而诗之声可知也。乐亡然后学者惑诗矣。周官大司乐之职已尝谓之六诗,《风》《雅》《颂》,乃其音,而比兴赋乃其体。季札观乐于孔子之前,而有《国风》《雅》《颂》之名,于时诸侯赋诗以相乐者未尝敢歌《颂》,歌《大雅》者,亦为之僭,则古乐未亡之时,《诗》已班然而有次第,岂太师与孔子强分之耶？至孔子之时,

---

① [清]朱彝尊：《曝书亭集》卷五十九《诗论一》。
② [清]魏源：《诗古微》上编之一《夫子正乐论中》,岳麓书社1985年版,第143页。
③ [清]崔述：《考信录》卷三,清嘉庆二十二年道光二年四年陈履和递刻本。
④ 详见《陔馀丛考》卷二《古诗三千之非》,中华书局1963年版,第25页。
⑤ [清]方玉润：《诗经原始》卷首下《诗旨》,中华书局1986年版,第44页。
⑥ [宋]严粲：《诗缉》卷十六,明味经堂刻本。

新诗复出而多,古诗复杂而乱,多者删之,而乱者正之尔,故曰自卫反鲁,然后乐正,雅颂各得其所也。"①李氏认为,孔子所删多为复出的新诗。当然,肯定孔子删诗的学者还从记载季札观乐的《左传》的文献价值方面提出质疑,如杨伯峻先生认为《左传》成书于公元前403年以后,公元前386年之前。亦即《左传》的成书是在孔子去世(前479年)数十年之后,这就存在根据孔子删诗的结果而附会的可能。《左传》的文献价值虽然受到了学者的普遍推崇,但也有质疑之声。如《四库全书总目·春秋左传正义提要》云:"《左传》载预断祸福,无不征验,盖不免从后傅合之。"其实,以此为依据对《左传》的质疑存在着内在的矛盾:既然《左传》关于季札观乐乃后人附会,且"预断祸福,无不征验",但是,何以解释季札观乐论国祚多有失验之处? 可见,以此来判定其乃附会之作有失公允。当然,论者认为附会的痕迹便是季札观乐时有关于《韶》乐的记载。但是,《论语》中记载孔子:"在齐闻《韶》,三月不知肉味,曰:'不图为乐之至于斯也。'"(《论语·述而第七》)从孔子所言似乎可以看出,孔子虽然在鲁国曾任过中都宰、司空、大司寇之职,但并没有听闻过《韶》乐。那么,此前的季札在鲁何以得闻《韶》? 刘向云:"夫乐本情性,浃肌肤而臧骨髓,虽经乎千载,其遗风余烈尚犹不绝。至春秋时,陈公子完奔齐。陈,舜之后,《招乐》存焉。故孔子适齐闻《招》,三月不知肉味。"②《左传》中记载陈公子完奔齐是在鲁庄公二十二年(前672年),而孔子至齐则是在36—37岁时(前515—514年),在《韶》乐传至齐国100多年之后。鲁、齐相距甚近,经历这么长时间而鲁国不知似乎不太可能。因此,以此判定很难成立。更何况,《韶》与《招》之间的关系可能比较复杂。虽然《韶》产生于周之前,但是,《韶》作为雅乐的代表,还是为周所继承,因此,孔子对《韶》评价极高,谓其"尽美尽善"。而鲁国又有承袭与维系西周礼乐文明的独特责任。据《礼记》载:"成王以周公为勋劳于天下,是以封周公于曲阜,地方七百里,革车千乘,命鲁公世世祀周公以天子之礼乐。"③因此,鲁亦当有此乐。诚如朱熹的学生冯椅所云:

---

① 佚名:《宋文选》卷十八《李邦直文·诗论下》,文渊阁四库全书本。
② 《汉书》卷二十二《礼乐志第二》,中华书局点校本,第1039页。
③ [清]孙希旦:《礼记集解》卷三十一《明堂位第十四》,中华书局1989年版,第842页。

舜之后,封于陈,为之后者,得用先代之乐,自陈敬仲奔齐,而《韶》乐有传。当是时,鲁具四代之乐,然恐不无差舛。《韶》之来最远,而独得其传于今,夫子故曰'《韶》尽美矣,又尽善也',殆谓是欤?季札在鲁观《韶》,虽极称赞,未必如在齐之善,夫子是以学之而忘味之久。①

因此,鲁襄公二十九年,鲁无《韶》乐的可能性极小,不足以证明季札观乐乃后人附会之笔。

《左传》季札观乐是一篇了解《诗》形成过程的重要文献,但其详细记载的真实性也受到了一些学者的怀疑。如朱熹在回答"季札观乐如何知得如此之审"时说:"此是左氏妆点出来,亦自难信。如闻齐乐而曰'国未可量',然一再传而为田氏,乌在其为未可量也!此处皆是难信处。"②清人刘统勋亦云:"闻乐知政,不过于声容之际,得其想象而已,何季札观乐历论不爽分毫,然此犹事后之言。至其聘诸国交纳名卿,料事几先若合符契,语多傅会,左氏所以失诬也。"③事实上,引《诗》以寄意,在春秋时期经历了一个发展过程,季札观乐时期正是赋《诗》、诵《诗》之风较为盛行的时期。我们认为,《左传》中对于季札观乐的记载尤其详细,很可能与娴熟诗乐的叔孙豹(穆子)有一定的关系。《左传》记载了见叔孙穆子之后随即记载了观乐的过程。因此,季札请观周乐,极可能是在叔孙穆子的陪同下进行的。《左传》的作者可能借助于叔孙穆子的原始材料而成此篇章。清人刘始兴曾有这样的推测:"窃疑左氏云云,盖因鲁史有季札观乐,遂依孔子删定之书附会之。"④虽然这是基于孔子删诗不可置疑前提下的推论,但左氏据鲁史已有资料而后撰成季札观乐的过程,这不失为颇近情理的推测。果如此,《左传》中详载季札观乐就不足为奇了。

司马迁在《史记·孔子世家》中有孔子删诗的记载,但这与《左传》

---

① 转引自[明]胡广、杨荣、金幼孜等纂修周群、王玉琴校注《四书大全校注·论语集注大全》卷七,武汉大学出版社2009年版,第483页。
② [宋]黎靖德编、王星贤点校:《朱子语类》卷第八十三,中华书局1994年版,第2170页。
③ [清]刘统勋:《评鉴阐要》卷一,清文渊阁四库全书本。
④ [清]刘始兴:《诗益》卷十九,清乾隆八年尚古斋刻本。

季札观乐有些许矛盾,有学者遂以"孔子删诗"反证《左传》关于季札观乐的记载不可靠。① 这样的理由同样难以成立。因为《史记》中对季札观乐的记载几乎与《左传》一样。② 如果司马迁对其有疑问就决不会详述其观乐的过程。事实上,比较而言,司马迁记述季札的内容更加详细,而记述孔子的这部分则简单得多。司马迁对季札甚为推敬,在《吴太伯世家》中,围绕季札的行谊占据了约三分之一的篇幅。如果他对《左传》的记载有怀疑,定会认真审视这一内容。否定季札观乐的论者是站在肯定孔子的立场上,上溯反推《左传》关于季札观乐的文献乃后人附会,这样的论证方式显然不合逻辑。其实,司马迁的两种记载很有可能并不矛盾。因为司马迁所说的孔子将"三千余篇"变成"三百五篇"的途径与方法是"去其重",极可能是当时流传于列国的《诗》之传本搜集归并,而去除重复。亦即约相当于十种不同的诗集归并一起。因为根据《左传》等文献记载,当时不但中原诸国的诸侯、士卿、史官等都能赋诗、引诗述志,而且远在南方的"蛮夷"之邦楚国的君臣亦能引诗、赋诗。可见,当时有比较统一的读本、教本③流行于列国,否则,在盟会、聘问场合,各引其《诗》以述志则难以沟通,并且列国流行的读本存诗数量当不会太多,如果有3000首左右,则鲜有人能够熟稔于心,信口引诵。如果对当时流行的古《诗》诸本有这样的理解,那么,司马迁"去其重"这一"删诗"说之源便得到了廓清。就孔子而言,他所处的时代是"周室微而礼乐废,《诗》《书》缺"。④ 孔子是以恢复西周礼乐文明为己任的承道者,因此,对于礼崩乐坏、诗书残缺的现象必然会起而为之。同时,孔子兴私学,他重视《诗》的巨大功能,谓之"不学《诗》,无以言"。因此,他综汇诸种版本,编次整理而形成一个较统一的教材或通行的版本,这是十

---

① 如,前揭刘始兴之论即是。
② 诚如明人何良俊所言:"左氏之文,口非不奇,但嫌其气促耳,至《史记》季札观乐一段,全用《左传》语,但增点数字,而文字便觉舒徐,乃知此老胸中自有一副炉鞴。其点化之妙,不可言也。"([明]何良俊撰:《四友斋丛说》卷之五,中华书局1959年版,第44页)
③ 对于列国教《诗》的情况,有文献可征。据《国语·楚语上》记载,楚庄王为太子箴立傅时,曾问申叔时,申叔时曰:"教之《春秋》,而为之从善而抑恶焉,以戒劝其心;教之《世》,而为之昭明德而废幽昏焉,以休惧其动;教之《诗》,而为之导广显德,以耀明其志。"(徐元诰:《国语集解》,中华书局2002年版,第485页)
④ 《史记》卷四十七《孔子世家第十七》,中华书局点校本,第1935页。

分自然的。综汇诸种版本而得其全,则约为"三千余篇",如此而"去其重",成"三百五篇"则完全合乎情理。从这个意义上说,孔子删诗的主要贡献,在于综汇诸本而"去其重",形成统一的读本。孔子编定这个教本还存在着这样一个现实的原因,这就是孟子所说"王者之迹熄而《诗》亡"。称《诗》引《诗》的现象在经过春秋中叶的流行繁盛之后,到春秋末年已大为减少,有学者对此现象进行了统计分析:"从《左传》看,到春秋末年,引诗记载是大大减少甚至消失了。鲁定公在位的十五年中,列国引诗仅有三次,自鲁哀公二年到十七年的二十五年中,那时还有周鲁齐晋秦楚宋卫陈蔡郑燕吴十三国,但引诗只有两次,与盛时比较,相差数十倍。"①因此,孔子编次《诗》有承挑文化不隳的现实考量。当然,这一读本被接受很可能是一个渐进的过程,是随着孔子以及儒家影响力的扩大而逐渐形成的。从这个意义上来说,《史记》中对于孔子删诗的记载与《左传》记载季札观乐并不矛盾。季札观乐时《诗》的次序与《毛诗》稍有不同,恰恰证明了孔子删《诗》(亦即"去其重",并稍变其次第)的历史事实。

二 探寻古代诗乐关系的窗口

季札观乐提供了不同的解《诗》路径,开阔了诠解《诗经》的视野。但是,季札是观乐还是闻诗?春秋时诗乐往往互为表里,如《尚书·尧典》:"诗言志,歌咏言,声依咏,律和声。"《墨子·公孟篇》:"诵《诗》三百,弦《诗》三百,歌《诗》三百,舞《诗》三百。"《礼记·乐记》云:"诗,言其志也,歌,咏其声也,舞,动其容也。三者本于心,然后乐器从之,是故情深而文明,气盛而化神,和顺积中,而英华发外。"②刘勰亦云:"诗为乐心,声为乐体。乐体在声,瞽师务调其器;乐心在诗,君子宜正其文。好乐无荒,晋风

---

① 邵胜定:《由书传称引考〈诗〉的历史形态——兼证司马迁孔子删诗说的可信》,载《上海大学学报》1991年第5期。
② [清]孙希旦:《礼记集解》卷三十八《乐记第十九之二》,中华书局1989年版,第1006页。

所以称远;伊其相谑,郑国所以云亡。故知季札观辞,不直听声而已。"①唐人孔颖达更谓之:"诗是乐之心,乐为诗之声,故诗、乐同其工也。"②尽管如此,我们认为诗与乐毕竟并不能完全同一,以上所云仅是论述两者之间具有密切的联系而已。"诵诗三百"与"弦诗三百""歌诗三百""舞诗三百"恰恰说明诵、弦、歌、舞之间并非一回事。因此,关于季札观乐是观乐还是听诗的问题并不是一个伪命题。围绕着这一问题而涉及的有关古代诗乐之间的关系,概有以下几种不同的观点。

一种是认为诗乐合一,季札所评是据诗乐的综合评价。许慎、郑樵、王柏、劳孝舆、马瑞辰、钱钟书等人都持有大致相似的观点。如郑樵认为"得诗而得声者《三百篇》,则系于《风》《雅》《颂》;得诗而不得声者,则置之,谓之逸诗,如《河水》《祈招》之类无所系也"。③亦即今存《诗三百》都可以用于祭祀或燕享的得声之作。清人劳孝舆的《春秋诗话》卷五认为两者为一,云:

> 右《吴公子观周乐》一篇,评乐也,何曰评诗?曰,在札为评乐,在《传》为评诗。即《传》曰评乐,而吾则以为评诗也。何以曰评诗?盖乐与诗存,则乐为有声诗。乐亡诗存,则诗为无声乐,乐与诗一也。子曰:"吾自卫反鲁,然后乐正,《雅》《颂》各得其所。"未尝歧诗乐而二之也,然皆古人之迹耳。④

劳孝舆认为对于古代诗乐不能仅凭徒诗,而需倾耳侧目才能得古人之神韵,他认为诗"《小序》之凿空与诸儒之臆说"都不能领会《诗》的真精神。他认为季札则不然,季札是真正得古人真面目者。谓:"惟公子以至聪之耳,至明之目,而运以古人之心,得之于神,遇之于幽,不觉其津津道之,皆以见古人之真面目、真性情也。"⑤马瑞辰认为"《诗三百篇》,未有不可入乐者"。而这一结论的一个重要依据便是季札观乐,云:"《左传》,吴季札请观周乐,使工为之歌《周南》《召南》,并及于十二

---

① 刘勰著、范文澜注:《文心雕龙注》卷二《乐府第七》,人民文学出版社1958年版,第102页。
② 《毛诗正义》卷第一,《十三经注疏》标点本,北京大学出版社1999年版,第11页。
③ [宋]郑樵:《通志》卷四十九《乐略第一·乐府总序》,清文渊阁四库全书本。
④ [清]劳孝舆:《春秋诗话》卷五,清《岭南遗书》本。
⑤ [清]劳孝舆:《春秋诗话》卷五。

国。若非入乐,则十四国之诗不得统之以'周乐'也。"当然,马瑞辰认为古诗入乐时也有对本诗稍做改变以协音律的情况,云:"或疑诗皆入乐,则诗即为乐,何以孔子有删诗、订乐之殊。不知诗者,载其贞淫正变之词;乐者,订其清浊高下之节。古诗入乐,类皆有散声叠字以协于音律。即后世汉、魏诗入乐,其字数亦与本诗不同。则古诗之入乐,未必即今人诵读之文,一无增损,盖可知也。"①宋人魏了翁则通过季札观乐时的即兴之评与现存《诗经》的些许矛盾中,透视出季札之评依据的是诗乐融汇而形成的审美效果,云:"襄二十九年,《左传》鲁为季札歌《齐》,曰:'美哉',此诗皆云刺,彼云'美哉'者,以《鸡鸣》有思贤妃之事。《东方未明》,虽刺无节,尚能促遽自警。诗人怀其旧俗,故有箴规,故季札美其声。"②对于"诗乐理宜配合",钱钟书先生有这样精彩的论述:"夫洋洋雄杰之词不宜'咏'以靡靡涤滥之音,而度以桑、濮之音者,其诗必情词佚荡,方相得而益彰。不然,合之两伤,如武夫上阵而施粉黛,新妇入厨而披甲胄,物乖攸宜,用违其器。"③这也是论《诗》时前人较普遍的观点。当然,还有学者对于季札所评有更深入的分析,认为季札所评有些是据乐音,有些是据歌诗。其中对于"美哉""沨沨乎""泱泱乎""广哉""熙熙乎"等的评价主要是听其声,而具体的评价则是因闻其歌辞而后得。如孔颖达云:"先儒以为季札所言,观其诗辞而知,故杜显而异之。季札所云:'美哉'者,皆美其声也。"④王质《诗总闻》云:"季子曰:'美哉,始基之矣,犹未也。然勤而不怨矣。'其声与其辞杂言之也。"⑤吕祖谦亦云:

> 季札来聘鲁,请观周乐,鲁使乐工为之歌诸国之《风》及历代之诗,如大、小《雅》《颂》之类。札随所观次第品评之,有论其声者,有论其义者,如所谓"美哉!渊乎""美哉,泱泱乎""美哉,沨沨乎""广哉,熙熙乎"之类。此皆是论其声也。如所谓"忧而不困,思而不

---

① [清]马瑞辰:《毛诗传笺通释》卷一《诗入乐说》,中华书局1989年版,第1—2页。
② [宋]魏了翁:《毛诗要义》卷五上[十二],宋淳祐十二年徽州刻本。
③ 《管锥篇》第一册,中华书局1986年版,第60页。
④ [晋]杜预注、[唐]孔颖达疏:《春秋左传正义》卷第三十九,《十三经注疏》标点本,北京大学出版社1999年版,第1096页。
⑤ [宋]王质:《诗总闻》卷一上《南·闻南一》,清武英殿聚珍版丛书本。

惧","乐而不淫","大而婉,险而易行,思而不贰,怨而不言,曲而有直"之类,此皆是论其义也。以此知古人之诗声与义合,相发而不可偏废。至于后世,义虽存而声则亡矣。①

他们都是诗乐合一论者。《诗》三百原初都可以入乐,只是因为历久乐失而剩徒歌。

另一种认为《诗》部分入乐,部分不入乐,季札所闻与《国风》无关。如宋人程大昌云:"盖《南》《雅》《颂》乐为也,若今乐曲之在某宫者也。《南》有《周》《召》,《颂》有《周》《鲁》《商》,本其所从,得而还,以系其国土也。二《雅》独无所系,以其纯当周世,无用标别也,均之为《雅》音,类既同,又有别为大小,则声度必有丰杀廉肉,亦如十二律然。既有大吕,又有小吕也。若夫《邶》《鄘》《卫》《王》《郑》《齐》《魏》《唐》《秦》《陈》《桧》《曹》《豳》,此十三国者,诗皆可采,而声不入乐,则直以徒诗者之本土,故季札所见,与夫周工所歌,单举国名,更无附语,知本无《国风》也。"又云:"春秋战国以来,诸侯卿大夫士,赋诗道志者,凡诗杂取无择,至考其入乐,则自《邶》至《豳》,无一诗在数也。"②明人焦竑等人亦赞同程氏之说③。

诸说都各有所据,且聚讼不已。如清人马瑞辰、魏源等便对程大昌等人的观点提出了驳议,马瑞辰认为《诗》三百篇均可入乐,其后可歌与不可歌,是因为古乐失传,他通过文献论证道:"《大戴礼·投壶篇》曰:'凡《雅》二十六篇,其八篇可歌,歌《鹿鸣》《貍首》《鹊巢》《采蘩》《采苹》《伐檀》《白驹》《驺虞》;八篇废,不可歌;其七篇《商》《齐》,可歌也;三篇间歌。'所谓可歌者,谓其声律犹存;不可歌者,仅存其词而声律已不传也。若但以其词言之,则三百五篇俱在,岂独《鹿鸣》《鹊巢》诸篇为可歌哉?"④马瑞辰驳议的证据之一便是:"《左传》,吴季札请观周乐,使工为之歌《周南》《召南》,并及于十二国。若非入乐,则十四国之诗不得统之以'周乐'也。"⑤而魏源则根据作诗的缘起,将诗分为"为乐作"与"不为

---

① [宋]吕祖谦:《左氏传说》卷第九《吴季札来聘观乐》,文渊阁四库全书本。
② 以上引自[宋]程大昌《考古编》卷一《诗论》,民国校刻儒学警悟本。
③ 详见[明]焦竑《焦氏笔乘》卷二《诗有南雅颂无国风》,中华书局 2008 年版,第 86—87 页。
④ [清]马瑞辰:《毛诗传笺通释》卷一《诗入乐说》,中华书局 1989 年版,第 2 页。
⑤ [清]马瑞辰:《毛诗传笺通释》卷一《诗入乐说》,第 2 页。

乐作"两类。古人因礼作乐,因乐而作,举例言之:"欲为房中之乐,则必为房中之诗,而《关雎》《鹊巢》等篇作焉;欲吹豳乐,则必为农事之诗,而《豳诗》《豳雅》《豳颂》焉;欲为燕享祭祀之乐,则必为燕享祭祀之诗,而正《雅》及诸《颂》作焉。"①除此,"凡因事抒情不为乐作者,皆不得谓之乐章",这些作品不但有采陈于下层的"变《风》变《雅》",也可以类附诸《风》《雅》《颂》《南》之下,诸如"二《南》之《殷其雷》《汝坟》《行露》《甘棠》,《豳》之《破斧》《伐柯》,《颂》之《访落》《闵予小子》《小毖》《敬之》"②等等。但这些作品并不是不入乐,只不过与"为乐作"之诗那样"三篇连奏,一诗一终,条理井然,不可增易"不同,散歌散乐的表演相对自然,但也具有乐的功能,只不过与"为乐作"的作品那样在歌诗创作之前即已明确其旨趣不同。这些"不为乐作"而最终亦能入乐的作品的作用有三:"一用于宾祭无算乐,再用于矇瞍常乐,三用于国子弦歌。"③在魏源看来,季札观乐即是散歌散乐的第一种功能的体现,曰:

> 《仪礼》燕、乡、宾、射,皆于升歌笙间合乐之后,工告正歌备,乃继之以无算爵,乱之以无算乐。无算云者,或间或合,尽欢而止。若季札聘鲁观周乐,岂能一日遍歌三百篇,亦岂能若正歌三终之确有定数?且乡饮、乡射皆于明日息司正,曰"乡乐惟欲",则二《南》自首三篇外,亦可随意歌之。此散歌散乐一用也。④

魏源认为,《诗三百》既可诵,亦可弦歌舞,他的结论是"周时无不入乐之诗"。⑤ 相对而言,魏源所论更加精微深入,其结论在文献中亦得到了佐证。⑥ 他将季札观乐视为散歌散乐的表演,别具新意,对解释观乐的诸多疑问颇有启发。

---

① [清]魏源:《诗古微》上编之一《夫子正乐论》上,岳麓书社1985年版,第137页。
② [清]魏源:《诗古微》上编之一《夫子正乐论》上,第138页。
③ [清]魏源:《诗古微》上编之一《夫子正乐论》上,第138页。
④ [清]魏源:《诗古微》上编之一《夫子正乐论》上,第138页。
⑤ [清]魏源:《诗古微》上编之一《夫子正乐论》上,第139页。
⑥ 如《吕览高诱注》及《后汉书·马融传》注引《说苑·善说篇》均有宁戚歌《硕鼠》的记载,而《硕鼠》即列于变《风》。《庄子·让王第二十八》中亦有这样的记载:"曾子居卫,缊袍无表,颜色肿哙,手足胼胝。三日不举火,十年不制衣,正冠而缨绝,捉衿而肘见,纳屦而踵决。曳縰而歌《商颂》,声满天地,若出金石。"([清]郭庆藩:《庄子集释》卷九下,中华书局1961年版,第977页)并非用于"以其成功告于神明"。

《左传》关于季札观乐的记载，除了对于理解古代诗乐的一般关系具有文献学意义之外，还是理解具体古乐性质不可或缺的材料。如对于《南》乐的性质，论者认识不一，但无不据季札观乐以证。宋人程大昌云："春秋战国以来诸侯卿大夫士赋诗道志者，凡诗杂取无择，至考其入乐，则自《邶》至《豳》，无一诗在数也，享之用《鹿鸣》，乡饮酒之笙《由庚》《鹊巢》，射之奏《驺虞》《采蘋》，诸如此类，未有或出《南》《雅》之外者，然后知《南》《雅》《颂》之为乐诗，而诸国之为徒诗也。《鼓钟》之诗曰：'以《雅》以《南》，以籥不僭。'季札观乐有《象箾》《南籥》者。详而推之，《南籥》二《南》之籥也。《箾》，《雅》也，《象》舞《颂》之维清也。其在当时亲见古乐者，凡举《雅》《颂》率参以《南》。"①程大昌根据季札观乐时有"见舞《象箾》《南籥》者"的记载，得出了《南籥》即二《南》之籥的结论，在程大昌看来，二《南》之乐即是雅乐，因此，程大昌特重二《雅》二《南》之乐。但魏源对程大昌关于《南》乐性质的理解提出了异议，而援据的重要文献之一也是季札观乐。魏源认为，《南籥》不是二《南》之籥，因为季札观乐之时，在见舞《南籥》之前即已闻"歌《周南》《召南》"，因此，魏源得出了这样的结论，"在歌《周南》《召南》之外，明二《南》属工歌，《南》乐属籥舞，舞主容不主声，故《南籥》无诗，不得以二南之地名为乐名也。《风》《雅》《颂》皆在《雅》乐之中，则二《南》国风即在《雅》乐之内，与南夷之乐相对，不得以《雅》乐为二《雅》之诗，而《南》乐为二《南》之诗也。"②即魏源认为，二《南》之诗相配的是《雅》乐。但是，"南"乐本身则是四夷之南乐，《南籥》即是用籥而舞的南夷之乐，与《雅》乐相配的二《南》之诗无关。魏源所据亦是季札所观《南籥》徒舞的事实。但魏源认为，南乐是四夷之乐中与《雅》最为相近的一种，因为四夷之乐中，唯南方有歌，③魏源认为《南》乐尤和而近《雅》，因此，《小雅·鼓钟》中有"以雅以南，以籥不僭"一说。魏源认为，程大昌以及此前的苏辙、郑樵等人主二《雅》二《南》的核心是将南夷之乐与二《南》之诗相配的《雅》乐混为一谈，亦即

---

① [宋]程大昌：《考古编》卷一《诗论二》，民国校刻儒学警悟本。
② [清]魏源：《诗古微》中编之六《小雅答问》，岳麓书社1985年版，第500—501页。
③ 见[汉]班固《白虎通德论》卷第二《礼乐》："一说东方持矛，南方歌，西方戚，北方击金。夷狄质不如中国文，但随物名之耳。"（四部丛刊景元大德刻本）

"徒据士大夫燕饮合乡乐之礼,以例王朝奏乐之制"。结果是"内遗《国风》《周颂》,外遗《南籥》《象箾》"。而判断程氏等人之误的根据之一则是"与季札观乐无一合"。① 不但魏源驳诘程大昌是如此,历代的《诗》论者在论及古代诗乐关系时,无不以季札观乐为重要依凭之一,只是选取的证据各各有别而已。但无论诗乐论者的结论为何,他们论证过程本身都充分证明了《左传》对季札观乐的记载,是了解古代诗乐关系极为重要的文献。

我们认为,季札观乐,明确记载是闻其"歌",显然不是徒诵,其《风》《雅》《颂》部分是弦歌,自《象箾》之下才是舞。季札博学多文,在吴时已知乐歌之文,此时听其雅音,以与原诗对应。就当时的交通条件而言,文可传而声难达。因此,此次入诸夏,便请观周乐,听声以应原文。但表演之时极可能并未先通报乐名,亦即魏源所谓"或间或合,尽欢而止"。因此季札有"是其卫风乎"的疑问。诚如杜预所云:"季札贤明才博,在吴虽已涉见此乐歌之文,然未闻中国雅声,故请作周乐,欲听其声,然后依声以参时政,知其兴衰也。闻秦诗谓之'夏声',闻《颂》曰'五声和,八风平',皆论声以参政也。舞毕,知其乐终,是素知其篇数。"②季札所闻之音,当既有弦音,亦有歌音。

三 蠡测《郑》《卫》之音的文献依凭

季札请观之周乐,当是雅乐。在正统的学者看来,雅乐当无淫奔之声。如果《诗三百》均为雅乐,那么其中的《鄘风·桑中》《郑风·溱洧》堪称是淫奔谑浪之作,何以解释? 季札观乐则为解释其中的原因提供了重要的文献依据。如朱熹认为,《桑中》即是《乐记》中所说的"桑间濮上之音,亡国之音也"中的"桑间"。《邶》《鄘》《卫》实乃一体,《鄘风》中的《桑中》也属于《卫风》。于是,朱熹将雅乐与郑卫区别开来,认为"二

---

① [清]魏源:《诗古微》中编之六《小雅答问》,岳麓书社1985年版,第501页。
② [晋]杜预注、[唐]孔颖达疏:《春秋左传正义》卷第三十九,《十三经注疏》标点本,北京大学出版社1999年版,第1107页。

《南》《雅》《颂》祭祀朝享之所用也。《郑》《卫》桑濮里巷狭邪之所歌也"。① 朱熹认为《桑中》诸篇,本是淫奔之人自赋之诗,而并非《诗序》所说的刺奔之作。这些作品见录于《春秋》,只是因为记"乱臣贼子之事。盖不如是,无以见当时风俗事变之实,而垂鉴戒于后世,故不得已而存之。"并且设想,如果将其"奏之宗庙之中,朝廷之上,则未知其将以荐之何等之鬼神,用之何等之宾客"。② 其说看似有理,但是,将《邶》《鄘》以及《郑》《卫》等剔出雅乐,这与季札观周乐时《邶》《鄘》《卫》《郑》等作品赫然见列的史实正相矛盾。《左传》中季札观乐的记载从根本上否定了朱熹曲为其说的根据。诚如马端临所云:"《左传》言季札来聘,请观周乐,而所歌者《邶》《鄘》《卫》《郑》皆在焉,则诸诗固雅乐矣。使其为里巷狭邪所用,则周乐安得有之?而鲁之乐工亦安能歌异国淫邪之诗乎?"③所论言之成理。当然,马氏的论断学界并不认为是定谳。如清人刘始兴仍然认为,先王制乐,金石未奏,一定先考定乐章。《雅》《颂》《二南》《豳》是周室兴盛时的作品,垂之后世而成为国家之典。但大小《雅》中刺厉、幽王诸诗则不在此列,何谈《邶》《鄘》《卫》以下诸作?他认为这些作品仅是"私录于人"之作,而并未入于国家之典。得以演奏,乃是因"列国乐工或窃肆习之"。④ 刘氏所论最难以自圆其说的在于季札观乐的记载何以解释,于是他有这样的推测:"盖因鲁史有季札观乐事,遂依孔子删定之书附会之。"其意是说,《春秋》有"吴子使札来聘"的记载,《左传》遂以孔子所删之《诗》附会之。他认为果为如此,则"其说既有害于圣人编诗之意,而又失当日正乐之微旨"。⑤ 这一观点的前提是周乐一定是雅乐。因此,这就彻底改变了论证的路向,曲为其说便不足为怪了。同样,对于《左传》季札观乐《国风》次第与今《诗》之不同,刘始兴也认为"或传闻异迻,或左氏稍易其序以自别于孔子,皆未可定",认为"先儒据此遂谓孔子未删诗次序,盖误信左氏而未之考耳"。⑥ 其前提同样

---

① 〔周〕卜商撰、朱熹辨说:《诗序》卷上,明津逮秘书本。
② 〔周〕卜商撰、朱熹辨说:《诗序》卷上。
③ 〔元〕马端临:《文献通考》卷一百七十八《经籍考》五,清浙江书。
④ 〔清〕刘始兴:《诗益》卷十九《雅歌辨》,清乾隆八年尚古斋刻本。
⑤ 〔清〕刘始兴:《诗益》卷十九《雅歌辨》。
⑥ 〔清〕刘始兴:《诗益》卷二十《左氏内外传引诗录》。

是"孔子删诗"不可疑,雅乐与"郑卫之音"不可混。

当然,视"郑卫之音"为"伐性之斧",最经典的表述还是来自孔子的"郑声淫"。但是,在季札观乐中,季札对《邶》《鄘》《卫》褒赞甚至,对《郑》虽然有"其细已甚,民弗堪也。是其先亡乎"的贬抑,但同样也有"美哉"之叹。季札所评是据郑卫之乐还是郑卫列国歌诗,倍受历代学者关注。因为歌诗尚存,但乐声难求。郑卫乐声已消逝在悠远的时空之中。但如果季札所闻以声为主,那么季札观乐对《郑》《卫》的评价便成为了解郑卫之音的一个窗口。如宋人王应麟即认为季札是闻声而评,云:"吴氏曰:《齐诗》刺哀襄,而季札观乐乃曰'泱泱乎大风也哉'。郑美武公父子,而札乃曰其'细已甚'。曰大曰细,自其土地风气之发于音声者言之,而非系乎辞也。"①古代认为诗乐两分的学者,有些虽然不是因季札观乐而发,但其结论则适用于探讨季札观乐以及了解郑、卫之音。如戴震云:"凡所谓声,所谓音,非言诗也。郑卫之音非郑卫诗,桑间、濮上之音非《桑中》诗,其义甚明。"②清人陈启源云:"朱子辨说,谓孔子'郑声淫'一语可断尽《郑风》二十一篇,此误矣。夫孔子言'郑声淫'耳,曷尝言郑诗淫乎?声者,乐音也,非诗辞也。淫者,过也,非专指男女之欲也。古之言淫多矣,于星言淫,于雨言淫,于水言淫,于刑言淫,于游观田猎言淫,皆言过其常度耳。乐之五音十二律,长短高下,皆有节焉,郑声靡曼幻眇,无中正和平之致,使闻之者,导欲增悲,沉溺而忘返,故曰淫也。朱子以郑声为《郑风》,以淫过之淫为男女淫欲之淫,遂举《郑风》二十一篇,尽目为淫奔者所作。……夫孔子删诗以垂世立训,何反广收淫词艳语传示来学乎?"③戴震、陈启源等人严分声、诗。当然,他们一般都是在秉持程大昌等人《雅》《颂》《南》入乐,而《邶》以下十三国风不入乐的前提之下而言的。但《左传》明确记载季札"请观周乐",而《郑》《卫》亦在其中,这又成学者攻驳郑声、《郑风》区别论的重要证据。虽然"郑卫之音"与雅乐之间的关系尚需考证,但季札观乐都是双方绕不开的重要文献。

---

① [宋]王应麟:《诗地理考》卷二《郑》,明津逮秘书本。
② [清]戴震:《东原集》卷一《书郑风后》,四部丛刊景经韵楼本。
③ [清]陈启源:《毛诗稽古编》卷五,清文渊阁四库全书本。

四 儒家文艺观的理论先驱

孔子论诗讲中和之美，云："诗三百，一言以蔽之，曰：思无邪。"（《论语·为政第二》）又云："《关雎》乐而不淫，哀而不伤。"（《论语·八佾第三》）《礼记》载："孔子曰：入其国，其教可知也，其为人也，温柔敦厚，诗教也。"（《礼记·经解》第二十六）《诗》教与《书》教、《乐》教、《易》教、《礼》教、《春秋》教一起，共同构成了儒家的教化体系。但在孔子尚幼之时，季札在观乐时已充分论及了诗乐的中和之美，如他称《周南》《召南》"勤而不怨"，《邶》《庸》《卫》"忧而不困"，《豳》"乐而不淫"，《魏》"大而婉，险而易行"，《小雅》"思而不贰，怨而不言"，《大雅》"曲而有直体"。对《颂》的评价更为全面具体。如果说孔子所谓"乐而不淫，哀而不伤"主要是就情感的表达方面而言，那么，季札所论则丰富得多，其中既有与孔子相似的关于情感表达的"度"的含义，如"忧而不困""乐而不淫""哀而不愁，乐而不荒"等，亦有艺术手法的适中，如"曲而有直体"等。更多的则是态度、性情的中节和美，如"直而不倨，曲而不屈"等等。从这个意义上说，季札比孔子所论更注重《诗》之教的作用。同时，与儒家经典诸"教"更加应合，并部分地承担了《礼》之"教""恭俭庄敬"的作用。就此而言，季札观乐所引出的隐然存在的"诗教"比儒家的"温柔敦厚"诗教更加具有"教"的色彩，与社会政治的关系也更加密切。可见，季札为儒家《诗》教以及"兴观群怨"的儒家诗学开启了大端。孔子所谓"乐而不淫，哀而不伤"以及温柔敦厚的《诗》教乃是继承季札的诗乐理论且是申述了季札之诗乐思想之一端而已。

同时，儒家诗学尤重诗歌的社会功能，孔子曰："小子何莫学夫诗？诗可以兴，可以观，可以群，可以怨。迩之事父，远之事君；多识于鸟兽草木之名。"（《论语·阳货第十七》）其中的"观"，郑玄解释为"观风俗之盛衰"。朱熹释之为"考见得失。""怨"，意指诗歌可以抒写不满，泄导人情。孔安国说是"怨刺上政"。当然，是凡家庭、朋友、男女之间，情感有所郁结，都可借诗以抒写，这就是司马迁所谓"《诗》三百篇，大抵贤圣发愤之所为作也"。① 在孔子之前,季札在观乐时已论及了诗乐的知政功能,并对《郑风》《陈风》提出了比孔子更早的评论。由此亦可以看出,季札的文艺观是致用的文艺观,通过诗乐以见政德厚薄、风俗兴衰,这是季札观乐的主要目的,诚如刘勰所云:"师旷觇风于盛衰,季札鉴微于兴废,精之至也。"②对此,明人徐问有这样的论述:

> 朱子以《二南》为正风,十三国为变风,季子犹未慊于《二南》之化,至于《邶》《鄘》《卫》《齐》《秦》以下,有处变怨思之怀,有惰曼淫靡之习,有超轶悍强之气,有鄙啬急蹙之情。若此者顾犹亟称之,何哉?盖以文王之化止于江汉南国,其幽冀济充青梁之间,皆为纣地,犹未洽也。下比列国季世,虽多失德,而姜姬内媛变而知常,情以止义,其臣尚思西周宗社播迁,其民犹知兴复桑田。大夫感怀离黍,则以先王教化礼义之泽,宛然如存。齐、秦本无可称,而推表太公,原其功也。曰"周之旧",原其地也。魏唐俭啬忧思,原其遗也。《豳》风虽在君臣疑惧之时,而俗本先公,辞出圣理,其美信矣。郑陈靡曼,荡蔑礼法,国步斯蹙,理固宜然。情之邪正,道之污隆,俗之美恶,皆于是乎见之,可以兴矣。至于二雅小大,本出于朝廷贤臣,硕辅礼乐之懿,冠冕之词,而燕飨会朝,或通于下,或专于上,时代升降,正变因之。孔子删而兼取焉,可以观治也。然《小雅》则曰周德之衰,岂以其制作皆出于代商之后?《大雅》则美文王之德,岂因其诗多追述文王者乎?孔子尝谓武未尽善,而称文为至德。季子或得诸此矣。③

徐问所论历述了季札论诗观乐的所得,并与孔子论文王、武王的言论进行比较,揭示了他们之间联系的一面,诚为的论。但认为季札或得于孔子,这显然是误识。季札观乐时孔子尚年幼,孔子得之于季札观乐的评论十分明显。

季札观乐,对后人论《诗经》具有重要的启示作用。如《毛诗序》所

---

① 《史记》卷一百三十《太史公自序第七十》,中华书局点校本,第3300页。
② 刘勰著、范文澜注:《文心雕龙注》卷二《乐府第七》,人民文学出版社1958年版,第101页。
③ [明]徐问:《读书札记》卷七,文渊阁四库全书本。

谓"雅者,正也。言王政之所由废兴也。政有大、小,故有《小雅》焉,有《大雅》焉"。这与季札观乐时所发出的关乎兴废的认识是一致的。《毛诗序》云:"《周南》《召南》,正始之道,王化之基。"①这显然是从季札闻《周南》《召南》所叹"美哉!始基之矣"而来。而《毛诗》《江有汜》的序文云:"《江有汜》,美媵也。勤而无怨,嫡能悔过也。"②显然是从季札闻《二南》而叹"犹未也,然勤而不怨矣"得到启示。同样,《毛诗》《淇奥》序文云:"《淇奥》,美武公之德也。有文章,又能听其规谏,以礼自防,故以入相于周,美而作是诗也。"③亦是得季札所谓"吾闻卫康叔、武公之德如是"之意而发。可见,季札观乐堪称是后世《诗》学的滥觞,乃至于影响了中国古代诗学的发展史。虽然孔子是儒家的至圣先师,但是儒家的文艺思想因子在季札观乐中已经得到了显现。当我们讲述儒家的代表人物时,往往有以两人并称的传统。周孔并称,这是因为周公对于儒家的礼义制度有重要的贡献。中唐以后孔孟并称,主要是突出了孟子在心性方面对儒学的贡献。但如果就儒家文艺思想来看,季孔并称似乎比较近于历史事实。季札堪称是在孔子之前对孔子文艺思想启发最大、影响最为直接的贤士。儒家是中国古代文艺思想的主干,由此也可见季札在中国文艺思想史上具有的举足轻重的影响。

季札观乐是《左传》中着墨较重的一笔,颇受后人的重视。如宋人黄震虽然认为《左传》有"文章浮艳,更无事实"之憾,对鲁献公的部分,"更举事不得",仅季札观乐可作"左氏妆点"。④ 黄震还认为,季札观乐显示了卓越的智识和政治才华,云:"季札生蛮夷中,以礼义智识闻天下。闻乐而知古人之治乱,历聘而知列国之兴衰。烛照龟卜莫喻其明矣。"⑤季札观乐,既是吴文化见著于中原的重要事件,更是儒家文艺观肇始期的一个重要标识。

---

① 《毛诗正义》卷第一,《十三经注疏》标点本,北京大学出版社1999年版,第21页。
② 《毛诗正义》卷第一,《十三经注疏》标点本,第97页。
③ 《毛诗正义》卷第三,《十三经注疏》标点本,第215页。
④ [宋]黄震:《黄氏日抄》卷三十七,元后至元刻本。
⑤ [宋]黄震:《黄氏日钞》卷五十三《读杂史》。

五 贤士祛魅：理性评价的前提

观乐知政、观乐以论君德，进而判断国祚短长，这是一个抽象而又难以一是的精神活动。因此，后人对季札观乐的苛责也不乏其人，如宋人陈旸历数了季札论乐之不足。虽然并无清晰论证而失之武断，但也客观地说明了观乐论政之难，其曰："吴公子札聘鲁而观周乐，左氏所以备载而深美之也。今夫先王之道莫急于乐，乐之章莫备于《风》《雅》《颂》，然《风》有正变之异，《雅》有大小之殊政，《颂》兼商鲁之异美，其有造乎情性之微，其显有该乎治道之大，自非博闻多识，通乎圣人之意者，孰能观而知之耶？"因此他才感叹"大哉，公子札之观周乐也，闻其歌，有以达诗之旨，见其舞有以知德之实"。并且说："公子札之号称知乐，虽有所失，亦未在可责之哉。"①正因为这是一个隐微复杂的文艺鉴赏活动，因此，观乐之后，季札往往发出一些疑问或推测，可见，这是其闻歌然后发出的想象。诸如，"是其卫风乎""其周之东乎""其周公之东乎""其周之旧乎""其文王之德乎"等等。季札闻后而论，是依其大概印象做出的判断，这也是其没有列出具体篇目的原因。对此，清人姜宸英有这样的分析：

> 季札观乐，使工歌之，初不知其所歌者何国之诗也，闻声而后别之，故皆为想象之辞，曰："此其为卫风乎？""其周之东乎？""其太公乎？""其周公之东乎？""其周之旧乎？""其陶唐氏之遗民乎？"皆从想象而得之者也。至于见舞则便知其何代之乐，直据所见以赞之而已，不复有所拟议也。②

姜氏的推测颇合情理。季札观乐当是闻乐之先并不知何国之诗，乃闻声而后别之。评论则是闻歌后凭想象做出的判断。但是，既有歌词，何以想象？我们认为原因概有其三，一是因为吴、鲁之间方言有别，吴国所在的南方方言与中原的方言相去甚远。诚如柳宗元所言："楚越

---

① 以上引自《乐书》卷一百五十七《乐图论·歌乐》，文渊阁四库全书本。
② [清]姜宸英：《湛园札记》卷三，文渊阁四库全书本。

间声音特异,鴃舌啅譟。"①所谓"楚越间",正是勾吴之所在。据《史记·吴太伯世家》载:"太伯之奔荆蛮,自号句吴。"《史记索隐》注曰:"荆者,楚之旧号,以州而言之曰荆。蛮者,闽也,南夷之名;蛮亦称越。此言自号句吴……地在楚越之界,故称荆蛮。"②可见,柳宗元所谓"楚越间声音特异",就是指吴语独特难懂。二是歌唱比言谈更加难以听懂。因此,闻歌而后,季札时有猜度之意,当是不明歌辞的具体内容,而仅得其大概而已。三是演奏之时极可能是先未通报乐名,因此而有"是其卫风乎"的疑问。缘乎此,我们对季札的即席之评便不应过分苛求其精准与严谨。

还应指出的是,季札虽然聪敏绝伦,但毕竟当时吴国与诸夏交往开始不久,对于礼乐文化还尚处于初习阶段。这从季札在交往之中甚少引《诗》、咏《诗》、赋《诗》即可以看出。因此,《左传》在记载时谓之"请观于周乐"。而当时诸夏之间的聘问往来时常咏《诗》以达意,婉曲地表现其祈向。诚如《汉书·艺文志》所载:

> 传曰:"不歌而诵谓之赋,登高能赋可以为大夫。"言感物造耑,材知深美,可与图事,故可以为列大夫也。古者诸侯卿大夫交接邻国,以微言相感,当揖让之时,必称《诗》以喻其志,盖以别贤不肖而观盛衰焉。故孔子曰:"不学诗,无以言"也。③

孔子也说过:"诵《诗三百》,授之以政,不达;使于四方,不能专对,虽多,亦奚以为?"(《论语·子路第十三》)当然,聘问、盟会之时诵《诗》以致意似乎经历了一个演变的过程。就《左传》的记载来看,早期的引《诗》多见于史官,如隐公三年(前720年)在叙述了周、郑交质后,周平王又分政于虢公,不复专任郑伯,于是"郑祭足帅师取温之麦。秋,又取成周之禾。周、郑交恶"。此后史官援《诗》以致意,曰:"《风》有《采蘩》《采苹》,《雅》有《行苇》《泂酌》,昭忠信也。"④援《采蘩》《采苹》,用其"不

---

① [唐]柳宗元:《柳宗元集》卷三十《与萧翰林俛书》,中华书局1979年版,第798页。
② 《史记》卷三十一《吴太伯世家第一》,中华书局点校本,第1446页。
③ 《汉书》卷三十《艺文志第十》,中华书局点校本,第1755—1756页。
④ [晋]杜预集解:《春秋经传集解》第一《隐公》,上海古籍出版社1978年版,第19页。

嫌薄物"之义,取《行苇》《泂酌》忠厚之义。或直接记述《诗》中具体篇目的缘起,如《左传·隐公三年》:"卫庄公取于齐东宫得臣之妹,曰庄姜,美而无子,卫人所为赋《硕人》也。"①但其后关于咏《诗》、赋诗的记载逐渐多见,诗歌已用之于日常生活之中。如《左传·僖公五年》记载,晋侯派士蒍为二位公子筑城,不小心将木柴放进墙里,晋侯派人责备士蒍,士蒍叩首以对:"……失忠与敬,何以事君?《诗》云:'怀德惟宁,宗子惟城。'""退而赋曰:'狐裘龙茸,一国三公,吾谁适从?'"②引《诗》以达意,赋诗以抒怀已十分自然、熨帖。其后的盟会、聘问之时,借《诗》之微言以相感悟已十分普遍,其中《左传·襄公十九年》的一段记载尤为经典:

> 齐及晋平,盟于大隧。故穆叔会范宣子于柯。穆叔见叔向,赋《载驰》之四章。叔向曰:"肸敢不承命。"穆叔归曰:"齐犹未也,不可以不惧。"乃城武城。③

当齐、晋争霸时,鲁国是晋国的盟国,公元前554年,齐国与晋国媾和,在大隧结盟,但齐、鲁交界,鲁国还是担心齐国进行挑衅。如果挑衅,晋国会否帮助,鲁国心中无数。齐、晋盟约初订,此时直接向晋国提出这种担心显然不妥,于是叔孙豹(穆叔)在见晋国大夫叔向时,仅赋《诗·鄘风·载驰》第四章,别无它言,更因为不便言。《载驰》是许穆夫人所做的一首爱国诗篇。其第四章的内容是:"我行其野,芃芃其麦。控于大邦,谁因谁极!"叔孙豹重点吟诵的应是后两句。"因",是亲、依靠义。"极",是至义,带兵到他国救难称为"至"。郑玄笺云:"今卫侯之欲求援引之力助于大国之诸侯,亦谁因乎?由谁至乎?"④叔孙豹赋《载驰》意在探问如果鲁国受到齐国的进攻,晋国可否驰援?而叔向同样是一位通《诗》的贤士,毫不犹豫地以"岂敢不接受这一使命",予以肯定的回答。叔孙豹虽未明言,但婉曲地表达了顾虑,并消除了心头之患,归来即筑城御齐。叔孙豹仅仅咏《诗》一章,既有效地纾解了外交的

---

① [晋]杜预集解:《春秋经传集解》第一《隐公》,上海古籍出版社1978年版,第22页。
② [晋]杜预集解:《春秋经传集解》第五《僖公上》,第252页。
③ [晋]杜预集解:《春秋经传集解》第十六《襄公》三,第960页。
④ 《毛诗正义》卷第三,《十三经注疏》标点本,北京大学出版社1999年版,第213页。

尴尬气氛，又达到了探明晋国态度的目的。不但中原诸国赋诗、引诗以述志，即使是"蛮夷"之邦也受中原文化的影响，也渐有引诗明志的记载，如据《左传·宣公十二年》（前597年）记载，楚子引《周颂》中的《时迈》《武》《赉》《桓》等篇。《左传·成公二年》（前589年）子重引《大雅·文王》等等。这些都在季札观乐之前即已为文献所记载。但是，与叔孙豹大致同时的季札在观乐以及聘问中原时，并无一次赋《诗》、引《诗》，这在行人聘问之时殊为独特。尤其是见到叔孙豹、叔向等精通《诗》学的贤士时也是如此，这只能说明季札虽然知礼通乐，但毕竟吴国交通中原不久，对《诗》乐尚未达到灵活运用的程度。因为当时聘问、盟会之时，使者常常以能否赋诗言志，"别贤不肖而观盛衰"，可见，这是关乎一国、一己形象的大事。季札出聘中原，几乎与当时各国的贤才俊士都有过从，但几乎多是直言径行，如劝齐国的晏婴"速纳邑与政"。对郑国的子产说："郑之执政侈，难将至矣！政必及子。子为政，慎之以礼。"劝叔向："吾子好直，必思自免于难。"虽然季札言多应验，但这主要是因为其具有卓荦的政治感悟力和洞察力，其文化的差异也宛然可见。因此，对于当时主要体现中原文化的诗乐，季札虽然有所知悉，但毕竟与叔孙穆子等人娴熟于心，故而能赋诗以寄意，委婉陈情的交流方法明显不同。正因为如此，我们对《左传》记载的季札观乐，不应视为不刊之论，而一一索解其中的微言。事实上，季札的言辞风格并不以微言婉曲而是以率直明晰见长，因此，《左传》记载季札观乐时的些许费解之评，恰恰真实地记录了季札的即兴之感。正因为如此，我们对于季札观乐，既要承认其对儒家文艺观的启迪意义。同时，也要为贤者季札祛魅，承认其即兴之评的局限性。缘乎此，我们就能够理解他对于郑、齐、陈国祚短长评论的"失验"实在难以避免。季札是贤者而非卜士，圣贤祛魅而后解读季札观乐，可能更易于接近历史的原貌。

思想篇

第十一章　政治思想蠡测

季札三让王位，传为美谈，虽然季札没有直接掌国治政的经历，也没有专门的著述传诸后世，但在吴国的政治外交活动中季札的身影随处可见。他曾两度出聘中原，尤其是馀祭四年（前544年），季札历聘中原诸国，遍交时贤，不但使诸夏对吴国有了深入的了解，还观列国政情而知世数之存没。他入晋国观景而知政，晚年救陈而自请退兵。虽然《左传》《说苑》等记载颇为简括，但还是为我们了解季札的政治思想提供了些许信息。

一　人才系国运

春秋时期伴着王纲解纽、权力下倾的时代趋势，越来越多的贵族宗亲不再由于世卿世禄而自然获得权力，这就为品行峻洁、才能卓越的贤士们脱颖而出提供了机遇。虽然这些贤士们大多数仍属于世族或公室后裔，但仍然有一些出身卑微或出身不甚明晰的贤士，如曹刿、百里奚等等。即使是齐国著名的贤士晏婴身份亦浑沦难辨，莫衷一是。故而《孟子》云："舜发于畎亩之中，傅说举于版筑之间，胶鬲举于鱼盐之中，管夷吾举于士，孙叔敖举于海，百里奚举于市。"（《孟子·告子下》）这些贤士们往往因其杰出的德能影响于一国之盛衰。诚如刘安所云："守不待渠壍而固，攻不待冲降而拔，得贤之与失贤也。故臧武仲以其智存鲁,而天下莫能亡也;璩伯玉以其仁宁卫,而天下莫能危也。"①季札聘问中原诸国,历会诸贤,这本身即显示了其礼贤尚能的态度。从《左传·襄公二十九年》的记载中,季札的言辞与行为体现了其丰富的人才思想。

首先,"好善"与"择人"之别。季札对于晏婴、子产、叔向、赵文子、韩宣子、魏献子,或"说(通悦)",或"如旧相识",对这些贤士能够秉持国政感到欣慰。为政者首先要德行高尚,亦即此后儒家所尚的所谓"内圣"。但是,作为为政者还需外王,以使德行外拓于治平大业,因此还要具有知人善任的能力。季札的这一思想从其对叔孙穆子的评价中得到了体现。季札甫访鲁国,在观乐之前,首先见到鲁国大夫叔孙穆子(叔孙豹)。对此,《左传》有这样的记载:

> 吴公子札来聘,见叔孙穆子,说之。谓穆子曰:"子其不得死乎?好善而不能择人。吾闻'君子务在择人'。吾子为鲁宗卿,而任其大政,不慎举,何以堪之?祸必及子。"(杜预注:"为昭四年竖牛作乱起本")②

叔孙豹于鲁成公十六年(前575年)开始任鲁国的副卿,掌盟会、聘问等外交事务。叔孙豹堪称是春秋时杰出的外交家,高贵、优雅、行礼如仪,为处于晋楚两霸之间的鲁国竭力拓展外交空间,乃至为了维护鲁国的利益置生死于不顾。如公元前541年,诸侯虢地会盟期间,突发了鲁国季武子伐莒的事件,楚国的公子围欲杀害参加会盟的鲁国使者叔孙豹,晋国赵文子的助手乐桓子乘机向叔孙豹索赂,以此为条件,替叔孙豹向赵文子说情,但叔孙豹大义凛然地回答:"诸侯之会,卫社稷也。我以货免,鲁必受师。是祸之也,何卫之为?"③其意是说,我参加盟会是为了保卫国家,如果我因行贿而得免杀身之祸,那么楚国必然征伐鲁国,这是使国家受灾祸,哪里是保卫国家呢? 最终因为赵文子说服楚国,才使叔孙豹化险为夷。对于叔孙豹的懿行,《左传》《国语》等文献都

---

① 《淮南子》第二十卷《泰族训》,中华书局2012年版,第1203页。
② [晋]杜预集解:《春秋经传集解》第十九,上海古籍出版社1978年版,第1120—1121页。
③ [晋]杜预集解:《春秋经传集解》第二二《昭公一》,第1178页。

有很多生动的描述。季札聘问诸夏，志趣最为相投的可能就是叔孙豹。他们都是诸侯国的世卿，又都行聘问之职。更重要的是，季札熟谙诗乐，而叔孙豹也精熟《诗》意，娴于辞令。尽管季札与叔孙豹殊为相得，但季札客观地指出其"好善而不能择人"的弱点。这是指叔孙豹晚年时，家政被其早年出逃时与村妇所生的儿子竖牛所把持。几次家变使得叔孙豹家族分崩离析，叔孙豹对竖牛也无法约束，最终还受其虐待而饿死。（详见《左传·昭公四年》）虽然叔孙豹误用竖牛是家政，但春秋时期家政某种程度上即是国政。鲁之三桓，三桓之家臣，乃至演变到陪臣执国命。叔孙豹晚景凄凉，家道中落，实乃用人之失。值得指出的是，季札的诤言相劝并没有囿于叔孙豹失察竖牛这一偶然的事件本身，而是由此论及为政者对人才当善察慎举，不如此则不堪大任，云："吾子为鲁宗卿，而任其大政，不慎举，何以堪之？"可见，季札对于叔孙豹任人失察的损失，是从攸关诸侯国的国运来认识的。

季札所谓"好善而不能择人"揭示了这样的政治理念：为政者自身的素质与识人、择人能力并不统一。叔孙豹虽然才禀卓荦，品德高尚，但其因梦①而不能择人，造成了终生之憾。仁善者不能择人的缺陷往往更易于被德行高尚所遮蔽，危害也往往更难以被觉察。亦即内圣仅是为政的必备条件，但并不能代替外王本身。外王还得具备为政者独特的资禀与才能。叔孙豹虽然才华卓绝，但在任人择贤方面，确实存在着失察之处。季札因叔孙豹的偶例，揭示出的是更带有普遍意义的人才学的问题。亦即"好善"之德，并不能代替"择人"之能。为大任者，必当具备慎举贤才的能力。

其次，人才关乎国运。中国古代人才思想十分丰富，选贤任能，以兴邦国的事例不胜枚举。商汤得有莘氏的媵臣伊尹而实现了鼎革之变。因此，殷武丁说："股肱惟人，良臣惟圣。昔先正保衡，作我先王。"（《尚书·说命》）文王得姜尚而使周朝肇基，武王曰："予有乱臣十人，同心同德。虽有周亲，不如仁人。"（《尚书·泰誓》）周公更是礼贤下士，乃

---

① 叔孙豹因梦而倚重竖牛，"遂使为竖。有宠，长使为政"。（［晋］杜预集解：《春秋经传集解》第二十一《昭公二》，上海古籍出版社1978年版，第1250页）

至"一沐三捉发,一饭三吐哺,起以待士,犹恐失天下之贤人"。① 可见,选贤举能,关乎国运。季札自己就是贤明之士,其父寿梦即因其贤而欲立之,但季札辞让不受,目的是不能变更承嗣传统,而成后世隐患。季札所在的春秋时期列国之间竞霸争雄,为人才施展才华提供了广阔的舞台。季札聘问中原诸国,就广交列国贤士,其情形诚如吕祖谦所云:"一旦札自吴出见,诸国贤者便倾盖如故,若素相知,以是知贤者同声相应,同气相求,初不可以远近论也。如一见穆子便说子其不得死乎?好善而不能择人。一见晏子便说纳政与邑,以免栾高之难。才见一人便说许多话,如平生心腹之友,盖同心之言,其臭如兰。"②当其到卫国时,认为卫国因为有君子贤才在,国运会安泰无忧:

(季札)适卫,说蘧瑗、史狗、史䲡、公子荆、公叔发、公子朝,曰:"卫多君子,未有患也。"③

这是季札于公元前544年历聘诸国中唯一没有提出为政建议,对国情做出无忧之评的国度,其原因即是多贤才理政当国。这些贤才即季札所谓"君子"。可见,"君子"乃是季札理想人才的标准。何谓君子?季札并未详论,但我们可以通过两个方面推得季子所谓"君子"的基本内涵。

一方面,通过季札所论列的数位君子的德行特征中寻绎。季札论列了数位卫国君子,其中最重要的实际是蘧伯玉与史䲡。④ 关于蘧瑗(伯玉)与史䲡,《四书人物考》载:

蘧瑗,字伯玉,卫大夫。……灵公立,尝与夫人夜坐,闻车声至阙而止,过阙复有声。公问夫人曰:"知此为谁?"夫人曰:"此蘧伯玉也。"公曰:"何以知之。"夫人曰:"妾闻礼下公门、式路马,所以广敬也。夫忠臣与孝子,不为昭昭信节,不为冥冥惰行。蘧伯玉,卫之贤大夫也。仁而有智,敬于事上,此其人必不以闇昧废礼,是以

---

① 《史记》卷三十三《鲁周公世家第三》,中华书局点校本,第1518页。
② 《左氏传说》卷九《吴季札聘列国观人材》,文渊阁四库全书本。
③ 杨伯峻:《春秋左传注·襄公二十九年》,中华书局1981年版,第1166页。
④ 如《史记·卫康叔世家第七》:"(卫献公)三年,吴延陵季子使过卫,见蘧伯玉、史䲡,曰:'卫多君子,其国无故。'"(第1597页)

知之。"公使人视之,果蘧伯玉。……赵简子将伐卫,使史默往视之,默还,曰:"蘧伯玉为政,未可以加兵也。"简子遂寝兵不出。……伯玉笃行慎德,老而不倦。孔子在当时所与善者:于齐则晏婴,于郑则子产,于卫则伯玉。数人而已,贤可知矣!①

  史鱼,名鳍,字子鱼,卫大夫也。……灵公之时,蘧伯玉贤而不用,弥子瑕不肖而任事。子鱼患之,数以谏灵公而不听。子鱼病且死,谓其子曰:"我即死,治丧于北堂。吾不能进蘧伯玉退弥子瑕,是不能正君也。生不能正君者,死不当成礼,置尸北堂足矣。"子鱼死,灵公往吊,见丧在北堂,问其故,其子具以父言对灵公。灵公蹴然易容,曰:"夫子生则欲进贤而退不肖,死且不懈,又以尸谏,可谓忠而不衰矣。"于是乃召蘧伯玉而进之以为卿,退弥子瑕。徙丧正堂成礼,而后返,卫国以治。②

  蘧伯玉历仕卫献公、殇公、襄公、灵公。从其行谊来看,蘧伯玉是笃行慎德、表里如一的"仁而智者"。史鱼是一位以进贤而黜不肖为志,以尸谏称著的贤士。他们都是品行高洁、德能兼备的有道之士。由此可以窥见季札所认为的人才高标——能使国无忧患的"君子"的含义。

  另一方面,通过当时较普遍的对君子的认识蠡测其大概。春秋时期,对君子已有比较通行的理解,这从与季札大致同时的孔子的论述中即可见其端倪。在孔子那里,君子虽然有"博学于文,约之以礼"(《论语·雍也第六》)"不忧不惧"(《论语·颜渊第十二》)等特点,但更多的是将君子与小人相对而称,诸如"君子坦荡荡,小人长戚戚"(《论语·述而第七》)、"君子成人之美,不成人之恶。小人反是"(《论语·颜渊第十二》)、"君子之德风也,小人之德草也"(《论语·颜渊第十二》)、"君子和而不同,小人同而不和"(《论语·子路第十三》)、"君子泰而不骄,小人骄而不泰"(《论语·子路第十三》)等等。但最关键的区别在于"君子喻

---

① 《四书人物考》卷二十一《传十八·蘧伯玉》,见周群、王玉琴校注《四书大全校注》附录,武汉大学出版社2009年版,第1287—1288页。
② 《四书人物考》卷二十一《传十八·史鱼》,见周群、王玉琴校注《四书大全校注》附录,第1290页。

于义,小人喻于利"(《论语·里仁第四》)、"君子而不仁者有矣夫,未有小人而仁者也"(《论语·宪问第十四》),亦即在于晓于义还是晓于利等德行之别。

　　季札的君子观与孔子相似,这通过他们对蘧伯玉、史鱼都有正面的评价中得到佐证。孔子与蘧伯玉交谊甚厚,在周游列国时,孔子曾住在蘧伯玉家中,对其有这样的评价:"君子哉蘧伯玉!邦有道,则仕;邦无道,则可卷而怀之。"(《论语·卫灵公第十五》)刘安云:"蘧伯玉以其仁宁卫,而天下莫能危。"①《韩诗外传》云:"外宽而内直,自设于隐括之中。直己而不直人,善废而不悒悒,蘧伯玉之行也。"②可见,蘧伯玉被孔子称为君子,根本原因乃是其具有"仁""义"的德行。明人薛应旂云:"孔子在当时所与善者:于齐则晏婴,于郑则子产,于卫则伯玉。数人而已,贤可知矣!"③孔子对于蘧伯玉的高度认同也从《庄子》里得到了印证,《庄子》认为孔子与蘧伯玉都是因时适变的俊杰,《庄子·则阳》云:"蘧伯玉行年六十而六十化,未尝不始于是之而卒诎之以非也,未知今之所谓是之非五十九非也。"④《寓言》又载:"庄子谓惠子曰:'孔子行年六十而六十化,始时所是,卒而非之,未知今之所谓是之非五十九年非也。"⑤几乎相同的内容而将孔子与蘧伯玉互置,可见两人之间性情与操守的趋同性。

　　对于史鲋(即史鱼),孔子亦有评论,谓之曰:"直哉史鱼!邦有道,如矢;邦无道,如矢。"(《论语·卫灵公第十五》)史鱼为了进蘧伯玉而退弥子瑕,乃至"死以尸谏",可见其"直"。但是,明人薛应旂有这样的评论:"宁武子之愚,史鱼之直,皆君子也。而孔子独以君子归伯玉焉。盖伯玉内虽介介,外则浑融,宁之愚、史之直,皆其所能而不为也。蛰以存身,非有得于默然足以容之道邪?是以君子贵达变也,噫,吾其有感于

---

① 《淮南子》第二十卷《泰族训》,中华书局2012年版,第1203页。
② 韩婴撰、许维遹校释:《韩诗外传集释》卷二第十五章,中华书局1980年版,第49—50页。
③ 《四书人物考》卷二十一《传十八·蘧伯玉》,见周群、王玉琴校注《四书大全校注》附录,武汉大学出版社2009年版,第1290页。
④ [清]王先谦:《庄子集解》卷七,中华书局1987年版,第231——232页。
⑤ [清]王先谦:《庄子集解》卷七,第246页。

斯矣！"①薛应旂据孔子称蘧伯玉为君子，而叹史鱼为"直哉"而未称君子，遂对孔子君子的概念做了自己的理解。其实孔子同样认为史鱼是君子。据《说苑》载："仲尼曰：'史鰌有君子之道三：不仕而敬上，不祀而敬鬼，直能曲于人。'"②由此不难看出，季札所谓君子的内涵是与孔子相通的，是德能相兼而以德为主的仁者、义者。这从被季札列为君子的公叔发也可以看出。据载，公叔文子，即公叔发，卫国大夫。当文子去世时，其子请谥于郑国国君，国君曰："昔者卫国凶饥，夫子为粥与国之饿者，是不亦'惠'乎？昔者卫国有难，夫子以其死卫寡人，不亦'贞'乎？夫子听卫国之政，修其班制以与四邻交③，卫国之社稷不辱，不亦'文'乎？故谓夫子'贞惠文子'。"④可见其也是一位德、能相兼的贤者。

当然，卫国虽多君子，但国君能否任用贤士，这也是国政能否无患的另一个重要因素。虽有贤士而不为用，致使国运不济的悲剧曾在历史上一次次被重演。伍子胥在阖庐与夫差两朝命运迥异，吴国的国势也判若天壤即是鲜活的案例。关于君主用贤，季札并未言及，但"未有患也"的结论，必然包含了对当时国君能够任用贤才的肯定，这也是季札人才观中虽未明言但可以推得的应有之义。季札对卫国国情的认识，也为后世所证明。当卫灵公时，就是因为有贤士在，且任得其所，才使卫国免遭衰亡。据《论语·宪问》："子言卫灵公之无道也，康子曰：'夫如是，奚而不丧？'孔子曰：'仲叔圉治宾客，祝鮀治宗庙，王孙贾治军旅。夫如是，奚其丧？'"在孔子看来，君主能够使贤才得其用，便能使国家安宁。虽然卫灵公时南子干政，而孔子称其"无道"，但据《孔子家语》载：

> （鲁）哀公问于孔子曰："当今之君，孰为最贤？"孔子对曰："臣未之见也。抑有卫灵公乎？"公曰："吾闻其闺门之内无别，而子次之贤，何也？"孔子曰："臣语其朝廷行事，不论其私家之际也。"公

---

① 《四书人物考》卷二十一《传十八·史鱼》，见周群、王玉琴校注《四书大全校注》附录，武汉大学出版社2009年版，第1290页。
② ［汉］刘向撰，向宗鲁校证：《说苑校证》卷第十七，中华书局1987年版，第430页。
③ 班制：尊卑的秩序。《礼记·檀弓下》郑玄注："班制，谓尊卑之差。"
④ ［清］孙希旦：《礼记集解》卷十一《檀弓下第四之二》，中华书局1989年版，第277页。

曰："其事何如？"孔子对曰："灵公之弟曰公子渠牟，其智足以治千乘，其信足以守之，灵公爱而任之。又有士曰林国者，见贤必进之，而退与分其禄，是以卫无游放之士，灵公贤而尊之。又有士曰庆足者，卫国有大事，则必起而治之，国无事则退而容贤。灵公悦而敬之。又有大夫史鳅，以道去卫，而灵公郊舍三日，琴瑟不御，必待史鳅之入而后敢入。臣以此取之。虽次于贤，不亦可乎？"①

可见，孔子视卫灵公为贤者的根据即在于能够使所任者各当其才②。这也与此前季札对卫国国政的判断完全一致。只不过季札适卫是在卫献公末年，当时卫国经历了献公、殇公之变，卫献公被逐12年后，在齐、晋的配合下又复归卫国。季札未以诤言相赠而作无忧之评，这是其聘问列国时仅有的一次，原因则在于有这些君子可以为国辅政。诚如晁补之所言："昔吴季札观上国，论其兴衰如指诸掌，而独见蘧伯玉数人者，以谓卫多君子，其国无故。此不探其天命之所在，而只以人事知之。然至于今，论知天者唯吴季札，则天人之际固可见矣。"③季札观政不尽为探天命，其实是据人事推测一国的政情及未来，其中，对卫国诸贤的认识与判断最为明晰。季札对卫国政治的简括评论，体现了其丰富而深刻的人才学观念。

二　强公室、抑私门而又通时达变的政治理念

在权力下移的动荡之世，季札在政治上既有维系传统的一面，又能因时顺变，表现了适应时代潮流的倾向。这种看似矛盾的政治态度形成的根本动因在于其祈求社稷安宁，亦即以民为本的政治理想。

---

① 杨朝明、宋立林主编：《孔子家语通解·贤君第十三》，齐鲁书社2013年版，第149页。
② 《孔子家语》中孔子对卫灵公的评论较《论语·宪问》详细，《孔子家语》中所记许是孔子对卫灵公的平心之论，颇合卫灵公的为政实绩。《论语·宪问》所论许是一时之愤。据《史记·卫康叔世家第七》载："（卫灵公）三十八年，孔子来，禄之如鲁。后有隙，孔子去。后复来。"（中华书局点校本，第1598页）《宪问》所记许是"有隙"之时。
③ ［宋］晁补之：《鸡肋集》卷第三十四《何龙图奏议序代李侍郎作》，四部丛刊景明本。

首先，强公室、抑私门。西周王朝原本是周天子一统天下，但随着平王东迁，共主衰微，王命不行，当时的诸侯势力渐盛。平王驾崩时，鲁不奔丧，说明王室势力的衰颓。进而诸侯兼并战争渐烈。到齐桓公之时，霸政渐成，称霸者尊王攘夷，禁抑篡弑，实际替代了业已衰微了的周室的功能。这是王权下移的第一步，也是春秋的时代主潮。其后，霸政又逐渐衰微，王权进一步下移，私门迭兴。从"礼乐征伐自诸侯出"变成"礼乐征伐自大夫出"，乃至"陪臣执国命"，进入了大夫执政的时期。在这一过程中，晏婴等一批贤明政治家为了保持社会的安定、有序，力图维持公室的作用。季札在聘问齐国时，"说（通'悦'）晏平仲"，因此，我们可以通过晏婴的政治理念推测季札的政治倾向。晏婴在内政方面的一个重要理念在于强公室、抑私门。强公室是由晏婴忧国忧民的政治情怀所决定的，这与其后家臣以"张公室"为名夺取卿大夫的权力，以攫取自己的利益和地位有本质的不同。家臣的"张公室"是叛主，而晏婴强公室的目的是实现国家与社会的安定。当齐庄公因私通棠姜而被崔杼杀死后，晏婴云："君为社稷死，则死之；为社稷亡，则亡之。"①社稷为先，君为次。齐国的崔杼在杀死齐庄公之后，拥立景公，自任宰相，庆封为左相。这一时期晏婴为了护公室，屡次受到生命的威胁。崔杼与庆封为了巩固自己的权利，威逼大夫、国人盟誓，晏婴为维护公室的尊严凛然以对。《左传》中有较含蓄的记载，而《晏子春秋》的记载更为详细：

> 崔杼既杀庄公而立景公，杼与庆封相之，劫诸将军大夫及显士庶人于太宫之坎上，令无得不盟者。为坛三仞，坎其下，以甲千列环其内外，盟者皆脱剑而入。维晏子不肯，崔杼许之。有敢不盟者，戟拘其颈，剑承其心，令自盟曰："不与崔、庆而与公室者，受其不详。言不疾，指不至血者死。"所杀七人，次及晏子，晏子奉杯血，仰天叹曰："呜呼！崔子为无道，而弑其君，不与公室而与崔、庆者，受此不详。"俯而饮血。崔子谓晏子曰："子变子言，则齐国吾与子共之；子不变子言，戟既在脰，剑既在心，维子图之也。"晏子曰："劫吾以刃而失其志，非勇也。回吾以利而倍其君，非义也。崔子，子

---

① ［晋］杜预集解：《春秋经传集解》第十七《襄公四》，上海古籍出版社1978年版，第1023页。

独不为夫《诗》乎！《诗》云:'莫莫葛藟,施于条枚,恺悌君子,求福不回。'今婴其可以回而求福乎？曲刃钩之,直兵推之,婴不革矣。"崔杼将杀之,或曰:"不可！子以子之君无道而杀之,今其臣有道之士也,又从而杀之,不可以为教矣。"崔子遂舍之。①

晏婴几乎以生命卫公室,虽然无法阻止崔杼杀庄公,但其尊君重义、守道不屈之举还是对于张公室、抑私门起到了一定的作用。不但在政治上宣示强公室,在经济上,晏婴也力护公室,坚辞封邑。据《左传·襄公二十八年》载:"崔氏之乱,丧群公子。故鉏在鲁,叔孙还在燕,贾在句渎之丘。及庆氏亡,皆召之,具其器用而反其邑焉。与晏子邶殿,其鄙六十。弗受。"②这与当时一起受到封邑的北郭佐、子雅、子尾等人或"受之",或"辞多受少",或"受而稍致之"明显有别。就在晏婴拒封邑前后,季札来到齐国,与晏婴相见,其情形如次:

> 聘于齐,说晏平仲,谓之曰:"子速纳邑与政！无邑无政,乃免于难。齐国之政,将有所归,未获所归,难未歇也。"故晏子因陈桓子以纳政与邑,是以免于栾、高之难。③

所谓"纳邑与政",服虔注曰:"入邑与政职于公,不与国家之事。"④此时之"国",非今日"国"之含义。《周礼》曰:"大曰邦,小曰国。"《齐语》:"参其国而伍其鄙",国指郊以内,鄙是指郊以外,诚如钱穆先生所说,"一国只限于一城是也。"⑤季札催促晏婴"速纳邑与政"的原因在于两个方面：

一方面,就齐国而言,"齐国之政,将有所归,未获所归,难未歇也",季札的简括之论,堪称卓识。季札是希望晏婴拒受城邑,以强公室,从而使齐国结束大夫弑君篡位的乱局,使社会得以安宁。同时,通过拒受城邑而受到公室的信任,使贤者晏婴能有发挥政治才华的机会。季札所言,与当时的现实正相符合。据《左传》记载,晏婴不受封邑,"公以为

---

① 张纯一校注:《晏子春秋校注》卷五《内篇杂上第五·崔庆劫齐将军大夫盟晏子不与第三》,中华书局2014年版,第227—229页。
② [晋]杜预集解:《春秋经传集解》第十八,上海古籍出版社1978年版,第1106页。
③ 《春秋左传注·襄公二十九年》,中华书局1981年版,第1166页。
④ 引自《史记》卷三十一《吴太伯世家第一》,中华书局点校本,第1457页。
⑤ 钱穆:《国史大纲》第二编第四章《霸政时期》,商务印书馆1996年版,第66页。

忠,故有宠",这为晏婴赢得齐国公室的信赖而委以重任,使其才华得以施展,从而使齐国"举贤以临国,官能以教民",①"以节俭力行重于齐"。②

另一方面,就晏婴个人而言,"无邑无政,乃免于难"。晏婴清廉为政,勤政爱民。当子尾对晏婴拒受采邑感到不解时,晏婴说:"庆氏之邑足欲,故亡。吾邑不足欲也,益之以邶殿,乃足欲。足欲,亡无日矣。在外,不得宰吾一邑。不受邶殿,非恶富也,恐失富也。"③晏婴深谙得与失的辩证关系。"使无黜嫚,谓之幅利",这与季札所说的"无邑无政,乃免于难"的观念正相符合。季札对晏婴的规谏在齐国其后的历史中得到了证明。鲁昭公十年(前532年),齐国四族之间发生了内乱,陈氏、鲍氏攻打栾氏、高氏,结果栾氏、高氏战败,陈氏、鲍氏分了他们的采邑。在这个时候,晏婴对陈桓子说:"必致诸公。主,德之主也,让之谓懿德。凡有血气,皆有争心,故利不可强,思义为愈。义,利之本也,蕴利生孽。姑使无蕴乎,可以滋长。"④最终陈桓子听从了晏婴的劝告,将分得的城邑全部交给了公室。其后,齐景公又给陈桓子莒地附近的城邑,也被辞谢,陈氏反而得到了壮大。在齐国的这场内乱中,晏婴因"无邑无政,乃免于难",没有直接卷入其中。同时,晏婴还规劝陈桓子还邑于公室,践行了其政治观念。陈桓子的壮大也证明了晏婴与季札政治观念的合理性。季札会晏婴,体现了其鲜明的强公室、抑私门的政治主张。同时,对于财产、利益的得失观,充满着睿智与理性,这与其知礼让国的行谊完全一致。

其次,适时顺变的政治态度。黄道周曾称赞曰:"季子则可谓中行独复者矣。"⑤黄氏之评,堪称的论。季札的政治理念恰恰具有"中行独复"的特点。他在认同晏婴的强公室、抑私门主张的同时,又能履中适变,顺应时代的潮流。这集中地体现在公元前544年聘问晋国时,对于

---

① 《晏子春秋校注》卷三《问上第三·景公问善为国家者何如晏子对以举贤官能第十三》,中华书局2014年版,第154页。
② 《史记》卷六十二《管晏列传第二》,中华书局点校本,第2134页。
③ [晋]杜预集解:《春秋经传集解》第十八《襄公五》,上海古籍出版社1978年版,第1106页。
④ [晋]杜预集解:《春秋经传集解》第二十二,第1329页。
⑤ [明]黄道周:《易象正》卷四,文渊阁四库全书本。

晋国时局的判断与认同。据《左传·襄公二十九年》载：

> 适晋，说赵文子、韩宣子、魏献子，曰："晋国其萃于三族乎！"说叔向，将行，谓叔向曰："吾子勉之！君侈而多良，大夫皆富，政将在家。吾子好直，必思自免于难。"①

季札使晋显示出敏锐的政治洞察力在于对三家分晋的预感。但三家分晋局面的正式形成在于哀公四年（前491年），赵襄子、韩康子、魏桓子共杀知伯，尽并其地。② 其后，"烈公十九年（前403年），周威烈王赐赵、韩、魏三家为诸侯"。③ 但此时距离季札于襄公二十九年（前544年）说"晋国将萃于三族乎"，或"晋国之政卒归之三家矣"，尚有100多年的时间，这确为一惊人的预测，但这一看似颇具预言色彩的判断，其中包含着季札对当时晋国社会的一种理性分析与推理。

晋国自晋文公至晋平公，作为诸夏盟主，凡八世，在诸侯国中持续时间最久。但是，晋国在诸夏又是殊为独特的一个，这就是异姓势力在晋国政治中具有巨大影响力，形成了"国无公族"的现象。这导源于晋国从西周末年开始为争夺君权发生的长期内乱，在公元前679年最终由曲沃小宗代翼绛大宗的过程中，晋君有六位被弑，大宗公族也随着晋君被弑而大多成为牺牲品。公族的地位下降，几乎沦为庶人。曲沃武公之子即位为晋献公后，新的公族势力逐渐壮大，于是晋献公听从大夫士蒍的建议，尽诛群公子。倚重异姓，翦灭公族，大夫专政的萌芽因之而产生。公元前522年，范、中行、知、赵联合驱逐了公族栾氏，并诛灭了栾氏全族，这时的晋国仅存范、中行、知、赵、魏、韩六大强族。最后几经战乱瓜分，形成了韩、赵、魏三家分晋的局面。虽然因为资料所限，我们不能具体分析季札何以得出"晋国其萃于三族乎"结论的原因，但是，通过对叔向所言，我们也可以窥见其对社会发展大势的肯定，季札所说的"君侈而多良，大夫皆富，政将在家"，如何句读？如何解释？亦即季

---

① [晋]杜预集解：《春秋经传集解》第十九《襄公六》，上海古籍出版社1978年版，第1122—1123页。
② 此为《史记》所载，然《史记索隐》："如《纪年》之说，此乃出公二十二年事。"《史记》卷三十九《晋世家第九》，中华书局点校本，第1686页）
③ 《史记》卷三十九《晋世家第九》，第1687页。

札所云的意思为何？众说不一，其中关涉季札对晋国左右国政的大夫的看法，故需略做辨析。

"君侈而多良，大夫皆富"。对此，林晋的解释是："君汰侈而多自贤其臣。"①孔颖达正义曰："谓多以恶人为良而善之。"②明人陆粲则对孔颖达的疏解提出异议，谓："《传》文云'君侈而多良，大夫皆富，政将在家。'言国多良大夫，而此大夫又皆富，必厚施而得政也，此解谬甚。"③但何以为解？陆粲并未言及。清人武亿《群经义证》则云："'君侈而多良'。案：《疏》谓'多以恶人为良而善之'，是旧读，以良字绝句。考此宜多字属读，《周礼·司勋》'战功曰多'注'克敌出奇'证之。《成十七年传》'范文子反自鄢陵，使其祝宗祈死，曰：君骄侈而克敌，是天益其疾也。'《墨子·鲁问篇》攻其邻国，杀其民人，取其牛马粟米货财则书之于竹帛，镂之于金石，以为铭于钟鼎，传遗后世子孙，曰'莫若我多'与此文'君侈而多'义正同，'良'字属下'大夫皆富'读。盖季札所云'良大夫'即上文赵文子、韩宣子、魏献子三族皆晋之良也，故断以'良'字属下为正。"④但武亿的解释似有勉强，逗在"多""良"之间似有不妥，因"君侈而多"殊难理解。现实则是君一而大夫多。我们以为"大夫皆富，政将在家"，并非完全贬义。从季札见赵文子、韩宣子、魏献子来看，对于三大夫而有"晋国其萃于三族乎"的发问，语含肯定，其"萃"字尤可证明。从季札此次出使中原诸国来看，所见的人物中，除了见孙文子是因"将宿于戚"，属于旅次偶遇之外，其他正式相晤者，诸如叔孙穆子、晏婴、子产、蘧瑗、史鱼、叔向等人都是当时最为著名的贤明君子。因此，见赵文子等三人也当属于贤者雅会这一类。对于王纲解纽、权力下倾的现象，季札显示了矛盾的心态：一方面，他对于公族衰微的现象有惋惜之意，这在其劝晏婴纳邑与政即可以看出。同时，他对叔向流露出惺惺相惜之情。就身份而言，季札与叔向有诸多相似。季札乃吴国王室。叔向

---

① ［晋］杜预注、宋林尧叟注：《左传杜林合注》卷三十二，文渊阁四库全书本。
② ［晋］杜预注、［唐］孔颖达疏：《春秋左传正义》卷第三十九，《十三经注疏》标点本，北京大学出版社1999年版，第1109页。
③ ［明］陆粲：《左传附注》卷四，文渊阁四库全书本。
④ 清嘉庆二年授经堂刻本。

属于羊舌氏家族,而羊舌氏又是晋国的显赫公族。楚人蘧启疆曾说:"羊舌四族,皆强家也。"(《左传·昭公五年》)叔向对当时政在大夫的现象虽然认可,但对权卿势强其实颇有不满。如昭公元年楚国令尹与楚王争权,当时的局面是王弱而令尹强,对此,叔向说:"强以克弱而安之,强不义也。不义而强,其毙必速。"(《左传·昭公元年》)因此,当季札与叔向临别之时所说的"君子勉之",当包含了对叔向政治意向的肯定与支持。同时,也规劝叔向在"政将在家"的情势之下,当"必思自免于难"。其情甚殷,显示了对这一局面的无奈与顺适。另一方面,季札又是一位通时达变的政治家。他所谓"君侈",客观地指出了公室的衰弱有其自身必然的原因。他很喜欢赵文子、韩宣子、魏献子,并且以"萃"称之,明确地表示了对这一现象的认同。对"政将在家"的预判,既有"大夫皆富"经济基础的分析,也有世卿人"萃"而使季札"说"(通"悦")的因素。孔子曰"君子时中",安时顺适,不强违趋势,季札承认吴王僚,承认阖闾都是如此。因为改变时势必将会引起社会动荡,生灵为之涂炭,社会代价更大。季札对晋三家的认同,也是秉持同样的理念。顺应潮流之变,不但是一种进步的历史观,背后更体现了其仁民爱物的政治理念。

三 礼法相济、为政尚俭

公元前544年,季札在聘问郑国时与郑国的政治家子产的交谊,以及聘问晋国时发出的感叹,体现了其礼法相济、为政尚俭的政治理想。

首先,礼法相济。子产是春秋时期郑国的一位改革家,并且是一位博学多识的贤者,而被晋侯称之为"博物君子"。[①] 当季札于公元前544年聘问郑国时,"见子产,如旧相识,与之缟带,子产献纻衣焉。谓子产曰:'郑之执政侈,难将至矣!政必及子。子为政,慎之以礼。不然,郑

---

① [晋]杜预集解:《春秋经传集解》第二十,上海古籍出版社1978年版,第1197页。

国将败。'"①子产是季札在历聘诸国与诸贤相会时记载最为独特的一位。不是空泛的"说(悦)"而已,而是"如旧相识",且以礼互赠,可见两人交谊之笃,这其中必然与两人相近的政治观念有关。季札因为没有直接的为政经历,因此,其政治观念微茫难稽,但子产的政治理念与实践则班班可考。子产执政期间进行了三项改革:作封洫、作丘赋、铸刑书。但季札于襄公二十九年(前544年)到郑国时,子产正处于尚未执政而即将执政的时期。据《左传·襄公三十年》:"郑子皮授子产政。"②作丘赋在鲁昭公四年(郑简公二十八年,前538年),铸刑书则在鲁昭公七年(郑简公三十一年,前535年)。可见,季札见子产时,其改革尚未进行。但是《左传·襄公三十年》载:"子产使都鄙有章,上下有服,田有封洫,庐井有伍。大人之忠俭者,从而与之。泰侈者,因而毙之。……及三年,又诵之曰:'我有子弟,子产诲之。我有田畴,子产殖之。子产而死,谁其嗣之?'"③显然,在季札聘郑前后,子产的政治理想已经形成。季札视子产"如旧相识",似乎包含着对子产改革思想的肯定,乃至子产与季札谈论其如获执政时的理想也不无可能。果如此,季札对于作封洫、作丘赋可能表示了完全认同。唯一提出需注意的在于礼,这显然是针对铸刑书而言。公元前536年(鲁昭公六年,郑简公三十年),子产将法律条文铸在青铜大鼎上,昭示全国一律遵行。子产通过铸造刑书、④自由议政等方法,限制了贵族的权利,这显然与"周礼"不无抵触。依"周礼",法与礼分别适用于不同的阶层,即所谓"刑不上大夫,礼不下庶人"。而子产铸刑书保护了庶民的利益,限制了贵族统治者的特权。因此,他的这项改革受到了贵族的反对。在叔向等反对者看来,铸刑书有悖周礼,因为这改变了以"先王议事以制,不为刑辟"⑤的传统,使得司法"弃礼而征于书"。⑥ 在叔向看来,铸刑书乃是国将亡的预兆,但子产毫

---

① 杨伯峻:《春秋左传注·襄公二十九年》,中华书局1981年版,第1166页。
② [晋]杜预集解:《春秋经传集解》第十九,上海古籍出版社1978年版,第1147页。
③ [晋]杜预集解:《春秋经传集解》第十九,第1148页。
④ 据《左传》记载,子产铸刑书在鲁昭公六年(前536年):"六年三月,郑人铸刑书。"《左传·昭公六年》
⑤ 杨伯峻:《春秋左传注·昭公六年》,中华书局1981年版,第1274页。
⑥ 杨伯峻:《春秋左传注·昭公六年》,第1276页。

不动摇,谓之:"何害? 苟利社稷,死生以之。"其实子产对周礼极为尊崇,曾说:"夫礼,天之经也,地之义也,民之行也。"①子产在襄公三十年(前543年)即提出要"都鄙有章,上下有服"。何谓"都鄙有章"? 杜预释之为:"国都及边鄙,车服尊卑各有分部。"②何谓"上下有服"?"上下有服者谓使贵贱衣冠各有等杀,不得逾佗。"③显然,这些都是明判差等的遵礼行为。子产对于"礼"的理解有许多超越传统的地方。据《左传·昭公元年》记载,晋平公生病,郑简公派子产到晋国聘问。卜人认为晋平公的病是因实沈、台骀作祟,而子产则认为宫室里有四位姬姓侍妾所致,并提出"男女辨姓,礼之大司也",将"礼"延宕到了原始的科学领域。同时,他还将礼的观念用于人与自然的和谐。如《左传·昭公十六年》载:

郑大旱。使屠击、祝款、竖柎有事于桑山,斩其木。不雨。子产曰:"有事于山,艺山林也,而斩其木,其罪大矣。"夺之官邑。④

子产所说的"有事于山",就是祭山的礼仪。子产是要养护山林以使其繁殖,而屠击等人祭山时则砍伐了树木。这些都是子产对于"礼"的新解。

在这样的背景之下,季札提醒子产"慎之以礼",这对郑国的社会颇具现实意义。季札规劝子产以礼辅刑,目的是期望子产的改革得以稳妥进行。毋庸讳言,季札所论带有维护贵族统治阶级利益的一面。但是,从郑国的现实来看,七穆虽然内部纷争不断,但整个世卿集团仍牢牢把持着执政当国的地位。事实上,即使子产位居执政卿的官位,对郑国的政治产生了重要的影响,但也并没有享有上卿的爵位,上卿之位仍然由罕氏世袭。子产去世后,七穆集团依然存在,并继续控制着郑国的国政,这说明以七穆为核心的贵族集团是一个巨大的利益综合体,也是郑国政治稳定的关键阶层。如果子产依刑而不慎之以礼,忽视这一贵

---

① 引自《左传·昭公二十五年》子太叔语。
② [晋]杜预集解:《春秋经传集解》第十九,上海古籍出版社1978年版,第1149页。
③ [宋]金履祥:《论孟集注考证·论语集注考证》卷三,文渊阁四库全书本。
④ [晋]杜预集解:《春秋经传集解》第二十三,第1416页。

族阶层的利益,必然会引起社会的混乱,改革也就失去了前提与基础。从这个意义上说,季札提醒子产"慎之以礼",无疑是十分现实的。同时,因为这种现实的语境,我们也不应仅凭季札所说的"慎之以礼",或"必以礼"①作为判断季札政治理念的标准。季札与子产相知甚深,其中必然包含着对子产政治观念的整体认同。以礼辅之,只是他对子产行将展开的政治改革措施的补充与理性提示。子产执政重于法的一面。据《左传·昭公二十年》记载:"郑子产有疾,谓子大叔曰:'我死,子必为政。唯有德者能以宽服民,其次莫如猛。夫火烈,民望而畏之,故鲜死焉。水懦弱,民狎而玩之,则多死焉。故宽难。'"②为政以德,乃是贤者执政的普遍追求,而真正体现子产执政理念的则是循法而治,亦即子产所说的如烈火之"猛"。季札所谓"慎之以礼",意在循法而不可悖礼,主张法与礼的统一。

值得注意的是,季札与孔子对子产有极相似的印象。季札初晤子产即如"旧相识"。而据《史记》记载:"孔子尝过郑,与子产如兄弟云。"③季札对子产的正面评价较为简括,而孔子对子产的评价的内容则颇为丰富。孔子的评价亦可从另一个角度互证他们与子产都甚为相得的原因。《左传·昭公二十年》在记述了子产病重时对子大叔所说的话之后,记述了孔子的议论与评价:

> 仲尼曰:"善哉,政宽则民慢,慢则纠之以猛。猛则民残,残则施之以宽。宽以济猛,猛以济宽,政是以和。《诗》曰:'民亦劳止,汔可小康。惠此中国,以绥四方。'施之以宽也。'毋从诡随,以谨无良。式遏寇虐,惨不畏明。'纠之以猛也。'柔远能迩,以定我王。'平之以和也。又曰:'不竞不絿,不刚不柔。布政优优,百禄是遒。'和之至也。"及子产卒,仲尼闻之,出涕曰:"古之遗爱也。"④

孔子对子产的赞佩主要在于其为政宽猛相济。这与季札所谓"谨

---

① 《左传·襄公二十九年》作"慎之以礼"。《史记·郑世家第十二》作"必以礼"。(《史记》,第1771页)
② [晋]杜预集解:《春秋经传集解》第二十四《昭公五》,上海古籍出版社1978年版,第1467页。
③ 《史记》卷四十二《郑世家第十二》,中华书局点校本,第1775页。
④ [晋]杜预集解:《春秋经传集解》第二十四《昭公五》,第1467页。

之以礼"虽有联系但又有不同。孔子的评价是子产已执政之后,而季札则是在子产执政之前。季札的评价更具有前瞻性与警示的价值。孔子赞佩子产在于德与刑的统一,季札则重在于刑与礼的辅成。从这个意义上说,季札的评价似乎具有保守的一面。但是,当礼崩乐坏的春秋时期,季札以维护礼乐为志,其中体现的是对社稷安宁的向往。但"慎之以礼"并非"秉之以礼"。因为"礼"是宗法等级社会的制度、规范,它强调的是尊卑长幼之序,是不同名分、不同地位人之间的区别。因此,礼既有规范以使社会安宁的作用,同时,也有加深社会对立、导致矛盾激化的可能。就郑国的现实而言,因其原本即有的政商盟誓,使得社会阶层之间存在着天然混沌的一面。因此,当礼崩乐坏之时何以保持社会稳定?孔子采取中庸的方法,即无过无不及,"君子而时中"。(《礼记·中庸》)也就是通权达变,并不胶执。季札所谓"慎之以礼"的具体内容已无从知晓,但通过其葬子之时,秉礼而因时、因地的行为可以看出,季札之"谨之以礼"同样含有通权达变、不激化社会矛盾的意味。从这个意义上说,季札的思想也具有顺应时代的一面。

其次,为政尚俭。郑国地处中原交通的中心,商业较为发达。封国伊始,因嫡系公族人数甚少,公族遂与商人结盟,其盟誓曰:"尔无我叛,我无强贾;毋或匄夺。尔有利市宝贿,我勿与知。"①即贵族不能依权势强买商人的货物,干涉商业活动,因此,郑国的商业活动很发达。郑国的地理与经济特点也使其贵族奢靡之风甚盛。季札所说的"郑之执政侈"主要是针对伯有、丰卷等世卿贵胄而言。杜预注云:"侈,谓伯有。"②所言甚是。相反,由于郑国长期处于晋、楚争霸的夹缝之中,屡经战乱,加之世卿之间互相残杀,黎民百姓生活十分艰辛。据《左传·襄公二十九年》记载:"郑子展卒,子皮即位。于是郑饥,而未及麦,民病。子皮以子展之命,饩国人粟,户一钟,是以得郑国之民。"③季札所谓"郑之执政侈"既是其对郑国现实政治的准确判断,也是对行将执政的子产

---

① 引自《左传·昭公十六年》子产语。[晋]杜预集解:《春秋经传集解》第二十三,上海古籍出版社1978年版,第1410页。
② [晋]杜预集解:《春秋经传集解》第十九《襄公六》,第1129页。
③ [晋]杜预集解:《春秋经传集解》第十九,第1116页。

的为政期许，同时也体现了季札为政尚俭的政治理念。

季札对郑国政局的现实判断应该得到子产的认同。当子皮将国家的政事交给子产时，子产推却道："国小而偪，族大宠多，不可为也。"①意思是说国家小而靠近大国，公族恃宠骄纵的人众多，难以治理。"为政侈"与"族大宠多"是郑国共同的社会现实。季札提出的"慎之以礼"或"必以礼"，恰恰也是抑制郑国政坛侈靡之风的必要手段。如公元前543年（郑简公二十三年），丰卷将要祭祖，请求打猎以获得祭品，子产不同意，认为只有国君祭祀才用新猎物作祭品，一般人有足够的祭品就可以了。丰卷于是发怒，打猎归来就以武力迫使子产逃往晋国，后因子皮阻止并驱逐了卷丰。② 从子产对丰卷僭越行为的态度可以看出，尊礼也是戒奢的重要手段。子产在执政之初即以俭为尚。所谓"大人之忠俭者，从而与之。泰侈者，因而毙之"，③力避奢靡，秉之以礼，是子产与季札初见"如旧相识"的根本原因。

当然，为政尚俭最终的目的还在于发展生产、改善民生。实现这一目的的关键在于君臣的德政惠民。对此，《左传》等文献中鲜有季札这方面的论述，但《说苑·政理》中曾记载了季札入晋之时的行谊：

> 延陵季子游于晋，入其境，曰："嘻！暴哉国乎！"入其都，曰："嘻！力屈哉国乎！"立其朝，曰："嘻！乱哉国乎！"从者曰："夫子之入晋境未久也，何其名之不疑也？"延陵季子曰："然。吾入其境，田亩荒秽而不休④，杂增崇高⑤，吾是以知其国之暴也。吾入其都，新室恶而故室美，新墙卑而故墙高，吾是以知其民力之屈也。吾立其朝，君能视而不下问，其臣善伐而不上谏，吾是以知其国之乱也。"⑥

---

① ［晋］杜预集解：《春秋经传集解》第十九，上海古籍出版社1978年版，第1147页。
② 详见《春秋左传注·襄公三十年》，中华书局1981年版，第1181页。
③ 《春秋左传注·襄公三十年》，中华书局1981年版，第1181页。
④ 向宗鲁校注："关曰（即人关嘉《说苑纂注》之说——引者注）：'《史记》标注载此章"秽"作"芜"。卢曰（即卢文弨《群书拾补》——引者注）："休"当作"茠"，与"薅"同，除草也。'"（《说苑校证》卷第七，中华书局1987年版，第168—169页）
⑤ 向宗鲁校注："'增'字义不可通，关（同上注）引《史记》标注作'穚'，案作'穚'是也。"（《说苑校证》卷第七，第169页）是一种野生的稻谷。
⑥ 刘向撰、向宗鲁校注：《说苑校证》卷第七《政理》，第168页。

这段文字虽未见列于《左传》,但《左传纪事本末》卷四十九、唐荆川《稗编》卷之九十都将其列入,题以《吴季子论晋》。明人冯琦《经济类编》(卷五十八,文渊阁四库全书本)、明何镗《高奇往事》(卷八,明万历刻本)、焦竑《焦氏类林》(卷二,明万历十五年刻本)、薛虞畿《春秋别典》(卷七,清守山阁丛书本)、清陈厚辉《春秋战国异辞》(卷十,文渊阁四库全书本)、马骕《绎史》(卷六十二,文渊阁四库全书本)都采录了这一文献。这段材料没有被《左传》采用,当是因为《左传·襄公二十九年》记载的主要是季札"通嗣君"的聘问过程。聘问一般都记载宾主相晤的情景,而非季札一行内部的议论。《左传·襄公二十九年》历述了见叔孙穆子,观乐,见晏婴、子产、蘧伯玉、赵文子、韩宣子、魏献子等贤士时季札之所言。虽然也有途次于戚,与孙林父的偶遇。但因为孙林父也是卫国大夫,地位同于以上诸贤士,因此,实际也相当于聘问的一部分。但《说苑》中记载的入晋以后的观风情而知政,则并无宾主之会。显然,季札入晋的感叹尚属于不值得入史的细行微言,这从刘向将其编入《说苑》即可以得到旁证。同时,季札此行的目的地是晋国,而晋国又是吴国的盟国,季札入晋而对其国政的严苛之评与此行"通嗣君"的目的以及聘问的言谈风格相去甚远,因此,不见录于《左传》完全正常。再者,从这段文字的内容来看,确实并非实录,而存在着些许"说者"的痕迹。因为"入其境""入其都""立其朝"的时间有别,如是实录,季札当与从者分别答问。现存文字当是结束晋国聘问之后,季札一行编次而后形成。但是,恰恰是这一记载受到了后世史学家的重视,因为其中包含了比观乐知政更为直接的观风情以知政的基本要素。从后世转录这一材料的学者来看,以明代后期的最为多见,这一时期阳明学风行,也许是因为他们对于文献的要求不像传统史学家那样严谨,而对有"未尽精醇,亦嗜奇爱博者之病"的《说苑》中的材料也拣择以用。其实,对于《说苑》史学价值的偏见多起源于周孔正论,对此,余嘉锡《四库提要辨证》卷十《新序》条中已论述甚确。事实上,备受学者推重的《太平御览》即已引述了这段材料中的一部分:"《说苑》曰:延陵季子游于晋,曰:'吾入其都,新室恶,故室美,故墙高,新墙卑,是以知民力屈也。"①因此,这段材料受到孜求经世的史学家的重视便不足为奇了。从这个意义上说,这是研究季札难得的珍贵文献。季札通过观察而对晋国的国政提出了三点判断:

其一,暴哉国乎! 这是因为季札进入晋国国境时看到田地荒秽,杂草丛生,糟蹋了田地,由此而判断晋国的生产不济。

其二,力屈哉国乎! 这是因为季札到晋国的都城时发现新建的房屋反而不及过去的房屋华美,新砌的墙壁反而不及过去的墙壁高耸,由此而判断晋国的民力不济。

其三,乱哉国乎! 这是因为在朝廷与君臣相晤时,国君不问下情,大臣们都善于炫耀自己的功劳、才能而不对国政提出谏议。君臣不问政、议政,必然会导致祸乱,由此而判断晋国的政局混乱。

季札由表及里地揭示了晋国的乱象。虽然分为三个不同的层次,但具有密切的联系。根本原因是君臣虚骄不问政,遂使民生凋敝、土地荒芜。由此亦可以大致推演出季札的政治理想。这就是,以君臣的治政为关键,君当以体察下情、了解百姓状况为本。臣当陈情直谏,不以君主的喜恶为是。最终的目的是要发展生产,增加生民之利。

季札论晋与其观乐论政虽然内容不一,但又存在着内在的联系,这就是季札通过仔细观察,对一国之兴衰做出判断。比较而言,其聘晋时的所见更为直接真切,逻辑更加清晰,也更加精准。

四 安民为先的政治理想

除了公元前544年季札历聘中原诸国之外,前485年(吴王夫差十一年,鲁哀公十年)年近期颐的季札还曾有过帅师救陈的经历,其中可窥见季札的政治理念。据《左传》记载:

冬,楚子期伐陈,吴延州来季子救陈,谓子期曰:"二君不务德,

---

① 《太平御览》卷一百七十四,四部丛刊三编景宋本。

而力争诸侯,民何罪焉?我请退,以为子名,务德而安民。"乃还。①

当时吴王夫差正忙于北伐齐国,开疆辟土,以成就霸业。季札以近期颐之龄而帅师救陈。但他救陈之举,不为陈君,亦不为吴君的疆土计,只为陈国百姓免遭涂炭。因此,便有了军事史上鲜见的一幕:为生民而自求退兵,唯嘱楚人务德安民。体现出的政治理念概有以下几方面。

首先,君主的德行,关乎国家的治乱兴衰。季札对吴楚君主都甚为不满,谓之"二君不务德"。吴王夫差虽颇有大略,然心胸狭小,据《会笺》云:"夫差之所以亡也。定五年《传》云:'子常唯思旧怨以败。'"②吴王夫差在破越之后,骄纵之情渐生。据《左传》记载,当其讨伐与楚有盟约的陈国之时,楚国大夫都十分恐惧。但公子子西则认为夫差与其父阖庐"食不二味,居不重席"不同,而是"次有台榭陂池焉,宿有妃嫱嫔御焉,一日之行,所欲必成,玩好必从;珍异是聚,观乐是务;视民如雠,而用之日新"。③ 在鲁哀公元年(夫差二年,前494年)入侵陈国之时,竟然砍伐了神祠旁大树,杀害染病之人,④足见当时夫差的骄纵。"轻诸侯,凌齐晋"(《战国策·秦策》),不听伍子胥的劝告,伐齐而放松了对越国的警惕。就吴国来看,虽然有伍子胥这样的诤臣,但因为君主的专恣乏德,最终还是难以避免吴国的灭亡。对此,楚国大夫蓝尹亹曾比较了阖庐与夫差的政德差异,云:"夫阖庐口不食嘉味,耳不乐逸声,目不淫于色,身不怀于安,朝夕勤志,恤民之羸,闻一善言若惊,得一士若赏,有过必悛,有不善必惧,是故得民以济其志。今吾闻夫差好罢民力以成私好,纵过而翳谏,一夕之宿,台榭陂池必成,六畜玩好必从。夫先自败也已,焉能败人?"他认为君主修政德才是国家盛衰的关键,即他与楚国令尹子西所谓:"子患政德之不修,无患吴矣。"⑤因此,君主的德行直接影

---

① 杨伯峻:《春秋左传注·哀公十年》,中华书局1981年版,第1656页。
② 转引自杨伯峻《春秋左传注·哀公六年》,第1633页。
③ 杨伯峻:《春秋左传注·哀公元年》,第1609页。
④ [清]孙希旦:《礼记集解》卷十《檀弓下第四之一》:"吴侵陈,斩祀杀厉。"(中华书局1989年版,第272页)
⑤ 以上引自徐元诰《国语集解·楚语下第十八》,中华书局2002年版,第525页。

响一国之兴衰。吴王夫差因"不务德"而终致失国。同样,楚国自灵王以后,政治日渐腐败,"灵王虐"①而不能纳谏。"楚平王奢侈纵恣,不能制下,检民以德,增驾百马而行,欲令天下人馁财富利明不可及,于是楚国逾奢,君臣无别,故上之化下,犹风之靡草也。"②平王时杀害忠良,逼其后代逃往吴国,誓复家仇,最终攻克楚国都城郢,使楚昭王逃入随国。因此,季札痛斥"二君不务德",既是对吴楚两国现状的不满,同时也体现了季札认为国君德行是国家政治的关键因素。

其次,军事乃政治的手段。季札虽然帅兵救陈,但这仅是手段。"民何罪焉",安土保民才是其真正的目的。但如果不发兵救陈,陈为楚兵所占,陈地百姓必然受到楚国的侵夺。季札帅师救陈,在对楚军形成军事压力的前提下,提出"务德安民"的条件,然后退兵。季札是以军事的手段而实现政治的目的。

最后,安民是政治的宗旨。吴王夫差开疆辟土,经略北方,最终导致吴国灭亡。因此,季札对于吴楚两国君主"力争诸侯"而不务德的批评,恰恰切中了吴国国君的要害。救陈之后12年,盛极一时的吴国骤然崩溃。根本原因是穷兵黩武,不恤民生,"视民如雠,而用之日新"。③不难看出,季札所说的君主"务德",具体的内容以及最为直接的体现当是"安民"。季札帅师救陈,不为君主,不为疆土,唯以安民为期。由此亦可见,在季札的政治图谱中,民超越于君,超越于争疆辟土的事功,"民为贵,社稷次之,君为轻"(《孟子·尽心章句下》)。这是孟子民本思想最为精辟的体现,季札则早在两百多年前,通过军事史上独特的一幕诠释了其相似的政治理念。

---

① 徐元诰:《国语集解·楚语上第十七》,中华书局2002年版,第502页。
② [汉]陆贾:《新语》卷上《无为第四》,四部丛刊本。
③ [晋]杜预集解:《春秋经传集解》第二十九《哀公上》,上海古籍出版社1978年版,第1712页。

第十二章　让国论衡

季札绳武光前,守制让国,受到了后世的普遍景仰,元人白珽《吴季子墓》诗中有云:"恭惟吴季子,夙禀明睿智。近取子臧节,远绍泰伯基。两以大国让,廉风起蛮夷。"①但使中原诸国对"蛮夷"之吴为之一敬的季札让国,自唐代以来即偶有非议之声,因此有必要为季札赢得贤名的让国之举稍做论析。

一　纷纭众说

据《(乾隆)江南通志》载:"延陵季子庙……康熙四十四年圣祖南巡,御题'让德光前'四字扁额。"②其意是说,季札的让国之德乃是承先祖太伯、仲雍之高风。季札之贤名,首先是因为让国的清风高节而为时人与后人所称誉的。如诗人李白诗云:"孤竹延陵,让国扬名。高风缅邈,颓波激清。"③李白是以孤竹君之子伯夷、叔齐让国与季札让国的风节讽刺当时尔虞我诈的现实。但季札让国与太伯、仲雍又有所不同,太伯、仲雍让国是因其弟季历之子昌"有圣瑞",④因此,让国乃让贤。季札让国的情况则较为复杂,据《史记·吴太伯世家》记载:"(寿梦)二十五

---

① [元]白珽:《湛渊集》,文渊阁四库全书本。
② [清]赵宏恩修:《(乾隆)江南通志》卷三十九《舆地志》,清文渊阁四库全书本。
③ 瞿蜕园、朱金城校注:《李白集校注》卷三《上留田行》,上海古籍出版社1980年版,第246页。
④ 《史记》卷四《周本纪第四》,中华书局点校本,第115页。

年,王寿梦卒。寿梦有子四人,长曰诸樊,次曰馀祭,次曰馀眛,次曰季札。季札贤,而寿梦欲立之,季札让不可,于是乃立长子诸樊,摄行事当国。"①因此,季札让国,乃是亲亲之义举,即董仲舒所谓"吴季子之让国,明亲亲之恩也"。② 更重要的是太伯让国与季札让国的结果不同。太伯让国而文王兴,但季札最后一次让国是在馀眛之后,结果吴王僚继位,最终引起僚光相残。因此,与诗词歌赋中屡屡称叹季札的让国高风稍有不同,后世学者对季札让国评价不一,概分为三种情况。

第一种是对循礼守分的行为取肯定的态度。如司马光对微子、季札等人予以热情褒赞:"以微子而代纣则成汤配天矣,以季札而君吴,则太伯血食矣。然二子宁亡国而不为者,诚以礼之大节不可乱也,故曰,礼莫大于分也。"③亦即国虽亡而礼之大节不可乱。他们称道逊国诸贤也是肯定他们不以私欲而乱纪纲,免启争夺之祸的风节。

南宋学者吕祖谦论学以"陶铸同类以渐化其偏""平心易气"④称著于时,他对季札让国的评价则较为持正公允。一方面,对季札让国隐居的价值观念提出过质疑,云:"盗跖之风不足以误后世,而伯夷之风反可以误后世。鲁桓之风不足以误后世,而季札之风反可以误后世。凡人之情既恶之,则必戒之,其所以陷溺而不知非者,皆移于所慕也。"⑤当然,吕祖谦是对传统价值观念中介之推隐居而不言禄行谊的反拨,缘此而论及季札让国。基于这一独特的语境,我们并不能视其为吕氏对季札的理性评论。另一方面,吕祖谦对季子又有更高层面的认同,他认为微子、目夷、子西、季子等贤者,虽然可以承祀继统,光大前人之业,开启无穷基业,但他们逡巡却避则有更深层次的考虑,这就是:

岂非不忍以一国之私欲利害而启千万世争夺之祸乎?嫡庶长幼之定分,历圣历贤、历古历今不敢轻变。晋穆侯何人也,乃敢首乱之,溺于私爱命名之际,妄有轻重,驯致曲沃之祸,卒覆宗国,为

---

① 《史记》卷三十一《吴太伯世家》,中华书局点校本,第1449页。
② 阎丽译注:《春秋繁露译注》卷四《王道》第六,黑龙江人民出版社2003年版,第60页。
③ 佚名:《宋文选》卷四《司马君实文·名分说》,文渊阁四库全书本。
④ [清]黄宗羲:《宋元学案》卷五十一《东莱学案》,中华书局1986年版,第1652页。
⑤ [宋]吕祖谦:《左氏博议》卷十四《介之推不言禄》,清文渊阁四库全书本。

周王者又从而宠秩之。自古圣人所恃以塞千万世之争端者，至是皆坏。世始知人可胜天，庶可夺嫡，幼可陵长，篡夺之祸，史册相望。纳中国于戎狄夷貊之域者，未必非晋与周启之也。噫。至贵之无敌，至富之无伦，染指垂涎者至众也。使勇者守之，遇勇之倍者则夺之；使智者守之，遇智之尤者则夺之矣。守以盟誓则有时而渝，守以法度则有时而废，守以城郭则有时而隳，守以甲兵则有时而衅，惟守之以天，然后人莫敢与之较，是则嫡庶长幼定分之出于天，乃有国者之所恃也。民恃吏，吏恃国，国恃天。为国而无故乱，天之定分是自伐其恃也。呜呼殆哉！①

吕祖谦深刻地揭示了诸贤逊而不立的根本目的在于免使国乱、兄弟相残。他们逊让的根本目的在于舍一己之利以成王位继承制度的刚性原则："守之以天然"的嫡长子继承制。

与司马光、吕祖谦等人肯定季札循礼而让稍有不同，唐人萧定则认为太伯让而吴兴，季札让吴虽衰，但这乃是时势使其然。季札让国乃识时明智之举，云："《易》曰'知几其神'。则季子之见，可谓知几矣；季子之明，可谓知进退存亡而不失其正矣！"②

第二种是模棱两可，对于循制之礼与兴国之义难以取舍，莫衷一是。如朱熹、黄震等。据《朱子语类》载："问：'季札，胡文定公言其辞国以生乱，温公又言其明君臣之大分。'曰：'可以受，可以无受。'"③黄震亦云："呜呼，太伯以三让而周兴，季札以三让而吴亡。让一也可与，权之义亦难哉。"④

朱熹对于胡安国（谥号文定）与司马光（卒赠温国公）两种截然不同的评价未置可否，这是朱熹品鉴人物时鲜见的态度，何以如此？文献并未记载。比较而言，黄震的"权之义亦难哉"，其意是说季札逊让的人格风范毋庸置疑，但最后一次让国客观上导致僚光之乱，因此，黄震认为对此不应衡鉴以义，暗示了历史现象的复杂性。虽然对季札让国模棱

---

① [宋]吕祖谦：《左氏博议》卷四，文渊阁四库全书本。
② 《全唐文》卷四百三十四《改修延陵季子庙记》，清嘉庆内府刻本。
③ [宋]黎靖德编、王星贤点校：《朱子语类》卷第八十三，中华书局1994年版，第2170页。
④ [宋]王庭珪：《卢溪集》卷二十五《挽郑教授》，清文渊阁四库全书本。

两可态度的学者并不多,但因为朱熹的巨大影响,理应得到我们的重视。其"可以受,可以无受"的闪遁使季札让国并未成为理学的重要话题,客观上使对季札的评价没有受到僵硬的理学教条所束缚,对季札的评鉴主要还囿于史学领域,一般以史实分析以及政治制度层面来衡鉴季札的让国之举。这是季札研究之幸。但朱熹受与无受的闪烁回避,也失去了对这一事件进行深层次道德性理分析的机会,这又是季札研究之不幸。朱熹所以回避这一问题,最根本的原因还在于让国之德、循制之礼与僚光之乱残酷现实(亦即义)的矛盾。德性与现实简单的两难使朱熹以或然选择搪塞而过。但朱熹的模糊态度恰恰证明了季札让国问题的复杂性,以及学人们聚讼于此的原因。

第三种是对季札让国持否定的态度。包括唐人独孤及、宋人胡安国、清人钱振锽等。持否定态度的人数虽少,但观点鲜明,其中独孤及、胡安国所论影响尤大,他们对季札的苛责言辞十分峻厉,如独孤及云:

> 季子三以吴国让,而《春秋》褒之。余征其前闻于旧史氏,窃谓废先君之命,非孝也;附子臧之义,非公也;执礼全节,使国篡君弑,非仁也;出能观变,入不讨乱,非智也。左丘明、太史公书而无讥,余有惑焉。

> 夫国之大经,实在择嗣。王者慎德之不建,故以贤则废年,以义则废卜,以君命则废礼,是以泰伯之奔勾吴也,盖避季历。季历以先王所属,故篡服嗣位而不私,泰伯知公器有归,亦断发文身而无怨。及武王继统,受命作周,不以配天之业让伯邑考,官天下也。彼诸樊无季历之贤,王僚无武王之圣,而季子为泰伯之让,是徇名也。岂曰"至德"?且使争端兴于上替,祸机作于内室,遂错命于子光,覆师于夫差,陵夷不返,二代而吴灭。

> 以季子之闳达博物,慕义无穷,向使当寿梦之眷命,接徐昧之绝统,必能光启周道,以霸荆蛮。则大业用康,多难不作。阖闾安得谋于窟室?专诸何所施其匕首。

> 呜呼!全身不顾其业,专让不夺其志,所去者忠,所存者节,善自牧矣,谓先君何?与其观变周乐,虑危戚钟,曷若以萧墙为心,社稷是恤?复命哭墓,哀死事生,孰与先衅而动,治其未乱?弃室以

表义,挂剑以明信,孰与奉君父之命,慰神祇之心?则独守纯白,不义于嗣,是洁已而遗国也。国之覆亡,君实阶祸。且曰"非我生乱",其孰生之哉,其孰生之哉!①

否定论者是在历代对季札让国的清风高节歌赞不绝的背景之下提出的,他们违众意而禀己见,其理性精神委实可嘉。但是否公允持正则需要在驳议论难中得以辩明。对唐人独孤及对季札的诟病,宋人石介就有这样的驳议:

独孤及作《季札论》云云者,岂知季札之所存也。吁!及徒知废先君之命非孝,灭其国不仁,独不知奉先君以为孝,孝之末也;全一国以为仁,仁之小矣。与其奉先君已没之命,孰若存先王大中之教!与其全一国将坠之绪,孰若救万世篡弑之祸!呜呼!季札之意远哉!及岂知之也。故孔子称伯夷、叔齐曰:"古之贤人也。"谓季札曰:"吴之习礼者也。"②

其后,明人沈长卿也对独孤及与胡安国之论据理力驳:一方面,沈长卿认为不能以后世国之治乱以绳尺逊位贤者,前贤逊位而受礼赞,而不能独独苛责季札,云:"凡逊位者如伯夷、叔齐,不以让乱,孤竹穆公子鱼不以让乱,宋子郢不以让乱,卫子西不以让乱。楚而乌得以让为札罪乎?"另一方面,针对馀祭之后季札应继君位,这样即可免使公子光袭王僚之乱的说法,沈长卿驳议道:"惟季札立,光则无辞。倘札之子立,光能默然而已乎?札逊位而吴之祸渐解,光袭僚而吴之事大定。札盖有大造乎吴者,而衰其致乱可乎。"③沈长卿认为,馀祭之后,季札继位同样难以免除争位之乱,因为季札即使继位了,兄终弟及之后必然会重新改为子嗣父位的传统,其中必然还会引起祸乱。沈氏认为"光袭僚而吴之事大定。札盖有大造乎吴者"。此说虽然明显带有感情的色彩,但也确实指出了制度改易乃是形成祸乱的根源。而明人黄正宪则对胡安国以来对季札的种种诘难予以驳斥,批评所谓"强立固避"于史无据,云:"僚

---

① [唐]独孤及:《毗陵集》卷七《吴季子札论》,四部丛刊本。
② [宋]石介著、陈植锷点校:《徂徕石先生文集》卷十一《季札论》,中华书局1984年版,第119页。
③ [明]沈长卿:《沈氏弋说》卷一《季札》,明万历刻本。

嗣父位,君国子民者十二年,札亦久居臣位,在僚左右,故光之弑僚必迟迟于十二年之后札聘上国之时,则拥卫之功札实有焉,而事僚且终身矣。《传》所称强立固避之状何足据哉? 不然,既已辞国而又徘徊于危疑可畏,弑逆子相仍之朝,可谓知乎?"对于僚光之乱后而不讨伐公子光,黄氏驳曰:"或又议其归不讨贼,是又不通时势者也,且无论光为诸樊子,宜立。彼时遏卒于门矣,祭弑于阍矣,僚弑于诸矣,使札必于讨贼,则光且应无赦,太伯相传之业将属之他人乎? 抑札自受之乎? 此其不讨光之隐衷而人未之谅也。"①明人王世贞也不认同胡安国对季札的讥评,尤其是对胡安国援《春秋》不称季札为"公子"为据讥贬季札,王世贞认为这与季札本人无关,而是因孔子的夷夏观使其然,曰:"吴之以子也,谓其能历聘也。荆蛮而中国之则中国之。其曰札,不纯与其中国也,进而诱之来,抑而树之防,圣人待吴意也,于札无与也。"②王世贞是以孔子著《春秋》为前提来解释"吴子"这一现象的,但事实上孔子对季札甚为尊崇,"吴子"很可能并非孔子抑或《春秋》作者之"微言",但不胶执于"吴子",而据史实以品评季札的理路还是可取的。清人对季札让国的评论以承绪明人诘难独孤及、胡安国之论的传统为主,如清人储大文对于季札让国"考之制,揆之情,度之时与势"的分析之后,结论是"举无可疑者"。除此,储氏还引用《史记》为据,云:"太史公赞季子曰:'见微而知清浊。'夫让国卒不立,知清浊之效也。"③亦即,季札让国还是其性情所致。除此,方苞同样认为季札让国是从根本上避免"使吴父子兄弟相贼无已时"④的贤明之举。但间或亦有如赖韦、魏世效等人基本承独孤及、胡安国之旧说,谓其"季札不当让而让,酿成僚光之祸",⑤认为季札应如宋穆公之所为,受位而传诸公子光,这样便可避弑夺之祸。而俞樾则既"惜其始之不断",同时"犹幸其善于自处,致国阖间,归老延陵"。俞樾所谓"始之不断"是"当寿梦之未死,逃之诸侯,以绝诸兄致国

---

① [明]黄正宪:《春秋翼附》卷十六,明刻本。
② [明]王世贞:《弇州四部稿》卷一百十一《春秋三》,明万历刻本。
③ 以上引自[清]储大文《存砚楼二集》卷十三《吴季子让国论》,清乾隆十九年刻本。
④ [清]方苞:《春秋直解》卷九,清乾隆刻本。
⑤ 引自[清]魏禧《左传经世钞》卷十二,清乾隆刻本。

之意"。① 可见,为季札辩者明显占据主流,而辩解内容则言人人殊,受各自政治道德倾向、性情的影响往往较为显著。

对季札让国的评价迥异于众论的主要是独孤及、胡安国与钱振锽。他们何以对季札多有贬议?这与他们独特的论学背景与情感因素不无关系。独孤及对季札的苛评,似乎导因于独孤氏的人生价值观念。据《新唐书·独孤及本传》载,独孤及幼时读书,其父问其志向为何,独孤及对曰:"立身行道,扬名于后世。"②为文必彰明善恶。唐代宗时以左拾遗召,甫至即上疏陈政,有云:"陛下虽容其直,而不录其言。""有容下之名,无听谏之实。"③这样积极有为之士,自然对于贤者季札屡辞君位感到不解。同样,一代鸿儒钱振锽对季札的矫激失允之评似乎亦源于其仁民济世之心。

与此稍有不同的是,胡安国对季札的苛评似乎与其为学背景有关。胡氏对季札的批评出自《春秋传》,而《春秋传》又是一部"严夷夏之防"的作品。在《春秋传》中,胡氏一改宋初孙复提出的昭公之前"天下之政,中国之事",昭公之后"夷狄"之患方生的观点,而在隐公二年即已昭示了严夷夏之防之旨。因此,他夸大了所谓孔子"书法",并在论说中将其严格地绳之"夷狄",云:"《春秋》谨华夷之辨,而荆、吴、徐、越诸夏之变于夷者,故书法如此。"④胡氏对季札的苛评即导源于襄公二十九年《春秋》"吴子使札来聘"一句,并释之云:"札者,吴之公子。何以不称'公子'?贬也。辞国而生乱者,札为之也,故因其来聘而贬之示法焉。"⑤对于《春秋》对季札的"书法"是否为孔子的观点,将在本书第十四章论之,兹不赘述。独孤氏与胡氏所论秉持着的人生观念与着染的浓厚学术倾向,影响了他们对季札的理性评议,其中的偏颇失允之处,石介、沈长卿等人的驳议已得到了证明。

---

① [清]俞樾:《宾萌集·论第一》,清光绪二十五年刻春在堂全书本。
② [宋]欧阳修:《新唐书》卷一百六十二《独孤及本传》,中华书局点校本,第4990页。
③ 引自《新唐书》卷一百六十二《独孤及本传》,中华书局点校本,第4991页。
④ [宋]胡安国著、钱伟疆点校:《春秋胡氏传》卷第九《庄公下》,浙江古籍出版社2010年版,第120页。
⑤ [宋]胡安国著、钱伟疆点校:《春秋胡氏传》卷第二十三《襄公下》,第381页。

二　让国的德性、理性与情势分析

　　嫡长子继承制虽然自周公以来已成为王位继承的理想方式，但由于其受到诸多条件的限制，诸如嫡长子的才华、性情，皇后有无子嗣等复杂情况，实施的效果也参差不一。因此，其他通变的方法亦时时有之。吴王寿梦欲立季札，目的在于立贤。但综观历史，立贤的效果并不显著，因此，王位继承方法遂成为中国古代政治中影响重大的课题。季札让国发生在春秋时期吴国特定历史背景之下，对季札的让国之行亦需结合此前王位继承的历史以及吴国当时的现实进行综合分析。兹从以下几方面分别论述之。

　　其一，关于王位继承中尊尊亲亲贤贤的关系。王国维说："尊尊亲亲贤贤，此三者治天下之通义也。周人以尊尊亲亲二义，上治祖祢，下治子孙，旁治昆弟，而以贤贤之义治官。"[1]其实这也适用于王位继承制度。只不过，尊尊亲亲起着决定性的作用，而贤贤则仅是影响王位继承的第三个因素。无论是嫡长子继承制还是兄终弟及制，其根本的标准有二：出生的嫡庶和年龄的长幼。这是两个客观的、易于操作的标准。客观的衡鉴标准则是保证王位继承平稳实施的基础。操守与才能，即贤能与否都不是重要的因子，这主要是因为贤能与否的认定往往容易带有主观的因素。周太王之孙姬昌贤明，其前提是因为"太王欲立季历以及昌"，即标准是在位之王对其贤能的肯认。季札贤明，也同样是得到其父寿梦的肯认，"寿梦欲立之"。[2] 贤能与否？在位之王的判断往往起到决定性的作用。而无此条件，贤能与否则是王位继承中可有可无的影响因子。这在理论上存在着不合理性，因为君王的德行与才能直接关乎国家的治乱兴衰，这一王位继承中本应最为重要的因素恰恰被彻底忽视了，原因即在于判断贤能与否的标准存在着较多的主观与人为因素。因此，标举用贤的王位继承方法，实施的结果往往并不理想，

---

[1] 王国维：《观堂集林》卷十《殷周制度论》，中华书局1959年版，第472页。
[2]《史记》卷三十一《吴太伯世家第一》，中华书局点校本，第1449页。

反而会成为祸乱的根由。就春秋时期而言，君主不循嫡长子继承制而因私情立爱子为嗣的现象并不鲜见，其结果无一不是引起国家的动乱与衰败。如晋献公初以世子申生为冢嗣，后宠嬖骊姬，欲立其子奚齐，申生被骊姬逼迫自杀，又将年长的公子重耳与夷吾逼走。但晋献公去世后，里克等杀奚齐等，使晋国祸乱20余年，元气大伤。因此，后人遂有这样的总结："为人父者知祸淫之戒，为人子者知夺嫡之戒。"①因擅变成法而引起兄弟相残，乃至国运衰微的现象不胜枚举。由此可以看出，在中国古代，嫡长子继承制虽然是一个不甚理想的王位更替方法，但可以很大程度上保护社会的安宁、政权的稳定。更何况，当国家政权的组织形式走向制度化与规范化之后，可以在一定程度上弥补君主才能不足之憾。从这个意义上来说，季札之贤，不在于是否让国本身，而在于他对于保证王位继承制度稳定的努力。当诸樊再三欲让位于季札之时，季札执意辞谢的理由是："夫适长当国，非前王之私，乃宗庙社稷之制，岂可变乎？"②可见，季札让国并非为一人一世之计，而是以辞让而确认传位制度的恒常不变，期以保证家国社稷的安宁。诚如明人邵宝所说的季札之让乃"明嫡长之义，使国有所归而已"。③

其二，关于西周的立贤传统辨析。对季札评价的一个参照系是周初的兴盛与立贤的关系问题，因此，有必要对此稍做辨析。钱穆先生认为周初立君曾有立贤的倾向，他说："至周初君位，颇有立贤之迹象，或以便于争强而然。如太王舍太伯、虞仲而立王季，为第一次立贤。文王长子伯邑考，次子发，舍伯邑考而立武王，为第二次立贤。"但对"第二次立贤"尚有推测的成分，说："伯邑考果系先卒与否不可知。周人乃一种极长于实际政治上争强之民族，大有舍长立贤之可能。"④武王继位，正当文王"制礼作乐"甫毕之时，废长立幼、立破礼法的可能并不大。文王掌国时所营造的社会氛围是"耕者皆让畔，民俗皆让长"。⑤ 更何况武王

---

① ［宋］洪咨夔：《春秋说》卷第十，文渊阁四库全书本。
② 周生春：《吴越春秋辑校汇考·吴王寿梦传第二》，上海古籍出版社1997年版，第19页。
③ ［明］邵宝：《容春堂集》续集卷八《季札论》，文渊阁四库全书本。
④ 以上引自《国史大纲》第一编第三章，商务印书馆1996年版，第39页。
⑤ 《史记》卷四《周本纪第四》，中华书局点校本，第117页。

发乃文王次子，兄长仅伯邑考一人，其兄先卒存在着很高的概率。据《史记》记载："西伯（周文王）盖即位五十年。"①《史记集解》："徐广曰：'文王九十七乃崩。'"②因此，伯邑考先于文王而卒的可能性很高，虽然《汉书》《淮南鸿烈》《孔丛子》等文献都有"周太王废太伯立即王季，文王舍伯邑考立武"的记载，但毕竟这些记载距周文王之时已十分遥远，后世对于伯邑考卒于文王之时的推测和记载也颇为多见，如晋皇甫谧《帝王世纪》载："纣既囚文王，文王之长子曰伯邑考，质于殷，为纣御，纣烹以为羹赐文王，曰：'圣人当不食其子羹'，文王得而食之。"③虽然郑樵等人认为此乃"诞语"，但伯邑考先卒于文王的可能性并不能排除。同时"周人乃一种极长于实际政治上争强之民族，大有舍长立贤之可能"的推论也存在着逻辑上的问题：民族争强的特质非文、武一时所成。如其成立，终西周一朝王位继承当以立贤为是，而这恰恰是文王之礼所力避的。由此可见，周初真正可以确认的君位立贤，仅仅是太王舍太伯、虞仲而立王季。太伯、仲雍奔吴之所以在历史上被广为传颂，恰恰证明其史所鲜见。因此，君位继承中真正平稳成功的废长立贤是十分罕见的。

其三，第三次让位的原因。吴国在王位传承制度上由嫡长子继承，而权变为兄终弟及，根本原因是要遵先王及兄弟之愿，让季札顺位而上。因为当王位继承制不依常例之时，最易于出现相互残杀的混乱局面。而季札兄弟四人依次而立则十分平稳。依次相传果能传至季札？对此，清人高士奇云："无论岁月绵邈，事体未可料。假令诸樊、馀祭、夷昧俱登大耋，而季子或不幸而先死，则惓惓与贤之意成子虚矣。"④但结果则是"谒也死，馀祭也立。馀祭也死，夷昧也立"，⑤兄弟顺次当国。当夷昧死，季札理应顺位而立时，史料记载的情形则略有不同。据《史记·吴太伯世家》记载："王馀昧卒，欲授弟季札。季札让，逃去。于是吴人曰：'先王有命，兄卒弟代立，必致季子。季子今逃位，则王馀昧后

---

① 《史记》卷四《周本纪第四》，中华书局点校本，第119页。
② 引自《史记》卷四《周本纪第四》，第118页。
③ ［晋］皇甫谧：《帝王世纪》卷五，清光绪刻本。
④ ［清］高士奇撰：《左传纪事本末》卷四十九，中华书局1979年版。
⑤ 《春秋公羊传注疏》卷第二十一，《十三经注疏》标点本，北京大学出版社1999年版，第465页。

立。今卒，其子当代。'乃立馀眜之子僚为王。"①对此，《吴越春秋》的记载与《史记》相似而更为具体："馀眜立，四年，卒。欲授位季札。季札让，逃去，曰：'吾不受位，明矣。昔前君有命，已附子臧之义。洁身清行，仰高履尚，惟仁是处。富贵之于我，如秋风之过耳。'遂逃归延陵。吴人立馀眜子州于，号为吴王僚也。"②但《公羊传》则载："夷眜也死，则国宜之季子者也。季子使而亡焉。僚者③，长庶也，即之。季子使而反，至而君之尔。"④值得注意的是关于夷眜（《史记》作"馀眜"）去世后，"季子使而亡焉"，似指季札出使与逃亡兼而有之。但当僚即位之后，"季子使而反"，似乎季札又以出使为主。尽管《公羊传》记载有些模糊，但明确显示王僚即位之时季札不在吴国。当季札出使归来时，僚已即位，大局已定。果如《公羊传》记载，这实际上已不是让国，诚如何休所云："不为让国者，僚已得国，无让也。"⑤对于这样的局面，季子的态度是"至而君之"，并无异议。《公羊传》也未批评僚篡位。对此，何休释之为："缘兄弟相继而即位，所以不书僚篡者，缘季子之心，恶己之是，扬兄之非，故为之讳，所以起至而君之。"⑥从《公羊传》的记载来看，吴王僚并无让国于季札之意，这也最易于为后人认为是被逼无奈而让。但其实何休所释不无道理，季札并没有取代吴王僚之意，这从吴王僚在位时季札的行谊中可以看出。据《史记》记载，当吴王欲因楚平王去世而乘机伐楚时，曾"使季札于晋，以观诸侯之变"。⑦ 如果季札不得已而承认吴王僚的君位，那大可不必为之效力，而效此前"弃其室而耕"。显然季札是诚心拥护吴王僚的君位。更何况能"以观诸侯之变"，必当是心腹之使。因此，对于吴王僚的拥护，同样也是由衷而非迫于情势使其然。季札诚心让位，体现了他守护传位制度不变的意志。

其四，季札与时势的关系。钱穆先生提出的"周人乃一种极长于实

---

① 《史记》卷三十一《吴太伯世家第一》，中华书局点校本，第1461页。
② 周生春：《吴越春秋辑校汇考·吴王寿梦传第二》，上海古籍出版社1997年版，第20页。
③ 《公羊传》记载吴王僚为寿梦庶长子，而《史记》《吴越春秋》都载其为夷眜之子。
④ 《春秋公羊传注疏》卷第二十一，《十三经注疏》标点本，北京大学出版社1999年版，第465页。
⑤ 《春秋公羊传注疏》卷第二十一，第465页。
⑥ 《春秋公羊传注疏》卷第二十一，第465页。
⑦ 《史记》卷三十一《吴太伯世家第一》，第1463页。

际政治上争强之民族"这一结论又给我们以启发:这就是太伯奔吴,让国于季历、文王,此乃"势"之所为。而此之"势"就是由后稷始而由古公亶父到文王等光大的仁德的力量,据《史记》记载:"古公亶父复修后稷、公刘之业,积德行义,国人皆戴之。"曾曰:"民欲以我故战,杀人父子而君之,予不忍为。"由于仁德的力量,"豳人举国扶老携弱,尽复归古公于岐下。及他旁国闻古公仁,亦多归之"。① 同样,文王"遵后稷、公刘之业,则古公、公季之法,笃仁,敬老,慈少。礼下贤者,日中不暇食以待士,士以此多归之",②内修仁德,外遵礼乐,以奠定周朝基业。这就是周朝初期的"势""时""运"。在这样的大背景之下,个人的贤能固然能够起到促进作用,但都不能改变其大势。相反,如果国运处于衰颓之势,个人的力量同样也是有限的。顺势而为,才是贤能者最好的抉择。对此,唐人萧定曾对太伯、季札让国的不同结果有这样的解析:

> 或曰:"非所让而让之,使宗祀泯绝而不血食,岂曰能贤?"斯可谓知存而不知亡者矣。夫治乱,时也;兴亡,运也。故至至而不可却,终终而不可留。黄河既浊,阿胶无以正其色;盐池斯咸,弊箪不能匡其味。与夫当浊乱之世,召力胜之戎,让与争孰贤乎?《易》曰:"知几其神。"则季子之见,可谓知几矣;季子之明,可谓知进退存亡而不失其正矣。至于听乐辨列国之兴亡,审贤知世数之存灭,挂剑示不言之信,避国保无欲之贞。故有吴之祀寂寥,而延陵之饷如在。③

萧定所论,提出了一个时势的决定因素与个体对社会影响的限度问题。太伯让国与季札让国处于不同的时势背景之中。太伯让国之后,周王朝处于上升时期,文王正是承续了古公亶父以来"积德行义"的传统,从而为西周的肇兴奠定了基础。而季札所处的时代,虽然吴国骤然兴起,迄至吴王夫差时达于鼎盛,但仍然存在着积淀不足、急于求成的遗憾。当时吴王修筑姑苏台,"三年聚材,五年乃成,高见二百里。行

---

① 《史记》卷四《周本纪》第四,第113—114页。
② 《史记》卷四《周本纪》第四,第116页。
③ 《改修吴延陵季子庙记》,引自《唐文粹》卷第七十,四部丛刊本。

路之人,道死巷哭,不绝嗟嘻之声。民疲士苦,人不聊生。"①由于吴国长期的穷兵黩武,致使"吴日敝于兵,暴骨如莽"。而越国的勾践在文种和范蠡的辅佐之下,国力猛增,"田野开辟,府仓实"。② 在这样的境况之下,致使吴国其兴也勃,其亡也忽。就此而言,吴国的肇兴存在着势不厚、时不济之不足,这一切又非季札一人之力所能改变。

其五、承馀昧而传诸公子光的可能性分析。后世论者认为季札当承馀昧而传诸公子光,这样即可免使僚光相残。明人张凤翼《谭辂》有这样的记载:

> 或问:季札让国于诸樊是矣。至自馀祭传之馀昧而次及札,已可受,受之而传光。上以称寿梦之意,下不失子臧之节。何为不可?必固让而致光僚之相□者何?③

对于以上所论,张凤翼明确予以否定,他视季札为通天道、察几微的圣哲,云:

> 季札盖圣人也,观其问乐,尽知其意,鲁人敬焉。知三家之代晋,而免叔向于难。知齐政之有归,而免晏子于难,则其知几之哲。已先知吴之有乱矣,故不欲自我生乱,而一听之天。迨光既立,惟曰'社稷有奉即吾也。哀死事生,以待天命。'此所谓顺天者昌也。然则札之固让,殆有先见而然哉。④

张凤翼的解释因对季札的尊崇而情感因素多于理性分析,但其对发问者予以否定的回答则是颇为理性的。因为在"兄终弟及"的君位继承制中,末弟之子还是长兄之子继位并无成法可依。从《史记·吴太伯世家》所载的吴人所言来看,时人普遍认为当为末弟之子继位。而公子光则以"光父先立",故而认为"光当立"。更重要的是,吴王僚、公子光即位,僚光相残之时季札都出使在外。诚如清人张尚瑗所说:"季子使而馀昧卒。迨其返而致国,则僚既为君,而光已弑僚,祸乱已作,不可息

---

① 周生春:《吴越春秋辑校汇考·勾践阴谋外传第九》,上海古籍出版社1997年版,第144页。
② 徐元诰:《国语集解·越语下第二十一》,中华书局2002年版,第578页。
③ [明]张凤翼:《谭辂》卷中,明万历刻本。
④ [明]张凤翼:《谭辂》卷中,明万历刻本。

矣。当是之时，辞亦乱，不辞亦乱。使馀昧卒僚不为君，而虚其位以迎季子，季子来归而致国焉，季子未必不受也。季子乱生而辞国，非辞国而生乱。"①其说不无道理。

对张凤翼发问者的观点是建立在对吴王僚承位合法性与执政能力持否定态度的基础之上的，独孤及的《吴季子札论》亦持同样态度。独孤及对于"季子三以吴国让"予以一概否定，核心理由在于"彼诸樊无季历之贤，王僚无武王之圣""错命于子光，覆师于夫差，陵夷不返，二代而吴灭"②数句。由此明显可见独孤及的矫激失允之处。首先，既以诸樊与季历相较，则应将王僚与文王类比。将王僚比武王，殊为难解。独孤氏目的是将季札让国与太伯奔吴相比较，但太伯奔吴是因"古公欲立即季历以传昌"，与武王了无关系，其持论诚如明人骆问礼所云："嚣嚣然不顾其谊，惟逆料于后，曰必将致乱，我宁取之也？"③其次，从诸樊到馀昧，吴国内政外交都较为平稳，与楚国交战也互有胜负。因此，这一阶段季札之辞，乃亲亲之义举，苛责并无理由。最后，独孤氏攻讦其实集中在僚光之乱及公子光二世而绝。但是，即如太伯奔吴与武王继位没有关系一样，公子光掌国而垂二世，已与季札并无多少联系。就吴王僚而言，鲜有其为政荒惰的记载，倒是有一些文献中将其与贤明君主并列的记载，如《鸡肋·古人嗜好》："文王嗜菖蒲，武王嗜鲍鱼，吴王僚嗜鱼炙。"④《史记索隐述赞》曰："王僚见杀，贼由专诸。"⑤对于吴王僚被刺，诸史都记其有彗星袭月之凶兆，如《说苑》："夫专诸刺王僚，彗星袭月，奔星昼出。"⑥含惋惜悲悯之意。如同样具彗星袭月者，则有吴王僚之子庆忌被杀，"庆忌猛勇之将，被要离谋杀，以剑自刎，将死感彗星袭月"。⑦诚如金履祥所言："观狐庸及《史记》所言，则馀昧为贤，而其子僚亦为国人所属。当时事势虽欲立光，亦恐未可也。"⑧事实上，季札对于王僚是

---

① 〔清〕张尚瑗：《三传折诸·公羊折诸》卷五《何贤乎季子让国也》，文渊阁四库全书本。
② 〔唐〕独孤及：《毗陵集》卷第八《吴季子札论》，四部丛刊景清刊本。
③ 〔明〕骆问礼：《万一楼集》卷五十一，清嘉庆活字本。
④ 〔宋〕赵崇绚：《鸡肋》，文渊阁四库全书本。
⑤ 《史记》卷三十一《吴太伯世家第一》，中华书局点校本，第1476页。
⑥ 〔汉〕刘向撰、向宗鲁校注：《说苑校证》卷十二《奉使》，中华书局1987年版，第295页。
⑦ 〔唐〕白居易：《白氏六帖事类集》卷一，民国景宋本。
⑧ 引自〔明〕沈朝阳《通鉴纪事本末前编》卷十一，明万历四十五年唐世济刻本。

诚心拥戴的,对于吴王僚被杀,吕祖谦不无惋惜的分析,亦可见季札对王僚的肯认:"吴子间楚丧以伐楚,而不知根本之虚。贤者国之望也,乃使公子掩馀、公子烛庸伐潜用兵于外,而又使季子聘于上国,一时亲贤者皆在外,故公子光得窥伺间隙以行其谋。"①亦将季札视为可阻滞公子光的王僚的"亲贤者"。从这个意义上说,季札在馀眛之后,固辞君位,并不能认为是季札之失。因此,对于季札让国,历代学者所议,一般还是较为理性的。当然,季札之辞让,是否有可议之处呢?我们认为,王夫之所论值得我们思考:

> 札终辞而不君,自靖之仁也,争弑之祸胥,始于寿梦之失道,失于诸樊之虚让,祸成于馀祭之妄立。札无咎焉。若然,则札无议乎?以君子而议札,其惟诸樊死、馀祭立之日乎?诸樊之始欲让札也,非道之正,而犹父志也。札不从诸樊,乃传之余祭,以及札,是轻宗社,乱典章,而其为谋也,亦迂矣。札于斯时昌言其终不立之心,以息馀祭之妄,革诸樊之命而固请立光,是仁人孝子恸哭力争之日也,而札文弱而不能。《易》曰:"介于石,不终日。"一失其几,欲成乎介而不得矣。夫诸樊舍子以崇让,札不可以言语争也。馀祭非次自立以冀传之札,札可以言语争者也。彼即有迂曲以传季之心,其能曰:"吾必欲立乎其位以舍光哉",如其执而不我听也,札逃而去之得矣。札逃而馀祭无可传,无可传而馀祭固无辞以自立,馀祭避位以立光,光立而札返焉,顺也。光终不立,馀祭且传之夷眛,终身不入吴国焉可也。不失其身以事亲,犹承志也。②

王夫之之论主要是针对宋代道学家刘绚、胡安国所谓《春秋》贬季札的观点而发。王夫之认为"君子之于札,无可议也",对于季札当时的处境有同情之理解,谓其"诸樊之谋也迂,馀祭夷眛之妄立也僻,僚之无忌惮也狂,光之思得国也固。札以嫌疑之身立其间而札亦危矣哉"。但王夫之还是给季札设计了一条更理想的全身之道,其实这仍然是一条季札孜孜以求的守制循礼的君位传承方法。王夫之微遗的是季札在诸

---

① 引自《春秋分记》卷七十八,文渊阁四库全书本。
② [清]王夫之:《春秋家说》卷三上,清船山遗书本。

樊之后,为了"革诸樊之命而固请立光",因"文弱而不能"而未能"恸哭力争",最终失去了依循嫡长子继承的机会。王夫之所设计的理想路径虽然不无道理,我们在有限的文献中也不可能还原当时的历史情境,但通过寿梦欲立,季札坚辞而"让不可",以及"吴人固立季札,季札弃其室而耕"①可知,季札辞让态度之坚决更有过于"恸哭力争"。季札自己坚辞不就,这是季札能够做到的。但在诸樊传之于馀祭的过程中,季札能够发挥多大的作用,这是殊堪疑问的。明乎此,我们便对季札一再辞让有更深切的理解。《公羊传》对季札的记载最显著的特色在于称季札之贤。在《公羊传》的作者看来,季札最大的贤明之举在于让国,即所谓"何贤乎季子? 让国也"。② 此之让,乃是循礼循制之让。《吴越春秋》的记载也许更能体现季札让国的内在动因。当诸樊欲让季札时,季札辞之曰:"夫适(嫡)长当国,非前王之私,乃宗庙社稷之制,岂可变乎?"③

三　思想动因

季札屡屡坚辞君位,本质上根源于其人生观念与政治理想。概而言之,有以下几个方面。

其一,循礼依法,制度为先。嫡长子继承制是中国王位继承的基本方式。据王国维先生的考证,最早源于西周。他在《殷周制度论》中说:"欲观周之所以定天下,必自其制度始矣。周人制度之大异于商者:一曰立子立嫡之制。由是而生宗法及丧服之制,并由是而有封建子弟之制,君天子臣诸侯之制。"④其后的学者依据甲骨文等文献,认为这一制度在商代武丁以后即已由"父传子"替代"兄终弟及"制。钱穆先生也说:"殷人自庚丁后已五世传子。"⑤但尽管如此,周公还是对这一制度赋

---

① 《史记》卷三十一《吴太伯世家第一》,中华书局点校本,第1450页。
② 《春秋公羊传注疏》卷第二十一,《十三经注疏》标点本,北京大学出版社1999年版,第464页。
③ 周生春:《吴越春秋辑校汇考·吴王寿梦传第二》,上海古籍出版社1997年版,第19页。
④ 王国维:《观堂集林》卷十《殷周制度论》,中华书局1959年版,第453页。
⑤ 钱穆:《国史大纲》第一编第三章,商务印书馆1996年版,第39页。

予了更具体的内容。"周公制周礼"(《左传·文公十八年》)是学者们认为可信的记载,而周礼的内容必当包含王位继承制度。嫡长子继承制的具体内容是什么?《公羊传》隐公元年有这样的概括:"立嫡以长不以贤,立子以贵不以长。"①对此,汉儒何休有这样的解释:"嫡谓嫡夫人之子,尊无与敌,故以齿。子,谓左右媵及侄娣之子,位有贵贱,又防其同时而生,故以贵也。"②这记述了嫡、长的关系,完全忽略了德行因素。比较而言,《左传》襄公三十一年记载的叔孙豹所述的"古之道"更为全面:

> 立敬归之娣齐归之子公子裯。穆叔不欲,曰:"大子死,有母弟,则立之;无,则立长。年钧择贤,义钧则卜,古之道也。"③

穆叔(叔孙豹)所说的"古之道",完整地道出了当时嫡长子继承制的要义:一、立嫡、立长:"大子死,有母弟,则立之。"嫡重于长:"无,则立长。"二、嫡、长而后为德:"年钧择贤,义钧则卜。"所谓"义钧"按杜预的解释是"贤等",即德行相仿。

商代因实行兄终弟及制,引起九世之乱,周代则避免了这种君位继承制的弊端,吴国在诸樊之前也秉持了周代的传统。据《史记》等文献记载,自太伯奔东南,自号勾吴以来,传至寿梦凡十九世。除太伯无子,传弟仲雍之外,其余都是传子有序,无一紊乱之例。④ 虽然文献对其是否为嫡长子继承并无详细记载,但如此平稳有序,必然是依循严格的继承制度使其然,而最有可能的则是嫡长子继承制。如前所述,季札让国的根本目的在于依太伯奔吴以来君位传子的传统,免开废长立幼的先河。王位的平稳承继,使吴国国力逐渐增强。据《史记》记载:"自太伯作吴,五世而武王克殷,封其后为二:其一虞,在中国;其一吴,在夷蛮。

---

① [汉]公羊寿传、[汉]何休解诂、[唐]徐彦疏:《春秋公羊传注疏》卷第一,《十三经注疏》标点本,北京大学出版社1999年版,第13页。
② 《春秋公羊传注疏》卷第一,《十三经注疏》标点本,北京大学出版社1999年版,第13页。
③ 杨伯峻:《春秋左传注·襄公三十一年》,中华书局1981年版,第1185页。
④ 《史记·吴太伯世家第一》:"太伯卒,无子,弟仲雍立,是为吴仲雍。仲雍卒,子季简立。季简卒,子叔达立。叔达卒,子周章立。……周章卒,子熊遂立。熊遂卒,子柯相立。柯相卒,子彊鸠夷立。彊鸠夷卒,子馀桥疑吾立。馀桥既吾卒,子柯卢立。柯卢卒,子周繇立。周繇卒,子夷吾立。夷吾卒,子禽处立。禽处卒,子转立。转卒,子颇高立。颇高卒,子句卑立。……句卑卒,子去齐立。去齐卒,子寿梦立。"(中华书局点校本,第1446—1447页)

十二世而晋灭中国之虞。中国之虞灭二世,而夷蛮之吴兴。"①吴国的祸乱恰恰是因为王位继承的变更而引起兄弟相残。季札坚辞不受,不遵先君之命,不受诸兄亲亲之爱,首要目的是要依循祖制,恪守法与礼的恒定性。据《吴越春秋》记载:"季札贤,寿梦欲立之。季札让曰:'礼有旧制,奈何废前王之礼,而行父子之私乎?'"②诸樊元年除丧之后,诸樊又欲让国于季札,季札回应道:"夫适(嫡)长当国,非前王之私,乃宗庙社稷之制,岂可变乎?"③让国原因在于尊礼承制。先君之愿在季札看来仅是"父子之私",与前王之礼、宗庙社稷之制比较起来便显得不足道。从这个意义上说,独孤及的指责便失去了基础,显得浅薄率易。独孤及指责季札之过在于"废先君之命,非孝也;附子臧之义,非公也;执礼全节,使国篡君弑,非仁也;出能观变,入不讨乱,非智也"。因为维护王位继承制的稳定是维护国家安定的重要条件,是先君的根本之愿,也是国家之幸,因此是最大的孝,最大的公;可免使兄弟相残,因此也是最大的仁;从根本上避免宫廷祸乱,因此是最大的智。从这个意义上说,季札之让,乃是正其谊不谋其利,明其道不计其功。独孤及的认识是利与功的层面,而季札之让,是谊(义)与道的层面。舍利而求谊(义),明道而不计功,这是季札之为贤者的高迈、深刻之处。可见,季札受独孤及诟病的根本原因在于两人认识层次的差异。明人邵宝褒赞季札云:"始之辞父,礼也,泰伯之道也;继之辞兄,义也,叔齐之道也;终之不与为篡,法也,叔肸之道也。"④邵宝赞其让国以及宫门之变后"去之延陵"乃循礼、尚义、守法之举,而其中最根本的则在于循礼,亦即维护王位传承制度的恒常性。

公子光代吴王僚,引起王室残杀的悲剧,根本上是兄终弟及制形成的恶果。兄终弟及制,当兄弟中最年幼者去世后,是立兄之子还是弟之子?根据兄终弟及制当立兄之子,但就情感而言,弟之子更具优势,自然希望承父而立。因此,必然会造成继承方法上的随意性。如《史记》

---

① 《史记》卷三十一《吴太伯世家第一》,中华书局点校本,第1448页。
② 周生春:《吴越春秋辑校汇考·吴王寿梦传第二》,上海古籍出版社1997年版,第19页。
③ 周生春:《吴越春秋辑校汇考·吴王寿梦传第二》,第19页。
④ [明]邵宝:《容春堂集》续集卷八《季札论》,文渊阁四库全书本。

中记载馀眛去世后，吴人则说："季子今逃位，则王馀眛后立。今卒，其子当代。"而公子光则认为："季子即不受国，光父先立。即不传季子，光当立。"①这种混乱埋下了吴王僚被杀的祸根。这在殷商时代就有过因传位混乱而引起国家衰乱的教训，据《史记》记载："自中丁以来，废适（嫡）而更立诸弟子，弟子或争相代立，比九世乱，于是诸侯莫朝。"②这里所说的"诸侯莫朝"的九世，是指中丁、外壬、河亶甲、祖乙、祖辛、沃甲、祖丁、南庚、阳甲。"乱"在"兄传代"与"末弟传代"的变更不一。而吴王僚被杀，恰恰如殷商"诸侯莫朝"乱世的重演。因此，维持王位继承制的稳定性就不能轻易变更成法。

其二，顺时宜民，得其时中。避免王位继承中的动荡与纷乱，首先需要依靠制度作保证。当制度尚不完善、成法不明、解读出现分歧时，承认既有的现实几乎是规避纷争的唯一选择。因为王位继承过程中的混乱与残杀往往缘起于后起者改变现实的愿望。就有利于国家的角度来看，当政权体制比较健全时，君主个人的因素往往受到一定的限制，人与人之间的贤能差异往往并不十分明显。相反，登位后易君最易产生激烈冲突，轻者兄弟相残，重者战争因是而起，生灵为之涂炭。这样的纷争往往都是为一己权益之争。就国家的利益而言，谁承王位则并不尤为重要，安宁传位、免起纷争才是生灵之幸、国家之幸。在礼崩乐坏的春秋时代，王位纷争的残酷现实即使是被视中原上国的鲁、卫、晋也时有发生，相对僻陋的吴国自然也难以避免。这需要当事者的智识与德行。其中十分重要的一点在于能否承认现实，顺势而为，化解纷争，将传承纷争降低到最低限度。对此，季札体现了卓越的智识。当僚光之争将起之时，季札的行谊颇值深思。据《公羊传》记载，当王僚继位时，季札出使在外。当"季子使而反，至而君之尔"，③以君臣之礼承认了王僚即位的现实。当王僚被刺，公子光代立为王后，季札出使北方归吴后，《史记》有这样的记载：

---

① 以上引自《史记》卷三十一《吴太伯世家第一》，中华书局点校本，第 1461 页。
②《史记》卷三《殷本纪第三》，第 101 页。
③《春秋公羊传注疏》卷第二十一，《十三经注疏》标点本，北京大学出版社 1999 年版，第 465 页。

季子至,曰:"苟先君无废祀,民人无废主,社稷有奉,乃吾君也。吾敢谁怨乎?哀死事生,以待天命。非我生乱,立者从之,先人之道也。"复命,哭僚墓,复位而待。①

"君无废祀,民人无废主"。既立为君,则应尊奉,不因存亡成败而废。季札暗示了僚光相残祸自寿梦。但现实已如此,只得因时顺势,"以待天命"。一依礼法为绳。复命于先君,哭祭王僚。又复归本位,以待新君之命。而《吴地记》的记载更为具体:"季子历三年回,闻僚被杀,乃匍匐往其坟号哭,于是子光谢过于季子。季子曰:'苟先君无废祀,民无废主,社稷有奉,乃吾君也。哀死事生,以待天命耳。'"②不难看出,季札虽痛悼先君,痛惜兄弟相残,而"匍匐往其坟号哭",促使公子光谢过,但最终还是待新君之命,顺应大势,以免再生祸乱。对此,也有人认为季札理应承担讨贼之责。③殊不知王僚、公子光即位都各自成理。公子光曾对专诸说:"念季札为使,亡在诸侯,未还,馀眜卒,国空,有立者,适长也。适长之后,即光之身也。今僚何以当代立乎?"④当季札出使晋国时,专诸刺王僚已经发生,回吴后面对的是大局甫定、公子光已即位的现实。在此情况之下,如果兴师讨伐,理由是否充分姑且不论,成功的可能微乎其微。在此复杂的情势之下,季札顺势而为,既复命于王僚墓前,隐微表达了对公子光使专诸刺王僚的不满,又认可既成的局面,没有兴师讨伐,也没有帮助王僚之子庆忌为父报仇,而是"复位而待",使吴国避免了继续相互残杀的局面。季札因时而识权变,这与儒家其后所阐扬的"时中"思想正相顾盼。孔子说:"君子之中庸也,君子而时中。"⑤儒家"四书"《中庸》之"中","本是无过无不及之中,大旨在'时中'上"。⑥ 所谓"时中",就是不要胶执固守,而是要因时势、识通变。宋人

---

① 《史记》卷三十一《吴太伯世家第一》,中华书局点校本,第1465页。
② [唐]陆广微:《吴地记》,清文渊阁四库全书本。
③ 如[元]郑玉:《春秋阙疑》卷三十八:"至于王僚见杀,讨贼之责季子尤所当先。"(清文渊阁四库全书本)[元]程端学:《三传辨疑》卷十六:"阖闾弑君,而季子不杀之,则是纵贼也,恶得以不杀为仁?"(文渊阁四库全书本)
④ 周生春:《吴越春秋辑校汇考·王僚使公子光传第三》,上海古籍出版社1997年版,第33页。
⑤ 《四书章句集注·中庸章句》,中华书局1983年版,第19页。
⑥ [宋]黎靖德编、王星贤点校:《朱子语类》卷第六十二,中华书局1994年版,第1480页。

张载曾说："顺变化,达时中,仁之至,义之尽也。"①亦即变化、时中就是仁义的至高境界。儒家的重要经典《易》就以生化变易为旨趣,清人惠栋云："知时中之义,其于《易》也,思过半矣。"②季札在让国以及僚光之争发生之后,通权达变,置物议而不顾,最大限度地争取了社稷百姓安宁之大道、大义。这也正是季札之为贤者的又一表征。事实上,阖闾是吴国实现霸业的关键人物,显示了卓荦的政治才能。如阖闾十分爱惜并善于使用人才,《国语·楚语》谓其"闻一善若惊,得一士若赏"。《吴越春秋》载："阖闾元年,始任贤使能,施恩行惠,以仁义闻于诸侯。"③施仁恩之政以见信于国人、诸侯的举措在即位之始就已体现了出来,阖闾举伍子胥为行人,以客礼事之,与谋国政,堪称知人善任。伍子胥是一位"文治邦国,武定天下。执纲守戾,蒙垢受耻,虽宽不争,能成大事"④的才俊。阖闾为政还能施以仁德,据载,其为政"亲其民,视民如子,辛苦同之",⑤律己亦甚严苛,楚国令尹子西谓之"食不二味,居不重席,室不崇坛,器不彤镂,宫室不观,舟车不饰,衣服财用,择不取费"。⑥ 可见,吴国成就霸业是与阖闾良好的个人素质分不开的。⑦ 季札因时顺势,"复位而待",⑧拥护其王位,完全是明智之举。导致吴国衰亡的是阖闾之后的夫差,而这已与季札让国了无关系。

其三,让国息虚骄,高蹈济功利。司马迁在《史记》中对季札有这样的慨叹："延陵季子之仁心,慕义无穷,见微而知清浊。呜呼,又何其闳览博物君子也!"⑨司马迁以《春秋》古文,得知中国之虞与荆蛮句吴的兄

---

① [宋]张载:《张载集·正蒙·神化篇第四》,中华书局1978年版,第17页。
② [清]惠栋:《易汉学》卷七《易尚时中说》,文渊阁四库全书本。
③ 周生春:《吴越春秋辑校汇考·阖闾内传第四》,上海古籍出版社1997年版,第39页。
④ 周生春:《吴越春秋辑校汇考·吴王僚使公子光传》,第24页。
⑤ [晋]杜预集解:《春秋经传集解》第二十六《昭公七》,上海古籍出版社1978年版,第1586页。
⑥ [晋]杜预集解:《春秋经传集解》第二十九《哀公上》,第1712页。
⑦ 当然,阖庐派要离刺杀了吴王僚之子庆忌,次年又杀吴二公子。(见《吴越春秋·阖闾内传》)但宫廷斗争的残酷常常与治政理念不一定完全吻合。
⑧ 对此,《春秋公羊传·襄公二十九年》则载为,当专诸刺王僚之后,阖庐欲"致国乎季子"。季子不受,曰:"尔杀吾君,吾受尔国,是吾与尔为篡也。尔杀吾兄,吾又杀尔,是父子兄弟相杀,终身无已也。"遂"去之延陵,终身不入吴国"。如果《公羊传》所载属实,季札虽然有愤然去国之意,但其力避"父子兄弟相杀,终身无已"的惨剧,实乃承认了阖庐承位的事实。
⑨《史记》卷三十一《吴太伯世家第一》,中华书局点校本,第1475页。

弟渊源。因此,他将季札视为得中原文化神韵,亦即与其后孔子等儒家仁义精神相通的文化圣哲。其"见微而知清浊"既可以视为其对季子观乐的赞叹,又被论者引为季札乃识未形之几,时代盛衰的哲人。这当然不无过誉之嫌。但是,吴国最终因过于尚功以"于周室我为长"①的虚骄之气,征伐不辍,最终为越所败,阖庐之后二世而灭。当时吴国尚功利的风习过盛,虚骄争胜既是霸业的动力,又为灭国埋下了祸根。贤者季札当时必然有所觉察,而其屡屡让国的高蹈之行,恰恰可稍济当时吴国的虚骄之习。馀昧卒后,季札辞位而去,曰:"吾不受位,明矣。昔前君有命,已附子臧之义。洁身清行,仰高履尚,惟仁是处。富贵之于我,如秋风之过耳。"②这种高蹈超逸的人生态度,对于当时吴国渐长的虚骄之气,不啻是一帖清凉剂。对此,清人朱一是有这样颇为深刻的论述:

> 吴自泰伯传十九世,寿梦始通中国,此吴之盛也,而衰亦因之。其国好胜而尚功,楚越连兵,屡世不解,一时风俗人心能动不能静。此其势,必至虚骄渎武,争雄中国,不覆亡不止也。以札之智,岂不早见其敝乎?

当然,朱一是的结论是季札不得不让国,而不是论述季札的人格魅力所具的社会影响,云:

> 群公子口王僚、阖庐,夫概春秋已富,皆争国之徒也,喜事乐衅,结客弄兵,其能帖然君札,听其仁心出治乎?盖有不让而不可得者矣……吴之为国,泰伯以让始,季札以让终,让同而所以让异。是故泰伯知兴,季札知亡。泰伯不让则昌无以受命而开八百年之治,季札不让则争攘,覆亡之祸将中于己。以是逃而去之,以全其身而洁其志。呜呼,此可以论季札矣。③

季札的逊让高行,是性情所使,更是思想与德行使其然。清人陈龙珠有诗曰:"让国无惭周泰伯,题碑深荷鲁宣尼。"④季札的让国高

---

① 《史记》卷三十一《吴太伯世家第一》,中华书局点校本,第1474页。
② 周生春:《吴越春秋辑校汇考·吴王寿梦传第二》,上海古籍出版社1997年版,第20页。
③ 以上引自[清]朱一是《为可堂集》卷二《季札论》,清顺治十一年刻本。
④ 陈龙珠:《谒季子庙》,见[清]卢文弨《常郡八邑艺文志》卷十二下,清光绪十六年刻本。

风,德化东南,泽被华夏,诚如东汉延笃所云:"延陵高揖,华夏仰风。"①诗词歌赋中的题咏传唱,正体现了历代文士们对这一高风的理性评判。历史上偶尔出现的矫激之论并不能遮蔽季札让国精神的风采。

---

① [清]严可均辑:《全上古三代秦汉三国六朝文·全后汉文》卷六十一《贻刘祐书》,中华书局1958年版,第810页上。

影响篇

第十三章 挂剑酬心:德标千秋

季札以清风高节誉著青史。其中,挂剑墓树,践平生之一诺,成为后世诚信笃义的典范,而为历代文人广泛题咏与吟唱。季札慨然解剑挂树的瞬间,诠释了中国传统伦理思想中诚信守义的丰富内涵。

一 丰意诚信

彩绘季札挂剑图漆盘

关于季札挂剑的缘起与经过,《史记》载:

> 季札之初使,北过徐君。徐君好季札剑,口弗敢言。季札心知之,为使上国,未献。还至徐,徐君已死,于是乃解其宝剑,系之徐君冢树而去。从者曰:"徐君已死,尚谁予乎?"季子曰:"不然。始吾心已许之,岂以死倍吾心哉!"①

---

① 《史记》卷三十一《吴太伯世家第一》,中华书局点校本,第1459页。

对此,刘向的《新序》描述更加生动具体:当随侍者欲阻止时,季札云:"吾非赠也,先日吾来,徐君观吾剑,不言而色欲之;吾为有上国之使,未献也,虽然,吾心许之矣。今死而不进,是欺心也。爱剑伪心,廉者不为也。"①徐君"色欲"而无言,季札"心许"而非言诺。受诺者先卒,"色欲""心许"已无凭可证。但季札慨然以宝剑践诺。这一义举遂成诚信守义的典范,其表现出的诚信精神为中国传统伦理观念注入了丰富的内涵。

其一,以"心许"为是。一般意义上的"诚信"是以双方的规约为前提的,因此,在法学中,诚实信用是民法诸原则中的重要部分;在经济学中,诚信是市场交易的基本规则。诚信之"信",是制度与秩序层面上的刚性规定。从这个意义上说,通常作为社会道德意义上的诚信,存在着一个道德践履的前提。正是在共同持守道德信诺的文化背景之下,正常的法律与经济活动才能顺利进行。但季札挂剑则是更高层面的诚信,因言辞之诺是客、主双方均已知晓的约定,季札与徐君之间的赠剑之约则不同,一欲一许,两人之间隐而无言。徐君仅"色欲"而无语求,季札仅"心许"而无言约。季札所守之信乃不言之信。仅是主体的"心"诺,亦即是否履约,客方对于主方没有信义的规约,仅凭主体的无形无迹之约,则所践之约是一种不自欺,亦即纯粹主体的意识活动与道德的自我约束,这是一种更高的道德标准与信念。严格来说,季札的挂剑之举,诚为主,信为次。从这个意义上说,季札的"心许""心诺",堪称是一种圣人境界。季札以自己的行谊,为中国古代的诚信观念提供了一个高标与范则。这种以心许而不爽其约,被后世许为独特的"挂剑之义"。如《释常谈》卷下有《挂剑之义》条:"心许人物而不变移者,谓之挂剑之义。"②挂剑也成了"信"的表征。如独孤及《吴季子札论》:"弃室以表义,挂剑以明信。"③这是季札赋予中国古代诚信观念的一个新的内涵。

其二,履约得权。季札诚信而不胶执,体现了时中观念。季札在赴中原上国的途中与徐国国君相遇时,季札知道徐君的期许,但当时并未

---

① [汉]刘向:《新序》第七卷《节士》,《诸子百家丛书》本,上海古籍出版社1990年版,第39页上、下。
② 佚名撰:《释常谈》,明万历二十一年刻本。
③ [唐]独孤及:《毗陵集》卷七,四部丛刊本。

解剑相赠,而是聘问归来时才对已故的徐君践诺,只得挂剑于墓树以践夙愿。但是,后世的诗人们往往对季札挂剑于坟前的典故用之于践诺已晚的悔意,如谢灵运《庐陵王墓下作》诗云:"徂谢易永久,松柏森已行。延州协心许,楚老惜兰芳。解剑竟何及,抚坟徒自伤。……举声泣已洒,长叹不成章。"似乎季札的抚坟痛哭,表达的是见徐君色欲而没有随即相赠的悔意。同样,李白的《自溧水道哭王炎》诗亦云:"王公希代宝,弃世一何早。吊死不及哀,殡宫已秋草。悲来欲脱剑,挂向何枝好?哭向茅山虽未摧,一生泪尽丹阳道。"①在墓前祭奠的苍凉哀婉气氛中表达了凭吊主体迟来的痛惜,将脱剑挂枝典故,运用于"殡宫已秋草"的情境之中,隐约表现了欲赠已迟的懊恼与怅惘。当然,这些都是对于季札挂剑的诗性理解,是孤立地表达墓前怀人的凄怆痛惜的情感。但是,就当时的实际情境而言,季札出聘,是交通吴国与中原关系的重要事件,佩剑出使具有明显的政治象征意义。为吴国融入并为将来成就霸业奠定基础,这是季札为国出聘的首要使命。因此,归而相赠,乃是贤者季札的不二选择。一如其后季札再度出使之时,葬子从权一样,以君命为上,以国事为先,这是其理性的选择。以剑相赠虽然不无交通吴国与徐国之间情感的一面,但更多的是与徐君相惜相知,遂而慨然心许的个人情感。因此,诚信而不失理性,守则而用权,是季札挂剑所昭示的诚信观的内涵之一。

其三,践约意决。能否践约是信用实现的基础,而践约往往又是以履约者失去目前利益为代价的,因此,履约者舍小利以成信义是诚信实现的关键。季札慨然挂剑的义举,以异常坚定的履约意志,为后世树立了道德高标。这从两个方面得到体现:其一,不以"吴国之宝"为惜,践履承诺。当季札欲践心约而脱剑于徐之嗣君之时,季札的侍从阻止曰:"此吴国之宝,非所以赠也。"侍从所谓"吴国之宝",从其他文献中得到了证明,如《庄子·刻意第十五》云:"夫有干越之剑者,柙而藏之,不敢用也,宝之至也。"成玄英疏云:"干,吴也。言吴越二国,并出名剑,因以

---

① 瞿蜕园、朱金城校注:《李白集校注》卷二十五,上海古籍出版社1980年版,第1506页。

为名也。"①但季札不以贵重为意,毅然解剑应诺。当徐国嗣君不敢接受时,季札将剑挂于徐君墓旁的树上而去,践履心诺。因此,后世的论者往往将挂剑与让国相联系,认为都体现了季札贤明高义。如宋人张耒《挂剑台》诗云:"上国归来岁月深,悲嗟脱剑挂高林。欲知不负徐君意,便是当年让国心。"②其二,季札践诺不以生死为碍。亦即季札之诺的客体条件完全消失,挂剑纯粹是一主体行为。这种践约对象消失之后,履信行为不止的精神尤为后人称叹,如王起云:"予取予求,昔藏心而可测;一生一死,终弃宝而如遗。"③陈绛亦叹其"不欺死友以存信"④的高节。季札以国宝履心约于故人的义举,为中国古代诚信观念注入了丰厚的内涵。

其四,守"信"的基础与前提是人格之"诚",诚信是道德的自然实现过程。"诚"是本体、德性意义兼具的范畴,《礼记·中庸》谓之:"诚者,天之道也。"这是就其本体而言。同时,中国古代文化尤其是儒家文化又将"诚"视为德性的标准。如周敦颐说:"诚者,圣人之本。""圣,诚而已矣。"诚是道德人格的根据。圣人不只是全知全能,而主要是具有道德理性。"诚"乃心之"诚",由内心境界的道德规约,进而与天地合其德,这是内圣而外王的思想路径。与此前《周易》等天地人三者的外在合德不同,这是本源于人的道德成圣过程的内圣之路,但其归趣还在于外拓于天地万物而成其为普遍的法则。事实上,这一思想在"诚信"概念提出时即已露出端倪。最初提出"诚信"的是管仲,云:"诚信者,天下之结也。"(《管子·枢言》)亦即诚信是所有行为准则的关键所在。可见,"诚"乃是中国文化中极其重要的一个范畴。因此,认识季札挂剑所昭示的守信之"诚",需要从这一大的文化背景中去认识。就道德层面而言,道德本质上是处理个人与社会之间矛盾、焦虑而产生的外在的社会规约。因此,如何处理和实现外在的规约,亦即提高人们的道德涵养是历代伦理、政治、社会学家们孜求解决的重大问题。儒家学派更是以

---

① 引自郭庆藩《庄子集释》卷六上《刻意第十五》,中华书局1961年版,第545页。
② [宋]张耒撰,李逸安、孙通海、傅信点校:《张耒集》卷二十八,中华书局1990年版,第498页。
③ [唐]王起:《延陵季子挂剑赋》,见《全唐文》卷六百四十二,清嘉庆内府刻本。
④ [明]陈绛:《金罍子》下篇卷九,明万历三十四年刻本。

此为立说之本,其修德的方法与途径也随着儒学的发展而更加丰富。就先秦儒家而言,重点通过道德高标的化民成俗等手段而实现道德的提升,但实现的方法主要是通过外在的规约。孔子所谓"仁者爱人",即是说爱他人是仁德的标准。对于何以将"爱人"成为自觉行为,儒家提出了一系列的方法,诸如"不愧屋漏""慎独"等等,亦即通过自省、成己而实现,但这种修养途径实际还是以外在的刚性规约为标准的,内省、成己实际还是以外在标准为前提的强制性修为,即孔子所说的"克己复礼"的特征。在没有宗教力量规约的儒家思想体系中,道德修养的自觉动力问题并没有解决。但是,随着儒学的发展,儒家通过天人关系的统一,从而逐渐解决了道德自觉的问题,宋明理学更以万物一体之仁,使道德修养成为自觉的精神活动,内圣成为道德修养的根本动力。在这个过程中,《中庸》所昭示的"诚"的范畴具有独特的价值:"诚者非自成己而已也,所以成物也。成己,仁也;成物,知也。性之德也,合外内之道也,故时措之宜也。"①但是,季札的心约之诚,则开启了另一种道德修养的境界,这是一种没有外在规约的纯粹主体的道德之约,从季札的挂剑之举可以看出,季札既没有从合内外之道中寻求道德支撑点,也没有孔子所说的"克己复礼"的规约特征。季札的挂剑之举,完全是一种人格的自觉。从这个意义上说,季札为中国古代的伦理思想提供了一个新的范式,这就是超越于功利、规范等制约的完全以主体精神的圆满高洁而获得的道德境界。儒学发展到理学的阶段,着意于挺立主体精神,通过心性的自觉而破心中之贼。理学家们高悬的道德标杆,正是季札这样因心许而践诺的诚信。当然,我们看到的只是季札德性呈现的辉光,而没有为善去恶的修为工夫。亦即季札挂剑所昭示的道德意义,在于成圣之后德性本体的自然外现,而不在于道德修为的过程。《中庸》云:"自诚明,谓之性;自明诚,谓之教。"孔颖达释之为:"自诚明,谓之性者,此说天性自诚者,自由也。言由天性至诚而身有明德。此乃自然天性如此,故谓之性。自明诚谓之教者,此说学而至诚,由身聪明勉力学

---

① [宋]朱熹撰:《四书章句集注·中庸章句》,中华书局1983年版,第34页。

习而致至诚,非由天性教习使然。故云谓之教。"①这种"自诚明"的德性乃圣人所禀赋,朱熹谓其是"尧舜以上事"。② 而"自明诚"则是贤人之禀赋,乃学者之事,是由教而入者。季札的挂剑之举,正是体现的性之本体发用于流行万物的自然过程。从这个意义上说,季札挂剑之举,体现的是圣人之德。王起谓其"无言者,道之宏;不约者,信之大"。③ 此之道,乃《中庸》所谓"率性之谓道",是不假修为的性体的自然呈现。后世学者也常常将季札的诸多行谊与人生态度结合起来,即所谓让国全义,挂剑酬心,如李东阳《挂剑曲》诗云:"长剑许烈士,寸心报知己。死者岂必知,我心元不死。平生让国心,耿耿方在此。"④在李东阳看来,许徐君以长剑,是与其让国僻居完全一致的。因此,季札挂剑所昭示的诚信精神,并非贤士一时的权宜之举,而是其长期道德修为的自然呈现与发用,是主客一体的德性外化的过程。

  诚信守诺是主体间性实现的过程,而季札欲酬信的对象又是已逝的故人。巧合的是,剑在传统的知识体系中,往往又是一种可寄予主体精神的富有灵性的器物。吴人铸剑,亦有雌雄之别。正因为其具有这一灵异化的器物,可化作苍龙飞去,可以穿越生死幽明之限,这使得季札挂剑具有了更为丰厚的精神内涵。正因为如此,古人吟诵挂剑的诗什每每以具有仙性灵氛的龙、鹤等为介,实现生与死、主与客的贯通与融和。如清人斌良《延陵挂剑台》诗云:"谊笃无生死,情高足古今。纯鉤君子佩。宿草故人心,独鹤隋云化,双龙倚树吟。青青墓台畔,芳色茁星镡。"⑤诗歌中描绘的主客一体的浑融之境,形象地体现了季札挂剑所昭示的道德实现路径。这就是挂剑墓树、履行心诺是自性完足的过程。"不欺心"乃道德之本,亦即所谓"自诚明",如此则明睿所照,合天人而一之,由己而达人及物。这就是《中庸》所谓:"唯天下至诚,为能尽其性;能尽其性,则能尽人之性;能尽人之性,则能尽物之性;能尽物之

---

① [汉]郑玄注、[唐]孔颖达疏:《礼记疏·附释音礼记注疏》卷第五十三,清嘉庆二十年南昌府学刻本。
② [宋]黎靖德编、王星贤点校:《朱子语类》卷第六十四《中庸三·第二十一章》,中华书局1994年版,第1567页。
③ 引自[清]董诰辑《全唐文》卷六百四十二《延陵季子挂剑赋》,清嘉庆内府刻本。
④ 周寅宾点校:《李东阳集》卷一,岳麓书社1985年版,第6页。
⑤ [清]斌良:《抱冲斋诗集》卷九《延陵挂剑台》,清光绪五年刻本。

性,则可以赞天地之化育;可以赞天地之化育,则可以与天地参矣。"①
"唯天下至诚为能化",这种由内圣而外化于万物的过程,正是儒家道德修为以及实现的基本路径。因此,在挂剑过程中,不欺心,不愧心,是履诺的根本。

二 挂剑荷诚信

季札挂剑徐君墓树的高行,受到了后世的广泛推崇,这从两个方面得到了体现。

其一,见于多地的挂剑台已超越了考古学的意义,体现了崇仰诚信守义精神的社会心理。挂剑台堪称是弘扬诚信的精神高地。于是,我们看到了这样一个事实,以季札徐君墓前挂剑而得名的挂剑台有不止一处。如《(嘉靖)山东通志》载:"挂剑台,在东阿县西南六十里徐君墓前。"②明陆应阳《广舆记》卷二亦有类似记载。对于泗州挂剑台,诸地志方舆文献亦载其分别出现在不同的地区:

> 《寰宇记》:"挂剑台,在大徐城,临朱沛水,相传为季子挂剑处。"《括地志》:"徐君庙,在泗州徐城县西南一里,即延陵季子挂剑之徐君也。"按泗州为古徐子国,大徐城即古徐子国也。汉之徐县,隋之徐城县,皆泗州地,而江南旧通志或入于邳州,或入于徐州,误矣。③

后代亦有新制的挂剑台、碑,如《(同治)徐州府志》载:"(铜山县)康熙戊寅知州宋诚立挂剑台事实碑,三十四年总河于成龙书践信泉台四大字,立碑于台。"④今存的季札挂剑纪念遗址、台、亭即有江苏宿迁泗洪张墩季子挂剑台遗址、徐州云龙湖杏花村延陵季子挂剑台和季子挂剑

---

① [宋]朱熹:《四书章句集注·中庸章句》,中华书局1983年版,第32页。
② [明]陆釴:《(嘉靖)山东通志》卷二十二《古迹·兖州府》,明嘉靖刻本。
③ [清]何绍基:《(光绪)重修安徽通志》卷三百五十,清光绪四年刻本。
④ [清]刘庠:《(同治)徐州府志》卷十四,清同治十三年刻本。

亭、山东东阿张秋挂剑台等。多处挂剑台遗迹,体现了对季札践行心诺高行的崇仰与旌表是民众共同的心理诉求。诚所谓"谁为挂剑台,名声闻九州"①,挂剑台乃弘传诚信精神的圣地,诚信精神随着挂剑台的声名无形地影响于民风习俗、社会心理。

[明]张宏《延陵挂剑图》

季札的挂剑高义不但通过挂剑台作为表征而被后世广为传衍,乃至徐君墓前的萋萋芳草,也染上了剑气的灵通妙义,共同组成了传扬诚信守义精神的独特意象。明人郎瑛《七修类稿》载:

> 山东东阿季札挂剑之处,今建台焉。其地生草一种,能治人心疾,盖缘当时季子心许徐君剑也,故曾玙有歌云:"至今神物不磨

---

① [元]宋禧:《庸庵集》卷三《挂剑台行》,文渊阁四库全书本。

灭,何为异草人争贮?异草何功能贮之,心疾不疗须一茹。"①

后人遂有咏灵草以寄高谊的诗篇,如明人谢肇淛《挂剑草》:

> 剑气久销沉,松门亦枯槁。惟馀千古心,化作径寸草。俯仰佛清风,奇形殆天造。书带宁足奇,萦蒲讵云好。传闻疗心疾,轩岐方靡考。或以信义灵,用激俗士抱。孤坟何崔嵬,过客荐苹藻。天下负心人,曾不如蓬葆。②

谢肇淛在山东东阿张秋河边的挂剑台下,曾寻觅草之有无。但诚如其自谓,此乃"可为一笑"之举,因为宝剑与灵草已超越于客观物象,化成了独特的精神意念。剑气的庄严与草色的温润,组合成了一个台、草相融的意象,共同传递着诚信精神,其"廉顽立懦"③的道德滋育以及心理抚慰的功能,发挥了巨大的社会效益,这也是谢肇淛在《小草斋集》《五杂俎》《文海披沙》《北河纪》等作品中屡屡称颂挂剑台、挂剑草的根本原因。

其二,季札挂剑的高行,还成为重要的诗料与典实,为历代文人的旌表、诵唱,为古代文苑增添了新的色彩,丰富了礼仪之邦的道德内涵。如大诗人李白以挂剑作为寄信于友人的象征,其《陈情赠友人》诗云:"延陵有宝剑,价值千黄金。观风历上国,暗许故人深。归来挂坟松,万古知其心。懦夫感达节,壮士激青衿。"④同样,他在《送鞠十少府》中亦以"延陵剑"作为友谊的表征:"我有延陵剑,君无陆贾金。艰难此为别,惆怅一何深!"⑤当然,持剑走天下的李白,自然也喜欢吟诵佩剑行侠的意象。如《叙旧赠江阳宰陆调》诗中,对于吴地自太伯、仲雍以来"清风荡万古,迹与星辰高"的高蹈风仪十分推崇,使得吴地"多君秉古节,岳立冠人曹"。他笔下的风流少年陆氏便是一个秉承着季子风节的佩剑

---

① [明]郎瑛:《七修类稿》卷五《天地类》"二台异草"条,上海书店出版社2001年版,第49页。
② [明]谢肇淛:《小草斋集》卷七《挂剑草》,明万历刻本。
③ 详见[明]谢肇淛《五杂俎》卷十,上海书店出版社2001年版,第207—208页。
④ [唐]李白著,瞿蜕园、朱金城校注:《李白集校注》卷十二《陈情赠友人》,上海古籍出版社1980年版,第796页。
⑤ [唐]李白著,瞿蜕园、朱金城校注:《李白集校注》卷十八《送鞠十少府》,第1057页。

形象:"腰间延陵剑,玉带明珠袍。"①李白笔下的延陵宝剑发出的熠熠寒光,散发着灵逸的审美韵味,寄予了丰厚的信义内含。而分处于苏、鲁多处的挂剑台更是文士们题咏的重要诗料,即以山东张秋的挂剑台为例,据清康熙《张秋志》记载,明代以来即有李东阳、杨基、宋琬、屠隆等人的题咏。清康熙年间,张秋通判李黄、张芃、佥事蔡昌登等人更于重阳之时,雅会颂贤,飞觞举白,赋诗抒怀,颂季子古风,抒诗友高谊。②

  信与剑之间意与象的完美结合,更使这一富有传奇色彩的历史事实增添了丰富的审美价值。剑是冷兵器时代被赋予独特意蕴的器物崇拜的一种,因其具有可随身佩带以及装饰的功能而具有审美的色彩。同时,剑又是一种体现侠义精神的近博之器,是一种带有镇妖降魔的神性力量的器物,因此在诗词歌赋中形成了独特的审美意象。在这种意象的形成过程中,季札挂剑是一个重要的历史典据,并且对宝剑这原本带有英雄侠义意蕴的器物赋予了悼友伤怀、笃守信义的丰厚内涵。挂剑典故遂成为历代诗人们争相引据的重要诗料,大大丰富了中国古代诗苑的色彩。其中,借挂剑以悼亡友,生死两隔而以挂剑典故传递与故人心灵的通契,在诗人的笔下最为经见。如杜甫《哭李尚书》:"漳滨与蒿里,逝水竟同年。欲挂留徐剑,犹回忆戴船。"③《哭韦大夫之晋》:"鹏鸟长沙讳,犀牛蜀郡怜。素车犹恸哭,宝剑欲高悬。"④李白也有同样借此以表达祭亡之意,如《自溧水道哭王炎三首》其二:"王公希代宝,弃世一何早。吊死不及哀,殡宫已秋草。悲来欲脱剑,挂向何枝好?哭向茅山虽未摧,一生泪尽丹阳道。"⑤刘禹锡亦以挂剑寄悲悼情怀:"如何赠琴日,已是绝弦时。无复双金报,空馀挂剑悲。"⑥同样,宋代诗人借挂剑以

---

① [唐]李白著,瞿蜕园、朱金城校注:《李白集校注》卷十《叙旧赠江阳宰陆调》,上海古籍出版社1980年版,第684页。
② 参见[清]林芃修、马之骦纂《张秋志》卷之十二,《中国地方志集成·乡镇志专辑》第29册,江苏古籍出版社1992年据清康熙斌业抄本影印本,第168—169页。
③ [唐]杜甫著、[清]杨伦笺注:《杜诗镜铨》卷十九,上海古籍出版社1998年版,第936页。
④ [唐]杜甫著、[清]杨伦笺注:《杜诗镜铨》卷二十《哭韦大夫之晋》,第981页。
⑤ [唐]李白著,瞿蜕园、朱金城校注:《李白集校注》卷二十五,第1506页。
⑥ 《刘禹锡集》卷第三十七《西川李尚书知愚与元武昌有旧远示二篇吟之泫然因以继和二首》,中华书局1990年版,第550页。

悼亡友的诗作也在在可见,如王炎诗云:"林间谁挂剑？清泪堕悲歌。"①史浩诗云:"从今遂泯凌云气,挂剑寒松泪满巾。"②孙应时诗云:"有怀终挂剑,雪涕独难禁。"③王庭珪诗云:"挂剑未能临死穴,隔江何处奠生刍？"④杨万里诗云:"清风未作记,挂剑泪川流。"⑤其后的历代诗人同样屡屡以挂剑寄悲情,如金人李纯甫诗云:"盖棺那可忍,挂剑不胜悲。"⑥明人范钦诗云:"路歧生死各迷茫,怜笛听来倍感伤。挂剑只攀丘陇树,放歌谁并竹林觞？"⑦明人胡奎诗云:"十年不见愚丘老,千里相望颍水头。挂剑荒凉吴树晚,封书断绝楚鸿秋。"⑧清人黄图珌诗云:"我今来挂剑,聊表寸心私。"⑨在这些诗句中不难看出,作为祭品之剑,被赋予了更加丰富的意蕴。这就是在祭奠故人之时,使哀婉之中增添了些许薄云高义。剑器成为穿越生死幽明之界的心灵通贯的桥梁,从而使肃穆的祭挽之作,平添了道德与信义的内涵。在悲悼的气氛之中,挂剑意象使悲悼者因心灵的契印而获得了些许慰藉。

典出于季札、徐君之间"色欲"与"心诺"的"挂剑诗",既丰富了中国古代诗歌的题材以及审美意象,同时也以审美的形式弘宣并颂扬了季札高行所昭示的诚实守信的道德观念。这些诗歌或直接颂扬"挂剑答初心"的高行,讴歌信义的庄严与崇高,或借剑挂以咏叹知心友朋的生死情怀,以生死两隔的冷峻现实与真挚友谊的热烈情怀之间的碰撞歌颂了人性的辉光。

与此稍有不同的是,直接以挂剑台、挂剑图或挂剑歌为题的诗作,往往是对季札高行的正面讴歌,诗歌歌颂的是季札与徐君知己之相得和季札的守信高风。如元人宋禧诗云:"古人重知己,九鼎何足比。况

---

① [宋]王炎:《双溪类稿》卷五《宋可挹挽诗》,文渊阁四库全书本。
② [宋]史浩:《鄮峰真隐漫录》卷第四《虞好古挽辞》,清乾隆刻本。
③ [宋]孙应时:《烛湖集》卷十七《挽徐居厚寺簿》,文渊阁四库全书本。
④ [宋]王庭珪:《卢溪集》卷二十五《挽郑教授》,清文渊阁四库全书本。
⑤ [宋]杨万里:《诚斋集》卷第十六《谢从善挽词》,四部丛刊宋写本。
⑥ [元]元好问编:《中州集·中州丁集》第四《屏山李先生纯甫·哭黄华》,四部丛刊景元刊本。
⑦ [明]范钦:《天一阁集》卷十二《挽梁大用二首》之二,明万历刻本。
⑧ [明]胡奎:《斗南老人集》卷三《挽愚丘老翁》,文渊阁四库全书本。
⑨ [清]黄图珌:《看山阁集》卷二《宿友人墓》,清乾隆刻本。

是三尺铁,肯背生与死。"①明人胡奎诗云:

> 延陵季子珊瑚钩,徐君见之心欲求。千金之重价莫酬。季子以心结绸缪,徐君在墓剑在腰。解剑挂树风萧萧,人生知己古亦少,吁嗟延陵安可招?②

同时,季札重然诺而轻势利,作为一种道德高标,也成为后世人们鞭挞逐利轻义行为的绝佳题材。如王寂诗云:"干将挂高木,以示初意勤。知己九泉下,冥漠闻不闻。今人交势利,轻薄徒纷纷。岂惟此道绝,反是为虚文。伯夷微仲尼,万古埋清芬。"③季札的挂剑行谊,还被后世赋予了更具深广意义的道的含义,并成为守信践诺的典范。诚如《挂剑图》诗所述:"延陵公子有道者,义气千秋动华夏。"④无论是悼亡诗中挂剑题材蕴含着的生死心契还是借挂剑对知己相得的旌表、对轻义薄信的批判,都是从季札挂剑原典中蕴含的诚信精神引申出的诗性主题,这些诗作都是诚信之树之上绽放出的或凄婉、或肃穆的花朵。

"耿耿孤忠悬日月,悠悠清誉满华夷。千家南浦分茅日,独暮西风挂剑时。"⑤季札挂剑与张翰抚琴、刘惔置麈一起,都是古人重义、知己之间生死不渝的典故。其中,季札挂剑最为后世传颂。这得益于季札人生中体现的多重道德精神,得益于挂剑本身所具有的丰厚的内涵,同时也得益于剑气寒光所具有的独特的审美韵味与诗性色彩。道德与审美的完美结合,使得季札挂剑超越于张翰抚琴、刘惔置麈等诸种历史意象之上,成为体现诚信精神而"誉满华夷"的最佳表征。

三 卓荦于春秋、旌表于万世

敦信守义理应是社会所崇尚的道德标准,但是,在季札所处的春秋

---

① [元]宋禧:《庸庵集》卷三五《挂剑台行》,文渊阁四库全书本。
② [明]胡奎:《斗南老人集》卷四《挂剑歌》,清文渊阁四库全书本。
③ [金]王寂:《拙轩集》卷一、《题季札挂剑图》,清文渊阁四库全书本。
④ [明]顾璘:《顾璘诗文全集·息园存稿诗》卷七,清文渊阁四库全书本。
⑤ [明]王圻:《王侍御类稿》卷十五《季子祠》,明万历刻本。

时期则十分缺乏,诚如苏辙所云:"春秋之际,世不知义而以权利为贵。"①因此,季札的行谊便尤为珍贵。

在无义战而"以权利为贵"的春秋时期,尚诚信具有独特的社会效益。真正能秉守信义美德,是春秋时期诸侯们见信于诸国,霸主们得到列国尊崇认同的德性前提。春秋时期,成就霸业者往往是笃于诚信者,虽然"齐桓、晋文皆以争国成名",但他们恰恰在诚信方面卓荦不群。如晋文公二年(前634年)晋文公率军包围了原国,令军队备三天的军粮,但原国不肯附降,晋文公果断地下令撤围离开。此时从城里传出的谍报显示原国即将投降,部将请求稍缓撤军,以等原国投降。晋文公则说:"信,国之宝也,民之所庇也。得原失信,何以庇之?所亡滋多。"②晋文公以诚信为立国之本、庇民之根,他宁可失去原国也不失信于民。晋文霸业的形成恰可印证诚信关乎一国之兴衰。同样,另一位春秋霸主齐桓公也以信守诺言而取信于诸侯。据《史记》记载,齐桓公与鲁庄公会盟于柯,鲁将曹沫突然执匕首劫持齐桓公,要求齐国归还侵占的鲁国土地,齐桓公只得答应了曹沫的要求。事后,齐桓公欲爽约,受到了管仲的阻止,管仲说:"不可。夫贪小利以自快,弃信于诸侯,失天下之援,不如与之。"③于是齐桓公归还了侵占的鲁国之地,成为因守信诺而霸的又一范例。讲求信用,更是儒家思想中人伦道德的一个重要标准。孔子曰:"人而无信,不知其可也。"(《论语·为政第二》)而当时的吴国也曾屡屡因不义而错失良机,如诸樊元年(前560年)即是因楚丧之时发兵攻楚,而被盟国晋国斥为不德,拒绝了吴国的请求。可见,虽然"春秋无义战","世不知义而以权利为重",但真正能使"诸侯服",既需要"将之以威",更要"道之以德"④,秉持诚信等道德原则。从这个意义上说,季札的挂剑行谊为吴国实现霸业做了重要的精神准备。

对于季札的挂剑高行,虽然歌颂称誉的篇什不绝于史,但也偶有质疑之声。质疑者又恰恰是对季札偏佑甚至为其让国逊位力辩的沈长

---

① 引自[明]贺复征编《文章辨体汇选》卷三百九十一《曹子臧吴季札》,清文渊阁四库全书本。
② 杨伯峻:《春秋左传注·僖公二十五年》,中华书局1981年版,第435页。
③ 《史记》卷八十六《曹沫传》,中华书局点校本,第2515—2516页。
④ 黄晖:《论衡校注》卷四《书虚篇》,中华书局1990年版,第190页。

卿，他在《沈氏日旦》中有这样的论述：

> 延陵季子挂剑徐君之墓树而去，此古人假托之情，非真也。其聘晋还时，取道于徐，则专诸刺僚事已遥闻矣。公子光之为人密而悍，札借词脱去宝剑以示不设备焉。不然，使事虽毕，自徐归吴尚有千余里，负剑亦可防不虞，曷为轻弃哉？札始而致剑嗣君，嗣君以先人无命，不敢受，则徐君亦廉介者。曩时未必目睹而色欲之也，果色欲之，未必不露于其子矣。札此时亦未必心许之，果心许之，则以赙为辞而令其可受矣，岂应于身后发其隐情，而居人于墨，致嗣君爱父以德，万不可受耶。札总欲自白其廉，自标其信，以闻于光，而销弭于无形，非真情也。①

虽然看似言之成理，但其论述过于胶执。可议之处有三：其一，脱剑以示不设备牵强难解。季札佩剑出聘，并不是以其发挥近搏之器功能，而是作为佩饰乃至出使的符节之用。这就是当季札意欲脱剑相赠时，随从所谓"此吴国之宝，非所以赠也"（刘向《新序·节士》）的道理。季札出使，扈从随行，这也是专诸刺王僚使鱼肠剑而后成的原因。因此，负剑以防不虞的可能很小。同理，脱剑以释公子光之疑也并不存在。其二，徐君色欲而露于子的可能更是微乎其微。徐君见剑而心动，是否能得到季札的允诺已不能确定，因此，在季札面前已羞于启齿，更遑论告白于晚辈之前？其三，季札自白其廉、自标其信的可能更不存在。剑虽宝贵，但季札屡让一国之位，遑论区区一剑？诚如明人唐肃所云："季子让一国，视之敝履然。宁当宝一剑，不为徐君捐？"②从季札归吴后的行动来看，他并无"自标其信"的必要。据《史记·吴太伯世家》记载，得知公子光遣专诸击杀王僚后，季札"复命，哭僚墓，复位而待"。③季札哀死事生，行礼如仪，存大义，敦至信，对萧墙争斗的态度不遮不掩，何需"自标其信，以闻于光"？可见，对挂剑的质疑之声不可凭信。

---

① [明]沈长卿：《沈氏日旦》卷五，明崇祯刻本。
② [明]唐肃：《丹崖集》卷三《季子挂剑冢和黄子雍韵》，明末祁氏澹生堂钞本。
③《史记》卷三十一《吴太伯世家第一》，中华书局点校本，第1465页。

"拂拭龙泉思往事,黄河不断古今流"。① 两千多年前在古徐国的大地上发生的季札解剑悬挂于徐君墓树的一幕,通过历代诗性的语言、斑驳的台碑、岁岁枯荣的灵草,化成了传统道德体系中最具审美韵味的独特意境,历久弥新,恰如滚滚的黄河之水,奔流不息,润泽华夏,沾溉千秋。

---

① 夏凤翔:《挂剑台歌》,引自潘衍桐《两浙輶轩续录》卷三十六,清光绪刻本。

第十四章　道启圣学：季札与孔子

季札因三让君位而称贤于吴国，同时，季札又是春秋晚期享誉中原诸国的贤士。厘定季札在中国文化史上的地位，还必须与儒家文化尤其是孔子的关系作为重要的历史坐标。季札年长孔子26岁，孔子亦曾亲见季札葬子，从孔子的评价以及思想内涵中可以寻绎季札对于孔子的诸多影响。

一　《春秋》"吴子使札来聘"解

《春秋·襄公二十九年》有"吴子使札来聘"的记载。《春秋》有所谓"微言大义""一字褒贬"。因称季札之名而非"公子"，遂引起宋人胡安国等人的物议，认为《春秋》对季札语含贬意。《春秋》被视为孔子所作，因此"吴子使札来聘"的记载而被后世一些儒士视为孔子对季札的微词。究竟孔子对季札的态度为何？这首先涉及《春秋》是否为孔子所作的问题。对此，唐以前的学者对其并无疑异，其中最有力的文献记述当数《孟子·滕文公下》，云：

> 世道衰微，邪说暴行有作，臣弑其君者有之，子弑其父者有之。孔子惧，作《春秋》。《春秋》，天子之事也。是故孔子曰："知我者，其惟《春秋》乎？罪我者，其惟《春秋》乎？"

这段文献不但记述了孔子作《春秋》的缘起与背景，还引述孔子原话,更可佐证其实。稍后的一些重要文献亦有孔子作《春秋》的记载,如《史记·孔子世家》载:"子曰:'……吾道不行矣,吾何以自见于后世哉?'乃因史记作《春秋》。"①等等。但自唐代刘知几在《史通·惑经》中称《春秋》有"未谕者"十二、"虚美者"五以来,《春秋》是否为孔子所作渐受怀疑。朱彝尊引南宋刘克庄语云:"《春秋》,史克之旧文也。"②童书业更以《论语》中没有孔子作《春秋》的记载为证,说:"《论语》不涉及孔子修《春秋》事,此最为可疑。"③学者更通过先秦文献的比勘,得出了这样的结论:"孔子'作《春秋》'之说不能成立。"④论证颇为严谨,兹不赘引。由此可见,即使《春秋》的作者对季札语含贬义,也与孔子对季札的态度无关。但学者一般又认为孔子虽未撰写《春秋》,但修订《春秋》还是可能的。果如此,则并不能排除孔子据《春秋》而表达"微言大义"的可能。那么,《春秋》是否对季札语含贬义? 后世持《春秋》贬季札观点的论者,多引宋人胡安国的《胡氏春秋传》为据。因此,我们亦引胡氏原文以说明。《春秋胡氏传》卷二十三《襄公下》"吴子使札来聘"条有云:

> 札者,吴之公子,何以不称"公子"? 贬也。辞国而生乱者,札为之也,故因其来聘而贬之示法焉。……馀祭卒而夷昧立,夷昧卒则季子宜受命以安社稷,成父兄之志矣。乃徇匹夫之介节,辞位以逃夷末之子僚。僚既立,诸樊之子光曰:"先君所以不与子国而与弟者,凡为季子尔。将从先君之命欤,则季子宜有国也,如不从先君之命,则我宜立,僚乌得为君?"于是使专诸刺僚,而致国乎季子。季子不受,去之延陵,终向不入吴国,故曰:"季子辞国以生乱,因其来聘而贬之示法焉。"

> 或谓:子贡问于孔子曰:"伯夷、叔齐何人也?"曰:"古之贤人也。""怨乎?"曰:"求仁而得仁,又何怨?"子贡以先圣贤夷、齐,知其恶卫辄之争而不为也。季子辞位,独不为贤,而奚贬乎? 曰:叔齐之德不越伯夷。孤竹舍长而立幼,私意也。诸樊兄弟父子,无及季

---

① 《史记》卷四十七《孔子世家第十七》,中华书局点校本,第1943页。
② [清]朱彝尊:《经义考》卷一六八,中华书局1998年版,第871页。
③ 童书业:《春秋左传研究》,上海人民出版社1980年版,第278页。
④ 刘黎明:《〈春秋〉经传研究·绪论》,巴蜀书社2008年版,第11页。

札之贤者,其父兄所为眷眷而欲立札,公心也。以其私意,故夷、齐让国为得仁,而先圣之所贤,以其公心,故季子辞位为生乱,而《春秋》之所贬,苟比而同之过矣。

或曰:吴子使札与楚子使椒、秦伯使术,一例尔。吴、楚蛮夷之国,秦介戎狄之间,其礼未同于中夏,故使人之来皆略之,而札何以独为贬乎?曰:《春秋》多变例,圣笔有特书。荆楚无大夫而屈完书族,王朝下士以人通而子突书字,诸侯公子以名著,而季友书子也。母弟之无列者不登其姓名而叔(月令)书氏,皆贤而特书者也。季札让国,天下贤之,若仲尼亦贤季札,必依此例,或以字,或以氏,或以公子,特书之矣。今乃略以名纪,比于楚椒、秦术之流,无异称焉。是知仲尼不以其让国为贤而贬之也。噫!世之君子盛德季札之贤于让国之际,以为礼之大节不可乱也。公子喜时,《春秋》犹贤其后世。于季札则何独贬之深也?曰:仲尼于季子,望之深矣,责之备矣。惟与天地同德而达乎时中,然后能与于此,非圣人莫能修之,岂不信夫。①

可见,胡安国虽然提出孔子对季札的贬义,但仅限于夷(馀)眜去世后的让国而致生乱,即季札之失在于没有能够避免僚光之争。即使季札此时继位,是否能够保证此后吴国的王位继承得以平稳进行,而无兄弟喋血之祸,这是殊堪疑问的。而如果视《春秋》对季札含有贬义,最难以理解的是《春秋》中对于楚之椒、秦之术出聘的称呼与《春秋》记季札并无二致。原因是这些都是中原之外的国家,其礼不同于华夏,因此都不以"公子"称。但在胡氏看来,季札乃贤者而应破例"特书"而称"公子",原因是"望之深矣,责之备矣"。由此可见,胡安国认为对季札应破例称"公子",恰恰反证了孔子对季札"望之深"。不仅如此,胡安国还有为季札回护的另一例,《春秋传》卷二十六"二十有七年春……夏四月吴弑其君僚"条。对于不以公子光使专诸弑君而以"吴弑其君僚",其原因为何?胡安国认为这也与季札有关,曰:"其称国以弑者,吴大臣之罪

---

① [宋]胡安国:《春秋胡氏传》卷二十三《襄公下》,浙江古籍出版社2010年版,第382页。

也。"①其意是说,仅因不便过于归咎大臣季札,才"称国弑君"。从这个意义上说,胡安国所论,对季札明为贬而实为褒。尽管如此,胡安国所论还是受到了后世学者的驳议。

首先,对于胡安国所说的"季子辞位而生乱"的观点,元人吴莱反驳道:"苟不顾人道之大伦以成其父兄之志,诚不若守匹夫之介节而得其退耕于野之安也。"因为,"长幼之序不可紊,君臣之分不可奸。将已乱也,非生乱也。"②吴莱所论揭示了季札让国之"贤"最重要的贡献是守制以止乱。同时还指出,公子光使专诸刺王僚时季札正"奉嗣君之命而历聘乎上国"。因此,孔子并不会为此贬季札。

其次,对于胡安国所说的"太伯奔吴而不返,季历嗣位而不辞,武王继统而受命,亦不以配天之业让伯邑考也",吴莱亦驳议道,太伯奔吴、季历嗣位是因古公亶父欲立文王。而武王继位乃遵制而行,因为其兄伯邑考已"见杀于文王之世"。因此,"使太伯返,则季历不肯承西伯之任;伯邑考在,则武王亦不肯任天下之责"。他从王位继承制及商末及西周初年的历史得出了这样的结论:"父子,世常法也;兄弟及,则法之始变也。阳甲、盘庚之间,殷以是乱者九世。岂得季子之辞国乃生乱哉!"

再次,对于胡安国所说的"叔齐之德不越伯夷,孤竹舍长而立幼,私意也。诸樊兄弟无及季札之贤者,父兄眷眷焉欲立札,公心也",吴莱驳斥道,伯夷以父命为尊,叔齐以天伦为重,理应被圣人称贤,但欲立季札则并不能称公心。他以鲁隐公与鲁桓公兄弟之间因王位相残的事例来比喻吴国的情形,寿梦即如同鲁惠公,诸樊兄弟即如同鲁隐公一般。针对胡安国所说的季札生乱于辞国,吴莱认为,如果季札"有其国,乱益甚矣"。

最后,对于胡安国所说的《春秋》中屈完书族、子突书字、季友书子、叔肸书氏以说明"《春秋》多变例,圣笔有特书",因此,"若仲尼亦贤季札,必以此例而特书"。吴莱驳斥道:"圣人之特书者,特因四子以立义,

---

① [宋]胡安国:《春秋胡氏传》卷第二十六,浙江古籍出版社2010年版,第445页。
② [元]吴莱:《渊颖集》卷五《孔子不贬季札论》,四部丛刊景至正本。

岂得与季札之例言之哉！"因为《春秋》所记的是季札来聘，而不是季札让国。来聘可见，让国则不可见。因此，记载此事"犹楚子之使椒、秦伯之使术也，圣人一以是书之"。况且吴国与当时的中原诸国的文化交流还不及楚国之盛，因此，称"札"而不称"公子"亦属正常。同时，吴莱还认为，《春秋》作为鲁史，所重应在"吴之聘我"，亦即季札来聘，而非季札让国。因为"吴子之使聘者一国之事，季札之让国者，一家之事"。因此，如果季札辞国生乱，圣人也不能在此贬之。反之，圣人称其让国之贤，同样也不可以。因此，吴莱的结论是，认为所谓"《春秋》责贤"，其实是"失圣人之本旨"的臆说。

吴莱持论公允，论证十分严密，结论受到了后世的普遍认同。可见，即使《春秋》为孔子所作，"吴子使札来聘"的记载也并不能体现孔子对季札的褒贬之意。事实上，《左传》《公羊传》等都尊崇季札。《左传》书之以"吴公子札来聘"（《左传·襄公二十九年》）。《公羊传》则直称季札为"贤季札"。《春秋》三传乃"依经作传"，其中《左传》虽然被学者称为"自为一书"，①但并不能否定其解经的性质。从《左传》与《公羊传》中对《春秋》的解读来看，《春秋》虽不像诸传中那样对季札明确语含褒义，但决不存在贬季札的倾向。因此，孔子借《春秋》"微言"以贬季札的解释并无根据。

二 观礼与"天民"

孔子对季札的评价在《论语》中没有涉及，但《礼记·檀弓下》中有关于季札葬子的记载，全文如次：

> 延陵季子适齐，于其反也，其长子死，葬于嬴、博之间。孔子曰："延陵季子，吴之习于礼者也。"往而观其葬焉。其坎深不至于泉，其敛以时服，既葬而封，广轮掩坎，其高可隐也。既封，左袒，右还其封且号者三，曰："骨肉归复于土，命也！若魂气则无不之也，

---

① ［明］黄震：《黄氏日抄》卷三一《读春秋左传》，文渊阁四库全书本第707册，第868页。

无不之也。"而遂行。孔子曰:"延陵季子之于礼也,其合矣乎!"①

季札曾两次出聘北方,对于季札葬子的时间,孔广森曰:"襄二十九、昭二十七年,季子皆出聘。襄二十九年,孔子才九岁,此云'孔子往观其葬'故知为昭二十七年。"孔氏之说甚是,此当为鲁昭公二十七年(前515年)季札出聘之时。清人孙希旦对此有这样的训释:"坎,圹也。深不至泉者,足以藏棺椁而已,不过深也。封,加土也。横曰广,直曰轮。广轮才足掩坎,不过大也。人俯而可以手凭,不过高也。"由此可见,季札葬子仪式颇简。诚如孙希旦所云:"季子在途葬其子,其视常礼,盖有所杀矣。故孔子善其合礼而不质言,正以见其能随时斟酌而得乎礼意也。"②可见,孔子对于季札葬子的仪式甚为认可。仪式虽简,但诚所谓"礼从宜"。孔子称季札为"吴之习于礼者也",语含赞佩之意。吴在当时被视为蛮夷,与中原上国的文化交流尚不及楚,吴国在寿梦时才与中原产生正式的文化交流。在这样的背景之下,季札已为鲁国的孔子所知,且有甚高的评价。孔子得闻季札之名,一方面因其让国,另一方面则可能是观乐。季札让国置父命于不顾,本质上是执守王位继承之礼。观乐以知政,则体现了季札察微知著的政治洞察力与审美鉴赏能力。这深契孔子之意,并对孔子的文艺观产生了直接的影响。孔子专程前往嬴、博之间观礼,并做出"吴之习于礼者"之评,其赞佩之情昭然可见。

值得指出的是,后世儒者为了尊孔而贬季,往往附会出种种"微言大义"。如王安石曾作《季子》一文③,其中对季札葬子提出质疑,并为后世释解《礼记》的学者所引用,曰:"先王之制为长子三年服之,如此其重,则其哀戚不可不称是也。三号而遂行,哀不足矣。孔子曰:'丧事不敢不勉。'又曰:'丧不若,礼不足而哀有余也。'谓其葬,于礼为合尔,称其合于礼所以讥其哀不足也。哀不足则不可谓仁矣。"④《礼记》所载明显是孔子称赞季札通乎礼,记述的季子葬子与将军文氏之受吊、汪踦之

---

① [清]孙希旦:《礼记集解》,中华书局1989年版,第294页。
② 以上引自孙希旦《礼记集解》卷十一《檀弓下》第四之二,第294—295页。
③ [宋]王安石:《临川先生文集》卷第六十八,四部丛刊景明嘉靖本。
④ 引自[宋]卫湜《礼记集说》卷二十三,清通志堂经解本。

勿殇都是变礼而得乎正的范例。诚如明人袁中道所云："昔延陵季子葬子嬴博之间,嬴博隔吴千里,未常以之归也,故孔子以为礼。礼者,合于大道,不同妄情之谓也。"①王安石何以对季札如此苛责？这与其为学特质不无关系。王安石及其所创的"荆公新学"以弘传儒学为目的,王氏变法活动为儒学的新阶段——理学的兴起提供了政治环境,王氏思想以尊孔孟而薄老庄为特色。在《季子》一文中,他将季子葬子与庄周丧妻鼓盆而歌相比附,认为庄周丧妻、东门吴②丧子时的情境,都是"弃人齐物之道,吾儒之罪人也"。同样,他认为季子葬子"哀之不足",乃是"尽礼则近于弃仁义、薄祖考"。可见,尊孔贬季,是与其重儒薄道观念一脉相承的。其实王安石所论并不合孔学精神,孔子先期重礼,后期重仁。仁与礼是内外统一的关系,即孔子所谓："克己复礼为仁,一日克己复礼,天下归仁焉。"(《论语·颜渊第十二》)"人而不仁如礼何？"(《论语·八佾第三》)冯友兰先生认为,孔子就是要通过"仁"与"礼"的统一来建立一个完全的人格。他说："一个完全的道德品质,就是'礼'和'仁'的统一。一个完全的人格,就是这个统一的体现。"③孔子肯定了季札葬子合于礼,其实就是对季札仁爱之心的肯定,而绝非其所说的"弃仁义、薄祖考"。事实是孔子对季札简朴的葬子仪式深为认同。途次丧子,季札的哀伤之情每每为后人所论及,如"不见延陵季札葬子于嬴博,三号直抵宋玉之《招魂》"。④ 季札葬子,于情于礼于理,均能得允执厥中之意。后世的苛求与曲解,并非孔子原意。孔子远赴嬴博之间,亲观葬礼,足以体现孔子对季札的崇仰,绝不可能求疵于季札。因为这既不合孔子对季札的整体认识,同时,苛责他人于失子之痛之时也有违孔子所秉持的道德原则。

孔子对季札的尊崇之意在《上博楚简·弟子问》一二号简中也得到了印证。

---

① [明]袁中道：《珂雪斋集》外集卷十五《拾遗·病中纪事》,明万历四十六年刻本。
② 《列子》卷六《力命第六》："魏人有东门吴者,其子死而不忧。其相室曰：'公之爱子,天下无有。今子死不忧,何也？'东门吴曰：'吾常无子,无子之时不忧。今子死,乃与向无子同,臣奚忧焉？'"
③ 冯友兰：《中国哲学史新编》第四章《前期儒家思想的形成——孔丘对于古代精神生活的反思》,人民出版社1989年版,第145页。
④ [清]赵良澍：《肖岩诗钞》卷二《与同乡上义冢》,清嘉庆五年刻本。

第一简：前(延)陵季子，侨而弗受。前(延)陵季子，侨而弗受。前(延)陵季子，其天民也乎？子贡

第二简：子曰："前(延)陵季子，其天民乎？生而不(因)其浴(俗)，吴人生十□①

孔子称叹季子为"天民"，亦即季札有天纵之资。而称叹季札的根本原因在于循礼让国，这也印证了《礼记》孔子称季札乃"吴之习于礼者"的内涵。孔子因慕季札"习于礼"之名"往而观其葬"，而非因葬子得礼之宜而得出"习于礼"的结论，可见，季札所习之礼具有更加丰厚的内涵。上博楚简文字恰恰也从侧面印证了这一点：循礼而让，佣雁而行，这就是季札所禀的"天民"之德。

孔子对季札的尊崇还体现在对季札过戚而诤言孙林父的评价方面。孔子在得知孙林父在听闻季札的批评后，终身不听琴瑟，遂赞叹季札道："季子能以义正人，文子能克己服义，可谓善改矣。"②季札不以孙林父的喜好为意，诤言相劝，唯义是从，是一种不计个人利害的君子行为。季札正是孔子所称叹的"质直而好义"（《论语·颜渊第十二》）者。孔子云："君子义以为质，礼以行之，孙以出之，信以成之。"（《论语·卫灵公第十五》）在义与礼的关系上，孔子以义为本而形诸礼。在孔子构建的"仁、义、礼"学说中，就义与礼的关系而言，"义"更具有本质的含义，即所谓"摄礼归义"。从这个意义上说，孔子称颂季札"以义正人"堪称是比"吴之习礼者"更高的评价。孔子对季札的赞叹是基于其德行的全面肯认，《论语·颜渊第十三》中，当孔子回答子张何以提高品德、辨别迷惑时，曰："主忠信，徙义，崇德也。"其义是说诚信秉义即可提高品德，而季札正是这一典范。其挂剑酬心，践其心诺，乃"忠信"之极致；诤言孙林父，以"去之"相胁，乃"徙义"之高行。因此，在孔子看来，季札堪称是"崇德"的典范。

教人成德乃孔子以及儒家学派的基本特征，孔子曰："君子怀德，小人怀土。"（《论语·里仁篇第四》）为政以德，是他的政治理想，即所谓

---

① 马承源主编：《上海博物馆藏战国楚竹书（五）》，上海古籍出版社2005年版，第268页。
② 杨朝明、宋立林主编：《孔子家语通解·正论解第四十一》，齐鲁书社2013年版，第474页。

"为政以德,譬如北辰,居其所而众星共之"。(《论语·为政第二》)孔子视季札为"崇德"的典范,还体现在其对于泰伯的评价方面,孔子曰:"泰伯,其可谓至德也已矣。三以天下让,民无得而称焉。"(《论语·泰伯第八》)在孔子看来,泰伯三让天下是"至德"的象征,乃至民众都无法称叹了。对于季札让国,孔子虽然没有直接的评述,但通过其对泰伯的极度尊崇亦可以推得。孔子对于季札的推敬,是以德、义为本,礼为用的全面的人格肯认,"天民"之叹,乃孔子对季札的由衷赞佩。

三 "十字碑"之谜及其文化意蕴

今江苏丹阳延陵季子庙内存有由唐代殷仲容摹刻的"呜呼有吴延陵君子之墓"碑(亦即"十字碑"),相传原为孔子所书。是否为孔子手书真迹,自唐代以来便聚讼不已。最早对其有明确记载的当数唐人张从申①,其《叙季札墓碑文》曰:

> 夫子篆季子墓,凡十字(臣曰:呜虖有吴延陵君子之墓)。历代绵远,其文残缺;人劳应命,其石湮没。在昔开元中,玄宗敕(姓犯庙讳)仲雍模拓其本,尚可得而传者。暨大历十四年己未岁,润州刺史兰陵萧定重刊于石,宪章遗范,以永将来,吴郡张从申记。②

张氏乃萧定《改修延陵季子庙记》的书写者,③张氏所记,对"夫子篆季子墓"未予质疑。后人所记或稍有区别,如明人陈敬宗云:"先圣孔子题其墓碑曰'呜呼有吴延陵君子之墓'篆刻也。是刻久湮没,唐玄宗命殷仲容摹刻之,代宗朝润州刺史萧定又重刻之,宋徽宗时朱彦守常州又

---

① 此前南朝宋人范泰《吴季子札赞》有云:"夫子戾止,爰诏作名。"(《艺文类聚》卷三十六,清文渊阁四库全书本,《全上古三代秦汉三国六朝文·全宋文》卷十五亦载)虽隐见其意,然未确记。
② [宋]郭忠恕:《汗简》卷七,四部丛刊续编本。陆心源编《唐文拾遗》卷二十二亦载,题为《重刊季札墓碑记》,内容与郭忠恕所记同,唯"玄宗"为"元宗"。将犯讳之姓径改为"王"。前有张从申小传:"从申吴郡人,大历中进士,检校礼部员外郎,官至大理司直,工书文。弟从师、从义、从约,称张氏四龙。"(清光绪刻本)《万姓统谱》载:"张从申,吴人,善书,世称独步,擢第为秘书省正字,弟从师、从仪、从约皆工书,得右军风规,人谓四绝。"(明凌迪知:《万姓统谱》卷三十八,文渊阁四库全书本)
③ 见《(咸淳)毗陵志·词翰》《(至顺)镇江志》卷八。

重刻之。凡三传刻矣,而古法古意尚不失孔子遗意,则重圣人之笔,谨之至而不敢忽也。"①据陈敬宗所记,唐玄宗时最初摹刻的是"殷仲容"而非"王仲雍"。后世多以"殷仲容"为是。溯其源,当本于宋人欧阳修《集古录》卷八《唐重摹吴季子墓铭》。欧阳修据萧定重刻而录,遂题为"大历十四年"。分为"集本""真迹"两条记录。② 后世多据此载录,如宋人刘宰云:"……相传以为夫子书,书之是否不可知,而历代宝传必有自。"③宋人邹浩云:"延陵之北,地去七十里曰申浦,有吴季子墓、孔碑十字,掩映古今。"④明人张衮云:"孔子十字碑,焕乎与昭回丽,庙一大治矣。"⑤明人李东阳云:"……故以孔子之圣,与其合礼,至题辞以表之。非其人之贤,宜不得此。"⑥以上所记虽较简括,但一般都视其为真迹。而明人都穆对此碑的判断与分析更加详细,云:

> 吴延陵季子墓,在常州江阴县西申浦。墓故有碑曰:"呜呼有吴延陵君子之墓。"自昔传以为孔子之笔,其大径尺,体势奇伟。考之,唐开元中元(玄)宗尝命拓其书。大历十四年,润州刺史萧定重刻石延陵庙中。今碑之存者,乃宋崇宁二年知常州事朱彦立。盖刻之者屡矣。欧阳永叔好集古文,其论此碑本之《太史公书》,谓孔子平生未尝至吴,不得亲铭季子之墓。又谓其字特大,非简牍所容。后永叔有赵明诚者,录古金石多至二千,而此碑不与,遂使好古之士不能不置疑其间。穆尝读《越纪》,见其中载越王勾践躬求贤圣,孔子从弟子七十人,奉先王雅琴治理往奏,则孔子固已历吴至越,其书近古,言似非伪,岂太史公未之见耶?况春秋之时,贤如季子,固圣人之所与。今观十字之间,辞约意博,宛然鲁史之法,有非圣人不能及者。盖不必亲登其墓而后表之,亦未可知也。

尽管如此,都穆也论列了存疑的理由,并对其可能性做了猜测:

---

① 《季子庙十字碑记》,见卢文弨《常郡八邑艺文志》卷三上,清光绪十六年刻本。
② 唐人萧定撰有《改修吴延陵季子庙记》,《全唐文》卷四百三十四,清嘉庆内府刻本。
③ [宋]刘宰:《漫塘文集》卷二十一《重修嘉贤庙十字碑亭记》,民国嘉业堂丛书本。
④ [宋]邹浩:《先贤徐君墓碑记》,《常州府志》卷三十六《艺文》。
⑤ [明]张衮:《张水南文集》卷六《重修延陵吴季子庙记》,明隆庆刻本。
⑥ [明]李东阳:《怀麓堂集》卷六十六《重修季子庙记》,清文渊阁四库全书本。

但观之笔以竹而纸以代简，则自汉始。及观古法贴亦有是文，大不逾寸，而多二言，庶几竹简之书。宋黄伯思号称博物，定其非伪。今碑字若此，岂真是耶？抑后人转相传摩，扩而大之，又未可知也。虽然元（玄）宗尝命拓本，则唐以前已有刻字，而其来远矣，又岂后人所敢议耶？①

其实早在欧阳修撰《唐重摹吴季子墓铭》时，即对该碑是否为孔子所书留下了存疑的按语："孔子平生未尝至吴，以《史记·世家》考之，其历聘诸侯，南不逾楚。推其岁月，踪迹未尝过吴，不得亲铭季子之墓。又其字特大，非古简牍所容。"②其后秦观③、彭大翼④都承欧阳修之说，疑其为伪作。此碑更令人生疑之处还在于碑文的内容，如明人郎瑛在《延陵碑》中有这样的论述：

延陵季子碑在镇江，其文曰："有吴延陵君子之墓"，世传为孔子书，《学古编》以为古法帖止云"呜呼！有吴君子"而已，篆法敦古，似乎可信。今碑妄增"延陵之墓"四字，除"之"字外三字是汉人方篆，不与前六字合。又音"君子"字作"季子"，显见其谬。盖汉器蜀郡、洗郡，郡字半片正是此君字也。欧阳公《金石录》又以为孔子平生未尝至吴，盖以《史记》世家考之，推其岁月踪迹，南不逾楚之故，复引张从申《疑记》云："旧石湮灭，玄宗命殷仲容模拓以传。"是开元以前已有本矣。予按欧阳、子行皆辨非孔子，明矣，或者即仲容所书，借孔子以欺世，此秦观所以疑唐人之所书，有见也。⑤

从"十字碑"原非十字，且为"君子"而非"季子"，判断"十字碑"当为伪作。但郎瑛又是一位"委身载籍"⑥的学者，他还记述了另一种可能：

---

① 以上引自都穆《延陵季子墓碑考》，《江南通志》卷三十九《舆地志》，清文渊阁四库全书本。
② [宋]欧阳修：《集古录》卷八，清文渊阁四库全书本。
③ [宋]秦观：《淮海集》卷之三十五《仲尼书》："然则季子墓铭，其真者犹疑非仲尼书，又况依仿为之者欤？"（清文渊阁四库全书本）
④ [明]彭大翼：《山堂肆考》卷一百三十《文学》："昔吴季札葬孔子，题其墓曰：'呜呼延陵季子之墓'。或云季子墓铭自来相传为孔子所书，但孔子平生未尝至吴。又考之《史记·世家》历聘诸侯而不逾楚，推其岁月，踪迹未尝过吴，不得亲铭季子之墓也。"（清文渊阁四库全书本）
⑤ [明]郎瑛：《七修类稿》卷十九《辩证类·延陵碑》，上海书店出版社2001年版，第197—198页。
⑥ [明]徐象梅：《两浙名贤录》卷四十七《文苑·文学郎仁宝瑛》，明天启刻本。

《丹铅续论》又谓陶潜作《季札赞》曰:"夫子戾止,爰诏作铭,谓题'有吴延陵君子'。此可证为古有据。"①此则子行敦古,可信之言,又是也。但陶集无此赞。载《艺文集》②。知今非全集也。③

孰是孰非?众说纷纭。即使博雅如欧阳修,也采取了折中的办法,在《跋延陵王墓铭后》云:"第以其(十字碑,引者注)名传之久,不可遽废,故录之以俟博识君子。"存疑而不妄为定论。今天,我们亦可效欧阳修审慎的态度,存众论而不轻妄断。但综合诸文献的内容,我们仍可做出以下推论:

其一,从"呜呼有吴延陵季子之墓"的内容来看,这显然不是专为题碑的语气,而是口语感叹句。从目前的文献来看,孔子使用"呜呼"一词的仅见于《论语·八佾》,原文为:"子曰:呜呼,曾谓泰山不如林放乎?"(《论语·八佾第三》)释者云:"呜呼者,孔子更说季氏之失,故先叹而后言也。呜呼,叹也。"④孔子对季氏(据《左传·昭公二十五年》及《汉书·刘向传》,此之季氏疑为季平子,即季孙意如)甚为不满,《八佾》开篇即"孔子谓季氏,'八佾舞于庭,是可忍也,孰不可忍也'"。而此句则是针对季氏将要去祭祀泰山,孔子希望冉有去阻止,但得到冉有否定的回答之后,孔子以"呜呼"开篇,是表示因不满而产生的失望情绪。如果此碑内容确出于孔子,以"呜呼"见之于碑首,亦当是叹而录之。

其二,多处有延陵十字碑的记载,可见季札影响的扩大,季札与孔子之间的关系得到了更广泛的认同。关于延陵十字碑,不但存之于江阴季子墓前。据明末曹学佺《蜀中广记》记载:"又云,季札墓铭在巴川县,相传以为孔子所书。"⑤其实,早在宋人王象之的《舆地碑记目》中即有两处关于季子碑的记载。卷一《江阴军碑记》中有"季子墓铭:有十大字,云:'呜呼有吴延陵季子之墓'。按欧阳公《集古录》云:'……相传以

---

① [明]杨慎:《丹铅总录》卷十八《季札墓碑》:"陶潜《季札赞》曰:'夫子戾止,爰诏作铭。'题季子有吴延陵君碑也。此可证其为古无疑。秦观疑其出于唐人,未考陶集乎?"(文渊阁四库全书本)按"夫子戾止,爰诏作铭(名)"乃范泰而非陶潜所作(见《艺文类聚》卷三十六)。
② 即《艺文类聚》。原文见《艺文类聚》卷三十六,清文渊阁四库全书本。
③ [明]郎瑛:《七修类稿》卷十九《辩证类·延陵碑》,上海书店出版社2001年版,第198页。
④ [南北朝]皇侃撰:《论语义疏》卷二,清知不足斋丛书本。
⑤ [明]曹学佺:《蜀中广记》卷十八《铜梁县》,清文渊阁四库全书本。

为孔子所书,张从绅记云,旧石湮灭开元中,玄宗命殷仲容模拓其书以传。然则开元之前已有本矣。'"卷四《合州碑记》:"季札墓铭:在巴川县,相传以为孔子所书。张从申记云,旧石湮灭,玄宗命殷仲容拓本传,之历中再刻。此从申所纪也。此刻未知何人所模。"①可见,疑为孔子所书的延陵十字碑出现于远离季子故土,季子和孔子都未远及巴蜀,这说明碑文与孔子是否亲见已无关系。虽然巴川十字碑最早见载于宋人著作中,但分处东、西,说明季子影响的扩大,季札与孔子之间的联系得到了更大范围的认同。

其三,传为孔子所书的碑文仅比干、季札两种,并非偶然。除了季札墓碑之外,相传为孔子所书者仅有"殷比干墓"。据《水经注释》卷九:"曹氏安,太师比干录曰:按卫辉府旧志云,殷少师比干墓在汲县西北一十五里,墓前有殷比干墓四字,碑年深石断,字画不全,世传以为孔子所书,今此碑见存。"②唐鉴在《朱子学案·序》中云:"大禹之《岣嵝碑》,远矣!尚矣!比干、延陵季子,其墓碑之祖欤!"将比干、延陵季子碑共同视为墓碑之祖,显然认为两碑均为孔子所书。清代著名学者赵翼在《陔馀丛考》中亦认为该碑为孔子所撰,并视其为古碑之始,云:

> 古碑之传于世者……究而论之,要当以孔子延陵吴季子十字碑为始,或有疑季子碑为后人伪托者。唐李阳冰初工峄山篆,后见此碑,遂变化开合,如龙如虎,则非后人所能造可知也。自此以后,则峄山之罘碣石等,虽非冢墓,亦仿之以纪功德矣。③

清人汪价在《比干少师太师考》中亦载:"比干墓在汲县界,即武王所封者,墓葬前有石曰'殷太师比干墓'乃先圣孔子所书,科斗文。余于己亥夏过其地拜谒,亲见之,然则比干当为太师,非少师也。容再考之。"④汪价所见的"殷比干墓"乃科斗文。就字体而言,与延陵十字碑稍有不同。那么,"殷比干墓"是否为孔子所题?后世存疑。就科斗文的

---

① [宋]王象之:《舆地碑记目》卷四《合州碑记》,文渊阁四库全书本。
② [南北朝]郦道元撰、[清]赵一清注:《水经注释》卷九,清文渊阁四库全书本。
③ [清]赵翼:《陔馀丛考》卷三十二《碑表》,中华书局年1963年版,第681—682页。
④ [清]汪价:《中州杂俎》卷八《比干少师太师考》,民国十年安阳三怡堂刻本。

出现来看,吕思勉先生说:"科斗之名,昉见于东汉之季,而魏、晋后人承之。"①如果科斗文果是魏晋时期的文字,那么,这极有可能是伪作。但是,文献又多载科斗文为周代古文字。如段玉裁《说文序注》云:"古文出于壁中,故谓之壁中书,晋人谓之科斗文。王隐曰:'科斗文者,周时古文也。其字头粗尾细,似科斗之虫,故俗名之焉。'"②《书序疏》引郑玄曰:"书初出屋壁,皆周时象形文字,今所谓科斗书。"十字碑虽历经多次摹拓,但果如王隐所云,则为孔子所题亦可理解。孔子对季札甚为尊崇,孔子专程到嬴、博之间观季札之子葬礼,谓其为"吴之习于礼者",更叹其为"天民",因此,当得闻季札卒后,孔子叹而书之于简帛,俟后摹刻于碑石之上,并非没有可能。

诸史记载可能是孔子所题的仅比干与季札两碑,似乎并非偶然。季札被孔子视为"习礼者",且观乐以知政,熟谙音乐。比干是商代贤臣,被殷纣王所杀。据《史记正义》引《括地志》:"比干见微子去,箕子狂,乃叹曰:'主过不谏,非忠也。畏死不言,非勇也。过则谏,不用则死,忠之至也。'进谏不去者三日。纣问:'何以自持?'比干曰:'修善行仁,以义自持。'纣曰:'吾闻圣人心有七窍,信诸?'遂杀比干,刳视其心也。"③可见,"修善行仁,以义自持"乃是比干的精神支柱。孔子论学的核心主要在于"仁""义"与"礼""乐"。从相传为孔子作墓碑的两位先哲来看,比干以生命践行了"仁""义",而季札则以"礼""乐"独擅,并且被孔子称叹为能"以义正人"④者。如果所传为孔子所书,正可见其对儒家思想资源的推尊,为孔子所书也不难解释。

就季札对孔子的影响而言,似乎超过当时的任何一位贤者。一方面,孔子明言季札为"习礼者"。而"礼"乃为孔子学术思想的核心之一。故而对于习礼者之尊崇当在情理之中。另一方面,季札的文艺观、诗论都对孔子有直接的启示,其中的"乐而不淫"等关于中和之美的观念,对

---

① 《魏晋"科斗文"原于虫书考》,《学林》第五辑,1941年出版,转引自《吕思勉文集》,上海古籍出版社2006年版,第590页。
② 引自刘宝楠《论语正义》卷二十四,《何晏论语序》,中华书局1990年版,第777页。
③ 引自《史记》卷三《殷本纪第三》,中华书局点校本,第109页。
④ 杨朝明、宋立林主编:《孔子家语通解·正论解第四十一》,齐鲁书社2013年版,第474页。

于儒家诗教具有直接的启示之功。因此,孔子对季札的推重亦在情理之中。就与时贤比较而言,据《史记·老子韩非列传》记载,孔子曾问礼于老子,孔子曾有这样的慨叹:"吾今日见老子,其犹龙邪!"①但司马迁所记的老子颇具神秘色彩,是否征实,尚可存疑。同时,孔子之儒家与老子之道家分属于不同学派的创始人。更重要的是,根据《史记》记载,老子或"莫知其所终"。更有这样的记载:"自孔子死之后百二十九年,而史记周太史儋见秦献公曰:'始秦与周合,合五百岁而离,离七十岁而霸王者出焉。'或曰儋即老子,或曰非也,世莫知其然否。"②即使孔子欲为老子立碑,亦会因为"莫知其所终"而不能。因此,比孔子稍长的习礼的贤者,当以季札为最。就此而言,孔子为季札题书碑文于情理亦可通。

虽然延陵季子十字碑的真伪早在欧阳修时已难以辨清,论成定谳尚留待于新材料的佐证。就十字碑本身的讨论也不便轻下结论。但记为孔子所书本身,即已显示出季札与孔子独特的关系,并为后世广泛认同。

四 在儒家文艺思想史上的地位

孔子称季札为"天民",赞其能"以义正人",根本的原因在于季札的思想、德行与孔子有相通之处,这主要体现在以下三个方面。其一,孜求中和之美。孔子论诗乐主张"乐而不淫,哀而不伤"(《论语·八佾第三》),以中和为美。这也是季札观乐时品歌论乐的核心取向。除了其在论《邶》《鄘》《卫》时所说的"忧而不困"之外,在孔子之前,季札论《豳》时已有"乐而不淫",论《颂》时也有"哀而不愁"之评。在论《颂》时更是以"直而不倨,曲而不屈"等 14 个相同的句式,状写了《颂》在内容方面持节有度,音律方面"五声和,八风平,节有度,守有序"的和谐之美。其

---

① 《史记》卷六十三《老子韩非列传第三》,中华书局点校本,第 2140 页。
② 《史记》卷六十三《老子韩非列传第三》,第 2142 页。

二,以乐观政、以诗观政的功利文艺观。孔子说:"小子何莫学乎诗?诗可以兴,可以观,可以群,可以怨。"(《论语·阳货第十七》)其中的"观",就是通过诗歌观风俗,知盛衰,这是儒家文艺观的重要特征。而季札观乐时不但在论《郑》时,从"细已甚",推想到"民弗堪",乃至对其国祚的忧虑。而且整个论乐过程都是通过诗乐以知一国之盛衰、君德之高下。其三,季札在肯定郑卫之音具有审美愉悦的前提之下,也特别推崇雅乐,这固然从其"请观周乐"的目的可以看出,同时,他在品鉴论述之时,对于《颂》也有极致之评。当然,季札的崇雅倾向也是与其功利文艺观相通的,因为《颂》与《风》相比较,更真实直接地记录了时代的特征,《大雅》《颂》堪称是史诗。因此,季札对于《颂》的极度推崇,也体现了重观世功能是其文学观的首要特征,这与孔子孜求致用的文艺观十分接近。季札观乐在孔子知事之前,从这个意义上说,季札观乐时的诸多即兴之论,对儒家文艺观实具先发之功。

同时,在上海博物馆藏战国楚竹书①中有《孔子诗论》②。一般认为,这是孔子对于《诗经》的认识,从中可以清楚地看出季札的文艺观对孔子的影响。如楚简《孔子诗论》中第一次对《诗经》中的《邦风(国风)》《少夏(小雅)》《大夏(大雅)》《讼(颂)》的整体旨趣进行了总结。第三简载:"《邦风》其纳物也,溥观人俗焉,大敛材焉,其言文,其声善。"因诗而知民情风俗,亦即主要是从诗乐具有的"观"的效用来言说《邦风(国风)》的特质,这与季札闻《风》而识政德、知民风的鉴赏观十分相近。如,"为之歌《郑》,曰:'美哉!其细已甚,民弗堪也。是其先亡乎?'""为之歌《豳》,曰:'美哉,荡乎!乐而不淫,其周公之东乎?'""为之歌《魏》,曰:'美哉,沨沨乎!大而婉,俭而易行,以德辅此,则明主也。'"季札的这些即席之论,堪称是孔子论《邦风》的滥觞。

对于《少夏(小雅)》,孔子曰:"多言难而悁怼者也,衰矣少矣。"认为

---

① 马承源主编:《上海博物馆藏战国楚竹书(一)》,上海古籍出版社2001年版。
② 竹简整理者马承源据其中五次出现"孔子曰",认为其乃孔子论诗时"弟子就孔子授诗内容的追记",遂命名为《孔子诗论》。李学勤认为是孔门儒者所撰,作者当是子夏,因此命名为《诗论》。(李学勤:《诗论的体裁和作者》,见《上博馆藏战国楚竹书研究》,上海书店出版社2002年版,第54页)兹仍以整理者之命名为是。

楚竹书《孔子诗论》（上博藏）

《小雅》的内容包括两个方面：其一是表达了因苦难而生的"悁忿"之情，其二是反映了为政者"少"德而致政"衰"的内容。这堪称是季札闻《小雅》所做的即兴之评的演绎与申述。《左传》载："为之歌《小雅》，曰：'美哉，思而不贰，怨而不言，其周德之衰乎？犹有先王之遗民焉。'"①同样是指哀怨的情感与衰微的政德两个方面。孔子受到季札影响更加清晰的痕迹在于，《毛诗》《小雅》中表现王道衰微，为政者乏德的作品并不多见，乃至苏轼认为所谓"周德之衰"是季札陈述的观乐时的政情，而孔子沿着季札的思路论《小雅》的痕迹宛然可寻。

对于《大夏（大雅）》，孔子曰："《大夏》，盛德也。"（第三简）而季札亦称颂《大雅》曰："广哉，熙熙乎！曲而有直体，其文王之德乎！"②这些也都是视其为颂德之作。再如，《孔子诗论》中记载了孔子对《颂》乐的赞叹："讼，坪（平）德也，多言后。其乐安而迟，其歌绅而箧，其思深而远，至矣！"（第二简）孔子对于舒缓悠扬的颂乐推敬致至，谓其"至矣"，这与季札极赞《颂》，叹其"至矣哉"的认识完全一致。

《孔子诗论》与季札都注重诗乐的观世功能，观世、教化当以修德为先。《论语》等文献中虽然注重德教的功能，但对于德教与《诗》学之间

---

① 杨伯峻：《春秋左传注·襄公二十九年》，中华书局1981年版，第1164页。
② 杨伯峻：《春秋左传注·襄公二十九年》，第1164页。

的关系鲜有论述,上博楚简中的《孔子诗论》则弥补了这一不足,较为集中地体现了以《诗》观政德、以《诗》行德教的思想。全篇凡六简言"德",分别是:"《颂》,旁德也……《大雅》盛德也。"(二简)"《清庙》,王德也……'秉文之德',以为其业。"(五简)"'[济济]多士,秉文之德',吾敬之。《烈文》曰'无竞惟人''不显惟德'……吾悦之。"(六简)"'怀尔明德'何?诚谓之也。"(七简)"《天保》其得禄蔑疆矣,选寡德故也。"(九简)"后稷之见贵,则以文武之德也。"(二四简)等等。《孔子诗论》将《诗》作为观德政、明德教的艺术形式,这也对后世的《毛诗序》等解《诗》作品产生了直接的影响。如《毛诗序》视《周南》为歌颂"后妃之德",《召南》为颂"夫人之德",并影响了其后的《诗》学传统,于是将《诗》赋予了强烈的德教为核心的教化功能,亦即《诗》作为儒家经典的基本特征。直至明代,《诗》的文学特征才渐为学者所正视。事实上,这一传统在孔子之前季札观乐之时已得到了体现。季札论诗乐,察知王公之德更过于民情风俗。如,"为之歌《邶》《鄘》《卫》,曰:'美哉,渊乎! 忧而不困者也。吾闻卫康叔、武公之德如是,是其《卫风》乎!'""为之歌《魏》,曰:'美哉,沨沨乎! 大而婉,俭而易行,以德辅此,则明主也。'""为之歌《小雅》,曰:'美哉,思而不贰,怨而不言,其周德之衰乎?'""为之歌《大雅》,曰:'广哉,熙熙乎! 曲而有直体,其文王之德乎?'""为之歌《颂》,曰:'至矣哉!……节有度,守有序,盛德之所同也。'"等等。观乐以知德,是季札遍观周乐最基本的特色。从这个意义上说,季札对于传统《诗》学理论的德教观念具有直接的启导作用。当然,与《诗大序》相比,季札观乐注重观政与审美之间的平衡,他对"德"的判断又是以"美哉,渊乎""美哉,沨沨乎""广哉,熙熙乎"等诗乐的审美感受为前提的。

不难看出,季札对于孔子文艺观具有直接的启示之功。孔子是儒家文艺观的杰出代表,从这个意义上说,季札观乐所体现出的诗乐观念、审美标准以及观世功能,都对于儒家文艺思想具有骈骝开道的作用。就此而言,季札的文艺观又具有"启圣"之功。

第十五章　清徽化吴:季札与吴文化

春秋时期的吴国虽然国祚短暂,但这是一个曾经建立霸业的诸侯国。吴王阖庐时便曾"东征至于庳庐,西伐至于巴蜀,北迫齐晋,令行中国"。① 之所以能够成就这样的功业,一方面需要有兵甲器械之利;另一方面,号令诸侯,需要在文化认知方面摒除其"蛮夷"印象而后成。攻城伐地是吴国兴盛显性的表象,而吴文化骎骎称盛,使中原诸侯、贤达为之心折才是吴国走向鼎盛的深层次原因。而季札堪称是春秋时期吴文化走向鼎盛时期最为卓荦的代表,他为吴文化注入了丰厚的内涵,向中原诸国昭示了吴文化的风采,为吴王霸业营造了良好的文化氛围。在勾吴遽然灭国之后,季札为吴文化根蒂之中注入的有机因子,仍生机不息,在其后东南文化的扶疏花叶之中,摇曳多姿,历久弥新。

一　吴文化与中原文化交流的使者

吴国的历史肇始于太伯奔吴。司马迁云:"余读《春秋》古文,乃知中国之虞与荆蛮句吴兄弟也。"②正因为如此,鲁哀公十三年(前482年,吴夫差十四年)黄池之会时,晋、吴互争盟主:"吴人曰:于周室我为长;晋人曰:于姬姓我为伯。"(《左传·哀公十三年》)由此亦可见吴国与西

---

① 许维遹撰:《吕氏春秋集释》卷第八《简选》,中华书局2009年版,第186页。
② 《史记》卷三十一《吴太伯世家第一》,中华书局点校本,第1475页。

周文化固有的联系。但太伯、仲雍奔吴之时,从之者甚少,以当时的"千余家"奠定了吴国基业。就文化而言,《史记》谓"太伯、仲雍"以"文身断发"为标志,以示与殷周文化相区别。《左传》则引子贡所言,谓:"太伯端委,以治周礼,仲雍嗣之,断发文身。赢以为饰。"①如果《左传》记载属实,那么当是太伯曾援周礼以治政,从仲雍继位后改为"断发文身",亦即依吴地风习进行统治。由此可见,吴国肇始之初,就以"荆蛮"固有的文化为特质。其后吴国与中原文化相互交流的记载甚少。据《史记》和《左传》等文献载,吴王寿梦二年(前584年),晋国为了以吴国牵制楚国,派楚之亡臣申公巫臣出使吴国,"教吴用兵乘车,令其子为吴行人,吴于是始通于中国"。换言之,自吴国建立到吴王寿梦这十九世当中,吴国的文化是以地方土著文化为主,这也是中原诸国视其为蛮夷的根本原因。但自寿梦之后,吴国屡次参加中原诸侯国的盟会,诸如钟离之会、有戚之会、有相之会等等。吴国一方面与西面的楚国多次交战,另一方面北上与诸国争霸。吴国在称霸的过程中也强化了与中原文化的联系,并形成了自己的特点。季札正是在这样的大背景之下,促进了吴文化与中原文化的交流与融合,并为形成吴文化自己的特色做出了独特的贡献。当然,这一过程是由数代吴民,包括一批贤士共同完成的,但其中最为卓荦者当是季札。诚如清人林达泉在《重建礼延书院记》中所说:

> 予维南中文学,首朔子游,以季子鸿识多闻、洞乎礼乐之源泉,比于言氏,疑高一席。况夫让国全伦,挂剑旌信,篇籍流传,懿垂千载。……季子系太伯之至德,开江南之风气,独缺而弗礼,是邦大夫之责,无以为多士模楷也。②

根据《史记》记载:"仲雍卒,子季简立。季简卒,子叔达立。叔达卒,子周章立。是时周武王克殷,求太伯、仲雍之后,得周章。周章已君吴,因而封之。乃封周章弟虞仲于周之北故夏虚,是为虞仲,列为诸

---

① [晋]杜预集解:《春秋经传集解》第二十九《哀公上》,上海古籍出版社1978年版,第1747页。
② [清]卢思成等:《(光绪)江阴县志·学校》卷五,江苏古籍出版社1991年影印本。

侯。"①亦即在太伯四世以后,至周章即位,即周武王时期,曾有一次吴国与西周之间的交流过程。此后虽然文献对于吴文化与华夏之间的关系鲜有记载,似乎直至寿梦时,巫臣来吴才有正式的交往,但这可能并不完全符合史实,因为既然早在武王时即已有联系,其后同宗之间的联络中绝缺乏理由,很可能是由于史料疏于记载或所记失传。事实上,自周章到寿梦之间的十四世,《史记》的记载几乎都是王位更替,别无其他内容,因此,吴国与华夏文明的交流与其国政记录一起都湮没于历史的长河中。但考古发掘屡屡提供了吴文化与中原文化交流的证据。如仪征破山口即有西周早期青铜器出土,②其墓穴形式是坑墓而非吴地的墩墓。同样,1954年江苏丹徒县龙泉乡烟墩山墓中出土的青铜器中的宜侯夨簋,对其究竟是属于中原的形制还是吴地形制,考古学界看法不一,而这恰恰反映了吴地与中原文化的交融。同样,溧水乌山M1号、M2号墓中的随葬青铜器,如提梁卣、青铜方鼎、竖耳垂腹柱足鼎,"均是中原常见的西周早期形制"。③比较而言,从西周中后期至寿梦以前这段时间的吴地出土的青铜器来看,虽然也存在着一定的模仿中原器物的痕迹,但吴地的风格愈加鲜明,其中以断山墩第三期,凤凰山第三、四期遗址为主要代表。④这些遗址中青铜器以几何纹饰为主,地域特色较为明显。亦即在寿梦之前的十数世,吴地文化的独立性相对增强。这与《史记·吴世家》的记载大致相似。

  吴文化与中原文化交流一个重要的契机在于吴王寿梦与鲁成公的钟离之会。据《吴越春秋·吴王寿梦传第二》载:"寿梦元年,朝周,适楚,观诸侯礼乐。鲁成公会于钟离,深问周公礼乐。成公悉为陈前王之礼乐,因为咏歌三代之风。寿梦曰:'孤在夷蛮,徒以椎髻为俗,岂有斯之服哉?'因叹而去,曰:'于乎哉,礼也。'"⑤可见,当时的吴国文化与中

---

① 《史记》卷三十一《吴太伯世家第一》,中华书局点校本,第1446页。
② 尹焕章:《仪征破山口探掘出土铜器记略》,载《文物》1960年第4期。
③ 邹厚本:《江苏南部土墩墓》,载《文物资料丛刊》第六辑,文物出版社1980年版,第71页。
④ 参见邹厚本、宋建、吴绵吉《丹徒断山墩遗址发掘纪要》(《东南文化》1990年第5期),凤凰山考古队《江苏丹阳凤凰山遗址发掘报告》(《东南文化》1990年第1、2期),镇江博物馆、丹阳市文化局:《丹阳凤凰山遗址第二次发掘》(《东南文化》2002年第3期)。
⑤ 周生春:《吴越春秋辑校汇考·吴王寿梦传第二》,上海古籍出版社1997年版,第18页。

原文化尚有明显差异,寿梦在会盟时对于中原之礼明显怀有欣羡之情。这种文化状况在《左传·哀公七年》子贡所言中也得到了印证。子贡谓吴国仲雍"断发文身,裸以为饰,岂礼也哉"。而是否循礼,在春秋时期则被视为能否使国家强盛、成就霸业的重要条件。鲁哀公七年(前488年)吴鲁鄫之会时,鲁国子服景伯看到吴人不循周礼,曰:"吴将亡矣,弃天而背天。"①同样,鲁哀公看到吴国不循礼而行,"反自鄫,以吴为无能为也"。② 唐人杜预对这句话的解释是:"弃礼,知其不能霸也。"③可见,是否循礼直接关系国运的兴衰。同样,一国是否循礼而行,也可以视为国力是否强盛、政治是否有序的重要表征。如齐国在齐桓公之后,数代君主昏庸无能,国力下降,晋国欲以武力攻打齐国,于是晋平公就派范昭前往了解齐国的情况。齐景公宴饮范昭,其间范昭故意挑衅试探,先是让更换景公的备用酒器,然后又佯装醉酒,"不说而起舞,谓太师曰:'能为我调成周之乐乎?吾为之舞之。'太师曰:'冥臣不习。'范昭趋而出。"看到来使不悦而去,齐景公甚为惊恐,问晏婴如何处置。晏婴说:"夫范昭之为人也,非陋而不知礼也,且欲试吾君臣,故绝之也。"④因为成周之乐,乃天子之乐,应当为人君伴舞时演奏,而范昭则是人臣,所以不能为其演奏。事实上,范昭回晋时正是这样回禀晋平公的:"齐未可伐也。臣欲试其君,而晏子识之;臣欲犯其礼,而太师知之。"⑤齐国的一次外患便因晏婴与太师礼法有序而得以避免。孔子对此深为赞叹,曰:"夫不出于尊俎之间,而知千里之外,而太师其与焉。"⑥可见,在时人看来,是否循礼是一国治乱的重要表征。可以说,寿梦以来吴王多次参与了中原诸国的盟会,这直接促使了吴王吸取中原文化的愿望。其中礼乐文化对于吴王成就霸业起到了积极的促进作用。在争霸过程中文化的因素之所以不可忽视,一方面是相同文化圈的比较易于结盟,如大约

---

① [晋]杜预集解:《春秋经传集解》第二十九《哀公上》,上海古籍出版社1978年版,第1747页。
② [晋]杜预集解:《春秋经传集解》第二十九《哀公上》,第1747页。
③ [晋]杜预集解:《春秋经传集解》第二十九《哀公上》,第1748页。
④《晏子春秋校注》卷五《内篇杂上·晋欲攻齐使人往观晏子以礼侍而折其谋第十六》,中华书局2014年版,第248页。
⑤《晏子春秋校注》卷五《内篇杂上·晋欲攻齐使人往观晏子以礼侍而折其谋第十六》,第248页。
⑥《晏子春秋校注》卷五《内篇杂上·晋欲攻齐使人往观晏子以礼侍而折其谋第十六》,第248—249页。

在鲁成公时期，晋、楚之间争霸，大致归属于晋国阵营的有鲁、齐、卫、宋，属于相同的文化圈。而蔡、许则属于楚国阵营。这两个小国受楚文化影响较大。另一方面，当霸业推进之时，需要以融合和认同当地的文化为前提。同时，虽然当时礼崩乐坏，但以尊崇周天子为号召，仍然能够收到勤王的效果。如鲁哀公七年（前488年）鲁吴鄫之会，子服景伯与吴人交谈之时，一依周王制礼为准。杜预释吴人乃"违周为背本"。①可见，对于周礼以及中原文化的理解与依循，直接关系到霸业能否实现，亦即在霸业过程中，除了需具有军事、经济的因素之外，还需要文化、心理因素的认同。如鲁襄公二十七年（前546年）蒙门之会时，楚令尹子木准备袭击晋国的与会者，赵文子很恐惧，问叔向，叔向说："若合诸侯之卿，以为不信，必不捷矣。"②又说："忠不可暴，信不可犯。……若袭我，是自背其信而塞其忠也，信反必毙，荆败我，诸侯必叛之。子何爱于死，死而可以固晋国之盟主，何惧焉？"③同样，在此次会盟中，楚人争先歃血，叔向对赵文子说："夫霸王之势，在德不在先歃，子若能以忠信赞君，而裨诸侯之阙，歃虽在后，诸侯将载之。"④因为"忠信，礼之器也。卑让，礼之宗也"。⑤正是晋国以德以礼，赢得了诸侯的拥戴。春秋时期的称霸与其后的战国时赤裸裸的兼并战争不同，这一时期除了战争之外，还常常以朝聘会盟的形式，通过德业礼仪等因素以提高政治影响力，获得诸侯的拥护。

寿梦之前，在诸夏看来，吴国乃文身翦发之邦，尚未能跻于上国冠裳之列。自季札于公元前544年出聘中原以后，中原诸国对吴国文化的认识有了显著的改变，诚如左思的《吴都赋》云："有吴之开国也，造自太伯，宣于延陵。"⑥堪称的论。太伯奔吴，吴国肇始，其功重在于外在之制，而季札之于吴国重在铸就内在文化之魂。"宣于延陵"，亦即季札将吴地的文化底蕴得以彰显，使向来受到中原上国鄙视的荆夷地方文化

---

① [晋]杜预集解：《春秋经传集解》第二十九，上海古籍出版社1978年版，第1748页。
② [晋]杜预集解：《春秋经传集解》第十八《襄公五》，第1078页。
③ 徐元诰：《国语集解·晋语八》第十四，中华书局2002年版，第429页。
④ 《国语集解·晋语八》第十四，中华书局2002年版，第429—430页。
⑤ [晋]杜预集解：《春秋经传集解》第二十《昭公一》，第1212页。
⑥ 引自[梁]萧统编、[唐]李善注《文选》卷五，上海古籍出版社1986年版，第203页。

有了直观的了解,并深为叹服。因此,季札出使北方,不但是交通诸国,以成霸业的外交之旅,还是一次文化宣示之旅。诚如吕思勉先生所云:"及春秋末叶,吴越相继强盛,而榛狉之习乃一变焉。"①吕氏所谓"一变",与季札的才禀与德行展示的文化人格魅力具有密切的关系。

宋人章如愚在《山堂考索》中在概述东南文化变迁大势时有云:

> 是东南之域振古而通中国也,然而文身缺舌,去京华甚远,承太古巢穴之余,未陶王化,二代已前,邈为蛮区,贤人君子不产其邦,帝王公侯未始建国,中原视为遐陬,不之齿也。逮夫太伯奔荆蛮,而吴人化其德,文王之兴,化行江汉,而召公之教明于南国,东南之民浸沐休风,声教既被,君子出焉。由是季札历聘诸华,而先王礼乐达于海隅。陈良北学中国,而周孔之道遍于南国。②

章如愚将"季札历聘诸华"与"陈良北学中国"视为中原礼乐文明、周孔之道浸达于海隅南国的标志性事件,洵为允论。对于"季札历聘诸华"展示出的文化风采已如前述,兹不再赘。章氏所论稍失颇偏之处在于,他所历述的文化丕变过程,实乃中原文化"浸革蛮风而归诸华"的单向度浸变历史。事实上,以吴楚诸国为代表的南方文化还有与中原文化交流互动的一面。就器物层面而言,吴越以铸剑为代表的青铜文化已独步海内,就精神层面而言,"千载人称叹"③的季札不但观乐识微,洞达其几,还在审美取向、以艺观政等方面对儒家文艺观具有骖骥开道之功,而被儒家至圣先师孔子叹为"天民"。从这个意义上说,"周孔之道"本身的建构之中,已蕴含了作为吴文化杰出代表的季札的思想因子。

二 季札、言偃与东南文脉

对吴文人影响至巨者当为太伯、季札与言偃。比较而言,太伯主要

---

① 《先秦史》第九章《春秋战国事迹》,上海古籍出版社2005年版,第178页。
② [宋]章如愚:《山堂考索》续集卷四十七《舆地门》,清文渊阁四库全书本。
③ [明]邵经济:《泉厓诗集》卷一《挂剑台简张秋严水部山亭中》,明嘉靖四十一年张景贤、张鉴等刻本。

是开启了吴地建邦立国的基业,而对于文教事业方面的记载几乎阙如。相反,有的仅是关于太伯披发、仲雍文身,亦即对于吴地土著文明的认同。因此,讨论季札对于吴文化的影响,最重要的参照系当为言偃。事实上,古人对于季札与言偃之于吴地文明的贡献都赞叹不已,视为不世高标。如清人梁清远云:"王遵岩序《唐荆川集》谓:'吴之文学有公子札、言偃,千载后荆川追二人而与之并。夫公子札言偃,世称大贤,荆川即负气节,能文章,岂能与二贤比似,人心于其伦作文似人亦须相肖,文用可传。如遵岩此言,不几过誉乎?"①王慎中(遵岩)与唐顺之(荆川)是明代唐宋派的双璧,遵岩极赞荆川,遂有荆川追并季札、言偃之誉。明人陆深《江南行》诗云:"礼让季札后,文学言偃前。"②清人王昶将季札与言偃并为吴地文学的肇始者,云:"自吴公子札与齐卫名卿赠答,而言偃复游于圣门,说者遂谓吴人独得文学之传。……吴中文学之传,虽谓之振于石湖可也,同年褚左峨学士,生季札言偃之乡,少时下笔为诗则已惊爆诸名宿。"③这是因为他们确有相通之处,最突出的特点在于他们都熟谙礼乐文化。

言偃像

对于礼,季札受到孔子最明确的称赞在于被孔子称为"习于礼者",

---

① [清]梁清远:《雕丘杂录》卷四《巡簪笔乘》,清康熙二十一年刻本。
② [明]陆深:《俨山集》卷四,文渊阁四库全书本。
③ [清]王昶:《春融堂集》卷三十八《褚山峨学士诗钞序》,清嘉庆十二年刻本。

并专程亲往嬴、博之间观礼。而言偃(子游)同样精通于礼。虽然子游与子夏一起被视为长于"文学",但其内涵与今义差异甚大,杨伯峻的解释是:"指古代文献,即孔子所传的《诗》《书》《易》等。"①子游与子夏又各有所长,朱彝尊《文水县十子祠堂记》曰:"徐防之言'《诗》《书》《礼》《乐》定自孔子,发明章句始于子夏。'盖自《六经》删述之后,《诗》《易》俱传自子夏。"②对于子游的贡献,沈德潜《吴公祠堂记》曰:"子游之文学以习礼自见。今读《檀弓》上下二篇,当时公卿大夫士庶凡议礼弗决者,必得子游之言以为重轻。"③沈德潜所言甚是,从《礼记》中的记载来看,子游比曾子、子夏等人更加精于礼。《礼运篇》则是孔子与言偃的对话,论述了礼的起源、运行及作用,足可见言偃是得孔子礼学真传的贤者。

对于乐,季札观乐知政,是先秦文献中最为系统的文艺批评。季札观乐,见微而知清浊,因此也被视为最为精通"乐"的贤达。扬雄云:"延陵季子之于乐也,其庶几乎,如乐弛,虽札,未如之何矣。"④其意是说,如果乐教废弛,即使延陵季札那样懂乐的人也莫之奈何。季札观乐以知政,大大提高了中原诸国对吴国文化的认知程度,季札精审乐理,乃至被视为东南文化的重要特质。据《三国志·吴书》记载,虞翻致信孔融,并示以所著的《易注》,孔融回信曰:"闻延陵之理乐,睹吾子之治《易》,乃知东南之美者,非徒会稽之竹箭也。"⑤

同样,言偃也深谙乐道。言偃曾任鲁国武城宰。《论语·阳货篇》有这样的记载:

> 子之武城,闻弦歌之声。夫子莞尔而笑,曰:"割鸡焉用牛刀?"
> 子游对曰:"昔者偃也闻诸夫子曰:'君子学道则爱人,小人学道则易使也。'"
> 子曰:"二三子!偃之言是也。前言戏之耳。"

可见,言偃治武城施行乐教,以弦歌化俗。孔子不无自嘲意味的

---

① 杨伯峻:《论语译注》中华书局1980年版,第110页。
② 转引自程树德《论语集释》卷二十二《先进上》,中华书局1990年版,第743页。
③ 转引自程树德《论语集释》卷二十二《先进上》,第743页。
④ [汉]扬雄、[晋]李轨注:《扬子法言·问神卷第五》,四部丛刊景宋本。
⑤ [晋]陈寿:《三国志》卷五十七《虞翻本传》,中华书局点校本,第1320页。

"戏"言,亦可见言偃在诗乐教化方面对孔子思想的发展。孔子的诗乐观以贵族阶层为本,他所谓"兴于诗,立于礼,成于乐",主要是指贵族的人生修养。孔子说:"乐则《韶》《舞》,放郑声。"(《论语·卫灵公》)崇雅乐而贬新声,其诗乐之教主要是对上层社会而言的。这也是孔子适之武城,闻弦歌而有"割鸡焉用牛刀"之慨的根源。但子游借孔子之言,以"弦歌之声"体"道",而使"君子""小人"皆应学。子游对于孔子思想概念的置换也被后世学者所证实。如朱熹认为夫子所说的"道"即并非音乐之道:

> 问:"君子学道则爱人,小人学道则易使。"曰:"'君子学道',是晓得那'己欲立而立人,己欲达而达人',与'乾称父,坤称母'底道理,方能爱人。'小人学道'不过晓得孝弟忠信而已,故易使也。"①

言偃武城弦歌,虽然秉持了孔学的传统,认为君子、小人智愚不一,体现了其理论的局限性,但将音乐教化施及于全民,显然发展了孔子的诗乐理论。

不难看出,言偃之于"文学"的贡献主要在于礼、乐两个方面。而知礼、论乐也是季札见著于历史的重要表征。但是,季札与言偃又有明显的不同。

首先,从时间次第来看。关于言偃的年齿,文献有两种不同的记载:一般认为其少孔子45岁,如《史记》载:"言偃,吴人,字子游。少孔子四十五岁。"②另一种记载则是比孔子小35岁,如《续文献通考》载其"少孔子三十五岁"。③ 史家多采《史记》的记载。孔子生于鲁襄公二十二年(周灵王二十一年,前551年),则言偃当生于周敬王十四年(前506年),季札的生年正史虽无载,但吴庆臣《吴氏宗谱》载其生于周简王十年乙酉(前576年),与《左传》等文献中季札的行谊相吻合,基本可信。

---

① [宋]黎靖德编、王星贤点校:《朱子语类》卷第四十七《论语第二十九·阳货篇·子之武城章》,中华书局1994年版,第1179页。
② 《史记》卷六十七《仲尼弟子列传》,中华书局点校本,第2201页。
③ [明]王圻:《续文献通考》卷一百九十九,明万历三十年刻本。另:文渊阁四库全书本、同文书局石印影宋蜀本、台湾中华书局影印宋蜀本《孔子家语》都有言偃"少孔子三十五岁"的记载。(见杨朝明、卢梅《子游生年与礼运的可信性问题》,《史学月刊》2010年第7期)

可见,季札早于言偃达70年。即使依《孔子家语》《续文献通考》等文献的记载,两者之间亦相差60年之久。因此,就其对吴文化的影响而言,季札明显早于言偃。同时,季札稍早于孔子,季札的行谊与言辞之中体现出的儒家思想的因子,堪称是儒家思想的滥觞。

其次,从里籍及传"道"的内容来看。虽然子游有"道启东南"之誉,但其说甚迟。据同治《苏州府志》载:"四十四年,圣祖仁皇帝南巡,御书'文开吴会'四字,颁榜祠(吴公言偃祠)中。乾隆十六年,高宗纯皇帝南巡,御书'道启东南'四字,颁榜祠中。"①可见,所谓"文开吴会""道启东南"分别是康熙与乾隆所题,此前则并无记载。但对言偃之于东南吴文化的贡献不能仅以清代帝王的旌表为据。事实上,对于言偃的里籍向有不同的记载,《史记》中为"吴人",而《孔子家语》则载之曰:"言偃,鲁人,字子游,少孔子三十五岁。时习于礼,以文学著名。"②唐人司马贞在《史记索隐》中已注意到了两说,云:"偃仕鲁为武城宰耳。今吴郡有言偃冢,盖吴郡人为是也。"③虽然清人崔述、近人钱穆都认同《孔子家语》之说,但由于《孔子家语》成书晚于《史记》,且常熟境内亦有与言偃相关的地名可征。因此,一般认为言偃为吴人。但尽管如此,关于言偃的里籍问题仍频见于史籍。如南北朝卢辨注《大戴礼记注》云:"言偃,鲁人也,字子游,为武城宰。"④大约唐代以后,关于言偃的里籍问题渐至统一,如唐人陆广微《吴地记》载:"桥梁五所:言偃、信义、文学、仙、通泰。"(文渊阁四库全书本)《直斋书录解题》卷九:"言子三卷,言偃,吴人。相传所居在常熟县。"(清武英殿聚珍版丛书本)宋人范成大《(绍定)吴郡志》载:"言偃,字子游,吴人。"⑤乃至《家语疏证》等著作中,亦从《史记》说。⑥尽管如此,关于言偃里籍记载的两说还是对言偃作为吴文化的重要代表之一产生了某些疑问。

---

① [清]冯桂芬:《(同治)苏州府志》卷二十七,清光绪九年刊本。
② 杨朝明、宋立林主编:《孔子家语通解》卷第九《七十二弟子解第三十八》,齐鲁书社2013年版,第434页。
③ 引自《史记》卷六十七《仲尼弟子列传第七》,中华书局点校本,第2201页。
④ [汉]戴德:《大戴礼记注》卷六,清文渊阁四库全书本。
⑤ [宋]范成大:《(绍定)吴郡志》卷二十,择是居丛书景宋刻本。
⑥ 见[清]孙志祖《家语疏证》卷五,清嘉庆刻本。

言偃对于文化的贡献和影响主要是与孔子的影响联系在一起的。事实上,言偃地位的提高,最为关键的是朱熹在《平江府常熟县学吴公祠记》中对言偃的推崇。朱熹云:"悦周公仲尼之道,而北学于中国,身通受业,遂因文学以得圣人之一体,岂不可谓豪杰之士哉?"①在朱熹看来,言偃的最大贡献在于"得圣人之一体",亦即言偃对东南文化的贡献主要体现在儒学南传的历史之中。诚如明人姜渐《吴县修学记》所言:"自言偃北学于圣人,而吴知有圣贤之教。"②孔子自己也说过:"吾门有偃,吾道其南。"因此,言偃自唐朝以来,列于十哲配享。从这个意义上说,乾隆所说的"道启东南"之"道",还仅仅是儒家道统之中的一部分:礼乐文明。这与发论于孔子之先的季札明显有别。

最后,从对吴文化贡献的内涵来看。季札对于文化的贡献除了有与言偃相似的礼乐之外,还体现在高洁的德行风节方面。如晋袁宏《东征赋》曰:"言偃以文学遗风,季札以让国称仁。高节显于华夏,端委行乎海滨。"③杨维祯云:"(吴郡)有太伯季氏之高风,言偃氏之文学,故其俗重道义,尚文雅。"④袁宏称颂季札的是"让国称仁"的高节。杨维祯称颂的也是季札与太伯相似的让国高风。而左思所谓"由克让以立风俗"⑤则深刻地揭示了季札之于吴地风习的垂范立则之功。除此,季札还挂剑酬心,敦行信义。又曾诤言孙林父,被孔子称为"以义正人"。凡此种种,都体现了季札正是孔子道德人格中的极致"主忠信,徙义,崇德也"(《论语·颜渊篇第十三》)的典范。司马迁亦称叹:"延陵季子之仁心,慕义无穷。"⑥可见,季札之于吴文化的贡献除了对吴文化注入了礼乐文明等形在层面的因子之外,还在精神道义的内在层面为吴文化注入了丰富的内涵。"道义""文雅"兼及,乃季札所独有。

当然,季札与言偃也各有所胜,他们共同为吴文化的肇兴与发展做出了贡献。比较而言,季札是以让国公子的独特身份以及本于内修而

---

① [宋]朱熹:《晦庵集》卷第八十,四部丛刊景明嘉靖本。
② 引自[明]钱谷辑《吴都文粹续集》卷四学校,清文渊阁四库全书本。
③ 引自《艺文类聚》卷二十七,清文渊阁四库全书本。
④ 《(嘉庆)直隶太仓州志》卷六十三《练川志序》,清嘉庆七年刻本。
⑤ 《吴都赋》,引自[梁]萧统编、[唐]李善注《文选》卷五,上海古籍出版社1986年版,第203页。
⑥ 《史记》卷三十一《吴太伯世家第一》,中华书局点校本,第1475页。

自然呈现出的诗乐、仪礼素质，成为吴地文化的精神标志。季札之于吴文化的巨大影响力在于显要的身份与高洁的行谊。而言偃则不同，言偃被称为"南方夫子"，①亦即言偃的重要影响在于将孔学传诸南方，亦即"传圣"。同时，与季札相比较，言偃的作用还在于传承孔学，在孔子与思孟学派之间起到了过渡与传承作用。可见，言偃是与儒家学派的形成与发展分不开的。事实上，《论语》《孔子家语》《礼记》等儒家原始文献中都留下了子游的印记，并融入了孔子思想体系的构建之中。因此，无论是《孟子》中所谓"有圣人之一体"（《孟子·公孙丑上》），还是朱熹称其"因文学以得圣人之一体"，都准确地揭示了言偃对于吴文化具有的"传圣"特征。宋人王爚就曾汇辑《论语》诸书中所载的有关言偃的问答，而成《言子》三卷，②这也从侧面印证了言偃的这一特点。当然，言偃的影响在不同的时代有不同的特点。战国时期，"子游氏之儒"曾受到荀子的批评，荀子所斥于史无证，其中掺杂着"儒分为八"之后确立儒学正宗的某些情感因素。言偃地位的提高与中唐以后儒学传统的悄然变化以及南宋时期中原沦陷的社会背景不无关系。孔子第四十八世孙孔端友随宋高宗南渡，"衍圣"于南方，对于继承传统具有独特的文化意义。言偃则于北宋真宗大中祥符二年（1009年）被封为"丹阳公"。南宋度宗咸淳三年（1266年）被封为"吴公"。其在吴文化中的地位也得到了明显的提升。比较而言，季札的影响力则并未受时代的影响。

　　季札与言偃对于吴文化影响的另一个区别在于，季札与中原文化的交流，以及作为屡辞君位，在吴国堪称最具影响力的贤士，对吴国的文化风习的影响非他人所能及。诚如宋哲宗所褒赞："深仁熟义，乐道养廉；能让千乘之国，退耕延陵之地。是以铢视轩冕，尘视珠玉。清风足以竦万古之人心，高节可以励千载之愚俗。"③季札为吴国与中原文化的融合、会通产生了直接的影响，并为吴王实现霸业做了必要的文化、外交铺垫。因此，季札对于吴文化的影响是显性的，并直接通过吴国国力的隆盛体现出来。而言偃则不同。言偃生于吴王阖庐九年（前506

---

① 见钱泳《履园丛话·丛话十九·陵墓·周先贤言子墓》。
② 详见宋人陈振孙《直斋书录解题》卷九。
③《赐封嘉贤庙号文》，见于丹阳市延陵镇季子庙内。

年),而罕有对其卒年的记载,仅《重修常昭合志》载其"殁于贞定王二十六年",①亦即公元前 443 年。但前 473 年越灭吴。而孔子在世时言偃则在鲁国,孔子去世后又居丧三年。孔子卒于公元前 479 年,经居丧三年,言偃当是在前 476 年才回到吴国。其后三年,吴国即为越国所灭。因此,言偃对于吴国文化的影响十分有限。吴灭国之后,吴越文化的交融则更加深入,如果言偃这一时期在故吴之地开坛讲学,传播儒学,其影响也仅限于吴越文化融通之后的吴文化。因此,就其对吴文化本原的贡献而言,言偃尚不能与季札同日而语。季札在南方文化中独特的地位也为历史所证明。据《唐语林》记载:"狄内史仁杰始为江南安抚使,以周赧王项羽吴夫概王春申君、赵佗马援吴桓王等神庙七百余所,有害于人,悉除之。惟夏禹、吴太伯、季札、伍子胥四庙存焉。"②其中夏禹、吴太伯、伍子胥都以事功见著,唯有季札因对吴文化肇基的独特贡献而见列,由此亦可见季札之于吴文化的唯一性。

三　季札与吴文化的内涵

关于吴文化的特征,学术界讨论甚多,但往往对于吴地文化之源的考察多于对流变的梳理。讨论得较多的往往是先吴时期太湖地区的良渚文化与宁镇地区的北阴阳营文化、湖熟文化,以及太伯仲雍奔吴时,当时的本土文化渊源所自等问题。但是,这种溯源主要限于文化的物质层面。文化还有更深层次的审美趣味、价值观念、思维方式等方面的要素。同时,我们更需要注意吴文化是一个不断积淀形成的过程。因此,当我们考察和厘定历史人物在文化史上的地位时,应更多地考察这些人物在特定历史情境之下所做出的贡献,以及在此后文化演变中留下的历史元素。早期的吴国尚被视为蛮夷之地,这在仲雍"断发文身,裸以为饰",着意于与本土文化相应合的记载中得到了证实。吴王寿梦

---

① 张镜寰:《重修常昭合志》,铅印本,1949 年。
② [宋]王谠:《唐语林》卷三《方正》,清惜阴轩丛书本。

之后,北通中原,与中原文化的交流得到了加强。公元前576年,吴王寿梦在钟离会盟时,看到中原文化,曾感慨道:"孤在夷蛮,徒以椎髻为俗,岂有斯之服哉!"可见,当时吴国与中原文化的交流还十分有限。鲁哀公七年(前488年,夫差八年),子贡在回答太宰嚭"国君道长,而大夫不出门,此何礼也"的问题时,也曾引仲雍为据以说明吴地先民不尚礼法,云:"大伯端委以治周礼,仲雍嗣之,断发文身,裸以为饰,岂礼也哉?"①而从器物形态来看,吴地文明与中原文明的联系脉络较为清晰,尤其是春秋中晚期吴越地区卓越的铸剑技术当是汲取了北方青铜文化的元素。季札出使所佩之剑即是"吴之宝"。屡屡出土的吴越铜剑,经历二千多年仍寒光熠熠。可见,吴地的青铜铸造技术达到了很高的水平,并回馈于中原文化。

就吴文化而言,最具本然意义的应是商代末年至春秋末年吴国所创造的文明以及形成的文化特征,此前的吴地文明并不具有典型意义,这是因为"太伯之奔荆蛮,自号句吴"。显然,太伯之前,吴地称为"荆蛮"。从其名称即可看出,吴地处于楚越之间,兼有楚越文化的色彩,但太伯"自号句吴"之后,吴之文化必然已带有中原文明的些许色彩,而真正的吴文化应肇始于"自号句吴"之后形成的文化形态。吴国被灭之后,吴地文明必然与越文化交融在一起,因此也不再是典型意义上的吴文化。因此,研究与考察吴文化,应以"自号句吴"到春秋后期吴为越所灭之前的吴国所创造的文化为本。吴国的历史大致可分为两个阶段。第一阶段是从太伯奔吴到寿梦继位之前,这时的吴国是一个地处长江下游的小国。虽然周章为君时,曾受到西周的封爵,但此后与中原文化的交流并不频繁,因此,《史记》记载,申公巫臣自晋使吴,"吴于是始通于中国",这是吴国文化发展较为缓慢的时期。第二阶段是寿梦继位之后到吴为越所灭。这一阶段吴国国势鼎盛,文化迅速发展,也是最能代表吴文化本然形态的时期,是最具典型意义的吴文化的发展阶段。季札躬逢其盛,堪称这一时期最杰出的代表。亦即,季札的言辞、操行中所昭示的文化元素,正体现了吴文化的原初形态。从这个意义上说,季

---

① 杨伯峻:《春秋左传注·哀公七年》,中华书局1981年版,第1641页。

札堪称是一位作用于吴文化基因的贤哲,这是季札之于吴文化的形成与发展的历史的独特性与唯一性。即使是后世尊奉为"道启东南"的言偃也有所不及。因为言偃在南方的文化活动主要是勾践灭吴之后。虽然其后吴地的贤哲不断地丰富吴文化的内涵,但就其重要性而言,仅是繁其花叶、增其色彩而已,与季札作用于文化本根的独特贡献不可同日而语。季札与言偃对吴文化首要的贡献在于其促进了与中原文化的交流,为吴文化汲取中原文化的营养做出了贡献。比较而言,他们的作用主要在于精神文化层面,其中,尤以季札最为典型。季札对吴文化的内涵产生的贡献概有以下几个方面。

首先,为吴文化留下了敏学尚文的文化基因。对于中原而言,吴地属于蛮夷之地,刘向云:"吴粤之君皆好勇,故其民至今好用剑,轻死易发。"①可见,远古的吴地文明带有尚武的倾向,这从其发达的铸剑文化中也得到了印证。据《周礼·考工记》载:"吴粤之剑,迁乎其地弗能为良,地气然而。"通过剑器表现出的尚武任侠精神、阳刚之气是吴、粤(越)地域文化所特有的。所谓"吴王好剑术,国人多瘢疮"②,可见一时之尚。但是,其后的吴国故地的风习渐至柔美和雅,这在历代文人的题咏中可见其端倪。如陈文述《岘山堕泪碑》:"吴人性柔易感恩,公(羊叔子)以仁爱柔吴人。"③而这种性柔的背后则是敏学尚文的文化取向。这是一个重要的变化,而这一变化是与季札等先贤们植根于吴文化基因的努力具有直接的关系。公元前576年(鲁成公十五年,周简王十年),季札之父寿梦在钟离之会时还曾有身处夷蛮、不习礼仪的尴尬。可见,当时的吴国还是朴鄙不文,对于中原的礼乐文明还知之甚少。因此,《左传》称叔孙乔如等人"会吴于钟离"是"始通吴"④,但是,当鲁襄公二十九年(前544年)约30年以后,季孔已是一位深谙诗乐、礼仪,名闻诸国的贤者。其观乐所论堪称是先秦文艺思想史上最为系统的论述。同时,聘问中原,洞明政理,见微知著,中原贤士为之折服。诚如陆机所

---

① 《汉书》卷二十八下《地理志第八》,中华书局点校本,第1667页。
② [明]王鏊:《(正德)姑苏志》卷十三《风俗》,文渊阁四库全书本。
③ [清]陈文述:《颐道堂集·诗选》卷二十九,清嘉庆十二年刻本。
④ 杨伯峻:《春秋左传注·成公十六年》,中华书局1981年版,第876—877页。

咏:"穆穆延陵子,灼灼光诸华。"①可见,通过季札的好学敏求,作为使臣的季札所表现出的吴文化的精神风采已与中原文化伯仲难分了,与其父30多年前钟离会盟时的两种文化表现出的落差有天壤之别。这是贤者季札的明敏智慧而又勤奋努力的结果。吴国经过多年兵戎相向,在物质层面取得了与楚国分庭抗礼的国力之外,季札为吴国文化注入了丰富的人文、精神元素。正因为这一元素,使得中原诸国逐渐消减了对吴国蛮夷之邦的认识,在文化上已平等相待,渐至在此后的黄池之会中能与晋侯一争雄长,从而为吴国的霸业奠定了文化基础。在这一过程中,季札的个人因素尤其卓荦。同时,敏学尚文也是吴文化在其后发展过程中体现出的主导性的文化品格。其后吴文化在历史积淀中形成的诗乐文明,渐至充盈着性灵的风采,乃至家握灵蛇,文教不绝如缕。即使是"布衣韦带之士,亦能摛章染翰,而闾阎畎亩之民,山歌野唱,亦成音节,其俗可谓美矣",②并具有鲜明的特色。史载"吴音清柔,歌则窈窕洞彻,沈沈绵绵,切于感慕",③吴地的尚文传统,渐成衣冠之薮、文物之邦。其文教兴盛,人才荟萃,后世更是冠绝海内。清人徐乾学云:"季札勾吴彦,言偃文学科。后贤踵厥武,比屋诵读多。"④吴地的尚文特征从科考的情况即可得到证明。如据《常州府志》载:"(宋)大观三年巳丑贾安宅榜,是年合天下贡士,而毗陵五十有三。上赐褒诏曰:'进贤。'"⑤明清以来,吴地的文教事业更加兴旺,状元数量冠于海内。明代自洪武四年(1371年)到思宗崇祯十六年(1643年),全国共有状元90名,吴地即有14名。清代自顺治三年(1646年)开科取士,至光绪三十年(1904年),全国共有状元114名,其中江苏达49名,绝大部分出于吴地。诚如明人徐有贞在《苏郡儒学兴修记》中所云:"吾苏也,郡甲天下之郡,学甲天下之学,人才甲天下之人才,伟哉!"⑥这与季札等先贤开启的尚教

---

① [晋]陆机:《吴趋行》,见[宋]郑虎臣编《吴都文粹》卷二,文渊阁四库全书本。
② [明]王鏊:《(正德)姑苏志》卷十三,清文渊阁四库全书本。
③ [明]王鏊:《(正德)姑苏志》卷十三。
④ [清]徐乾学:《憺园文集》卷九《圣驾南巡诗十首之五》,清康熙刻冠山堂印本。
⑤ [清]于琨修、陈玉璂纂《常州府志》卷之十七,第9页。《中国地方志集成·江苏府县志辑》第36册,江苏古籍出版社1991年据康熙三十四年刻本影印本,第348页下。
⑥ 引自[明]钱谷《吴都文粹续集》卷三《学校》,文渊阁四库全书本。

重文的传统一脉相承。诚如清人所云:"沐浴于泰伯、季子之教泽者既泽矣。"①

其次,诚信精神为吴地商业活动的发展营造了良好的道德氛围。吴文化在长期的发展过程中形成了重商的色彩。吴地有海陆之饶,河网密布,交通便利,商贾并凑,经济发达。春秋时期即有物物交换的"市"存在。据史料记载,伍子胥曾"乞食于吴市"②。在吴越争战时,越国的文种曾对越王描述吴国的情形曰:"吴民既疲于军,困于战斗,市无赤米之积,国廪空虚。"③西汉时吴王刘濞在吴地"招致天下亡命者盗铸钱,东煮海水为盐,以故无赋,国用饶足"。④ 春秋末年直至汉初,吴地的工商业水平甚为发达,据载:"夫吴自阖庐、春申、王濞三人招致天下之喜游子弟,东有海盐之饶,章山之铜,三江、五湖之利,亦江东一都会也。"⑤孙吴时期"商船千艘,腐谷万庾,园囿拟上林,馆第僭太极,梁肉余于犬马,积珍陷于帑藏"。⑥《隋书·地理志》载:"京口东通吴会,南接江湖,西连都邑,亦一都会也……宣城、毗陵、吴郡、会稽、余杭、东阳,其俗亦同。然数郡川泽沃衍,有海陆之饶,珍异所聚,故商贾并凑。"⑦唐宋时期吴地的商业活动更是班班可考。如唐代诗人杜荀鹤诗云:"君到姑苏见,人家尽枕河。古宫闲地少,水港小桥多。夜市卖菱藕,春船载绮罗。遥知未眠月,乡思在渔歌。"⑧宋元时期吴地的商业活动借舟船之利而远至海内外,据载,当时的吴郡"舟航往来,北自京国,南达海徼,衣冠之所萃聚,食货之所丛集,乃江外之一都会也"。⑨ 迄至明代,商品经济的新芽在吴地首先得以萌发,据张瀚《松窗梦语》记载:"余尝总览市利,大都

---

① [清]于琨修、陈玉璂纂:《常州府志》卷之十五,第1页。《中国地方志集成·江苏府县志辑》第36册,江苏古籍出版社1991年据康熙三十四年刻本影印本,第288页上。
② [汉]刘向集录:《战国策》卷五《秦三·范雎至秦》,上海古籍出版社1985年版,第186页。
③ 周生春:《吴越春秋辑校汇考·勾践伐吴外传第十》,上海古籍出版社1997年版,第161页。
④ [汉]班固撰、[唐]颜师古注:《汉书》卷三十五《荆燕吴传第五》,中华书局点校本,第1904页。
⑤ 《史记》卷一百二十九《货殖列传》第六十九,中华书局点校本,第3267页。
⑥ [晋]葛洪著、庞月光译注:《抱朴子外篇全译》外篇卷三十四《吴失》,贵州人民出版社1997年版,第641页。
⑦ [唐]魏徵等:《隋书》卷三十一《地理志》下,中华书局点校本,第887页。
⑧ 《全唐诗》卷六百九十一《杜荀鹤·送人游吴》,中华书局1960年版,第7925页。
⑨ [宋]朱长文:《(元丰)吴郡图经续记》卷上,民国景宋刻本。

东南之利,莫大于罗绮绢纻,而三吴为最。"①明代的阊阖港"漕运万艘,行商千舶,集如林木,高楼大宅,琳宫梵宇,列若鳞次"。②《(同治)苏州府志》描述当时苏州的商业活动曰:"列巷通衢,华区锦肆,坊市棋列,桥梁栉比,梵宫莲宇,高门甲第,财货所居,珍异所聚。歌台舞榭,春船夜市,远土巨商。"③可见,吴地商贾称盛的历史从未中绝。虽然季札作为吴国显贵,并没有如范蠡、子贡等人治产殖货的经历,但是,季札履心诺而挂剑于徐君墓前的义举,被旌表为诚信的典范,并被视为吴文化的一个重要表征。他通过挂剑行谊所体现出的人格与道德规范,为吴地商业活动的开展、兴盛提供了良好的伦理环境。商品经济是建立在信用基础上的交换经济,因此,诚实守信是市场交易的基本规则。经济学中的信用是商品经济的重要组成部分,而其基础则是主体的诚信。只有恪守诚信的人格基础,商业行为中授信人对受信人偿传承诺才能得以实现。因此,人格诚信是商业信用的基础。善商是吴地重要的经济文化特征,而由季札所彰显的诚信之德,为商业活动的开展提供了重要的道德氛围。

最后,对吴地的文化自信与审美取向产生了双重影响。在季札之前,吴国在与中原列国的交流之中,因其"蛮夷"之域而具有明显的文化自卑心理,最为显著的当数寿梦于公元前576年钟离之会时,闻中原礼乐、三代之风时发出的"孤在夷蛮,徒以椎髻为俗,岂有斯之服哉"的感喟。但是,当公元前544年季札聘问中原时,讽评时政,观乐识微,时贤为之叹服,中原诸国自是对吴地文明刮目而视。其后的吴国在与列国的盟会交流之时卑微心理为之一扫,乃至雄视列国,争仪礼于鲁邦④,衡

---

① [明]张瀚:《松窗梦语》卷四《商贾纪》,中华书局1985年版,第85页
② [明]陈伸:《太仓事迹序》,《(嘉庆)直隶太仓州志》卷六十三《旧序一·太仓事迹序》,清嘉庆七年刻本。
③ [清]冯桂芬:《(同治)苏州府志》卷二,清光绪九年刊本。
④ 《左传·哀公七年》:"夏,公会吴于鄫。吴来征百牢,子服景伯曰:'先王未之有也。'吴人曰:'宋百牢我,鲁不可后宋。且鲁牢晋大夫过十,吴王百牢,不说可乎?'景伯曰:'晋范鞅贪而弃礼,以大国惧敝邑,故敝邑十一牢之。君若以礼命于诸侯,则有数矣。若亦弃礼,则有淫者矣。周之王也,制礼,上物不过十二,以为天之大数也。今弃周礼,而曰必百牢,亦唯执事。'吴人弗听。"([晋]杜预集解:《春秋经传集解》第二十九《哀公上》,上海古籍出版社1978年版,第1747页)

次第于霸晋①。虽然其后吴国国祚不永,但自此形成的文化自信已深契于吴地民众之中。吴地民众在漫长的历史中创造出的绚丽多姿的文化样式,多独步海内,翘楚一时。

更重要的是,季札的人生态度以及审音悟道、明几察微的审美体验为吴文化注入了丰厚的内涵。吴人具有灵动机智的禀赋、秀逸温婉的审美取向,这一方面与吴地文化及其独特的地理环境有关。吴地河网交错,气候温润。孔子曰:"智者乐水,仁者乐山。"(《论语·雍也第六》)吴人从灵动温润的水文化中汲取营养,吴地水文化赋予了吴地温柔雅致、随物赋形的文化特质。另一方面也与季札在吴文化形成的根蒂之中注入的闲散雅逸的因子有关。当阖庐、夫差骎骎于服诸侯,称霸业之时,季札则"洁身清行,仰高履尚""富贵之于我,如秋风之过耳"②,这与夫差等"刚猛而毅"③的尚武好功迥然不同。夫差恃其国而伐其功,虽然能够逞一时威加诸侯之快,但"吴日敝于兵,暴骨如莽"④,最终盛极而衰,为勾践所灭。从吴文化的发展轨迹不难看出,春秋时的尚武精神逐渐消解,而季札为吴文化注入的灵逸雅致的风韵逐渐显现了出来,并成为吴文化主导的价值取向与审美特征。这种精致雅逸的情韵与吴地独特的地理环境完美地融为一体,诚所谓"地卑而多水,人柔而鲜争"。吴地的亭台楼阁誉冠海内,明人陆容云:"江南名郡,苏、杭并称,然苏城及各县富家,多有亭馆花木之胜。"⑤他们远离宦场,或啸傲行吟于山际泽畔,或以心造境,筑园构亭,将园林看作是士大夫文人的精神驿站,观清流碧潭、亭台楼阁之胜,赏曲径回廊、奇花异卉之趣。这样的人生情怀与审美趣味在季札的行谊中隐约已见端倪。就绘画方面而言,元人吴地画家倪瓒的山水,画面空疏,被称为"疏体",以"写胸中之逸气"著称,其作品天真自得,逸趣自多。不但笔简,象亦简,一木一石,自有千岩万

---

① 据《左传·哀公十三年》载:"秋七月辛丑,盟,吴、晋争先。吴人曰:'于周室,我为长。'晋人曰:'于姬姓,我为伯。'"([晋]杜预集解:《春秋经传集解》第二十九《哀公上》,上海古籍出版社1978年版,第1791页)
② 周生春:《吴越春秋辑校汇考·吴王寿梦传第二》,上海古籍出版社1997年版,第20页。
③ 周生春:《吴越春秋辑校汇考·夫差内传第五》,第73页。
④ [晋]杜预集解:《春秋经传集解》第二十九《哀公上》,第1711页。
⑤ [明]陆容:《菽园杂记》卷十三,中华书局1985年版,第156页。

壑之趣。意境清远萧疏,构造了远离尘嚣、清新飘逸的审美境界。这种疏逸的审美趣味亦依稀可见季札的人生情怀与审美理想。同样,吴中画派的领袖沈周的画中人物往往意趣悠然,诚如其《题画用东城休字诗韵》所云:"手中自保一竿玉,世上万事如浮沤。"其诗画境界与吴文化的重要肇基者季札所标示的"富贵之于我,如秋风之过耳"的人生襟怀何其相似!从这个意义上说,吴文化闲雅静逸的审美趣味中,隐约可见春秋时季札葳珠韫玉的人生态度为吴文化植下的灵逸雅致的基因。

季札观乐洞识几微,这种精致细腻的审美鉴赏风格在其后吴文化的发展中得到了充分的传承与发展。如,作为中国四大名绣之一的苏绣即以精细雅洁著称。苏绣针法细密,缩千里于尺幅,绣万趣于指下。而这一传统又是吴地文明不断积淀与传承的结果。春秋时,晋平公遣叔向聘问吴国时,吴国举行了盛大的欢迎仪式,迎候的人群中即"有绣衣而豹裘者"①。东吴时"吴王赵夫人,丞相赵达之妹,善书画,巧妙无双,能于指掌以彩丝织龙凤之锦,宫中号为机绝"。② 可见,苏绣和顺细密的特质直接可远溯至季札所在的时代。同样,起源于吴地而被誉为"百戏之祖"的昆曲,也以曲调婉转、柔丽妩媚、流丽悠远、优美动人著称。这些艺术形式无不具有极高的审美价值,成为中国艺苑中的瑰宝。吴地文化的独特风采是经过绵长的历史不断演变、积淀而成,凝聚了吴地人民的智慧与才情,同时,也是吴文化肇基者季札的艺术品鉴能力与审美取向留下的"基因"生生不息的结果。

四 德被延陵

季札的采邑是延陵,汉代改为毗陵,《汉书》颜师古注"毗陵"云:"季札所居。江在北,东入海,扬州川。莽曰毗坛。"③西汉所置毗陵县(西晋

---

① 向宗鲁校注:《说苑校证》卷第九《正谏》,中华书局1987年版,第223页。
② [唐]张彦远:《历代名画记》卷四《吴》,明津逮秘书本。
③ [汉]班固撰、[唐]颜师古注:《汉书》卷二十八上《地理志》第八上,中华书局点校本,第1590—1591页。

永嘉五年改名晋陵县），治所即今常州，因此，季札一直被视为常州的人文始祖。贤士季札被旌表于庙堂之上，受到了君臣、史家的褒赞，这既是季札誉著中华的重要条件，又是季子文化深植于延陵的外在动因。在此背景之下，季子文化泽溉了常州的民情风教，成为常州地区重要的精神标识，这从历代相沿的祭祀季子活动中得到了体现。

季札的行谊通过史家之笔得以留存。《左传·襄公二十九年》详述了季札观乐知政、聘问列国时与贤士们的交谊过从情况，季札作为一个博识多闻、名播中原的贤者形象见著青史。其后，司马迁在《史记·吴太伯世家》中对季札更是大书特书，着墨远过于太伯，"太伯世家"几成"季札本传"，称颂其"仁心，慕义无穷"，"见微而知清浊"，叹曰："呜呼呼，又何其闳览博物君子也。"①季札的形象还通过君主或抚臣的褒赞得到了进一步彰显。唐代狄仁杰曾持节江南，巡抚吴楚，惩吴楚等地多淫祠之弊，毁除了祠庙一千七百房，"止留禹、吴太伯、季札、伍员四祠而已"。② 可见其对季札的尊崇。唐代开元年间，唐玄宗李隆基敕令殷仲容摹拓"十字碑"，宋哲宗赵煦御赐季子庙为"嘉贤庙"，③宋宁宗赵扩于庆元年间封季子为"昭德侯"，制曰："朕考于传记，知神为吴公子，当春秋时尝辞千乘之国而不受，凛然高节，万世如生，岂复以人爵为荣哉？今延陵之民世承嘉祀，谓非此无以表德万世，命以侯爵往诒于庙神其宠嘉之。"④清代康熙在南巡时题"让德光前"四字匾额⑤。庙堂之上对季札的旌表褒赞顺应了民众对季札的崇仰心理，地方官员更通过祭祀的形式成为敦化民俗的重要手段，使季札文化具有了强烈的现实性，延陵季子也成为常州文化的重要表征，并作用于常州文化的基因之中。

据史料记载，延陵地区最早的季子祠庙有三处。元人瞿如忠《常州路重修季子庙记》载："（季子）庙三，一晋陵东郭外，一武进县博洛城，一

---

① 《史记》卷三十一《吴太伯世家第一》，中华书局点校本，第1475页。
② [宋]欧阳修、宋祁撰：《新唐书》卷一百一十五《狄仁杰》本传，中华书局点校本，第4208页。
③ 据宋人张缜《重建延陵嘉贤碑》载："宋元祐戊辰，太守尚书郎杨杰慨然想高世之躅，谓盛礼加于圣朝，遂上其灵感，乞旌表，以增来世，又被诏赐以嘉贤之号，仍命有司载之祀典，故延陵之庙貌益显。"[明]姚堂辑：《润州先贤录·高风》卷一，明天顺七年刻本）
④ [元]俞希鲁撰：《(至顺)镇江志》卷八，清嘉庆宛委别藏本。
⑤ [清]赵宏恩修：《(乾隆)江南通志》卷三十九《舆地志·坛庙、祠墓》，清文渊阁四库全书本。

润州曲阿。""晋陵东郭外"即今常州市东门外。"博洛城"当是指暨阳乡（今江阴申港）。据《（乾隆）江南通志》载："博洛城在武进县西北九十里，今通江乡傅庄即其地。祥符图经作博洛城。"①"润州曲阿"当是指今丹阳九里。

今常州东门外的季子庙在元代遭兵火焚荡之后，"仅存败宇数楹"。元代通义大夫郡侯移剌迪到任后的第二次，"首举嘉贤之典，聿兴古庙之规。于是撤旧构而鼎新之。"②据《（康熙）常州府志》记载，明常州知府孙用又于洪武七年（1374年）在双桂坊（原蒙古字学旧址）新建，分春秋两季祭祀。明代有过五次修葺，至清康熙七年（1668年）第六次兴修，并在祠中东南角设"延陵书院"，讲学议政，传承文明。乾隆、道光年间再修。官府精心维护延陵季子庙，固然是为了表达对先贤的景仰与追念之情，但更重要的是为了淳化民风，即如瞿如忠所云："俾郡士民瞻礼庙而知敬至德，化浇漓为淳朴，息争夺为廉让。"③

江阴的季子墓、季子祠，丹阳九里的季子庙，也是官民祀祷社会文明、乡里安宁的重要场所。宋徽宗崇宁元年（1102年），朱彦新任常州太守，他训导严谨，奉学正统，尤重教论。他嘱江阴县令赵士浥寻访季子墓、庙，得知其与《史记》《通典》等文献记载吻合之后，修缮季子祠。朱彦摹拓孔子题写的十字碑文并镌刻于碑上，并亲撰《吴季子庙碑记》，禁止在墓地砍柴、放牧、垦殖、凿挖，并在庙中设置季子祀像，带领幕僚官吏及县学生员到庙中拜谒祭祀，其目的便在于"示邦人贵有德也，又备论历世废兴与俗习之变易"。亦即使百姓崇德尊贤，明晓常州风习的演变历史。明代江阴知县刘守泰在任期间，每年春冬必去季子庙恭祭，祭祀之时"邑之民咸骏奔祠下，尸祝争先焉"。刘守泰所作《重修季子祠碑记》中昭示了祭祀季子与一般的祈祷神灵并不相同，曰：

> 季子之神灵，百世而下能使庙祀不废，盖以礼让之德，入人之

---

① ［清］赵宏恩修：《（乾隆）江南通志》卷三十二《舆地志·古迹三》，清文渊阁四库全书本。
② 以上引自［元］瞿如忠《常州路重修季子庙记》，转引自沈建钢、谢达茂编著《延陵季子史料集》下卷，南京大学出版社2014年版，第394页。
③ 瞿如忠：《常州路重修季子庙记》，转引自沈建钢、谢达茂编著《延陵季子史料集》下卷，第394—395页。

深。而非若上谷五祀之神,以御灾捍患为职者也。尔民即欲徼季子以御捍患之福,亦惟省心修德,自有敛时五福之效应焉,而谓系于祷祀乎哉?试一惕然而思曰,今之地即古延陵地也,今之民即季子之乡民也,能耕者让畔乎?行者让路乎?父子兄弟让于家,夫妇让于室乎?宗族让序,乡党让齿,贵贱大小让德乎?让则与鬼神合,其吉凶灾害不生,自求多福,即不奉祀,庸何负季子耶?如植利蔑义,负气斁伦,求逞一朝之忿,亡其身以及其亲,实大伤季子心。即日夕焚香稽颡祠前,不能徼福百弭祸也必矣。①

刘守泰在记文中明确祭拜季子的目的在于,希望民众省心修德。奉祀与否并不重要,重要的在于是否自求多福、是否有"负季子"、是否能弘传季子的礼让之德。可见,祭祀季子与一般的祖先与神灵崇拜不同,这是一种道德教化、敦化民俗的教育仪范,是一次参祀者省心成德的过程。祭祀季子、崇仰先贤的动因,恰如明代江阴知县张衮在《重修延陵吴季子庙记》中所云:"道之所在,清风凛然,俗兹儆劝,民用以一而上拨,皇朝揖逊之化贤,其贤而不穷。"②

镇江丹阳季子庙所起到的化民成俗的作用同样久远,早在唐代,润州(今镇江)刺史萧定就曾改修季子庙,重刻十字碑,并写有《改修延陵季子庙记》,让瞻仰季子祠像的人们知晓先贤的遗风,使之作为自己立身处世的准则,遵守礼仪,即如其所谓"俾以像者识贤人之遗风可律"。③

历代地方官员反复修建季子庙,就是为教化风俗,使民众进入庙中就像踏进谦逊之胜地,在不知不觉中将那些逞强争胜、刚愎暴戾的邪念渐渐消除。让百姓瞻仰祭拜而敬重季子的至德,化浮躁轻薄的习俗为淳朴厚道的民风,崇尚谦让的美德,以振兴家邦。可见,以季子庙为标志的季子文化传承,成为延陵及其吴文化地区重要的德化教育的圣地。如果说祭祀孔子的大成殿重在彰显孔子集古圣先贤之大成的伟绩,那么季子庙所赋有的德化色彩更为明显。事实上,自春秋以来,季子文化

---

① [清]缪荃孙等纂:《江阴县续志》卷二十二《石刻》,《中国地方志集成》,江苏古籍出版社1991年影印本。
② [明]张衮:《张水南文集》卷六《重修延陵吴季子庙记》,明隆庆刻本。
③ [唐]萧定:《改修吴延陵季子庙记》,《文苑英华》卷八百十四,明刻本。

对本地的社会风气产生了积极影响。延陵季子之"流风余韵,贤哲代兴。或以功名事业显名于当时,或以气节文章传名于后世"①。今日常州,既有厚重的历史文化积淀,又有现代文明的气息,享有"千载读书地,现代文明城"的美誉。延陵季子的清雅辉光,必将继续洒落在常州大地,散发着恒久的魅力,化成于常州百姓的举手投足、一颦一笑之中。

---

① [清]缪荃孙:《江阴县志·续志·人物》,《中国地方志集成》,江苏古籍出版社1991年影印本。

季札年谱

前585年,吴王寿梦元年,鲁成公六年

吴寿梦立,称王。

前584年,吴王寿梦二年,鲁成公七年

晋使申公巫臣至吴。吴入州来。吴尽取蛮夷属楚者,始大,通于中原。

《史记·吴太伯世家》:"王寿梦二年,楚之亡大夫申公巫臣怨楚将子反而奔晋,自晋使吴,教吴用兵乘车,令其子为吴行人,吴于是始通于中国。吴伐楚。"

前576年,吴王寿梦十年,鲁成公十五年,1岁

出生于吴都。其兄诸樊(亦名遏、谒)、余祭、余昧(亦名夷末)。

吴庆臣《吴氏宗谱·十九世》:"季札,寿梦公之四子也。生于周简王十年乙酉(前576年)四月十八日。"

《春秋·成公十五年》:"冬十有一月,叔孙侨如会晋士燮、齐高无咎、宋华元、卫孙林父、郑公子鳅、邾人会吴于钟离。"

《左传·成公十五年》:"十一月,会吴于钟离,始通吴也。"

《吴越春秋·吴王寿梦传第二》:"寿梦元年,朝周,适楚,观诸侯礼乐。鲁成公会于钟离,深问周公礼乐。成公悉为陈前王之礼乐,因为咏歌三代之风。寿梦曰:'孤在夷蛮,徒以椎髻为俗,岂有斯之服哉?'因叹而去,曰:'于乎哉,礼也!'"

前570年,吴王寿梦十六年,鲁襄公三年,7岁

《史记·吴太伯世家》:"(寿梦)十六年,楚共王伐吴,至衡山。"

前561年，吴王寿梦二十五年，鲁襄公十二年，16岁

寿梦卒，欲立季札，让。诸樊摄行事当国。

《史记·吴太伯世家》："(寿梦)二十五年，王寿梦卒。寿梦有子四人，长曰诸樊，次曰余祭，次曰余眛，次曰季札。季札贤，而寿梦欲立之，季札让不可，于是乃立长子诸樊，摄行事当国。"

前560年，诸樊元年，鲁襄公十三年，17岁

诸樊除丧，让季札，辞。吴人固立，弃室而耕乃舍之。

《史记·吴太伯世家》："王诸樊元年，诸樊已除丧，让位季札。季札谢曰：'曹宣公之卒也，诸侯与曹人不义曹君，将立子臧，子臧去之，以成曹君，君子曰"能守节矣"。君义嗣，谁敢干君！有国，非吾节也。札虽不材，愿附于子臧之义。'吴人固立季札，季札弃其室而耕，乃舍之。"

《史记·吴太伯世家》："秋，吴伐楚，楚败我师。"

前551年，诸樊十年、鲁襄公二十二年，26岁

孔子生。

前548年，诸樊十三年、鲁襄公二十五年，29岁

诸樊卒。命授弟传以次。季札封于延陵，号延陵季子。

《史记·吴太伯世家》："十三年，王诸樊卒。有命授弟余祭，欲传以次，必致国于季札而止，以称先王寿梦之意，且嘉季札之义，兄弟皆欲致国，令以渐至焉。季札封于延陵，故号曰延陵季子。"

《吴越春秋》：诸樊骄恣，轻慢鬼神，仰天求死。将死，命弟余祭曰："必以国及季札。"乃封季札于延陵，号曰延陵季子。

楚伐舒鸠，吴人救之。吴师大败，楚灭舒鸠。

《左传·襄公二十五年》："十二月，吴子诸樊伐楚，以报舟师之役。门于巢。巢牛臣曰：'吴王勇而轻，若启之，将亲门。我获射之，必殪。是君也死，疆其少安！'从之。吴子门焉，牛臣隐于短墙以射之，卒。"

前545年，馀祭三年、鲁襄公二十八年，32岁

《左传·襄公二十八年》："(齐庆封)奔吴。吴句馀(杜预：句馀，吴子夷末也)予之朱方，聚其族焉而居之，富于其旧。"

前544，馀祭四年、鲁襄公二十九年，33岁

聘问诸国。历聘鲁、齐、郑、卫、晋等国。于鲁观乐。归，挂剑徐君墓树。

《左传·襄公二十九年》《史记·吴太伯世家》有详载。

入晋境知政。见《说苑·政理》。

前542年，馀祭六年，鲁襄公三十一年，35岁

屈狐庸聘于晋，赵文子问延陵季子。

《左传·襄公三十一年》："吴子使屈狐庸聘于晋，通路也。赵文子问焉，曰：'延州来季子其果立乎？巢陨诸樊，阍戕戴吴，天似启之，何如？'对曰：'不立。是二王之命也，非启季子也。若天所启，其在今嗣君乎！甚德而度，德不失民，度不失事，民亲而事有序，其天所启也。有吴国者，必此君之子孙实终之。季子，守节者也。虽有国，不立。'"

前531年，馀祭十七年，鲁昭公十一年，46岁

馀祭卒。

《史记·吴太伯世家》："（馀祭）十七年，王馀祭卒，弟馀眜立。"

《左传》记馀祭卒于襄公二十九年（前544年）："吴人伐越，获俘焉，以为阍，使守舟。吴子馀祭观舟，阍以刀弑之。"

前527年，馀眜四年，鲁昭公十五年，50岁

馀眜卒，欲授季札，让。立馀眜子僚。

《史记·吴太伯世家》："（馀眜）四年，王馀眜卒，欲授弟季札。季札让，逃去。于是吴人曰：'先王有命，兄卒弟代立，必致季子。季子今逃位，则王馀眜后立。今卒，其子当代。'乃立王馀眜之子僚为王。"

前522年，王僚五年，鲁昭二十年，55岁

伍子胥奔吴，公子光纳之，欲袭王僚。

《史记·吴太伯世家》："（王僚）五年，楚之亡臣伍子胥来奔，公子光客之。公子光者，王诸樊之子也。常以为吾父兄弟四人，当传至季子。季子即不受国，光父先立。即不传季子，光当立。阴纳贤士，欲以袭王僚。"

前515年，王僚十二年，昭二十七年，62岁

公子盖馀、烛庸以兵围楚，季札聘于上国。王僚被刺。季札长子卒，葬于嬴、博之间。孔子观乐。

《史记·吴太伯世家》："吴欲因楚丧而伐之，使公子盖馀、烛庸以兵

围楚之六、灊。使季札于晋,以观诸侯之变。楚发兵绝吴兵后,吴兵不得还。于是吴公子光曰:'此时不可失也。'告专诸曰:'不索何获!我真王嗣,当立,吾欲求之。季子虽至,不吾废也。'专诸曰:'王僚可杀也。母老子弱,而两公子将兵攻楚,楚绝其路。方今吴外困于楚,而内空无骨鲠之臣,是无奈我何。'光曰:'我身,子之身也。'四月丙子,光伏甲士于窟室,而谒王僚饮。王僚使兵陈于道,自王宫至光之家,门阶户席,皆王僚之亲也,人夹持铍。公子光详为足疾,入于窟室,使专诸置匕首于炙鱼之中以进食。手匕首刺王僚,铍交于匈,遂弑王僚。公子光竟代立为王,是为吴王阖庐。阖庐乃以专诸子为卿。

季子至,曰:'苟先君无废祀,民人无废主,社稷有奉,乃吾君也。吾敢谁怨乎?哀死事生,以待天命令。非我生乱,立者从之,先人之道也。'复命,哭僚墓,复位而待。"

《公羊传·(襄公)二十九年·吴子使札来聘》:"馀祭也死,夷昧也立。夷昧也死,则国宜之季子者也。季子使而亡焉。僚者,长庶也,即之。季子使而反,至而君之尔。阖庐曰:'先君之所以不与子国,而与弟者,凡为季子故也。将从先君之命与?则国宜之季子者也。如不从先君之命与?则我宜立者也。僚恶得为君乎?'于是使专诸刺僚。而致国乎季子,季子不受,曰:'尔弑吾君,吾受尔国,是吾与尔为篡也。尔杀吾兄,吾又杀尔,是父子兄弟相杀,终身无已也。'去之延陵,终身不入吴国。"

《礼记·檀弓下》:"季札适齐,于其反也,其长子死,葬于嬴、博之间。孔子曰:'延陵季子吴之习于礼者也。'往而视其葬焉。其坎深不至于泉,其敛以时服。既葬而封,广轮掩坎,其高可隐也。既封,左袒,右还其封,且号者三,曰:'骨肉归复于土命也,若魂气则无不之也,无不之也。'而遂行。孔子曰:'延陵季子之于礼也,其合矣乎。'"

前512年,阖庐三年,鲁昭公三十年,65岁

吴俘钟吾国君,灭徐。徐君奔楚。吴采纳伍员计扰楚。

前510年,阖庐五年,鲁昭公三十二年,67岁

吴始伐越。

前 506 年,阖庐九年,鲁定公四年,71 岁

　　吴与唐、蔡伐楚。吴楚战于柏举,楚败。吴入郢,楚昭王出逃。

前 496 年,阖庐十九年,鲁定公十四年,81 岁

　　吴越战于槜李,吴败,阖庐伤而卒,子夫差即位。

前 494 年,夫差二年,鲁哀公元年,83 岁

　　吴越战于夫椒,越败,吴入越,勾践降吴。

前 493 年,夫差三年,鲁哀公二年,84 岁

　　蔡入吴都州一。《春秋·哀公二年》:"十有一月,蔡迁于州来。蔡杀其大夫公子驷。"《左传·哀公二年》:"吴泄庸如蔡纳聘,而稍纳师。师毕入,众知之。蔡侯告大夫,杀公子驷以说。哭而迁墓。冬,蔡迁于州来。"

前 485 年,夫差十一年,鲁哀公十年,92 岁

　　季札救陈。归来卒。葬于毗陵县北申浦之西。

　　《左传·哀公十年》:"冬,楚子期伐陈,吴延州来季子救陈,谓子期曰:'二君不务德,而力争诸侯,民何罪焉?我请退,以为子名,务德而安民。'乃还。"

　　吴会鲁、邾、郯之师攻齐。吴水师自海上入齐,为齐师败,吴退兵。

前 481 年,夫差十五年,鲁哀公十四年

　　鲁《春秋》终篇。

前 472 年,夫差二十三年,鲁哀公二十二年

　　越破吴都,吴王夫差自杀。越灭吴。

季札研究论著要目

一、大陆研究著述要目

(一) 专著类

徐敏:《上古圣贤季札》,文汇出版社2012年版

吴产良:《延陵季子的故事》,中国摄影艺术出版社2011年版

陆惠根:《圩墩王子·季札传奇》,江苏文艺出版社2010年版

徐敏:《季札》,重庆出版社2009年版

丁松亭:《季札与季子庙》,中国文联出版社2004年版

(二) 论文类

祁晓明:《孔子"删诗"与季札观乐》,《大连理工大学学报》,2013年第3期

曹胜高:《由聘礼仪程论季札观乐的性质》,《武汉音乐学院学报》,2013年第2期

黄启发、王冬梅:《季札挂剑及其后世的"挂剑诗"景观》,《北方文学》,2012年第7期

金景芝:《对季札观乐的审美思考》,《唐山学院学报》,2011年第5期

朱净之:《季札形象的文学化构建——评陆惠根长篇小说〈圩墩王子季札传奇〉》,《常州大学学报》,2011年第3期

别亚飞:《从季札观乐看〈唐风〉的文学色彩》,《陕西教育学院学报》,2011年第1期

别亚飞:《从季札评〈邶〉〈鄘〉〈卫〉三风看木华的〈海赋〉》,《安康学

院学报》，2010年第5期

郑方：《中华圣哲的音乐智慧——〈季札观周乐〉的学习感悟》，《福建论坛》，2010年第1期

耶磊：《"季札观乐"等非删诗说经典论据之辨析》，《商洛学院学报》，2009年第3期

石晓琴：《从季札出使看春秋晚期吴晋的陆路交通》，《宿州学院学报》，2008年第1期

张承宗：《季札及其故里延陵考略》，《苏州大学学报》，2008年第1期

曹登银：《对季札论乐的美学思考》，《湖南科技学院学报》，2005年第9期

吕锡生：《太伯、季札"让王"论》，《苏州科技学院学报》，2004年第3期

侯文学：《齐宋郑卫之间的东夷文化特征——兼论季札、子夏、师乙的审美观》，《克山师专学报》，2002年第4期

刘雄：《从〈季札观周氏〉看中国传统的文学批评》，《渝西学院学报》，2002年第3期

石东：《论"季札观乐"》，《广西教育学院学报》，1999年第6期

张燕婴：《季札观乐与孔子删〈诗〉》，《第四届诗经国际学术研讨会论文集》，学苑出版社1999年版

张曾明：《季札及其在吴文化发展史上的地位》，《苏州教育学院学报》，1997年第4期

谢忱：《季札探索二题》，《常州工业技术学院学报》，1996年第3期

赵制阳：《〈左传〉季札观乐有关问题的讨论》，《1993年诗经国际学术研讨会论文集》，河北大学出版社1993年版

陆建方：《季札考》，《东南文化》，1993年第6期

孙淼：《太伯、季札让国事件简析》，《史学月刊》，1992年第5期

郭碧波：《季札观乐质疑》，《宝鸡师院学报》，1985年第4期

杨琦：《读〈乐记〉与〈季札观乐〉》，《社会科学研究》，1980年第2期

二、台港研究著述要目

吕珍玉：《史料的解释与接受——以吴公子季札生平事迹相关史料为考察》，《东海大学文学院学报》48，2007.07

刘国平：《论襄公二十九年"吴子使札来聘"——以〈春秋〉三传为文本》，《人文暨社会科学期刊》1卷2期（2005.12）

阮芝生：《论吴太伯与季札让国——〈再论禅让与让国〉之二》，《台湾大学历史学系学报》，1994.12

曾勤良：《〈左传〉季札观乐解》，《台北商专学报》，1992.12

谢明勋：《〈论语〉泰伯三让章析论——兼议夷齐、季札之让》，《孔孟学报》，1991.03

李凤行：《读〈左传〉的"季札观周乐"》，《文艺月刊》208，民75.10

施之勉：《读史记会注考证札记：二台异草、季札非终身不入吴国》，《大陆杂志》，1986.03

赵制阳：《左传季札观乐有关问题的讨论》，《中华文化复兴月刊》，1985.03

施之勉：《读史记会注考证札记：芙蓉湖西马鞍山季札让位耕于此》，《大陆杂志》，1983.08

施之勉：《读史记会注考证札记——九曲泽、驻马塘、江阴芙蓉湖西马鞍山季札所耕处》，《大陆杂志》，1982.10

黄友棣：《〈左传〉的"季札观周乐"》，《音乐影剧论集》，台北中国文化大学，1981.09

施之勉：《读史记会注考证札记——败长翟缘斯当宋武公之世季札非终身不入吴国》，《大陆杂志》，1970.07

黄友棣：《〈左传〉的"季札观周乐"》，《珠海学报》，1978.07

王靖献：《周颂乐舞考索》，《中国文化研究所学报》，第7卷第2期，1974.12

三、国外研究著述要目

Bokenkamp, Stephen R. *Ancestors and Anxiety: Daoism and the Birth of Rebirth in China*. University of California Press, 2007.

Brindley, Erica Fox. *Music, Cosmology, and the Politics of Harmony in Early China*. State University of New York, 2012.

Declercq, Dominik. *Writing against the State Political Rhetorics in third & fourth Century China*. Brill, 1998.

Shen, Vincent. "Wisdom and Hermeneutics of Poetry in Classical Confucianism," in Dao Companion to Classical Confucian Philosophy, ed. Vincent Shen. pp245 - 262.